念年之别

欧阳予倩集外文档

高音 杨乐 编

生活·讀書·新知 三联书店

Copyright © 2024 by SDX Joint Publishing Company.
All Rights Reserved.

本作品版权由生活·读书·新知三联书店所有。
未经许可，不得翻印。

图书在版编目（CIP）数据

念年之别：欧阳予倩集外文档 / 高音，杨乐编 .
北京：生活·读书·新知三联书店，2024. 10. -- ISBN 978-7-108-07906-0

Ⅰ. K825.78

中国国家版本馆 CIP 数据核字第 202431GP69 号

责任编辑　黄新萍
装帧设计　赵　欣
责任印制　李思佳
出版发行　生活·讀書·新知 三联书店
　　　　　（北京市东城区美术馆东街 22 号　100010）
网　　址　www.sdxjpc.com
经　　销　新华书店
制　　作　北京金舵手世纪图文设计有限公司
印　　刷　北京建宏印刷有限公司
版　　次　2024 年 10 月北京第 1 版
　　　　　2024 年 10 月北京第 1 次印刷
开　　本　720 毫米 ×1020 毫米　1/16　印张 36.75
字　　数　582 千字
定　　价　198.00 元

（印装查询：01064002715；邮购查询：01084010542）

目 录

前言　再见欧阳予倩　高音　　　1

话剧剧本 / 1
　　傀儡之家庭　　　3
　　皮格马林　　　68
　　玩具骚动　　　79
　　油漆未干　　　97

电影剧本 / 179
　　玉洁冰清　　　181
　　三年以后　　　193
　　天涯歌女　　　206
　　桃花扇　　　213
　　木兰从军　　　253

文论 / 301
　　谈二黄戏　　　303
　　汉口的花鼓戏　　　319
　　怎样完成剧运？　　　324
　　广东戏剧研究所第一期的工作　　　327
　　敬谢不敏　　　331
　　《油漆未干》介绍　　　332

关于王泊生先生剧院意见书的感想　334

剧本荒　335

念年之别　338

导演小言　340

悼鲁迅先生　342

推荐《国家至上》　344

心的武装　346

改革中国旧戏　347

论平剧的表演术　349

推进农村戏剧教育的商讨　352

电影政策献议　354

粤剧浅识　357

开展中的中国电影事业　360

序幕致辞　362

为本院第一届本科毕业公演致祝　364

关于广西省立艺术馆的一些情况　366

感谢与希望　368

一言致意　371

盛大的阵容　精彩的艺术　373

杂文 / 377

双十先生的话　379

五卅日的价值　381

开国周年志感　385

不能听任不合理的事情继续下去！　388

闲事闲谈　389

讲演及座谈 / 427

关于日本演剧我的感想　429

演剧与导演　　**432**

中国旅行剧团谈话会　　**435**

中国戏剧的发展　　**439**

儿童戏剧运动　　**441**

关于改造京剧的商榷　　**444**

《桃花扇》排演记录　　**450**

欧阳予倩与西川鲤三郎的对谈　　**468**

三十年后的再会　　**470**

在 1958 年北京戏剧、音乐创作座谈会的发言　　**481**

戏剧工作者的"八字宪法"　　**485**

毛泽东思想指导下的戏剧表导演艺术　　**488**

在建院十周年庆祝大会上的讲话　　**523**

戏曲问题　　**524**

诗词 / 541

病中偶吟　　**543**

答丹翁　　**543**

漫与　　**543**

题茉莉小传（卢由风倚声）　　**544**

挽刘湛恩博士　　**544**

送腴深三哥回里二首　　**544**

洪深兄五十初度书怀　　**545**

致红良小姐　　**545**

行书寄蔡迪之律诗　　**545**

步吕集义先生原韵和作　　**546**

除夕二首　　**546**

赠金玉琴　　**547**

赠谢肇衡　　**547**

七绝　　**547**

随感二首　　　548

吊覃振　　　548

无题　　　548

赠市川猿之助先生　　　549

谷崎润一郎先生与我阔别重逢赋长歌为赠即希两政　　　549

桂菁祖舅莅京将回广州赋赠　　　550

赠桂菁祖舅　　　550

一九六〇年春游工部草堂　　　551

为前进座成立三十周年作　　　551

怀沙先生两政　　　551

赠董锡玖　　　551

赠童超　　　552

书信 / 553

致黄花岗演出委会诸同志　　　555

致梅兰芳　　　555

致朝鲜文化艺术工作者同志们　　　556

致林半觉　　　557

致冯至　　　557

致塚本助太郎　　　558

致曹禺、焦菊隐、欧阳山尊　　　558

致塚本助太郎　　　559

致塚本助太郎　　　560

致塚本助太郎　　　561

致刘芝明、钱俊瑞　　　561

致塚本助太郎　　　562

致林半觉　　　563

致葛丽娜·伊万诺夫娜·卡扎基娜　　　563

致林半觉　　　564

致文化部专家工作室　　564

致梅兰芳　　565

致稻垣乔正　　565

致河原崎国太郎　　566

致沙可夫、李伯钊　　566

前言
再见欧阳予倩

高音[*]

欧阳予倩是中国戏剧的现代形象，是中国话剧开天辟地的功臣。欧阳予倩的艺术人生贯穿近现代中国的历史，他的观念与实践时时刻刻影响着社会与时代。中央戏剧学院编纂的1990年版六卷本《欧阳予倩全集》对于欧阳予倩的文化影响传播功不可没，但受时局条件所限，还有大量散佚的文章、著述、演讲、谈话等，未收入1990版全集，六卷本全集存在全集不全的问题。作为欧阳予倩原工作单位和1990年版《欧阳予倩全集》的编纂单位，继承老院长衣钵，传播中华优秀文化，在深入欧阳予倩研究的基础上辑佚、整理、重编一部尽可能巨细无遗的《欧阳予倩全集》，是我们要完成的使命。《念年之别：欧阳予倩集外文档》是中央戏剧学院在重编《欧阳予倩全集》过程中的部分辑佚，我们及时展示给读者，希望有更多的读者从这些文字中了解和体会我们的文化先驱者欧阳予倩的甘苦、胸襟与抱负。

近代以来，从事话剧的大都如洪深所说是文化运动上的战士，对他们而言，戏剧是社会事业，自然会承受社会变革更多的影响。他们承担起中国戏剧的开路工作，是建设中国话剧的先驱，是剧场革命的中流。身为旧家子弟、留日学生，欧阳予倩是中国近现代戏剧界最活跃的人物之一。欧阳予倩记录他前半生的自传体回忆录《自我演戏以来》被誉为"一部近代中国戏剧变迁史"[1]、"一部形象的早期剧运史"[2]。他1917年加入南社，是南社"以剧而负盛名并具

---

[*] 中央戏剧学院戏剧艺术研究所所长，研究员。中央戏剧学院欧阳予倩研究中心主任。
[1] 梁实秋：《梁实秋文集》第七卷《集外拾遗（二）》，第141页。鹭江出版社，2002年。
[2] 张庚：《序》，《欧阳予倩戏剧论文集》，上海文艺出版社，1984年。

有新思想的人物"[1]。他"不慕名利，不考洋进士，尽把戏剧当做光荣职业。在当时那样的半封建社会是要经过很多斗争，受很多委屈的"[2]。他不仅在新剧、旧剧都有地位，更为现代戏剧运动走南闯北。《怎样完成剧运？——告广东剧艺实习班诸生》是本书收入的一篇欧阳予倩讲演稿，写作于1929年欧阳予倩受广东省政府主席李济深委任主办广东戏剧研究所时期。广东戏剧研究所是近代中国戏剧研究实验机构，研究所的工作计划是整理国剧、介绍欧洲戏剧、创制新歌剧、组织模范剧场、组织小剧场、组织演员养成所等。开办演剧学校是其中重要的一项实践的话剧教育工作。后因经费不足，演剧学校改为剧艺实习班。面对广东剧艺实习班诸生，欧阳予倩慨然陈述："戏剧运动是革命运动。戏剧运动者是革命者。戏剧运动，是循着一定程序策略，去推翻旧时的戏剧，来建设适时代为民众的戏剧的事业。所以，颓废软弱之辈，不配做戏剧运动；头脑腐旧者，不配做戏剧运动；没有牺牲精神的，不配做戏剧运动；性情享乐者，不配做戏剧运动！"[3]中央戏剧学院建院时期第一任副院长、与欧阳予倩院长亦师亦友的戏剧理论家张庚，1981年受欧阳敬如的邀请为《欧阳予倩戏剧论文集》撰写序言。张庚认为，欧阳予倩他们从事戏剧活动，往往并不局限于戏剧艺术本身，而是怀着救国救民、启迪民智的目的。"因此，他们在从事戏剧运动的同时，实际上也在从事政治活动。他们这种眼光远大的精神，对我们这些下一辈人也是有深刻的言传身教作用的；中国近代戏剧运动的革命性和战斗性风格是由他们传下来的。他们从事戏剧运动可以说是一生过着颠沛流离的日子，这一方面固然和中国近代历史大故迭起，人民生活不安有关，但也和我们前辈这种锲而不舍的戏剧为人民的目的有关。"[4]欧阳予倩1962年病重之时总结自己："我是一个什么人呢，我是戏剧运动的积极分子。我自己肯定一直为此奋斗了一生。我当过演员、当过导演、写过剧本，搞过研究工作，搞过话剧、歌剧、地方戏，这一切都是为了运动。有错误那是水平所限，但我一生为戏剧运动没有退缩过。"[5]欧阳予倩一生挚友、中国戏剧家协会首任主席田汉说，

---

1 邵迎武：《南社人物吟评》，第189页，社会科学出版社，1994年。
2 田汉：《他为中国戏剧运动奋斗了一生》，《欧阳予倩文集》，第2页，中国戏剧出版社，1980年。
3 欧阳予倩：《怎样完成剧运？——告广东剧艺实习班诸生》，《中央日报》1929年9月27日。
4 张庚：《序》，《欧阳予倩戏剧论文集》，上海文艺出版社，1984年。
5 同注2。

欧阳予倩不仅是话剧运动的启蒙者，也是它一贯的扶植者和导师。

为建设中国新文艺推进中国新兴话剧运动，1922年欧阳予倩加入了五四精神影响下成立的戏剧协社，与洪深、顾仲彝等人掀动20世纪中国改译外国近代剧的潮流。本书收入欧阳予倩译介或者改译的《傀儡之家庭》《皮格马林》《玩具骚动》《油漆未干》四个话剧剧本。《傀儡之家庭》是欧阳予倩根据日译本对易卜生写实主义戏剧《娜拉》的改译，《国闻周报》1925年第2卷14期到16期连载，1925年5月由上海戏剧协社公演于职工教育馆。为保留时代风貌和译文本色，我们只对原译文明显的印刷错误做校订，对译文中涉及的专有名词做文字说明。欧阳予倩在《中央日报》发表的《介绍外国剧本》一文中认为："中国人介绍外国剧本，是求中国观众扩大欣赏戏剧的范围，以期沟通世界的艺术，而且从许多外国剧本当中采取我们所需要的资料。"[1] 他也认为："改译，是拿外国剧本改成中国现实，用中国话、中国服装、中国的舞台装置来演。""话剧在中国基础未立，第一步应该叫观众认识话剧的价值……"[2] 欧阳予倩身体力行，1937年为急等剧本的上海业余剧人改译并导演了托尔斯泰的《黑暗的势力》。《黑暗的势力》改译为《欲魔》，故事发生在北方农村，欧阳予倩去掉原作中强烈的宗教气息，"补充些生活、人情和环境的理由"[4]。《钦差大臣》是欧阳予倩为在香港的中国艺术剧社改编的，"用民国初年北边服装来演出"[5]。欧阳予倩在剧本改译过程中融入中国化的时代背景，反映出翻译剧与近代中国社会政治的关系。欧阳予倩重视对外国剧本、外国剧论和剧场资讯的翻译，其出发点就是为了引进进步的戏剧艺术观念，吸收别国戏剧文学、戏剧思潮的优长，为今后做工作上的借鉴。《油漆未干》是欧阳予倩根据原文直译，"因便于上演起见，颇有修改"。本书收入的《〈油漆未干〉介绍》[6]中，欧阳予倩坦言，该剧本"郑重介绍也大可不必，总之用来作演喜剧的练习还是不错的"。在他看来，翻译剧并不是从书店到书斋，而是从书斋到舞台。在欧阳予

---

[1] 欧阳予倩：《介绍外国剧本》，《中央日报》1931年6月15日。
[2] 欧阳予倩：《戏剧改革之理论与实践》，《戏剧》1929年5月25日。
[3] 《文艺月刊》1937年第10卷第4-5期。
[4] 辜丁：《业余剧人第三次演出〈欲魔〉〈大雷雨〉〈醉生梦死〉》，《绸缪月刊》1937年第3卷第6期。
[5] 欧阳予倩：《后台人说（四）》，《文学创作》1946年第2卷第5期。
[6] 欧阳予倩：《文艺电影》1935年第3期。

倩这代人的认识中，话剧作为一种新的戏剧形态生根中国，它是近代中国面向现代世界的一种艺术自觉。中国话剧，特别是初期话剧，用欧阳予倩的话说是"用了外国的戏剧艺术形式，从自己的土地上生长出来的东西"。可以说，改译是通往话剧民族化的一条途径。

"槐秋一向叫我二哥，他自认是我的兄弟。我也素来和他不错。"[1] 欧阳予倩与创办近代中国第一个以演话剧作为职业的中国旅行剧团的唐槐秋同为湖南人，同是封建家庭的叛逆者，都创造了"甘掷衣冠称戏子"的人间传奇，两位都是中国话剧运动开疆拓土的人物。欧阳予倩与唐槐秋都参加了田汉主持的南国社，在戏剧鱼龙会上同台演出欧阳予倩的新作《潘金莲》。1929年，欧阳予倩打电话给唐槐秋，要他南下一起筹办广东戏剧研究所，唐槐秋到任广东戏剧研究所剧务主任，前后三年。戏剧研究所解散后，两人一同回到上海，组织现代剧团。1933年冬，唐槐秋在上海创办中国旅行剧团，前往南京首演，旨在建造"戏剧家的新生活"[2]。次年，中国旅行剧团开始在华北平津等地演出，"收容了许多爱好戏剧的青年"[3]。本书收入的《中国旅行剧团谈话会》，刊于1936年4月23日至25日的《时事新报》（本埠附刊），此时北上演出的中国旅行剧团带着几个看家戏于1936年秋冬之交回到出发地上海，连续公演八台剧目，其中就有欧阳予倩翻译的《油漆未干》。欧阳予倩与中国旅行剧团同志座谈，怀着敬畏和希望，以世界眼光谏言中国旅行剧团："我们要想我们的话剧艺术能够跟人家相比，则我们就要如何地想办法来完整我们的演剧技术，而建立我们的基础。"追求和提高演出技术是欧阳予倩谈话的核心。

欧阳予倩总是强调他是在戏剧界服务的。他对戏剧运动的使命感使得他全身心投入对演出的经验总结与理论探索。欧阳予倩的戏剧评论不局限于就剧论剧，更针对剧本创作，戏剧的表导演技术，演员、导演的养成，戏剧的社会教育作用，重在建设、引导观众，讲究实用和效果。《推荐〈国家至上〉》是一篇从主题意义上评述剧作的道德文章。欧阳予倩推荐老舍先生展现回汉精诚团结一致对外的剧作，认为剧中以身作则任劳任怨的典型人物背后是积小胜为大

---

1 欧阳予倩：《后台人说（四）》，《文学创作》1946年第2卷第5期。
2 唐槐秋：《戏剧家的新生活》，正中书局，1934年。
3 欧阳予倩：《后台人说（四）》，《文学创作》1946年第2卷第5期。

胜、积小成为大成的觉悟。欧阳予倩的戏剧评论背后是反帝、反封建、反侵略的自觉。

"鲁迅先生和我们服役的文化部门不同，然而他的伟大坚韧的斗争精神，却应该是全人类的表率，对于从事于电影和戏剧的工作者，尤其是我们努力的最后的昭示……'鲁迅先生不死，中华民族永存！'"欧阳予倩是这篇发表在1936年10月25日上海《大公报》上的《悼鲁迅先生》一文的署名者之一。1936年10月19日鲁迅先生去世，欧阳予倩和明星影片公司的同事程步高等带着摄影机去大路新村9号先生家中拍摄先生逝世的新闻片。1936年10月26日，欧阳予倩写下了《不要以悲哀来纪念鲁迅先生》一文，记录了当时的场景和个人的感悟。"经周夫人的允许，我们从楼上到楼下一一拍摄……当我们拍摄卧室的时候，室中的空气不知不觉感到十分严肃。周夫人亲自将桌上的笔墨书籍和烟灰缸茶杯等布置得跟先生身前一样，这个时候旁边站着的几位作家，他们的眼泪流了下来……"[1]1939年欧阳予倩担任桂林文化界纪念鲁迅逝世三周年大会主席，在《救亡日报》上发表了《鲁迅不死》。与那个时代的知识分子一样，欧阳予倩把杂文当作一种社会干预和思想表达的檄文。欧阳予倩的杂文、随笔甚至政论，与他擅长的文论有很大不同，他遵循着短兵相接的斗争策略，通过社会批评和时事评论带出了那个风云时代的特殊节奏。鲁迅先生的杂文深刻地影响着欧阳予倩的社会态度。在1990年版《欧阳予倩全集》中，欧阳予倩这一与社会联系紧密的创作被忽略。欧阳予倩的系列杂文《闲事闲谈》写于1941年至1942年抗战时期的桂林，受《扫荡报》编辑邀约陆续发表在《扫荡报》桂林版上，后由文化服务社广西分社出版。《闲事闲谈》针对当时的经济生活、社会现象、现实政治以及文艺运动，欧阳予倩忙里偷闲"将手掌当桌子"，笔不停书，它为了解当时当地的中国现实提供了一个杰出戏剧家的不同视角。"想替受压迫者说句公平话"，既是欧阳予倩杂文的出口，也是创作电影剧本《天涯歌女》的初衷。

20世纪20年代在中国历史上是一个天翻地覆的时代。新文艺和新思潮奔涌而来。收入1990版《欧阳予倩全集》的《电影半路出家记》，是欧阳予

---

[1] 欧阳予倩：《不要以悲哀来纪念鲁迅先生》，《电影·戏剧》1936年11月10日。

倩自20世纪20年代以来从事电影工作的回忆录。欧阳予倩笔下的人物和事件，还原了早期中国电影人的生存状态，为研究中国早期电影提供了珍贵的历史文献。欧阳予倩1926年开始参与早期电影活动，为民新影片公司编写《玉洁冰清》。虽然欧阳予倩一再强调"我本是个戏剧工作者，过水银灯下的生活并不是很自然的"，但他编剧、导演、表演，样样在行，在电影理论建树上更有一种学术自觉。欧阳予倩认为电影不仅成就最伟大的企业，也是伟大的事业。民新电影公司进行影片宣传的杂志《民新特刊》是欧阳予倩发表见解的平台。1926年创刊的《民新特刊》第一期，他为宣言执笔，"电影者，新世纪特殊之艺术，普遍之力超乎戏剧，故善用之，可以沟通文化，普及思想……中国固有其超越之思想，纯洁之道德，敦厚之风俗，以完成其数千年历史之荣誉，苟能介绍于欧美，则世界必刮目相看……"。1926年在编写《三年以后》期间，他得出"剧本是灵魂，导演是骨干，演员是筋血，摄影是肌肉"的论断。1928年由六合影片营业公司创办的《电影月报》是20世纪20年代电影界影响最大的刊物，他的《导演法》自1928年以来在《电影月报》连载5期。本书收入欧阳予倩编写的三部电影《三年以后》《玉洁冰清》《天涯歌女》的本事及字幕和新《桃花扇》《木兰从军》两部电影剧本。欧阳予倩为民新公司排了三部电影后就去广东办戏剧研究所了。1932年冬到1933年冬，他游历了法国、英国、德国，两次到苏联。1933年底，他参加了福建人民政府的抗日反蒋活动，失败后东渡日本。1934年秋，欧阳予倩回到上海重新开始电影创作，为刚成立的新华公司编导新《桃花扇》。新《桃花扇》是欧阳予倩的第一部有声片，如欧阳予倩自述，这个戏的主要人物安排和故事轮廓有似于孔云亭的《桃花扇传奇》，但内容全不一样。故事发生在北伐时期，主人公是革命青年，斗争的对象是军阀、买办和不自爱的知识分子。1935年7月，欧阳予倩入明星公司，任编剧委员会主任，为明星公司编导了《清明时节》《小玲子》《海棠红》。1938年，欧阳予倩为创作电影《木兰从军》，翻阅了明、清两代的一些笔记中有关木兰从军的传说。如俞正燮的《癸巳存稿》所引《江南通志》的记载："说木兰姓魏，隋恭帝时人，立了很大的战功，从军十二年，人不知为女子，凯旋回乡，改着旧裳，同行尽骇，皇帝听到，要纳她为妃，她不从，一气就自杀了。据说，也就因为这样，史官没有为她立传。"¹ 欧阳予倩本想把木兰作为一个反封建的女性，把戏写成悲剧，后来一想，为了宣传抗战、鼓舞人心，应当着重写她的英勇和智慧。《木兰从军》1939年春天放映，是上海孤岛时期影响最大的古装电影。修改本发表于阿英在上海办的刊物《文献》1939年3月10日第六卷上。不久，日本人控制孤岛，《文献》被封。1948年，欧阳予倩在香港拍摄他最后一部影片《恋爱之道》，在电影特刊上他写下这样一段话："当这部片子在观众面前放映的时候，一个新中国已经不是希望和理想，而是现实，铁的现实了！……我就以这部片子送去可诅咒的旧中国，迎接人民的新中国。"本书收入的《开展中的中国电影事业》以及新中国诞生之际由欧阳予倩等16位电影界知名人士签名的《电影政策献议》，从电影的本体到电影政策的20条献计，为拟定新中国的电影政策提供基于经验的建议，既有全局观照，又有技术探讨，可谓事无巨细。

在中国近代大实业家、清光绪二十年（1894）状元张謇眼中，欧阳予倩"文理事理皆已有得，意度识解，亦不凡俗"²。在戏剧教育、旧戏改革、戏剧的社会功用方面两人观念相近。自1919年开始，欧阳予倩受张謇邀请到南通主持伶工学社、建设更俗剧场，三年有余。改革中国旧戏是欧阳予倩一生的使命。他1942年、1943年连续在《文学创作》发表的三期《后台人语》对改革旧戏的方案有特别具体的陈述和论及。欧阳予倩自称方案的确定在欧洲之行结束之后。《改革中国旧戏》是一封刊在1945年《中国歌剧》第1期上针对旧戏改革的公开信。欧阳予倩只谈形式和技术，想从编剧层面对"故事的排列、情节的布置、人物个性的描写（旧戏里没有）、场面的安排，弄得妥帖，成为整个的作品，表现一个整个的思想，一贯的情绪"。《论平剧的表演术》一文发表在1946年8月21日的《民国日报》，欧阳予倩认为中国旧戏的动作与表演法是绝不能用写实主义来批评的。"大凡批评一种戏剧，最要紧的是要研究舞台的建筑和观众的情况。试到乡下去看看庙台戏，便会觉得中国的旧戏是适合于那种环境的。到了现在，舞台的建筑变了，镜框的舞台是不适宜旧戏的，再加上布景是不是还用得着那样类型的动作，这是很重要的问题。"欧阳予倩认为，

---

1 欧阳予倩：《电影半路出家记》，《电影艺术》1961年第2期。
2 1919年张謇给梅兰芳的信。转引自张绪武：《我的祖父张謇》，第98页，南开大学出版社，2021年。原载《张季子九录·文录》，中华书局，1935年。

目下所要研究的是，如何能使旧戏顺应现在环境，充分应用现代的舞台技术和物质的设备，而有新的生命。欧阳予倩艺术观念的建立，有极其深厚的经验支撑和专业背景，严格遵守从技术到艺术的脉络，有极其细致的梳理和实践的意义。发表在1927年6月《小说月报》第十七卷号外《中国文学研究》上的《谈二黄戏》，就是一篇以兴趣推动学术的艺术研究的范文。从外部溯源到内部结构，从方音、腔口、组织到节奏，欧阳予倩对戏曲声腔的浓厚兴趣和艺术研究由来已久，对二黄戏声腔的起源、流变和发展做了极为学术化的探讨。绝不仅仅如作者本人所说是就经验所得，随便谈谈，实为开先河的基础研究。《粤剧浅识》发表在1949年香港《大公报》。欧阳予倩认为广东是革命策源地，有很多革命先进，这决定了粤剧在时代变化中所具有的独特的变革意识。欧阳予倩提出，粤剧有可能比平剧还容易成为能应大多数人民需要的特殊形式的新歌剧。欧阳予倩的这一观点所具有的前瞻性，逐渐被后来的实践所证明。

被1990版《欧阳予倩全集》埋没的"讲演及座谈"此次收入本书，它们以别样的方式记录了欧阳予倩的艺术生涯，反映和展现了欧阳予倩的戏剧观念和人生经验。讲演是20世纪极为普及的一种特别有效的民众教育传播方式，用现代的新概念也是一种典型的用信任说服观众的社会表演。1931年北新书局就出版了戏剧协社顾仲彝译注的《欧美演说文选》，商务印书馆1935年出版了谷剑尘编著的《民众讲演实施法》，可见讲演在当时的活跃程度。讲演是对民众进行文化启蒙、传播思想、启迪民智的强有力的武器。1927年鲁迅在上海光华大学那场《文学与社会》的演讲，给历史留下了那张奔赴演讲的经典影像。欧阳予倩1926年与洪深受余上沅邀请北上议艺专戏剧系事，为艺专学生发表演讲，南下主持广东戏剧研究所，在校园、讲堂、剧场和集会上面向大众做演讲。讲演于欧阳予倩也是常态，1938年欧阳予倩在广西四个月，演讲达10次以上。他在广西南宁西关戏院做《戏剧在抗战中》讲演，观众达2000人以上。《演剧与导演——在国立戏剧学校讲演》是1935年12月欧阳予倩在国立戏剧学校的演讲，确切地说是他乐于对同行讲的一次"行话"。欧阳予倩讲戏剧的演进，核心要义是戏剧要帮被压迫者说话，戏剧的态度是要以戏剧的技艺将中心思想传递给观众。"要把方法、原则和思想联系起来，以求达到观众的目的。"[1]《中国戏剧的发展》[2]是1937年欧阳予倩在中华职业教育社的演讲，《儿童戏剧运动——在文协会儿童文学组讲》[3]是欧阳予倩1940年12月在文协桂林分会儿童文学组的演讲……

本书收入的《关于改造京剧的商榷——在北京戏曲界讲习班第一期的讲话》，载于1949年北京市文委旧剧科编印的《北京戏曲界讲习班概况》。据统计，和平解放后的北平有国剧、评剧、曲艺等从艺人员2410人，这2410人不包括撂地、席棚及街头流动演出者。北京市文委旧剧科接受了旧剧改革工作，1949年8月8日，北京戏曲界讲习班开学。讲习班聘请欧阳予倩、田汉、洪深、杨绍萱、马少波、阿甲、王亚平、张梦庚等授课，欧阳予倩讲《关于改造京剧的商榷》，田汉讲《艺人的道路》，周信芳讲《往日今朝大不同》，杨绍萱讲《谈旧剧改革问题》，阿甲讲《学习革命的道路改造业务》，洪深讲《导演的作用》，共讲了24个题目。首届讲习班学习时间三个月，共八周，每周一、三、五上午授课。听课的既有李少春、叶盛章、裘盛戎等大家，也有杜近芳、新凤霞等新秀。欧阳予倩从戏曲发展的历史谈起，以他多年的研究和实践经验，提出："为着顺应新时代的要求，为新时代的人民服务，我们必须改造自己，改造我们的艺术。这是为了人民，也正是为了自己，不改造自己，自己就不可能真正站起来，也就不可能彻底改造我们的艺术。戴着一个封建的、殖民地的头脑能够把屈服的、献媚的东西改造成战斗的、进步的艺术吗？"在欧阳予倩所经历的那个新旧交替的时代，讲演是一种与民众碰撞的现场。我们通过这些已成为历史的文字，依然能够触摸到那个风起云涌的时代的脉动。

《开国周年志感》载于1950年《胜利一周年——庆祝中华人民共和国开国一周年联合特刊》，欧阳予倩面对一个走向自由康乐富强的新中国，从灵魂深处，生长出欢悦、感激、兴奋与向上之心。"我想唱一首赞颂的歌，没有雄健优美的声音；我想写一篇诗，掌握不了那种壮美的韵律；我想编一个戏，无从表达那样伟大而丰富的主题……"欧阳予倩投身新中国的戏曲改革，为北京戏曲界讲习班授课，担任北京第一份专注于弘扬和改革中华戏曲的刊物《新戏

---

1 《演剧与导演——在国立戏剧学校讲演》，《南华日报》1935年12月25日。
2 《中国戏剧的发展》，《大公报·上海》1937年6月19日。
3 《儿童戏剧运动——在文协会儿童文学组讲》，《救亡日报》1940年12月28日。

曲》月刊编纂委员会委员，参与讨论如何建立新的导演制度……他担任文化部戏曲改进委员会委员，担任全国第一届戏曲观摩演出大会调查研究组组长，负责访问各剧种的艺人，联系各剧种的表演和音乐来介绍和研究剧种的形成、源流、变迁等，对浩瀚无涯的材料进行科学的整理。他参加第一届全国戏曲工作会议，担任中国剧协戏曲与歌剧工作部部长，于1954年11—12月主持在京戏剧家和有志于戏曲改革的作家进行了四次"戏曲的艺术改革问题座谈会"。1955年6月为文化部第一届戏曲演员学习会讲授表演研究的课程……京剧改进、戏曲问题一直是欧阳予倩关注的核心。1957年7月，中国戏剧出版社出版欧阳予倩编写的戏曲剧种论集《中国戏曲研究资料初辑》。本书收录的《戏曲问题》是1961年5月5日欧阳予倩为中央党校开设的讲座记录。在为中央高级干部开设的这次讲座中，欧阳予倩集中谈了历史剧、剧目改编和现代题材问题，对毛泽东文艺思想有了从经验到实践的认识与解读。此时此刻的欧阳予倩不再是那位见到出访归国的李伯钊，兴奋地告诉她主席看过《自我演戏以来》的作为共产党客人受到礼遇的欧阳予倩先生，而是国家的主人，是文化事业的建构者。《戏曲问题》提纲挈领，举重若轻，对于研究戏曲改革和欧阳予倩的戏剧观都是不可多得的重要文献依据。

中国、日本一衣带水，20世纪五六十年代中日戏剧文化交流逐渐热烈，共同基础是中日双方的左翼戏剧传统。1955年10月5日，松尾国三、市川猿之助率领的日本歌舞伎剧团到新中国访问演出，欧阳予倩以中国戏剧家协会副主席的身份发表观后感。根据日本朝日新闻社、日本中国友好协会和中国人民对外文化协会1955年在北京的协定，1956年5月，梅兰芳任团长、欧阳予倩担任第一副团长和总导演的中国访日京剧团一行80人从5月30日到7月12日在大阪、东京、福冈、名古屋、京都等地前后共演出32场，观众达七万多人，在日本掀起了"京剧热"。日本松竹会社社长大谷竹次郎感慨，"出现了六十年空前未有的盛况"。据报道，中国访日京剧团在东京的闭幕演出观众近3000人。日本天皇的弟弟对欧阳予倩说："京剧是古典艺术，看你们的表演确有现代化的精神。"日本共产党员、著名戏剧家土方与志对欧阳予倩说，他看到了现实主义的表演，看出了舞台形象的统一和艺术的完整性。少年留学日本、精通日语的欧阳予倩曾在1933年闽变后避难日本，二十多年后重访旧游之地。他出行前为《人民日报》撰文，说自己学新剧的确受了河合武雄、喜多村绿郎的影响，在文学方面曾为坪内逍遥博士的私淑弟子。"日本剧作家的作品和论文我经常爱读，日本的许多戏剧家如小山内熏、谷崎润一郎诸氏我一直和他们作朋友。我爱关汉卿、王实甫和汤显祖，也爱近松、并木、默阿弥。中国人民极为尊重自己的文化传统，也同样尊重其他各国的文化传统，愿向它们学习借镜，认为相互间的文化交流可以使人类的生活日趋丰富。"[1] 中国京剧团访日期间，市川猿之助为代表团举行家庭盛宴，中村忠行亲手抄录1907年春柳社在日本演《黑奴吁天录》的剧评。千田是也、木下顺二等为中国京剧代表团搜集话剧资料。舞蹈界的朋友和能乐专家一直跟随中国京剧代表团，利用空闲时间教能乐和狂言的片断，"还教会了几个日本古典舞蹈和民间舞蹈的节目。我们还请到了宫内省的雅乐专家，学会了兰陵王破阵乐的舞蹈"[2]。欧阳予倩与日本文化界的旧雨新知展开了多次对话，形式包括讲演、座谈。本书对这部分内容进行了辑录。《欧阳予倩与西川鲤三郎的对谈》原载1956年6月23日《朝日新闻》，记录了中国访日京剧团一行在名古屋观赏西川流宗师西川鲤三郎表演舞踏后，欧阳予倩与西川两位艺术家的交流概要，反映了他们对东方艺术的认知和对彼此艺术的仰慕。开创中国舞史研究的欧阳予倩对西川鲤三郎的日本舞踏有浓厚的兴趣。西川鲤三郎曾经出现在川端康成的散文《古都的风貌》里，是日本西川流宗师。川端康成曾为其剧团创作过舞踏剧本《船上艺伎》。《三十年后的再会》发表在1956年9月号《中央公论》，记录了当时下榻箱根酒店的欧阳予倩在朝日新闻社外报员冈崎俊夫主持下与老朋友谷崎润一郎的对话。早在三十年前的1926年，两人就在内山完造安排的欢迎会上相识，在谷崎润一郎笔下，欧阳予倩"白皙的脸上戴着眼镜的样子，到底是一位站在舞台上的人"[3]。这一年的中国旧历新年，谷崎润一郎是由田汉带着到欧阳家里度过的。因为双方是老朋友，彼此间少了客套，谈话内容被归纳为"中国的畅销书作家如何消费""战争中的状况""烟草店也要卖生啤""京剧的趣味""优秀的年轻演员""以前的名演

---

[1] 欧阳予倩：《为和平友好进行文化交流》，《人民日报》1956年5月17日。
[2] 欧阳予倩：《访日归来》，《人民日报》1956年8月28日。
[3] 谷崎润一郎：《上海交游记》，《秦淮之夜》，第123页，浙江文艺出版社，2018年。

员""日本的古典戏剧与京剧"等 11 个主题。进入 60 年代，欧阳予倩继续从事中日戏剧文化交流。他到车站迎接以日本歌舞伎名门河原崎国太郎为团长的有着日本共产党背景的前进座 69 人访华演出团；他多次撰文介绍来华访问的由东京久负盛名的文学座、俳优座、民艺剧团、葡萄会、东京艺术座组成的日本话剧团；后来又把《刘三姐》的剧照和乐谱寄给了 1960 年率团来中国访问的日本话剧团团长春山知义先生。

  本书收录欧阳予倩书信 20 封，诗词 26 首。私人书信主要集中在中国京剧团赴日演出前后，多是致日本的故交新知。其中 5 封致塚本助太郎的信，有丰富的信息量。塚本助太郎在 20 世纪 20 年代是上海"文艺漫谈会"的常客，与朋友组成"中国戏剧研究会"，曾请欧阳予倩前往开设京剧讲座。据塚本助太郎回忆，所讲的讲义有王国维的《宋元戏曲史》、王楚生的《梨园佳话》，还请欧阳予倩讲二黄戏，对自我演戏等做了解读。塚本助太郎回日本后，1955 年创办了刊物《老朋友》，出版了三期，后改名为《新中国》，内山完造为名誉会长。欧阳予倩致塚本助太郎的信，有三封分别写于 1954 年 8 月 6 日、1954 年 10 月 12 日、1955 年 3 月 20 日，载入《老朋友》创刊号。公务书信有写给文化部苏联专家工作室同意在中央戏剧学院执教的苏联专家古里叶夫、雷科夫在课余时间前往上海华东分院协助筹建导演系和指导舞台美术系工作的，有向文化部副部长汇报导训班毕业事由请求舞台制作援助的，有与北京人民艺术剧院领导曹禺、焦菊隐、欧阳山尊协调师资的……从书信和诗词溯源，背后是欧阳予倩风涛澎湃的戏剧春秋。

  欧阳予倩为中央戏剧学院首任院长，是新中国高等戏剧教育的领航者。《序幕致辞》是 1950 年欧阳予倩为中央戏剧学院院刊《戏剧通讯》写的发刊词。欧阳予倩指出：我们的工作不仅在于施行戏剧教育，也要推广戏剧教育；演出意在实验，也以示范。辅导工作有计划有步骤地经常帮助工厂、学校的文娱活动，话剧、歌剧、舞蹈分途进行。研究部主要的任务是指导普及，在普及的基础上提高。所以必须努力以求理论与实际结合、研究与运动结合。一方面要尽量发挥创造；另一方面要接受遗产，整理遗产，推陈出新。戏剧教育、戏剧实践与戏剧研究，一向以"三位一体"的形式存在于欧阳予倩的观念中。始于伶工社，到广州戏剧研究所成立，这个理念在欧阳予倩把舵的中央戏剧学院的办学实践中逐渐得以实现。

演出说明书和作为示范演出的排演记录是研究戏剧演出史和戏剧教育史不可或缺的文献档案。《感谢与希望》是欧阳予倩专为苏联专家格·尼·古里叶夫教学的导演师资进修班汇报演出意大利喜剧《女店主》(哥尔多尼著,孙维世译)和苏联话剧《远方》(阿费阿盖诺夫著)写的一篇印在演出说明书上的文字。欧阳予倩对苏联的剧场艺术有深刻的印象。他在1932年前往欧洲,1933年两次到苏联,参加过第一届苏联戏剧节。1951年,他作为中苏友好代表团成员,再次访问苏联。欧阳予倩爱好苏联戏剧艺术,但对苏联戏剧的向往并非亦步亦趋、生搬硬套。多年的演剧经验使得他一直抱有在传统的基础上创造最新最美的戏剧艺术的中国梦想。欧阳予倩在表达了对苏联专家的感谢之后,进一步表达了对今后工作的希望:"我们还要尽很大的努力把学到的东西消化成为自己的东西,与我们的实践相结合而加以发展。"1956年,中央戏剧学院导演干部训练班毕业准备了《柳鲍芙·雅洛娃娅》《一仆二主》《桃花扇》三台不同风格的演出,欧阳予倩1947年创作的历史话剧《桃花扇》被苏联专家列斯里选为导演干部训练班教学实践的重点剧目,因列斯里在排演过程中受伤,由欧阳予倩主持排练。欧阳予倩在主持排演的过程中,一方面,借鉴苏联斯坦尼表导演方法;另一方面,充分继承民族舞台艺术的优秀传统,在话剧民族化的实验上迈出了坚实的步伐。收入本书的《〈桃花扇〉排演记录》(十三篇)为中央戏剧学院独家馆藏文献,从这十三次具体细致的排演记录中,可以得见欧阳予倩对人物行动的深刻把握和对人物性格的细腻分析,可以得见中国演剧学派的具体实践。可与1990年版全集第二卷附录收入的王南整理的《桃花扇》排演札记形成对照。收入本书的《毛泽东思想指导下的戏剧表导演艺术》是欧阳予倩在中国戏剧家协会第二次会员代表大会的发言,此发言的第二、第三部分曾以《戏剧表演导演艺术的三个问题》发表在《戏剧报》1960年第16期。这次我们首次刊发第一部分未公开发表的内容。完整的论述将更加真切地还原历史的本来面目。

1935年,洪深在《中国新文学大系·戏剧集》导言中称欧阳予倩是舞台生活最丰富、努力最久的一个人。欧阳予倩参加春柳社,演文明新戏,后又学会了唱青衣,做过多年的"职业俳优","创造出若干种描写新题材的旧戏,改善了旧戏底表演和装饰的方法，并且引进舞蹈与新的音乐等等"[1]。欧阳予倩广东戏剧研究所时期的编撰主任胡春冰曾说，欧阳予倩是全能的戏剧工作者。欧阳予倩懂哲学，懂政治，长于诗词，了解音乐。他可以创作、导演、表演、设计舞台装置，他会英语、日语，对法国、苏联文字亦有若干根底。欧阳予倩的艺术道路对应的是大革命时代的近现代历史进程，所以他的人生波澜壮阔。欧阳予倩追念好友洪深，说洪深是把戏剧当作学问来研究的。他何尝不是？早在1929年广东戏剧研究所时期，欧阳予倩就撰写了《戏剧改革之理论与实际》："目下中国的旧戏剧旧的过去了，新的没有生……若是负起责任来说话，我们非认定一条正当的路不可。怎么去认定这正当的路？一、要打破因袭的观念，二、要扩大研究的范围。因袭的观念怎样去打破？第一要有纳入正轨的艺术论和戏剧论。理论是事实之母，我们应当综合世界共同信仰的各种戏剧论来做我们研究的标准，将中国从来对于戏剧的种种误解一齐推翻。最紧要的是认定戏剧是艺术，不是浅薄的娱乐。我们要从戏剧里面认识人生，要使观众出了剧场，在精神上有所获得，不仅是拿戏剧作一时的宣传的工具就算满足……"[2]1952年，欧阳予倩领导第一届全国戏曲观摩演出大会下属调查研究组，调研各剧种的源流、变迁、现状和未来的发展，他提出的研究理念是尊重遗产和探讨真理。1955年，他为苏联科学院艺术史艺术理论研究所撰写论文《话剧、新歌剧与中国戏剧艺术传统》，从中国戏曲史、话剧史、新歌剧运动史等角度切入民族化问题，并对民族化的意义和具体方式做出阐释，明确提出在中国戏剧现实主义传统的基础上，建立起以民族形式表现社会主义内容、为中国劳动人民所喜闻乐见的新的戏剧艺术。欧阳予倩学识丰厚、知识广博、精通艺术，其戏剧著述实为中国现代戏剧的重要建树。《念年之别：欧阳予倩集外文档》旨在全面再现近现代中国催生出的文化大家欧阳予倩的思想，用丰厚翔实的材料综合呈现我们这位先驱者、播种者和开拓者的宽博与专业，并且通过这样一个人，了解他所处的时代，汲取他的经验，弘扬他所代表的精神。

---

1 洪深：《导言》，《中国新文学大系 第9集 戏剧集》，第56页，上海良友图书印刷公司，1935年。
2 欧阳予倩：《戏剧改革之理论与实际》，《戏剧》1929年5月25日。

话剧剧本

傀儡之家庭[1]

第一幕

一间朴素精雅的洋式房间。向后右边一门通大厅，左边一门通霍玉门之书室，在此两门之间放一钢琴。左墙的正中有一门，靠门一窗，近窗置一圆桌，桌旁一大椅，一小沙发。右墙一门稍靠后，稍前装一火炉，炉前两安乐椅一摇椅。在炉与边门之间，置一小桌。墙上有雕刻。一个小架上头摆着些零碎古玩。一小书架，放着精装的书。地上铺着地毯。因为冬天，炉中有火。开幕闻电铃及启门之声。忆兰轻轻哼着小曲儿进门，身上披着大衣，手里提着些小包。她进门便将买的东西放在右边桌上。这时通厅上的门开着，送东西的人站在外面，提着一篮年糕果子之类。女仆金妈将这篮东西接过来。

忆兰（后简称"忆"）金妈，把这些年糕跟水果拿到里边去放好了。别让小孩儿们看见。（金妈答应。下。忆兰取钱对送的人说）这儿是八块半钱，另外给你两毛钱酒钱罢。

送力　谢谢。（下。忆兰关门，她一面笑着一面脱外衣，好像很高兴的。她从口袋中取出一包糖来吃着。轻轻地走到她丈夫霍玉门的书房门外，听上一听）

忆　他在家呢。（一面哼着曲子走近桌子，忽听得霍玉门在里面说话）

玉　可不是我养的那小百灵儿在那儿叫嘛！

忆　唉。

玉　小宝贝儿又在那儿作怪了。多早晚回来的？

---

[1]【题注】载1925年4月19日、4月26日、5月3日《国闻周报》第2卷第14、15、16期，署名：挪威易卜生原作　欧阳予倩改译。

忆　才回来。（说着把糖藏起来，用手帕擦擦嘴，接着说）你来，来瞧我买的东西。

玉　别搅我。（一会儿他开了门，手里还拿着一支笔）买的东西，怎么？那全是的？你又在那儿瞎花钱。

忆　花这么一点儿钱怕甚么？我们今年才算过头一个舒服年呢。

玉　得了得了。总还得省俭些才是。

忆　我知道，过年用几个钱也真有限。你这会儿做了银行行长，不是马上就有大薪俸吗？

玉　领薪水还早呢。

忆　先到哪儿借点儿花不成吗？

玉　忆兰，你这个小败家子儿。比方说我这会儿借着了一千块钱，给你随便儿花了，到了明天晚上，我万一一口气上不来……

忆　得了，老爱说那样怕人的话。

玉　倘若我真死，便怎么样？

忆　要是有那样的事情发生，有债没债，不是一样吗？

玉　那么那放债的人便怎么样呢？

忆　谁管他们。

玉　岂有此理，说正经话。一家人家有了债便难办了，有了债便不自由了。我们夫妻好容易撑持到了现在，总不要变样子。所以我的主张是绝对不借钱，不欠账。"无债一身轻"不是你完全明白的吗？

忆　谢谢你的长篇教训，你自然是不错的。（不高兴。走近炉旁）

玉　得了得了，你又怎么了？（取出钱包）别生气，忆兰。你瞧这是甚么？

忆　（快回头一看）钱。

玉　我知道过年总得要花钱的。

忆　一十，二十，三十，四十。谢谢你玉门，这可够花很久的了。

玉　不马上花完就得了。

忆　真的，自然花很久。你来，让我拿我买的东西给你看，又好又便宜，这是华儿的一套新衣裳。你瞧这把小军刀好不好？这只马跟这个喇叭给宝儿罢。这小人儿跟小摇床给爱明罢。这都是些便宜玩意儿。反正一到他们手里就弄坏了。用人们赏他们几个钱罢。安嬷嬷可得买点儿好东西给她——给她一件衣料罢。

玉　那个包儿里是甚么？

忆　那是我替你买的，可是这时候不给你看。

玉　你自己呢？应当买点儿甚么给你自己才好。

忆　我？我是甚么都不要。

玉　不对，你总得告诉我你想要甚么。

忆　我真想不起我想要甚么……既是……那么你就……

玉　你说，甚么？

忆　（低头弄霍玉门的衣扣）要么你就……你就……

玉　你只管说出来。

忆　你要么就还是给我些钱吧，你尽可量力而为，我也可以慢慢儿想着买点儿甚么。

玉　可是……

忆　你给我钱吧，让我慢慢儿想着买一样顶好的东西。

玉　你要是作正用，或者为你自己身上花倒也罢了。只是你老买些不要紧不相干的东西，花完了又来问我要。

忆　那也不见得。

玉　不要不成吗？忆兰。（抱着她）这真是一只依人小鸟。可是谁也不信养这样一只小鸟，要花那么多钱。

忆　不害臊，亏你说得出。真的，我拿你给我的钱格外地省俭就是了。

玉　不错，格外地省俭。可是到临了，省俭得连一个铜子儿都没有了。（忆兰一面哼着小曲一面笑着）

忆　只要你知道我们这些做小鸟儿的是应当多挥霍多花钱也就对了。

玉　你真是个怪物，跟你父亲一样。只要抓得着，拿过来就花，左手进右手出，连你自己也不知道是干了甚么了。这瞎花钱都有遗传性的。

忆　我愿意多传些爸爸的性格才好呢。

玉　我除了你专做我的会叫的小鸟儿以外，甚么我都不愿意。但是我觉着你今天有点……有点……说甚么好。——有点说不出的滋味。

忆　我？

玉　可不是嘛！你正面瞧着我。

忆　甚么？

玉　你这又白又齐的牙上，不免又出了点儿花样。

忆　为甚么？

玉　她一定走过糖果店门口，进去看了一看。

忆　没有，真的没有。

玉　没有买洋糖吃么？

忆　自然没有。

玉　没有就完了，总算我是瞎说。

忆　（走到桌子右边）你不欢喜的事我照例不做的。

玉　是吗？我相信是真的，你说的话总不假，我也不来盘问你了。——我们要预备过年了。

忆　请蓝医生来吃年饭好不好？

玉　用不着的，他自己会来。他来我告诉他好了。可得预备点儿好酒。——过年也是有些意思。

忆　一家团聚自然有趣，小孩儿们格外高兴。

玉　想着一个人有固定的事情、相当的收入是真好，可不是嘛。

忆　那是自然。

玉　你可记得去年，一交十二月你就忙起，一切都是你自己预备。你夜深了还躲着那边屋里头，不知道干些甚么，也不让我知道。你说是做衣裳，做花儿，只管干你的去了，满没理我，那时我可真闷坏了。

忆　我可一点儿也不闷。

玉　却是以后也没看见你做出甚么来，你还说有好玩意儿给我瞧呢。

忆　你还要来取笑我吗？我做了许多的花儿，都被耗子给弄坏了。我又不是猫，谁管得住耗子？

玉　反正你为着逗我欢喜，你总算是尽过力了。这会儿好了，困苦艰难的日子也过去了。

忆　可不是嘛。

玉　这下你可以尽管陪着我玩玩，我也不寂寞，你也用不着过于操劳，也好拿手指头格外养得嫩些。

忆　自然我不要操劳了。你还要我操劳吗？哟，想起来真快乐。等到过了年，我们就得慢慢儿计划计划，看怎么整理我们以后的家庭。（闻铃声）谁按铃？一定是有客来了，讨厌。（一面收拾房子）

玉　只说我不在家得了。

（金妈进来）

金妈　有个女客要见太太。

忆　请她进来吧。

金妈　蓝医生也来了。

玉　他是不是到我书房里去了？

金妈　是的。

（霍玉门走进书房去，金妈领着林夫人进来，林夫人穿着旅行的衣服，女仆下，关上门）

林　你好吗？忆兰妹妹。（不自然的样子，因为许久未见，不甚记得了）

忆　好。（疑心似的）

林　我看你不认识我了。

忆　可不是嘛——哟，我想起来了。你是克芬姐，你怎么会来的？

林　可不是我嘛。

忆　克芬姐，想想看，我竟会不认识你了。我怎么……哟，你怎么长变了？

林　一定是长变了。八九年，整十年没见了。

忆　没有罢？可不是有了吗？这八年来我倒很好。你怎么会到城里来？这样冷的天。你一个人走这样远的路，你真算得勇敢了。

林　我是今天早上到的。

忆　来得好。我们一块儿过年，多么快乐有趣。脱了大衣罢，你怕冻僵了罢。（帮她脱外衣）烤烤火罢。你坐这张椅子，好坐些。我坐这张摇椅。（抓着林夫人的手）这下又见着我的老朋友了。只是猛一见的时候——怎么你好像脸上不如从前有血色，是瘦一点儿罢？

林　老得多了。

忆　恐怕是老一点儿，却是不多，真正一点儿。（她忽然正色，自己怪自己）哟，我真粗心，我只顾坐着谈闲天，克芬你不怪我罢？

林　你这是甚么意思？

忆　可怜的克芬姐，你现在是个孤身的人了。

林　是的，我丈夫是三年前死的。

忆　我知道，我在报上就看见。我本要写信给你，可是我一动手又被别的事搅得耽误了。

林　这我明白。

忆　可是我太不对了。克芬，你一定吃了不少的苦。他甚么都没替你留下吗？

林　没有。

忆　小孩子也没有？

林　没有。

忆　甚么都没有吗？

林　连一点伤心寂寞都没有。

忆　（不相信似的瞧着林夫人）怎么会那样儿呢？

林　（一面理着头发，带着苦笑）有时候竟会是那样儿。

忆　这样孤苦伶仃的日子，可怎么过呢？我有三个很可爱的小孩儿。可惜这会儿奶妈带出去了，不能给你看。克芬姐，你把别后的事情详细说给我听罢。

林　不，还是先把你的事告诉我。

忆　不，得让你先说。今日我不只顾自己，今日我只讲你的事。哟，只有一桩事我得告诉你。——你或者知道也未可知。我们交了一步好运。

林　没有知道，是甚么事情？

忆　你想，我们霍先生做了银行行长了。

林　你的丈夫，真好运气。

忆　可不是嘛。做律师是你知道的，位置不大靠得住。他又是个正直人，不大冠冕的钱，他是不肯要的。这种地方我是最以为然。你想，如今他得了这样的好位置，一过新年就要进行办事，便可以拿大薪俸，还有红利，你想我们够多么快活。将来我们的日子便要大不同了，一定能够想怎么样就怎么样。手里既有了大宗的钱，就用不着愁这个愁那个了。那自然是快乐，自然是开心，你说对不对？

林　日用必需的东西不缺乏，也就很快乐了。

忆　何况还有很多的钱，大堆大堆的钱呢。

林　忆兰，你的老脾气还没改吗？你在学校念书的时候，你就很会花钱。

忆　（微笑）玉门他也常这样说我。（举起指头）但是"忆兰，忆兰"可不是像我们所说的那样不懂事。呵，我也没有机会可以供我挥霍，我们也有我们的工作呢。

林　你也有甚么工作？

忆　是。也有些个轻巧活计，编物、刺绣、挑花，差不多这类的。还有些别的事情。你要知道，在我们结婚的时候，玉门辞了政府里的差事。又一时没有别的好机会，所以他总得想法子多弄几个钱。在我们结婚的头一年，他实在是劳苦得不得，没早没晚地奔波忙碌，竟至于成了重病，那时候医生便说是一定要到南边去养病，才能好。

林　那么，你们就到西湖去住了一年？

忆　是的是的。不瞒你说，那个时候可真是着急。那时我正忙着养小孩子，可是不能不动身。幸亏有那回旅行，才救了玉门的性命。但是钱也就真用得不少。

林　那是自然。

忆　走一趟花了三四千块呢，不谓不多罢？

林　你有那样多的钱花？真痛快。

忆　那是我父亲给我的。

林　原来如此，你们老人家他不是就在那时候不在的吗？

忆　是的，正是那个时候。克芬姐你想，我在他病中，我竟没能够去服侍他，因为我提防着小孩子早晚要养，玉门又在病中，不能离开。唉，我是再也不能见着我慈爱的父亲了，这是我结婚以后最难过的一桩事。

林　你本来是一个孝顺的女儿，以后你就到了西湖去了。

忆　我们有了钱自然就可以去了。医生说，不宜多耽误时候，过了一个月我们就动身的。

林　霍先生回来完全好了罢？

忆　以后就一点儿病都没有了。

林　那医生——

忆　甚么？

林　不是呵，我进来的时候，听见老妈子说医生来了。

忆　呵，不错。蓝医生，他不是来看病的，他是我们的好朋友，每天走这儿过总要进来看看的。玉门从那回旅行以后，一点儿病也没有了，小孩也都强壮，我也好。（跳起来拍掌）克芬姐，一个人在世界上能够快活真是不容易的事情。哟，可是我太不应该了，我只顾说我自己的事情。（忙坐在靠近林夫人的一张小椅上，把手放在林夫人的腿上）克芬姐，别生气，这下你应当告诉我，你真不爱你丈夫吗？你怎么会跟他结婚的呢？

林　我母亲在的时候，病在床上不能动，我又还有两个小兄弟要照顾，所以我以为不宜拒绝他。

忆　我也想或者是这样儿的，那时候他想是很有钱。

林　不错，那时候他的光景很好。但是他的买卖很靠不住，死的时候已经完全失败了，所以一点儿甚么都没留下来。

忆　以后怎么样呢？

林　以后我只好自己设法，开了一间小店，一间学堂，还不是干到哪里是哪里。近三年来，忆兰，我可真累得够了。现在是辛苦的日子过去了，母亲已经去世，两个兄弟呢，都有了事情能够自活了。

忆　这你可真自由了。

林　也不见得，好像孤孤单单没有依傍似的，所以我不想再久住在那乡下冷静地方。我想在城里来找一桩排遣忧思消磨时日的事情总还容易，比方说固定的事情，好像办公室写字间一类的事情，找一件做做也不错。

忆　那些事多么麻烦，你已经累坏了，我看不如找个山水清秀的地方养息养息去罢。

林　可惜了儿我没有父亲给我钱花。

忆　别生气。

林　你别生我的气好了。忆兰你想，像处我这种地位，最容易发牢骚。虽然说不为谁劳动，为着吃饭也得要终日忙碌，甚至于变成了自私自利。方才我听见你交了好运，老实说，我替你欢喜，还不如替我自己欢喜呢。

林　你是甚么意思？呵，我明白了，你是想要玉门帮帮你的忙。

林　正是。

忆　他可以的，交给我了，我一定给你办好。我一定想一个好法子叫他不能不答应，我真乐意帮助你。

林　你真好，待我还这样亲热。在你是不知道艰难困苦的人，你能体贴我，那是格外难得的了。

忆　我？我不懂得艰难困苦？

林　得了，做点儿手工就算是艰难困苦吗？你真是个小孩子。

忆　（扬着头在屋里走来走去）你别自以为是，看不起人。

林　不。

忆　你也是跟他一样，总以为我是干不了正经事的。

林　得了得了。

忆　你以为我在世界上没有一些儿困难吗？

林　你的困难我都知道，你刚才都说过了。

忆　哼，那些都是极小的事，还有大事没告诉你呢。

林　大事？甚么？

忆　我知道你是看不起我，那是你不对了。你为你母亲一直辛苦那么多少年，你以为很得意的，是不是？

林　我自问从来不敢看不起人，不过我想着能够使母亲安安逸逸终其天年，也自己觉得是心安理得。

忆　你并且还想着你养成了你兄弟，也颇为得意。

林　不应该得意的吗？

忆　自然应该，但是这下让我来告诉告诉你，我也有件把事自己得意的。

林　我相信，可是甚么事呢？

忆　咳，轻些，让玉门听见了可了不得。这桩事除你之外，谁也不能知道。

林　这是怎么回事？

忆　你过来。（拉林夫人与她紧靠在沙发上）克芬姐，我的得意事，就是救了我丈夫的性命。

林　救了你丈夫的性命？怎么回事？

忆　我不是告诉过你吗？要是我们不到西湖，玉门的命可就不保了。

林　多亏你父亲给你钱。

忆　谁都以为是这样，但是——

林　但是——

忆　爸爸没有给我钱，一个铜子儿都没给我，那个钱是我自己想的法子。

林　你自己？全是？

忆　三千块现钱，你说怎么样？

林　你怎么弄得着这样多钱？你中了彩票吗？

忆　彩票，彩票有甚么稀奇？

林　那你这钱是哪儿来的呢？

忆　（哼着曲子，面上带着不可测的笑容）啦……啦……啦……

林　你总不见得向人去借。

忆　不见得，为甚么不见得？

林　妻子不得丈夫的许可，能随便儿向人借钱吗？

忆　（颠着头）倘若做妻子的有些见识，会处理些事情——

林　忆兰，我真不明白——

忆　你用不着明白，我也没一定说钱是借的，凑钱的法子多着呢。（坐下在沙发上）也许我从醉心我的人手里弄来，一个人要长得像我这样动人——

林　忆兰，你这可太糟了。

忆　我知道你着急死了。

林　这件事你不太鲁莽一点吗？

忆　救丈夫的性命是鲁莽吗？

林　瞒着他，总觉得鲁莽一点。

忆　但是不瞒他，他的性命就不保了，你懂得吗？他自己还不知道他的病有多么厉害。医生悄悄儿告诉我，说他的病很危险，除非到南边去过冬，不然就难保无虞。起初我也想法子劝过他，我说人家的夫妻都去旅行，我也想到南边去逛逛，我哭着央告他。我知道没钱，我就话里套话劝他去借几个钱。谁知他非但不肯而且还生气，说我胡闹。他说他做丈夫的责任，应当矫正妻子的胡思乱想，我想他虽不肯，我无论如何要救他，因此我才想了别的一条路。

林　难道你父亲就没有告诉你丈夫那钱不是他的吗？

忆　没有，我爸爸正在那时候死的。我本想和盘托出告诉父亲求他不要对玉门说，不过父亲病得正厉害，没等到我告诉，他老人家就归世了。

林　你也就一直没有让你丈夫知道？

忆　我的天，他那样讨厌借钱，我哪儿能告诉他。他是个堂堂男子，他要知道受了我的恩惠，他一定要惭愧，要生气。回头夫妻间的感情，定要受影响，美满的家庭也就不能像今日了。

林　你想始终不告诉他吗？

忆　（微笑若有所思）也许要告诉他。总在多少年以后，等我老了。你别笑我，我是说等他跟我的爱情淡一点儿的时候，或者我的跳舞唱歌不能叫他欢喜的时候，再告诉他罢。这留一点儿秘密，或者有些用处罢？瞎说瞎说，哪儿会到那步田地？克芬姐，你说我这桩大胆的事情怎么样？我也不见得毫无用处罢？你总想到我担的是甚么忧愁，到期要付，可不是开玩笑的。你可知道生意场中分期付款，按日交利，把人烦死了。我只好勉强从这儿省五十那儿省一百地穷凑。玉门的起居饮食总得让他舒服一点，所以家用不能过于省俭，而且小孩子们的衣裳，也要像个样儿。是我替他们忙来的钱，全得用在他们这些小宝贝儿身上。

林　这样说起来，你得拿你的私房钱去赔垫了。

忆　那何消说得？自然一切全在我自己撑持。有时玉门给我钱让我买衣裳等件。我总没有花上过一半，我总拣最简单最便宜的东西买。总算运气，我买的东西，没有一样不合适。玉门竟毫不疑心我存出钱来做了别的用项。不过我可真够受了，因为衣服穿得讲究也是一桩舒服的事，克芬，是不是？

林　不错。

忆　而且我还用别的方法凑钱。去年冬天我还替人家抄写了很多的东西，我每天晚上关了门写到半夜。啊，有的时候，我真是疲倦得了不得的了不得。看钱的分上也就没有法子。

林　那么你的债，到底还清多少了？

忆　我一时也说不上来，因为这种事很难得弄清楚。我只知道我所能抓得来的钱全都还了债了。可是有的时候我可实在没有法子，我就坐着设想有一个有钱的阔绅士忽然爱上我了。

林　甚么绅士？你说谁？

忆　没有谁。他已经死了。打开他的遗嘱一看，很大的字写得明明白白："所有一切财产，都归可爱的霍忆兰夫人承受。"

林　你说的到底是哪个绅士？

忆　老实告诉你，并没有甚么绅士，这不过是我没法弄钱的时候一种梦想罢了。这会儿好了，无论那老东西在哪儿都不关我事。他的人也好，遗嘱也好，都不在我的心上了。因为我的困难过去了。（跳起来）克芬想想多快活，愁云都散了，我从今往后自由了，只消带着几个小孩子随便玩玩闹闹。家里的东西无不讲究适宜，尤其是合玉门他的式。春天快来了，到了那时我们大致有些闲空，我或者再到西湖去玩玩啊。想起人生快乐，真是有趣。

林　（站起）门铃响，想必有客来了，我去罢。

忆　不，尽管坐着，没人上这儿来，这一定是会他的。

（金妈上）

金妈　太太，外头有位先生要会老爷。

忆　是谁？

（柯士达立于门口）

柯　是我，霍夫人。

（林夫人赶紧站起来，转面向窗站着）

忆　（略走近柯士达之前。着急的样子。轻声地说道）你呵，甚么事？你要见霍先生说甚么话？

柯　有点儿银行交易。我在华国银行本有点儿小事，目下霍先生做了我们的新行长了,我听说。

忆　怎么样?

柯　没有别的,有点儿讨厌的事情。

忆　那还是请到他书房里去坐坐罢。

（柯士达下。她很冷淡地鞠一躬,关上门,走到炉前看着火）

林　那是谁?

忆　他叫柯士达——是个律师。

林　果然是他吗?

忆　你认识他?

林　我曾经认识他好多年了,他在我们乡下一个律师事务所办过事。

忆　是的,不错。

林　他完全变了样子了。

忆　我知道他的婚姻很不幸的。

林　他夫人不在了罢?

忆　弄下一大堆的小孩子。哟,火已经着起来了。

（她关上炉门,把摇椅略微移开）

林　人家说他的买卖不大正经,是吗?

忆　是吗?不见得罢,我却不知道。我们还是别谈生意的话,讨厌得很呢。

（蓝医生从霍玉门房中走出）

蓝　（站在门口）不,不,我不打搅你了。我见见你们夫人。（玉关门恰好看见林夫人）哟,这儿也有客,对不起对不起。

忆　不要紧。这是蓝医生,这是林夫人。

蓝　是了是了。我常听见林夫人的大名,好像我上楼的时候,在楼梯上,走过您的身旁的。

林　是的,我上得很慢。一步一步好像很吃力的。

蓝　贵体也不十分强健。

林　不过是事情做得太多,辛苦了。

蓝　没有别的,这样看你一定是进城来散散心的。

林　我是来找事做的。

蓝　这是辛苦过度的人一种补救的方法吗？

林　一个人总要生活的。

蓝　这好像是普通的意见。

忆　蓝医生，您不是也要生活吗？

蓝　一点都不错。我活在世上虽然无味，也还是多挨一天是一天。所有我那里的病人也都是一样，就是良心上害病的人也是一样，玉门也正在和一个良心害病不可救药的人说话呢。

忆　你说的是谁？

蓝　一个人，你不认识的，叫柯士达。这人的品行坏得不堪，可是他也张口就说要活命。好像除活命之外，没有别的要紧事情似的。

忆　是吗？但是他跟玉门有甚么话说？

蓝　这我完全不知道，不过好像谈些银行买卖。

忆　我不知道柯士达——这位柯先生与银行有甚么关系？

蓝　他在华国银行有个位置。（对林夫人）不知道你们那里也有没有一种人，专门搜寻人家道德上的毛病，一经找到了一种病，便将那害病的人，放在一个很好的位置，大家看守着他。倒是没病的人，完全没人理。

林　我想有病的人，总得格外地将养。

蓝　所以，大家都拿社会当作一个大病院了。

（忆兰如有深思，忽然拍手大笑）

蓝　霍夫人笑甚么？您对社会有甚么意见？

忆　谁管你们讨嫌的社会？我笑的是另外一桩事——一件很有趣的事，蓝先生，这下是不是全银行的人都靠着玉门？

蓝　这就是您高兴有趣的事吗？

忆　（笑着哼着曲子）别管他别管他（在房中走来走去）我想着真有趣。玉门竟有势力管这许多人（从袋中取出洋糖），你们吃糖不吃？

蓝　糖，好像你们府上是禁止的。

忆　这是林夫人买给我的。

林　我？

忆　得了，不要怕。你不知道玉门不许我吃糖，怕坏了我的牙齿。可是，呸，偶然吃一两块要甚么紧？（送一块给蓝医生）这块给你，（又送一块给林夫人）你也来一块。既是大家吃着，我也吃一块，我吃一块顶小的，至多两块。（又走来走去）快活极了，世界上我只想一件事情。

蓝　好，甚么事情？

忆　有桩事情，我很想当着玉门的面说的。

蓝　那你为甚么不说呢？

忆　难听得很，我不敢说。

林　难听？

蓝　既是难听，你何妨不说。但是你对我们不妨——为甚么定要当着玉门说呢？

忆　我恨不得说，这些事情实在该死。

蓝　这是怎么回事？

林　你疯了吗？

蓝　您说——他在那里呢。（指着书房）

忆　（把糖藏起来）嗤——嗤——

　　（玉门从门里走出来，手里拿着帽子，膀子夹着外套）

忆　玉门，你已经把他赶跑了？

玉　他才走。

忆　让我来介绍你这位克芬姐，才到城里来的。

玉　克芬姐？没有会过。

忆　就是林夫人。

玉　原来是林夫人，不用说是你的老同学。

林　是的，我们是从小儿就认识的。

忆　她走顶远的路，特为来见你的呢。

玉　专来见我的？

林　也还有点儿别的事。

忆　克芬姐对于商业上，类如写字间里的事很有才干，她还想跟着一位第一流的实业家再多学些见识。

玉　佩服佩服。

忆　她得着个电报，知道你做了银行总理了，所以马上赶了来。玉门，你看我分上替克芬姐想想法子，办得到办不到？

玉　这没有甚么不可以，林夫人的先生是？

林　已经不在了。

玉　林夫人对于商业上有些经验吗？

林　不差，甚么都明白。

玉　那就很好，让我替你来想个位置罢。

忆　（拍手）好极了，好极了。

玉　你来得正好，林夫人。

林　真谢谢霍先生。

玉　用不着谢，（穿上外套）对不住，我还要出去一趟。

蓝　等着，我跟你同走。（从外面将外套拿进烘一烘）

忆　玉门，马上就回吗？

玉　至多一个钟头就回来。

忆　克芬姐你也走吗？

林　（穿戴起她的外衣等）我还要去找栈房去。

玉　或者我们可以同路？

忆　（帮着林夫人穿衣）真是对不住，我们这儿太仄了，不能留你住下。

林　我也不想打搅你。再见，一切谢谢。

忆　回头见罢，回头晚上再来，蓝先生也来。你身体好完全了，自然是完全好了，只要穿得暖一点儿。（大家走出去在厅上讲话，忽听得楼梯上小孩们回家的声音）哟，回来了，回来了，小宝贝都回来了。（赶紧走出去开门，乳母安嬷嬷带着小孩子们进来）来罢，来罢。（蹲下去亲小孩子的吻）克芬姐，瞧见没有？好不好？

蓝　我们别只管站在风口说话啦。

玉　林夫人走罢，这种冷气只有做母亲的受得住。

（蓝医生、霍玉门、林夫人下楼去了。忆兰、安嬷嬷围着小孩子进房来，关上门）

忆　哟，我们孩子多漂亮，小脸红得真有趣，简直是玫瑰花儿一样，真变了苹果了。（忆兰说底下那些话的时候，那些小孩子也跟她说个不休）你快乐吗？好极了，真的吗？啊，妹妹弟弟坐了你的车——两个人一车，你瞧，真是大人了。……安嬷嬷，给小的给我抱一会儿罢。我的小宝贝哟。（将小的抱过来，抱在手里，跳舞着）是了，是了，妈妈也跟宝儿跳舞。甚么？你还打了雪球？冷罢？可惜了儿我没看见。安嬷嬷，你去罢，我来替他们收拾，这才有趣呢，你到后头喝杯热茶去。（安嬷嬷从左门下。忆兰慢慢将小孩子们的小外套脱下来，一面大家说着话）真的吗？一只大狗跟着你，没有咬你。不会的，好看的孩子，狗不会咬的。华儿，别去动那些纸包。包着甚么？你想看罢？有虫子会咬人的。甚么？我们来玩。玩甚么？捉迷藏？好，谁先藏？宝儿先藏罢。我先藏吗？好，我藏起来，你们来找。

（忆兰领着小孩子玩起来，又嚷又笑各房乱跑。临了，忆兰藏在桌子底下。几个小孩子四处找不着。听见她忍不住的笑声。大家跑到桌子前，揭开桌毯一看，一见大笑。她做着吓他们的样子，从桌子底下爬出来，大家又嚷。此时有叩门声自厅外来却没人听见。于是房门半开，柯士达出现。他等了一等，房里的游戏却又要起了）

柯　对不住，霍夫人。

忆　（不觉吓了一跳）啊，你做甚么？

柯　对不起得很，外头的门半开着，想必是谁忘记关上了——

忆　霍先生不在家呢，柯先生。

柯　我知道。

忆　那么你来干甚么？

柯　有几句话对您说。

忆　对我？（她望着小孩们很温和地说）跟安嬷嬷去罢。甚么？不会。这位生客不怕的。他走了，我们再玩罢。（她送着小孩子们从左手门里进去，随手把门带关，很不安的样子）你是要跟我说话吗？

柯　是的，跟您呢。

忆　今天吗？不是今天的期罢？

柯　今天是快过年了，这个年您过得舒服不舒服，全靠您自己呢。

忆　你要怎么样？今天我可没有预备。

柯　那笔款子不忙的，我来另外有桩事情。你有工夫没有？

忆　是了。我还不甚忙，虽然——

柯　好。我刚才坐在饭馆子楼上，看见你们霍先生走过去。

忆　嗯。

柯　那位同走的女客是不是林夫人？

忆　是的。

柯　她是才进城的吗？

忆　是的，今天。

柯　我知道她一定是您的好朋友。

忆　自然，但是我不明白。——

柯　我也曾经认识她。

忆　我知道你认识她。

柯　啊，您全知道，我料得不错。我斗胆，请问林夫人是不是要在银行里占一个位置？

忆　柯先生你是我丈夫的一个下属，你怎么敢这样盘问我？不过你既问，我可以告诉你。不错，林夫人我们已经用她了。而且举荐她的就是我。柯先生这下你明白了罢？

柯　可见我所揣想的是不错。

忆　（走上走下）无论如何，一个人也有这样一点儿权力，不见得因为是个女子就——柯先生，凡属一个做人下属的人，总要常常留心点别得罪那些。——

柯　你说谁有权力？

忆　那就不用说了。

柯　（变个语调）霍夫人，您可否把您那权力用点儿在我身上呢？

忆　甚么？这是甚么意思？

柯　可否求您行个方便？留住我在银行里的这小小位置。

忆　你说甚么？谁还要夺你的？

柯　你别假装儿不知道。我很明白你的朋友决不好意思跟我见面，并且我还知道为了谁我才被开除的。

忆　但是你放心。——

柯　千句话并一句话，好在如今还来得及。我请你用你的权力替我挽回挽回罢。

忆　可是，柯先生我没有权力，完全没有。

柯　没有？我记得方才你说过有的。

忆　那又另外一个意思。我，你怎么想到我有权力能够支使霍先生呢？

柯　我从小就认识你们霍先生，我看他也未见得比别的丈夫格外强硬。

忆　你再说这种无礼的话，我就得请你出去。

柯　太太，你真好大胆。

忆　我不见得长怕你，只要过了年，我就还得你清清楚楚。

柯　（强制他自己）霍夫人请听我一句话，到万不得已时，我就是拼着性命也要保全我的位置。

忆　啊？

柯　我并不为的是薪水。薪水不算回事，我还有别的意思呢——得了，我便老实说了罢。自然，谁都知道我从前，闹了一桩乱子。——

忆　好像是听见说道。

柯　虽然那件事没到公堂，可是从那回以后，我的路可全断了，因此我才做那个买卖。你是知道的，我总要想着做点儿事。我以为我还不算很坏的人，但是现在我得要一切洗洗清。我的儿子也长大了，为儿子的分上我一定非极力恢复我的名誉不可。在银行里保全个小位置不过是头一步，正想一步，一步，往上爬呢。谁想你丈夫拿我从楼梯上踹了下来，又给踹在泥里头去。

忆　我老实对你说，柯先生，我实在是一点力量都没有，我不能帮你的忙。

柯　那是因为你不愿意帮我的忙。但是我有法子叫你非帮我的忙不可。

忆　你不过对霍先生说我欠了你的钱。

柯　哼，倘若我竟告诉他，你便怎么样？

忆　那也不过显得你太无赖了。（声带悲楚）我借钱这桩事，我以为是我有价值的秘密，不想你要拿来胁迫我。而且明知他看不起你，偏要由你口里去告诉他。岂不要使我格外地无趣。——

柯　岂但无趣。

忆　（气愤）你尽管宣布好了，始终吃亏还是你。因为我丈夫可以看出你到底坏到甚么地步，无论如何，你的位置不能保了。

柯　你以为不过家庭里头闹点儿吵子就完了吗？

忆　就算是我丈夫知道了，他一定拿钱还了你。没有甚么大不了的事情。

柯　（近前一点）听着，霍夫人，看起来你的记性不大好，或者是不甚懂得生意经，非得我跟你说了明白不可。

忆　怎么说？

柯　你丈夫病了的时候，你来跟我借三千块钱。

忆　因为我那时候除你之外不认识别人。

柯　我当时就答应替你想法子。

忆　你不是替我借着的？

柯　我答应你借那笔钱，附带着有几项条件。那时因为你丈夫病了，你心忙意乱，只顾抓着了钱好去旅行，所以小节目上也就没工夫注意到。让我来提醒提醒你，我答应借那笔钱，要写一张字据。所以，当时还是我起的稿。

忆　不错，我签的字。

柯　一点也不错，可是要叫你父亲做个保人，应当他也签个字。

忆　应当他，他——不是签过字吗？

柯　我那时候留着日子没写，那是让你父亲亲手填那日子，你还想得起吗？

忆　是的，不错。

柯　那么，我就拿那张借据给了你，让你寄给你父亲去签字，不错罢？

忆　是的。

柯　自然你是马上就寄去的，以后不到四五天，你就送给那借据，我见你父亲已经签了字，我马上就拿钱给了你。

忆　喂，我没有如期还你的钱吗？

柯　那是从来没有误过期的，可是话又说回来了，那时候你可是真很困难。

忆　一点儿不错。

柯　那时你父亲病得很厉害，不是吗？

忆　那时他已经快死了。

柯　不久就死了罢。

忆　是的。

柯　霍夫人，他死的日子你还记得吗？

忆　他是九月二十九日去世的。

柯　不错，不错。我也调查过，可是这儿就有一桩不可解的怪事。（掏出一张纸来）我真弄不明白。

忆　怪事？我不知道。——

柯　最新奇的就是你父亲死了三日之后，才在这张借据上签字。

忆　甚么？我不明白。

柯　你父亲是九月二十九日去世的。但是请看，他签的字却是十月初二，这还不算怪吗？霍夫人。（忆兰无语）这是甚么缘故？你说得出来说不出来？（忆兰仍无语）还有一件有趣的事，就是这十月初二这几个字，不是你父亲亲手签的，一定有人代笔。这代笔的人我还有点认识，这是一定不错的了。或者你父亲签了字忘记誊日月，别人在没得你父亲死信以前，随便写上的也未可知。这呢，都不甚要紧。凡事总以签字为凭，这签的字总是真的啰。是你父亲亲手拿他的名字写在这里的罢？

忆　（停了半晌抬起头来狠狠地望了柯士达一眼）不是的，是我替父亲签的。

柯　啊。——夫人你承认这句话吗？承认了是有危险的呢。

忆　有甚么危险？马上还你钱就是了。

柯　我还要问你一句话：你为甚么不送这张纸给你父亲签字呢？

忆　那断乎使不得的，那时候父亲病得很厉害。我若要请他签字，势必要告诉他我为甚么借钱，他病得那样厉害，我哪儿还能够告诉他我丈夫有性命之忧？所以不能告诉的。

柯　那你当时就不要旅行好了。

忆　那是不行的，我丈夫的病非旅行不能好，我怎么能够停止旅行呢？

柯　你难道不知道你是欺骗了我吗？

忆　那我是一丝儿也没想到你，那时候只觉得你明明知道我丈夫病得很厉害。你还千方百计地刁难我，我真恨极了。

柯　霍夫人，你还没有想到你是犯了罪，你要知道我从前犯的那桩案子就和你一样，所以今日我才到处不能见人。

忆　你犯罪是为冒险救你妻子吗？

柯　法律是不管人的居心的。

忆　那种不公平的法律要他干甚么？

柯　我也没工夫跟你抬杠，我只要拿这张借据送到法庭，就可以按律定你的罪。

忆　我不信。难道法律不许女儿想法子免除她父亲临死时候的烦恼吗？难道法律不许妻子救她丈夫的性命吗？我虽不懂得法律，可是你想对于这种事情总有一两条可以通融办理。柯先生，你是律师，你不懂得吗？看起来你是个无用的律师。

柯　也许是的，不过我们这种交易我可懂得。很好，随便你怎么样罢。不过我要是再弄到声名狼藉，我可要请您一块儿下海。（行个礼走了出去）

忆　（站着想一会儿，点点头）呸，胡闹，他来恐吓我。我也不见得这样傻。（一面叠小孩子的衣裳，忽又一顿）但是，——不会的，我为的是爱情。

小孩　（在左边门首）生客走了没有？妈。

忆　走了。走了。——只是回头别说有客来过。知道罢？连爸爸都别告诉，乖。

小孩　我不告诉，妈再来跟我们玩罢。

忆　这会儿不行。

小孩　妈要来，妈刚才说的。

忆　这会儿不行，妈还要收拾房子，知道罢。进去罢，进去罢，各人自己玩儿去。好孩子。（轻轻儿推着他们进去，关上门，坐在沙发上。拿起针线，来做两针，又放下。自言自语）不对，（站起来开门叫金妈）金妈，拿那盆梅花端了来，让我来收拾收拾房子，摆着看一看。（走过去想开抽斗又停住，很无聊的样子）呸，那是不会的。

金妈　（端着梅花从外面厅上进来）摆在哪儿呢？

忆　放在那角上罢。

金妈　还要甚么不要？

忆　不要别的了。（金妈出去，忆兰自语）椅子摆在这边。花摆在那边罢。——

好可怕的无赖汉。呸，岂有此理。怕他干甚么？我过我的年，一切事情我还得让玉门欢喜，唱歌，跳舞，给你听，给你看，玉门。——（此时玉门从厅上进来，手里夹着一包公事）

忆　就回来了吗？

玉　回来了，有谁来过？

忆　这里？没有谁来过。

玉　胡说，我明明看见柯士达从我们家里走出去。

忆　你看见了吗？他偶然来绕了个弯儿就走了。

玉　叫看你的神气，知道他一定求你替他说好话来着。

忆　是的。

玉　是他叫你只说是你自己的意思，叫你不要说他来过，是不是？

忆　是的。但是——

玉　忆兰，你去跟这种人说话，不怕失了你的身份吗？你还要听着他对我说假话。

忆　假话？

玉　你不是说没人来过吗？（用手指着）你这小东西子，下次不可啊。（上前拿手放在忆兰肩上）得了得了，不要再提起他。（坐在火旁）我们这里真可以算得讲究舒服。（看看公事）

忆　（收拾着房子静一静）玉门。

玉　甚么？

忆　正月初一的假装跳舞会一定很有趣，我很盼望日子快点儿过。

玉　我是只想看你的跳舞。

忆　我这回一定跳不好。

玉　为甚么？

忆　我觉得一切都不顺似的，索然无味似的。

玉　你觉得这样吗？

忆　（站在玉门后面拿手放在椅背上）你很忙吗？

玉　嗯。

忆　这是些甚么？

玉　这都是银行里的公事。

忆　已经动手了吗？

玉　我得了前总理的许可，一切用人行政都要有些更动，这些事总得在年前办妥。一到明年就另是一番新气象了。

忆　那就无怪柯士达。——

玉　哼。

忆　（依旧靠在椅背上，抚弄玉门的头发）若是你不大忙，我还想讨你一个大人情呢。

玉　甚么事情？你尽管说出来。

忆　我很想打扮得好看些去赴跳舞会，你说甚么装束最好？那天我穿甚么衣裳？你是最能审美的，总得你替我出个主意。

玉　啊哈，你也没有主意了，看你那为难的样子。

忆　我要是没有你帮我，我就甚么事情都会没有主意的。

玉　好好，让我来想想，一会儿就会想着的。

忆　你真好。（想做事又停一停）你瞧这红梅花多好。——我问你，那柯士达他从前犯的甚么事？真很糟么？

玉　不过是造假借据，你明白么？

忆　或者他也是迫于不得已。

玉　或者是他自己一时鲁莽，我也不见得因人家无心之错就断定人是坏人。

忆　那你自然不会的。

玉　无论谁有过，只要认错受罚，也就可以重新向上。

忆　受罚——

玉　但是，柯士达用种种诡计狡辩过去，所以我以为他的品行就不堪问了。

忆　是吗？

玉　一个人良心上有了病，自然不能不说假话骗人，甚至于对他亲近的妻子儿女都要戴上一副假面具。忆兰，尤其以他儿女所受的影响为最大。

忆　怎么？

玉　因为这种诈讹的家庭里，空气不干净。小孩子一呼一吸之间，就种了罪恶的种子，中了毒了。

忆 （靠紧玉门）当真的吗？

玉 我因为做律师，这种案子看得多了。每逢青年人犯罪，归根究底大半由于母亲的不正。

忆 为甚么只怪母亲呢？

玉 自然依父亲的也是一样，不过寻常总是由于母亲的多，这是无论哪个律师都知道的。就说那柯士达他本是个假道学实行无赖，始终还是害了他的儿女。所以我说他不可救药，所以你不应该替这种坏人说好话。我一见着他，便觉得遍身难过，所以万万不能跟他共事。（忆兰走开，去弄那梅花）

忆 这儿真暖。我还有许多事情要做呢。

玉 （收好他的公事文件站起来）在吃饭以前我总得拿这些公文看掉些，我还得想想你后日跳舞会的打扮，或者我还要想点甚么东西送给你。（拿手拍拍忆兰的头）这真是一只小百灵儿。（他走进书房去）

忆 这不行。不能够，一定不能够。（自己盘算）

安 （在左边门口）小孩儿都一定要妈呢。

忆 别叫他们来，让他们跟着你罢。

安 是了。（去）

忆 愁闷害了小孩子，他们会中毒，还会害一家，（停一停）没有这么回事，一定没有这么回事。

（幕闭）

第二幕

景同第一幕，桌上加铺一张红桌毯，椅子上加上几个坐褥，点缀年景。忆兰的外衣放在沙发上。

忆兰一个人缓缓地踱来踱去，临了站近沙发拿起她的外衣，又放下。

忆 好像谁来了？（到门前倾听）没有人，今天三十，自然没有甚么人来，明天除掉拜年的，也不会有别人来。但是，倘若——（开门看看）还好信箱里没有信。吓，胡闹，他也不见得真那样。那总不至于，不能够。我还有三个小孩子呢。

（安嬷嬷从左门端一小皮箱进来）

安　好容易才把你这身跳舞衣找着了。

忆　难为你，放在桌子上罢。（安放下）

安　我恐怕有很多地方坏了，要整理整理才能穿。

忆　我恨不得拿它撕作几百条。

安　别生气，容易整理的。耐性些才是。

忆　我想去请林夫人来帮我整理，她手工很好的。

安　又出去干甚么？怪冷的，别伤了风。

忆　比伤风更坏的事还许有呢——那些小孩子在那里干甚么？

安　在那儿玩你买给他们的玩意儿呢，可是——

忆　他们常寻找我吗？

安　可不是嘛！他们是跟着妈惯了的，恨不得你一天到晚跟他们玩儿才好呢。

忆　可是，将来不能老这样跟着我。

安　好在小孩子是甚么都能惯的。

忆　真的吗？比方说娘要离开他们走了，他也会忘记么？

安　哟，甚么话？离开去？

忆　我一直不明白你怎么能够拿你的小孩儿托给别人？

安　那时候因为我要来做你的奶妈。

忆　但是你怎么舍得呢？

安　我既得了好事，顾着赚几个钱吃饭。不舍也要舍，男人没良心又毫不管我。

忆　你的女儿如今长大了，一定把你忘了。

安　哪儿会忘？也还常寄东西给我呢。

忆　（抱住安嬷嬷）我从小多亏你领大我。

安　可叹你老太太去世早，只有我照看你成人。

忆　比方说我的小孩子要没有人照顾，我想你也一定——胡说，胡说，你去带小孩子去罢。我还要——（开箱）明天你看我打扮起来给你看。

安　真是哪个跳舞会里都没有谁比得上我们忆兰小姐。（她说着，从左边门进去）

忆　（从箱中取出衣服，马上又掷回箱中）倘若我大胆出去，只要没有人来，要是没有甚么事情发生。呸，哪里有人来？不要去想他。忘了罢，忘了罢。这围巾真好，这手套也真不错，再也不去想他了。（一个人捣鬼）一二三四五六（叫起来）哟，有许多人来了。

（走到门口狐疑不定地站住，林夫人从外面进来。外衣已经脱在厅上）

忆　你啊，没有别人吗？你来得好。

林　我听说你到我栈房去过。

忆　是的，我因为走过那里。你来得好，我正有桩事请你帮忙。让我们在沙发上坐罢——嗯，明天晚上隔壁王家——从前做过意大利公使的——他们家里有假装跳舞会，他跟玉门本来是在欧洲留学时候的同学，要请我也去。

林　那你自然应当去。我跟你同学的时候，你就欢喜跳舞。后来听说你得了官费到法国去留学，在那边专把跳舞练得好了。可惜我一直没有见过。

忆　这会儿没有练习也有些忘了，只有意大利的太兰蝶拉舞还记得，玉门叫我明天就跳这个。

林　那是好极了，你总得好好儿露一露。

忆　这也是玉门欢喜这个，瞧，这就是跳舞的衣裳，这还真是一个意大利裁缝做的呢，可是都脱了线了。

林　让我们赶快把它缝一缝罢。（看看衣裳）这很容易的，你有针线没有？（一眼看见忆兰的针线盘）哟，这儿就有了。

忆　谢谢你，你真好。

林　（缝着）明天你在家穿好了去吗？得让我来看看你是怎么样儿的好看。哟，我还忘了呢，昨天晚上还得谢谢你。

忆　吃便饭，谢甚么？你太客气了。

林　蓝医生从来就像昨天晚上那样不高兴吗？

忆　不，昨天晚上是格外显得不高兴，可怜他有背脊骨发炎的病，听说他
　　父亲是一个很荒唐的人，有很多的姨太太，所以他从小就得着这种病。

林　（放下针线）这些事情你怎么会知道？

忆　一个人有了三个孩子，所以这些生理上的事情总得研究完，也是这儿
　　那儿听得来的。

林　（缝一缝，又略停）蓝医生每天到这儿来吗？

忆　差不多没有一天间断，他是玉门从小儿的好朋友，所以他也是我的好
　　朋友，他在我们这儿差不多是自己人一样。

林　他是个诚恳人吗？他不是会奉承人的吗？

忆　不对，不对。他素来不会奉承人的，你怎么觉得他会奉承人？

林　昨天你介绍我们的时候，他说常听见我的名字，以后及见着你们霍先
　　生，他倒完全不知道我，怎么反而蓝医生他——

忆　这是你错疑他了，你还不知道玉门的脾气，妒忌得奇怪。我们结婚以
　　后他竟不欢喜我谈起我没有嫁以前的朋友，所以我也就懒得跟他说。
　　蓝医生常来，他都欢喜听我谈些旧话，所以不知不觉就把你的名字记
　　住了。

林　忆兰，你听我说一句话，很多地方我看你总还像个小孩子。我比你大
　　点儿，总比你多点儿阅历，我以为你跟蓝医生总要弄弄清楚才好。

忆　弄弄清楚，怎么讲？

林　我说是跟他那些事情。你不是昨日你对我说，一个欢喜你的阔人替你
　　筹钱——

忆　偏偏我运气不好，就没那么一个人，——便怎么样——

林　蓝医生有钱没有？

忆　他有钱。

林　没有甚么亲属靠他生活吗？

忆　没有。可是——

林　他每天到这里来吗？

忆　是的，我不是告诉过你？

林　我想他总得还要检束一点才好。

忆　你说的话我完全不懂。

林　你别装着了，忆兰，你当我猜不着是谁借给你那笔大款子的？

忆　你疯了吗？亏你想得到，一个朋友每天来，你就疑心我会跟他借钱吗？也太不堪了。

林　真的不是他吗？

忆　老实说不是他，我连想都没有想到。况且那时候他光景也不好，他是以后才有钱的。

林　我也以为最好是没跟他借钱。

忆　真的没有，我就没有打算问蓝医生——不过我拿得稳，如果我真问他借——

林　自然你不会的。

忆　自然不会，也没有问他借之必要。不过我敢断定，只要我跟蓝医生说，他一定——

林　瞒着你丈夫吗？

忆　还有桩事情也要弄清，那也是瞒着他的，总得弄清楚才是。

林　昨天我也是这样说，但是——

忆　（走来走去）不过办这种事男人比女人能干。

林　不妨交给自己丈夫办去。

忆　胡闹，只要钱还了，借据拿回来，还有甚么了不得？

林　那自然。

忆　拿过来一撕粉碎，往火里头一丢甚么事也没有。

林　（认真看着忆兰的面，放下她的活计慢慢地站起来）忆兰，你总有甚么事情瞒着我。

忆　你看我的脸就知道吗？

林　从昨天早晨总就有桩甚么事情发生过，是甚么事情？你告诉我罢。

忆　（走向林夫人）克芬姐——（听一听）咳，玉门回来了。你到后头房里去坐坐好不好？因为玉门腻味看人家补衣裳，安嬷嬷帮着你罢。

林　（拿着东西）好的。但是你不把你的事完全告诉我，我是不去的。

（她从左门下，玉门从厅中进来）

忆　（跑上去）我正等你回来呢。

玉　刚才走进去的是裁缝吗？

忆　克芬姐，她正在帮我整理跳舞的衣裳呢，赶明儿穿起来一定漂亮。

玉　我给你出的主意不错罢？

忆　你哪儿会错？可是你要看意大利的跳舞，我马上就跳给你看，也算对得起你罢。我是甚么都归了你的。

玉　（两人亲热极了的样子）好。甚么都交给你亲爱的丈夫吗？得了得了，我知道你是说着好玩儿的，但是我不搅你，我也要有事去。

忆　你忙吗？

玉　（给手里的文件给她看）你看这个，我刚从银行来。（想去）

忆　玉门。

玉　做甚么？（停步）

忆　要是你的小百灵儿求你一桩事情——

玉　甚么事？

忆　你答应不答应？

玉　你总得让我先知道是甚么事。

忆　小百灵又会跳给你看，还会叫给你听，只要你对她亲切一点就是了。

玉　你说，甚么事？

忆　小百灵儿，从早晨唱歌唱到晚都是愿意的，只要——

玉　百灵是天生欢喜叫的。

忆　我是，只要你欢喜的事，我没有不高兴的，你爱怎么样我就怎么样，我的快乐为你，我的忧愁也为你。

玉　你绕了半天我明白了，你还是说今天早上那桩事。

忆　（走近）是的，你猜着了。

玉　你还敢替他讲话吗？

忆　不错，请你看我的分上，一定留着柯士达在银行里，别开除他罢。

玉　忆兰，你要知道柯士达的位置我已经让出来给了林夫人了。

忆　那是承你的情，不过哪怕开除一个别人，留着柯士达罢。

玉　你真是一厢情愿，太任性了。你糊里糊涂去答应人家，叫我——

忆　不是那么说的，这也一半为你。你历来就说他是做混账文章瞎造谣言的新闻记者，你要开除了他，将来受祸无穷的。我真的怕得很呢！

玉　我明白了，你是想起从前的事情所以怕他。

忆　你的话是甚么意思？

玉　不用说，你是想起你父亲的事。

忆　可不是嘛！从前人家造父亲之谣言，要不是你去帮忙，早就被他们推翻了。

玉　不过我跟你父亲却不能相提并论，你父亲未必敢说十分干净，我可就敢说。

忆　小人的坏主意可防不胜防。我们的日子过得真算不错，别回头为得罪一个小人，弄出点儿事来。所以我——

玉　你这样替他一说话，便使我格外不能留他。银行里都知道柯士达是开除了。要是因你一句话就又把他用进去，人家一定说我是只听老婆的话。

忆　那也没有甚么。

玉　没有甚么？只要任性的女人得了意就对了？是不是？那我可变了笑话了。人家说我号令不出闺门便怎么样？那一定不堪设想的，并且还有一件——

忆　还有哪一件？

玉　他品行上的缺点在万不得已的时候，或者我还可不十分计较。

忆　是真的吗？你以为——

玉　并且我听见他办事很能干。他呢，是我旧时的同学。当初很有交情，后来我可十分后悔。我老实说，他不管当着许多人也好，玉门长玉门短地叫着我的名字。在他是故意让人家看着，显得跟我非常亲密。这种地方我最可恶，照这样儿，人家看着我太没有身份了。

忆　您这说的一定不是正经话。

玉　为甚么？

忆　因为这种理由太可笑了，毫无价值。

玉　可笑？无价值？好嘛，你说我可笑，无价值？

话剧剧本

忆　不是说你无价值。我是说——

玉　不要紧,你说我说的话无价值,那我的人也就无价值了,很好很好。——索性无价值到底罢。(叫人)来啊。

忆　您要做甚么?

玉　(在文件里找)做了了就完了。(金妈进来)金妈,拿这封信叫王升送去,赶快。

金　是,老爷。(去)

玉　(收好他的文件)犟脾气的太太,这下——

忆　那是甚么信?

玉　辞退柯先生的信。

忆　叫她回来罢,还来得及。金妈。(想去叫。玉门止住她)为我,为你,为我们这一家,你非把那封信追回来不可。你听见没有,赶快。唉,这封信一去,我们一家恐怕救不了了。

玉　走远了也追不回来了。

忆　这时候自然是来不及了。

玉　忆兰,你以为我怕一个造谣言的小人吗?你的过虑的地方,我可以原谅你。你任性的地方,我也原谅你。因为我知道你一切都因爱我而起。不要紧,尽管放心听凭他怎么来,我自然有我的力量,我的勇气能够对付他,你看我这两个肩膊上随便多重的担子都挑得起,我来挑就是了。

忆　你说甚么?

玉　我说是无论天大的祸,都我一个人来当。

忆　那是万万使不得,怎么能叫你一个人去当?

玉　那就我们两个人分担罢。但是决没有甚么事情,(抚摩她)你瞧,怕得像一只小耗子儿似的,放心罢,甚么事情都没有。还是练练你的跳舞罢,我把门关起来我办我的公事,你弄音乐也好,不会吵我的。(回身进书房,回头说)回头蓝医生来了,告诉他我在书房里就是了。(点点头关门进去)

忆　(惊惧非常,站着那里呆了半天,轻轻说)他竟会那样,他竟会那样,无论如何——唉,使不得,使不得,别的犹可。唉,总要想个法子才好,我怎么样呢？（门铃声）一定是蓝医生——无论如何总比——

（忆兰将手擦擦脸，整整精神赶去开门，蓝医生正在外边脱大衣，天色渐渐暗下来）

忆　蓝先生来了，我一听你按铃就知道是你来了，但是这时候你用不着去看玉门，他正忙着呢。

蓝　你不忙罢？

忆　你来，我总有工夫接待的。（进来带上门）

蓝　谢谢。夫人的盛意，我能够享受一天是一天。

忆　你这是甚么话？

蓝　你觉得诧异吗？

忆　我想你这话太蹊跷。难道说你以为有甚么事情发生吗？

蓝　我早知道总有那么一天，可是不想到这样快。

忆　这是怎么说法？我不懂。（惊讶）

蓝　（坐在炉旁）我是到比雪山要倒了[1]，没有法子。

忆　（叹口长气）你——

蓝　除掉我还有谁，自己决不能骗自己。在我那里看病的病人当中，我自己要算最厉害的病人，这几天我已经自己算了一算命。——破产了，生命破产了，恐怕不到一个月我就睡在土里头去了。

忆　你这话说得多难过。

蓝　本来如此。可是最不幸的，就是在未死之先要受过无穷的难过，然后才能走到死的这步。我只要再经过末一次的试验，我就可以明明白白知道几时是末日了。只是一件，玉门恐怕他禁不住这种悲伤，千万别让他来看我。——

忆　但是——

蓝　我不要他去——并不是为我。我一定拿门锁起来。——等到几时我决定了我最后的结局，我亲会拿我的名片在名字上画上个黑十字，送给你们。你们接到了我那名片，便知道我已经与世长辞了。

忆　你今天实在太忧郁了，我望你还是及时行乐罢。

蓝　死到临头还能行乐吗？况且是替人受罪，哪里有甚么天理？你可以去

---

[1] 原文即为此。——编者注

看看随便甚么人家，都有差不多这一类的报应。

忆　（塞着耳朵）算了罢，别说这些伤心话了。

蓝　这种事真是可笑，我因为父亲荒唐还传给我这种病症。我这根背脊骨，只好是替我父亲去赎罪。

忆　（在左边桌子前）我想从前你老太爷，只怕饮食也不大卫生罢？

蓝　饮食虽然很精美却是不卫生，外加喝酒太多，而且还要在外头——竟至于得下脊髓炎的症候。

忆　那可真是不幸。

（蓝看着忆兰微微苦笑）

忆　（等一等）你笑甚么？

蓝　我不曾笑，是你笑的。

忆　不是，是因为你先笑的。

蓝　（站起来）我从前一直没有看透你这个人。

忆　今天我好像要发狂了。

蓝　仿佛是的。

忆　蓝先生，放心罢，你决不会死。你还有我们夫妇这两个好朋友呢，我们怎么舍得下你。

蓝　不久就会忘记的，不在面前的人最容易忘记。

忆　（难过的样子）你以为是这样的吗？

蓝　一结新朋友就——

忆　谁结新朋友？

蓝　你们贤夫妇总要结新朋友的，我看已经预备着了，不是已经有了个林夫人吗？

忆　连林克芬来，你都妒忌吗？

蓝　我一死，就换个她在这里常来常往。

忆　轻些，她在里头呢。

蓝　呵，已经住在这里了，你看你看。

忆　她不过是来替我整理跳舞的衣裳。——你真不讲理。（坐在沙发上）蓝先生你好好儿的，明天请你看跳舞，叫你高兴高兴，玉门是不用说了。

（从箱中取出许多东西来）蓝先生坐下，我给些东西给你看。

蓝　甚么东西？

忆　看，这儿，瞧着。

蓝　丝袜。

忆　淡红的，漂亮不漂亮？天真黑了。可是明天——跳得不好不要见笑。

蓝　哼——

忆　你为甚么看得这样过细，不好吗？

蓝　我不好怎么说。

忆　（看着他一会儿）不害臊。（用袜子轻轻打蓝医生一下，全装起来）

蓝　没有别的好瞧东西给我瞧吗？

忆　不给你瞧了，因为你不老实。（她一面哼着，一面在箱里翻找着）

蓝　（静默一会）我坐在这儿跟你谈话。我想不出——我实在想不出——倘若我从来不曾到过这里，不知道我又怎么样了。

忆　是的，我觉得你跟我们很惯。

蓝　（格外低声直望着前面）从此一齐丢开。

忆　胡闹，你不会离开我们。

蓝　（同一样的语调）连一点有意思的纪念都不留，连给人叹息的资料都没有，不过让出一个空当，等人家来补缺罢了。

忆　如果我问你要——不，不——

蓝　要甚么？

忆　如果问你要一个跟我们做朋友的证据。——

蓝　是了。——甚么？

忆　我说——帮我们一个大忙。——

蓝　我能帮得到你们的忙，那我就高兴极了。

忆　你还没明白是甚么事呢。

蓝　您说我就明白了。

忆　我真难于启齿。这是一桩很难的事情。——不但是帮忙，简直是还要请你出主意救助。——

蓝　我能尽力越多，我越高兴。我可不知道您是甚么事，您请说罢，您还不信我吗？

忆　除您之外再没有能信赖的人，我知道您是我最好而且最有肝胆的朋友，所以我才对你说。好，既说到这儿，蓝先生，我正有桩为难的事，要求您帮忙防止它发生。玉门爱我之深，您是知道的，他就是为我牺牲性命，也丝毫没有顾惜。

蓝　（凑近前）您以为世上只有玉门一个人肯？

忆　（微惊）肯——

蓝　肯为您牺牲性命吗？

忆　（悲叹）唉。

（两人的意思相喻于无言）

蓝　这层意思，我发过誓，定要在我未死之先，让你知道。如今我也已经对你说明了，你也可以绝对相信我了罢。

忆　（站起来很镇静简单地说）请让我过去。

蓝　（让忆兰过去。却是还坐着不动）请——

忆　金妈，开灯。（走过火炉）蓝先生，这你可不应该。

蓝　我爱你，跟旁人爱你一样，那是不应该吗？

忆　不是那个。你不应该说出来，这是可以不必的。

蓝　你是甚么意思？莫非你曾经知道？——（灯亮了）莫非你早就知道？

忆　哟，我怎么能说知道或者不知道。我完全没有说，蓝先生怎么这样不明白，一向都是很好的。

蓝　好，闲话少说。总而言之，我的这个人完全由你驱遣，您请说您的事罢。

忆　（看着他）现在说吗？

蓝　请您告诉我，还要我帮甚么忙？

忆　如今我不能对你说了。

蓝　是的，是的。这个话是你罚我的，还是让我替您效点儿微劳罢。

忆　如今你帮不了我的忙了，老实说我也不要人帮助。那不过是我胡思乱想罢，自然是的。（坐下在摇椅上看着他微笑）蓝先生你是个识趣的人，灯光照着呢。你害羞吗？

蓝　不，我毫无惭愧，可是也许就此长辞了。

忆　不要那样，还是请照常来往，没有你，玉门不惯的。

蓝　你呢？

忆　我是随时都欢迎你的。

蓝　这正是我迷惑的地方，我时常见你待我好像跟待玉门一样亲热。

忆　你不知道吗？有的人是我们所爱的人，有的人是我们欢喜跟他谈话的人。

蓝　这倒不错。

忆　我做女儿的时节，自然我最爱的是父亲，可是我常爱到用人们的屋里去玩耍。对父亲是真诚的爱，对他们不过是爱听他们说话罢了。

蓝　我就是这个位置。

忆　（趋上前）蓝先生我可不是那样说。可是我待玉门就跟从前待父亲一样。

（金妈从外面进来，与忆兰耳语，手里拿张名片给她看。忆兰见名片吃惊，拿来放在口袋里）

蓝　弄错了人家吗？

忆　不，不，没甚么。不过我的跳舞衣裳——

蓝　您的跳舞衣裳？不是您说正在整理着吗？

忆　啊。那个，不错。这又是一套我瞒着玉门买的。

蓝　原来这样一个大秘密。

忆　自然，请你到他那里去坐坐，他在里头那间房里。绊住他一会儿，别让他出来。等我——

蓝　交给我了，他不会逃出来的。（到玉门房里去）

忆　（对金妈）他在后门口等着吗？

金　他从后楼上来的。

忆　你没说我不得闲吗？

金　他哪儿肯听。

忆　他不肯走吗？

金　他说不见着太太他无论如何不走。

忆　既是这样让他进来罢。悄悄儿地，你可对谁全别说。不能让老爷知道。

金　是，我知道。（出去）

忆　来了来了，可怕的东西来了。不会，不会。

　　（她走到玉门的门口，将门扣上。金妈开了门让柯士达进来。他穿着旅行装长筒靴，戴顶皮帽子）

忆　轻点说话，霍先生在家。

柯　是了，可是他在家不在家与我无干。

忆　你有甚么事？

柯　有几句话说。

忆　有话请快说。

柯　你可知道辞退我的信，我已经接着了。

忆　柯先生我实在止不住他。我极力地替你说，谁想始终无济于事。

柯　你丈夫这样看你不起吗？他明知你在我掌握之中，他还敢吗？

忆　我跟你的借贷关系，我怎么能告诉他？

柯　恐怕靠不住。我深知我的小朋友霍玉门，不是这样有胆量的。

忆　请你敬重他一点。

柯　是。极力敬重，但是我想你极力要把你的事守秘密。大约今天你对于你所做的事情，比昨天明白点儿罢。

忆　比你对我说还更明白。

柯　是的，像我这样无用的律师。——

忆　你究竟有甚么事？

柯　没有别的，特来替霍太太您请安来了。我为您的事情，整替您盘算了一天。虽说我是个放债的人，是个在报纸上造谣言的人——好，就算是个坏人罢。可是我也还有点儿，你们所谓的心肝。

忆　那就请你拿你的心肝，替我们一家想想。

柯　你们夫妇可曾替我一家想想呢？好在如今也不必多说了，我不过要告诉你，你可以不必拿这件事太认真了，目下我总不会宣布。

忆　那是万万宣布不得，我也知道你不会。

柯　这件事总可和平了结，除掉我们三个人之外，没有谁能知道。

忆　决不能让霍先生知道。

柯　那你怎么做得了主？你能付清尾款吗？

忆　马上不能够。

柯　就在这两三天里头，你能够凑齐还我吗？

忆　那也不容易。

柯　目下就算你有钱也不中用了，尽管你拿钱还我，你也不能够取回你的借据。

忆　你拿着它有甚么用处？

柯　我不过想保存它。想拿它存在我手里，谁也不让他知道，所以你就有甚么意外的计划？——

忆　我有甚么计划？

柯　比方说，你想离开你的丈夫跟你的小孩子去。——

忆　去干甚么？

柯　或者去做比离开家还厉害的事。——

忆　你怎么知道我会？——

柯　你这些念头都尽管丢开。

忆　你怎么知道我心里的事？

柯　遇见这种事，大家都会这样想。我从前也这样想过，但是没有勇气。

忆　我也没有勇气。（几乎没有声音）

柯　谁也没有，你自然也没有这种勇气，你有吗？

忆　我没有，我没有。

柯　而且就算有勇气也太笨了，至多不过家庭中起一场风波，不久也就过去了，我有封信给玉门的。

忆　你把这事完全告诉他吗？

柯　信里头竭力替你洗刷。

忆　（快接）不能让他看你的信，撕了罢。无论如何我替你弄几个钱就是。

柯　对不起，霍夫人好像我已经跟你说过，就是你。——

忆　我不是说那笔欠款的话。我是说你想问霍先生要多少钱，我替你想法子。

柯　我不问你丈夫要钱，我又不是敲竹杠。

忆　那么，你要怎么样呢？

柯　老实告诉你说，我是要在世界上占个地位，我要往上爬，你丈夫得帮助我。我好容易有点儿基础了，正想一步一步向上去，又被人完全把我毁了。这会儿我就算是恢复我的位置，我都不能满足。除非是你丈夫在银行里替我谋一个比从前高得多的位置，那还勉强可以将就——

忆　他绝不会的。

柯　他一定会的，他的为人我知道，他不敢跟人决裂。等到我们在一块儿的时候，你瞧着罢，不到一年他就少不了我啦，那时节管理银行的不是霍玉门，是柯士达了。

忆　那不会有的事情。

柯　你也许——

忆　这下我有勇气了。

柯　你不要吓我，像你这样娇小玲珑的——

忆　你看着得了，你看着好了。

柯　跳河吗？到冰底下去，沉在黑水里头？等到第二年春天捞出来一看，头发也没有了牙也掉了，就不认识是你这样的一个美人儿了。

忆　你吓我不着。

柯　你也不要吓我，就算你那样做，有甚么益处？反正你丈夫还是在我掌握之中。

忆　后来，倘若我不在——

柯　你的名誉在我手里你忘了吗？（忆兰看着他没话）好，你总有你的准备，只是笨事少做，我还望你丈夫接到这封信赶快给我回信。第一要知道逼我再走这样一条的，就是你丈夫他自己，我决不能饶恕他。霍夫人我们再见，再见。

（从厅上走出去，忆兰赶上去将门开一点儿听听）

忆　他要走了，他还没有把信放在信箱里，不会的。（慢慢将门打开）怎么他还没走？还没下楼梯，他回心转意吗？（信入信箱，闻柯士达一步步下楼的声音。忆兰失望，低声叫苦，跑至小桌旁半晌无语）信放在信箱里头了。玉门，玉门，你我夫妻就此完了。

（林夫人从左边门内出来，手里拿着跳舞的衣裳）

林　我想好穿了，你就穿穿试试看好不好？

忆　（低而难过的声音）克芬姐，你来。

林　（将衣裳掷于沙发上）怎么了？你怎么变了颜色？

忆　你看那边信箱里面不是有一信吗？隔着玻璃可以看见。

林　不错。是的。

忆　那封信是柯士达的——

林　然则是柯士达借给你的钱吗？

忆　是的，这下玉门一定要知道了。

林　忆兰，我以为说明了，于你们夫妻很好。

忆　你不知道里头的讲究，我借钱的时候签过一个假名字。

林　哎哟，那可了不得。

忆　克芬姐，我请你做个见证。

林　见证，叫我证明甚么呢？

忆　如果，我疯了——那也是意中事——

林　忆兰。

忆　万一不幸再有别的事发生，那我就不能在这儿了。

林　忆兰妹妹你要镇静些。

忆　倘若有人拿我的罪名通通拉在他一个人身上，那就——

林　但是你怎么想到？——

忆　倘若他要拿我的罪名拉在他一个人身上，你就替我证明这桩事是我一个人做的，与旁人完全无关。我并没有疯，我自己说的话完全明白。告诉你，我一个人做的，旁人完全不知道。你记住了没有？

林　我记住了，可是我不明白你的用意。

忆　你怎么会明白？这是一桩神妙的事情。

林　神妙的事情？

忆　不错，神妙的事情。但是很可怕，我不愿叫它发生。

林　我想当面去见柯士达。

忆　别去，他会叫你上当的。

林　我去不要紧的，他总得帮帮我。

忆　他？

林　他住在哪里？

忆　我怎么知道？——是了，（摸摸口袋）他有张名片在这里。但是那封信，那封信。

玉　（叫门）忆兰。

忆　（吓得抖）甚么？你要甚么？

玉　不要慌，我们不来。你把门扣上了，你在那里试衣裳吗？

忆　是的，我正在这里试衣裳呢，正合身呢。

林　他住得很近。

忆　但是来不及了，信已经在信箱里了，完了。

林　钥匙在霍先生手里吗？

忆　他因为怕人家动他的信，所以一定要用这样一个信箱。他亲手关，亲手开，钥匙还是一直带在身上。

林　柯士达一定可以要回这封信去。他一定有他的方法——

忆　但是事已经急了，玉门每天总是这个时候开信箱。

林　想法子绊住他，使他不能分身，我马上去马上就回来。

（她匆匆走出）

忆　（开开玉门的门，朝里一望）玉门。

玉　我可以到我的那边房里去了么？好。

蓝　我们去看看。（站在门口一望，怎么甚么都没有）

忆　玉门，你说甚么？

玉　老蓝说有大戏法，怎么——

蓝　（在门口）我以为有的，恐怕是我弄错了。

忆　要看好的，在明天晚上。

玉　怎么忆兰你面色很难看，好像很疲倦似的，想必是练得辛苦了。

忆　我还没动手啦。

玉　但是你应当。——

忆　自然，一定一定。可是我没有你帮着我简直不能练，因为我全忘了。

玉　我们马上温习起来如何？

忆　是的，你帮着我罢，玉门，你一定要答应我。——我明天当着许多人跳得不好是要丢脸的——你今天晚上不要做事，不要拿笔，完全为我牺牲这样一晚好不好？你一定要答应我。

玉　好的，我答应你。今天一晚我完全做你的奴仆。你这小可怜儿的，不过我只要——（向外走）

忆　你干甚么去？

玉　我只看看有信没有。

忆　不要去看。

玉　为甚么？

忆　求你不要去看，里头有没有信。

玉　让我只看一看。（忆兰坐下弹起琴来）

玉　（到门口站住）啊哈。

忆　如果你不跟我练习，那明天就跳不成。

玉　（跑回来到面前）当真生得那儿吗？

忆　真的完全忘了，马上就练罢，晚饭以前还有时候呢。你来替我弹琴罢，慢慢儿领着我就想起来了。

玉　敢不唯夫人之命是从。

（坐下在琴几上，忆兰从箱子里取出一面手鼓，赶忙扎上一条杂色丝围巾，一步跳在屋子当中）

忆　这下弹起来，我来舞。

（玉门弹琴，忆兰跳舞。蓝医生站在玉门身后看着）

玉　（一面弹着）慢点。慢点。

忆　不能慢——慢不下去。

玉　不要那样急。

忆　不行不行。

玉　（停止）忆兰，这样可不行。

忆　（一面摇着手鼓一面笑着）不是我告诉过你的吗？

蓝　我来替她弹琴罢。

玉　好的，让我好指点她。

（蓝医生坐下弹琴，忆兰越跳越似狂的一般。玉门站在火炉旁边一面看着，一面指点着她，却是她好像没听见。她的头发平散了，披在肩上，她完全不顾。只顾着拼命地跳。林夫人进来，站在门口呆看）

林　呵呀。

忆　你瞧我们多么有趣呵，克芬姐！

（还跳着）

玉　忆兰你这到底是跳舞，还是拼命？

忆　这是生死关头。

玉　老蓝停止罢。这简直跟疯了似的，停止罢。

（蓝医生把琴一停，忆兰突然站住）

玉　（对着忆兰）据我看这个靠不住，我不信你会差不多全忘了。

忆　（将手鼓一弄）你亲眼看见的，所以我说要你帮我温习温习。

玉　实在要温习温习。

忆　可不是嘛。你一定要陪我练习到底，好么？

玉　一定一定。

忆　今晚，明天，明晚。除掉我的事情之外，不许你干一些儿别的，不许看书不许看信，可以不可以？

玉　我明白了，你还是怕那个人？

忆　不错，一点也不错。

玉　忆兰，我瞧你的气色就知道——那信箱里就有他一封信呢。

忆　我不知道，可是我以为是的，我不愿你看那信。若是看了信，回头只怕很高兴的事情，弄得煞风景，没有意思。

蓝　（低声对玉门）你还是依着她罢。

玉　这小孩儿还是这样任性，但是明天晚上过了——

忆　那就让你自由。

（金妈开了右边的门）

金　饭已经开了，太太。

忆　金妈，预备两瓶香槟酒。

金　是。

玉　哟，真是客气。

忆　今晚是要喝到天亮。(叫)金妈，还要软糖，多些，管它，就是这一回了。

玉　(抓住他的手)不要这样发疯，还是乖乖地做我的依人小鸟儿罢。

忆　是，好的，你们先去喝酒罢。克芬姐，你帮我绾绾头罢。

蓝　(他们一面走进去，一面轻语)没有甚么事吗？不要紧罢？

玉　没有甚么，小孩子的见识，我不是跟你说过的吗？

　　(从右边进去)

忆　怎么样了？

林　他不在家。

忆　我看你的脸色知道一定没见着他。

林　他明天早上就会回来，我留了一个字条儿给他。

忆　你不应该那样，丑媳总要见公婆，只好静等那神妙的事了。

林　你等甚么神妙事情？

忆　你不会知道，你也到饭厅里去罢。

　　(林夫人由右边进去。忆兰独立半晌，好像定神打打主意，看看表)

忆　五点钟，还有七个钟头到半夜，再有二十四个钟头，就到了明晚夜深，那时候跳舞已经过了，二十四加七，还可以活三十一点钟。

　　(玉门在右边门里出来叫)

玉　我的小百灵儿怎么样了？

忆　(张开手对他跑去)她在这儿呢。

　　　　　　　　(幕闭)

第三幕

  同样的房间，中间摆着圆桌，圆桌四围摆着椅子。到厅上的门开着，跳舞的音乐隐隐听见。

  林夫人坐在桌子旁边，拿本书随便翻翻。她好像想看书却是心意不属，时时到厅口去看看。

林（看看表）怎么，还没有来？时候快过了，如果他没有，（听一听）哟，他来了。（她走到厅上悄悄地开了外边的门，轻轻的脚步声上楼来了。她低声说）进来罢，这里没有人。

柯（在门口）我看见你留给我一张字条，那是甚么意思？

林 我有话跟你说。

柯 真的吗？在这里？

林 我不能请你到我那里去，因为出入不方便。进来罢，没别人，这儿的用人都睡了，霍玉门夫妇都到隔壁去赴跳舞会去了。

柯（进房来）他们还跳舞吗？真的？

林 为甚么不可以跳舞？

柯 自然可以的。

林 这下我们来谈谈罢。

柯 我们还有甚么话讲吗？

林 有很多的话呢。

柯 我想不见得。

林 因为你始终没明白我这个人。

柯 有甚么明白不明白。一个狠心的女子，因为有了好主顾就丢掉她原有的人，这也是显而易见的。

林 你觉得我是这样狠心的吗？你以为我那时候好受吗？

柯 有甚么不好受？

林 你真的这样想吗？

柯 你要是不狠心，从前怎么会写给我那封信？

林　那是原不得已的事，那时候我不能跟你，所以只好打断你的念头。

柯　原来如此，为来为去，不过是为钱罢了。

林　你忘了我那时候母亲病着不能下床，兄弟又小，你也非常之困难，我本想忍耐着等你，可是万万地等不及，所以才嫁了那不相干的人。这种苦处，你们男人家哪里知道。

柯　就算是如你所说，总而言之，你是为了旁人拿我撇掉了。

林　我也何尝不责备我自己？就是到了那边也不过坐牢狱一样。我不过为了救助母亲，维持兄弟，坐了几年牢监罢了。（悲叹）

柯　自从你撇下了我，我觉着天地间没有方寸之地，可以容我。你看，我是个坏了船的人，抱着一片破船板，漂流在波浪里头呢。

林　可是救星就在眼前了。

柯　救星在眼前了，被你又挡住了。

林　我一些儿也不知道，士达，我万想不到我会在银行里顶了你的缺，一直到今天我才听见。——

柯　我信你，但是你现在打算让我吗？

林　不，我就算让你，于你也没有益处。

柯　有益处，有益处。无论如何我总要干的。

林　凡事总要想得周到些，这是我从辛苦艰难中得来的教训。

柯　我也从辛苦艰难中得了些教训，就教我别听好听的话。

林　这的确是有价值的教训，不过事实你总得相信。

柯　你这话是甚么意思？

林　你说你是个翻了船漂流在波浪中的难民。

柯　不错，我说这话有我的道理。

林　我又何尝不是跟你一样？我如今是无依无靠的了。

柯　这是你自讨苦吃。

林　从前也实是无可奈何。

柯　如今呢？

林　从今往后我们两个翻了船的人，互相帮助，你看怎么样？

柯　甚么？

林　两个人在一块儿，总比一个抱着一块破船板子好些。

柯　克芬。

林　你知道我为甚么到城里来？

柯　难道你还会想着我吗？

林　我生平最欢喜劳动，但是不愿意专门为自己劳动。我只要为一个人劳动，那个人就可以做我的伴侣，我就拿他当我劳动的目的。比方说，我愿意替你劳动，你的意思怎么样呢？

柯　我信不过，你不见得真心为我，这不过是普通女人舍身救人的一种好奇心罢了。

林　你看我是这样吗？

柯　你是真心愿跟我？你可知道我从前曾经做过许多坏事。

林　知道。

柯　你可知道社会上对我是甚么批评？

林　听你的话头，好像是说，从前一切的坏事，都是因为我撇开你才做的。倘若是我跟你在一块儿，还可以改邪归正。是不是呢？

柯　不错的。

林　现在来得及么？

柯　克芬，你可曾仔细筹划过？我看你的神情好像是出于真诚，可是你真有这样的勇气吗？

林　好在我想做人的娘，你的小孩子正没有娘，你要我。——我也要你。士达，我信你本来的人格。我跟着你，甚么都不怕了。

柯　（握住她的手）谢谢你，谢谢你。从今以后我要让人家对我刮目相看。——啊，我忘了。——

林　（听）这曲子是忆兰跳舞了，去罢，去罢。

柯　怎么？

林　你听见隔壁的音乐没有？忆兰他们恐怕就要回来了。

柯　我就去，目下已经不能挽回了，当然你是不知道我对霍玉门夫妻的手段。

林　我知道。

柯　你既知道，你还敢嫁我？

林　我深知道，失望的人，虽然出些坏主意也有不得已的苦衷。

柯　我很愿能挽回这件事。

林　还来得及呢，你的信还在他们信箱里呢。

柯　真的吗？

林　真的。可是——

柯　（打量她）原来你是这个意思啊，我明白了。你是为救你朋友的难，才牺牲你自己来嫁我。你说——是不是？

林　我已经为我母亲跟弟弟卖过一次身了，不见得再卖第二次。

柯　让我把我的信要回去罢。

林　不必不必。

柯　一定，我在这儿等玉门回来，问他拿我的信要回去，不就完了吗？

林　不。你不要这样做。

柯　你让我到这儿来，不就为的这封信吗？

林　起初原想这样，这会儿已经过了一天了。在这一天里头，发现了些想不到的事。我以为这种事不宜始终守秘密，总得让她丈夫知道才是，夫妻之间有甚么事总还是彻底说清的好，大家含糊着总没意思。

柯　只要你说这样好，就依你这样办罢。只要我能帮忙的地方，我立刻就——

林　（倾听）快些去罢，跳舞会已经散了，他们要回来了，我们在这里不便。

柯　我在街上等你。

林　今晚你一定要送我回去。

柯　我一生没有再比今天快乐的了。

（柯士达从里头走出去。厅与房之间的门，让它开着）

林　（收拾房子。把她自己的大衣之类捡好）真想不到，真想不到，总算是生活有了归宿，可以造一个美满的家庭。对了对了，——他们怎么还不回来？（听一听）啊，他们回来了，我穿起衣服来罢。

（一面拿起大衣，听见玉门同忆兰的声音。一会他们开了门，忆兰只不肯进来。她穿的是意大利舞装，披一条大元色丝巾。玉门穿着一身礼服、一件黑色罩衣，脱下来套在沙发上）

忆　不，不。我不进去，我还要去玩玩呢。

玉　算了罢，我的小姑娘。

忆　正在高兴的时候，把人家弄回来。真是——得了，让我再去玩一点钟罢。

玉　一分钟都不行，我们不是说好的吗？进去进去，回头着了凉了。

（忆兰尽管挣扎着，他轻轻把她搀了进来）

林　回来了吗？

忆　克芬姐。

玉　哟，林夫人，你还在这里？

林　对不起，我想等着她回来，想看看她穿着跳舞衣裳怎么样儿地标致呢。

忆　你一直等着我吗？

林　可不是嘛。我来的时候，可巧晚了一步，你们已经走了。我想今晚上不能不见见你。所以一直等着呢。

玉　（替忆兰取下丝巾）林夫人瞧瞧，值得一看罢，好不好，林夫人？

林　这还消说吗？

玉　谁都称赞。她可就是脾气执拗一点。真是拿她没法子。好容易才请回来了。

忆　玉门。你不让我多玩一会儿，你将来一定要后悔的。

玉　你听听看，她跳一个太兰蝶拉舞，都欢迎得了不得。虽然觉得略为过火一点，只是也非常地好了，总算是大成功，极盛的时候要是再好一会儿就减少了她的魔力了，所以我马上搀着我的意大利美人，四面向大家行了一个礼走了出来。就好像《聊斋志异》上说的一个仙女忽然驾着云上天去了，留得大家无穷的思慕。这层意思她哪儿知道。哟，这儿很暖，让我到书房里去看看。（开开书房门走进去）

忆　（赶快轻轻说道）怎么样？

林　我对士达说过了。

忆　那么——

林　我看你还是对你丈夫说明的好。

忆　（无精打采地）我知道了。

林　你不必怕柯士达，不过最好你尽管说明了。

忆　我不说。

林　信还在那儿呢。

忆　我自然有我的道理。喂！

玉　（走过来）林夫人。——

林　时候不早我要回去了。

玉　不再坐坐吗？这是你打的绒头绳手套么？（拿给林夫人）

林　（接着）谢谢。我差点儿忘了。

玉　你带着你的活计消消闷。

林　随便打着玩玩的。

玉　编物不如刺绣好。

林　怎么？

玉　绣花的姿势比编物好看，绣花是这样这样，右手抽着针，牵着一根长线觉得很美，对不对？

林　不错。

玉　编物的时候，两根长针一上一下，拨来拨去的没有甚么意思。——今天晚上那边的香槟酒可真好。

林　再见罢，忆兰妹妹，听人说话啊。

玉　不错不错。

林　明日见，霍先生。

玉　（送她到门口）明日见，明日见，好好儿回去罢。——我来送送你罢，不过没多远的路。

林　不用送，不客气，再见再见。（去）

忆　克芬姐再见。

玉　好容易她走了，椅子都被她坐化了。

忆　你疲倦了吗？

玉　我一点儿不疲倦。

忆　不想睡吗？

玉　我觉得精神非常之好，你呢？你好像疲倦了，想睡了。

忆　不错，很疲倦了，我就要睡了。

玉　你看，所以我赶快叫你回来。

忆　无论甚么你是不会错的。

玉　这才是逗人爱的小百灵儿呢。（抱着她）蓝医生今天晚上很高兴，你觉得么？

忆　是吗？我没有机会跟他说话。

玉　我也没大跟他说话，但是我很久没看见他这样高兴了。（看看她再就近一点）是不是回家来好得多？就只有我们两口子，多么有趣——你真是个迷人的小妖精。

忆　不许这样看着我。

玉　我不能看着我的小宝贝吗？我不该看着我亲爱的、独占的、我一个人享受的小宝贝儿吗？

忆　（走开到桌子那边）你今天晚上不要对我说这些话。

玉　我看你还是一脑筋的跳舞，这个样儿格外地可爱。这时候那边的客一定全散了，一天的热闹又过去了。

忆　这才好呢。

玉　可不是嘛。你可知道我在当着许多客的时候，故意离开你远远的，连话都不大跟你说，只时时偷看你一眼两眼，那是甚么意思？因为我想着好像我们的爱情是秘密的，彼此不过是私自订了婚，让人家决不想到我们有很深的关系。

忆　是了是了，我知道你的意思时时刻刻都是在我身上。

玉　等到要回来的时候，我拿着那丝围巾放在你的香肩上，遮住你那又白又嫩的脖子，好像你就是我的新娘子，还才结过婚呢。我同你回家来，就好像你还是头一次到我家里，我便好像是头一次跟你在一块儿——头一次跟我那含羞答答的小宝贝见面一样。即如今天晚上我瞧见你在那儿飘飘荡荡地舞，我的心也就随着你的姿态飘飘荡荡地动，我实忍不住，所以赶快拉着你就回来了。

忆　你走开罢，走得远些，我不要你这一套，不要——

玉　你这是甚么意思？我知道你是故意叫我着急呢。难道——难道你不是我的妻子吗？

（有叩门声）

忆 （站起来）听见没有？——

玉 （走出厅上）是谁？

蓝 （从外面说）是我。能让我进来一会儿么？

玉 （转轻说）他来干甚么？（高声）等一等。（开门）你来很好。

蓝 我走过这里好像听见你们的声音，所以来看看。（四围一瞧）这间屋子我好熟，你们二位在这里好快乐好清净。

玉 你今晚在那边也很高兴。

蓝 自然，为甚么不高兴呢？人生在世，有的受用，为甚么不尽量地受用呢？今天晚上的酒可真好。

玉 不错，今晚的香槟酒可真好。

蓝 你也觉着吗？我不知不觉喝了许多。

忆 玉门也喝得不少。

蓝 是吗？

忆 他一喝酒就格外高兴。

蓝 一个人忙了一天，本应该快乐快乐。

玉 忙了一天？我可不敢当。

蓝 可是我的确忙了一天。

忆 今天是大家休息的日子，你还做你那科学的试验吗？

蓝 是的，赶着用了一天功。

玉 可了不得了，忆兰也会讲起科学来了。

忆 试验的成绩怎么样？

蓝 成绩很好。

玉 成绩很好吗？

蓝 一定无疑，总算是个新发现。有我这个发现，无论对于医生，对于病人都是很有益处的。

忆 （接着追问）真的吗？

蓝 绝对地可靠。我既得了这样的成绩，哪能不高兴呢？

忆 你正该快乐快乐才是。

玉　只要你明天不还快乐的账就好了。

蓝　世间没有白受用的事。

忆　我看蓝医生你很欢喜假装跳舞。

蓝　是的，只要有各种新奇的装束。

忆　我们下次装甚么好？

玉　小东西子，就又想到第二次了。

蓝　下次你最好是装个仙女。

玉　穿甚么衣裳？

蓝　只穿家常便衣就是了。

玉　对极了，可是老蓝你装个甚么？

蓝　我么？我早已打定主意了。

玉　甚么？

蓝　下次我来演一套隐形术罢。

玉　这太有趣了，但是怎么个演法？

蓝　下次我来了，你们不听见我说话，而且谁也看不见我。

玉　（颇惊讶，忍住笑着说道）不见得。

蓝　哟，我几乎忘了我是干甚么来的。玉门，给我一支雪茄烟。

玉　好极了。（拿雪茄匣子）

蓝　（取一支剪去头子）谢谢你。

忆　（擦根洋火）我给你一个火罢。

蓝　谢谢。

　　（她点着火，蓝医生就吸着雪茄）

蓝　这下我要告辞了。

玉　再见再见。

忆　回去好好安睡。

蓝　谢谢你的关照。——还谢你点的火。

　　（他点点头走了出去）

玉　（低声说）他喝得不少了，有些醉了。

忆　（神情不属的样子）恐怕是。（玉门从袋中取出一串锁匙到厅上去）玉门你干甚么去?

玉　我去开信箱。

忆　你今天晚上还办事吗?

玉　不办事。不过这些信也应当清理清理了。——怎么?谁动过这锁来着?

忆　锁?

玉　一定有人动过了,这是怎么回事?我想底下人决不敢。这儿有一根断了的头发针,忆兰这一定是你的。

忆　(快接)那一定是小孩子们。——

玉　你不应该让他们这样胡闹。——好容易才开开了。(拿出信件,对外面叫人)金妈,叫他们把灯全熄了,扣上大门。(他拿着信,关上门)你瞧这样一大堆。(翻检着)哟,这是甚么?

忆　(站在窗口)信,不要看,玉门不要看。

玉　两张蓝医生的名片。

忆　蓝医生的?

玉　(看着名片)是的。这两张名片在上面,一定是才放进去的。

忆　上面没有写甚么吗?

玉　在名字上画着一个黑十字,你瞧这是不祥之兆,这简直是他自己在那儿报丧。

忆　正是这个意思。

玉　你知道吗?他多会儿告诉过你?

忆　是的,这名片就是他末一次告别的意思,他一定是关着门,自己在屋里就那么死。

玉　可怜可怜,我们也知道他是不能长久,可是想不到这样快。

忆　一个人要死,还是不声不响地死最好。你说对不对?

玉　(走来走去叹气)他跟我们这样亲热,想不到就此去了。他的不幸比着我们的幸福,好像日光衬着黑云格外分明,只是也无可奈何,在他或者是这样好也未可知。如今我们的好朋友死了,只剩下我们两个人格外觉得亲密,我恨不得一天到晚陪着你不离开一步,我还觉得不够。我总想有甚危险到了你的身上,让我好拼着性命赴汤蹈火地替你出力,才显得我爱你的真诚。

忆　（推开他毅然说）这下你可以看你的信了。

玉　不不，今晚不看了。今晚我要陪你。

忆　你应常想念着你临死的朋友。

玉　不错不错，出了这种事，实在扫兴得很。既是这样，让我来看看信罢。——我想还是到书房里去看，可以就便分类。——我们只暂且离开一会儿。

忆　（拿手抱住他）玉门再见。

玉　你不要着急，我一会儿就来的。（他拿着信走进书房里去）

忆　（睁开眼摸来摸去拿了玉门的罩衣披在身上，断断续续地很快地自言自语）再不能见他了。不能，不能，不能。（拿她的丝巾缠上）再不能见着那些孩子们了。不能，不能。咳，那漆黑冰冷的水那无底的深潭。——我盼望甚么事都完了。这会儿他拿着那封信了，他念着了，还没有还没有，玉门，别了。——小孩子撒下罢。

（她正从厅上跑出去。玉门将书房门一开手里拿着一封开了的信）

玉　忆兰。

忆　喂。

玉　这是怎么一回事？你知道这封信里写的是甚么？

忆　我知道，让我走罢，让我走罢。

玉　（抓回她来）你要到哪里去？

忆　（想挣开）我不要你救我，玉门。

玉　（退回）真的吗？这信里头写的是真的吗？我看决不会是真的。

忆　这完全是真的，我因为爱你，所以一切都不愿了。

玉　这时候用不着拿这种蠢话来支吾。

忆　（近前去）玉门。

玉　你这个浑蛋女人——做的好事。

忆　让我去罢。——我不要你救我，我不要你拿我的罪名担在你身上。

玉　（挡住外头的门）你当着我从实招出来，你知道你的是甚么事？说，你明白不明白？

忆 （目不转睛地看着他，冷冷地答道）我这才明白了。

玉 （走上走下）唉，可怕，我这才睡醒，在这八年中想不到我所最宠爱的人是一个骗子，小人。——还要坏，简直是个犯罪的人，真是没得丢丑的了，嗯。

忆 （无语，只是尽管看着玉门）

玉 我早该知道，我早该明白有今天。你父亲的没有道德，（忆兰想说话，玉门急急止住她）——不许说话——你父亲的没有道德，没有品行，没有信仰心，没有责任心，这种种的坏处都遗传给你了。从前我帮他的忙，都是为你，谁想你是像这样地报答我。

忆 不错——像这样的。

玉 你拿我一生的幸福全破坏了，我将来的事业也被你糟蹋了。想起来真可怕呵，想不到我会为小人所把持，他尽管由着性儿收拾我，由着性儿敲诈我。我除顺从他的条件外，拿他丝毫没法儿治。唉，归根究底，坏事都在一个荒唐女人身上。

忆 只要我走出这世界去，你就自由了。

玉 得了，别尽拣好听的说。你父亲也是只有一张嘴。就算是你死了，于我有甚么好处？他还不是一样地宣布，人家一定疑心我是主谋，在里面指使着你呢。承你的情，谢谢你。总算我们结婚八年以来我没有白疼你，你替我干的好事。

忆 （冷静的态度）不错。

玉 这事我真想不到，我真不懂。如今我们总得想个办法，把围巾拿下来，拿下来。听见没有？我一定要想个法子去稳住他。——事情总是要了结的——而且外面丝毫不能声张——不能让外人知道，你明白罢？你还是算我的妻子，还照样住在那家里，不过小孩子不能让他们跟你，我不敢拿他们交给你。——唉，想不到要对你说这些话。唉，从前那样爱的如今还——得了，不用多说了。那都是过去的事了。从今以后还说甚么快乐？不过是敷衍、遮盖、补救。只怕——（铃声。玉门惊起）甚么？这么晚？坏了坏了。莫非他——。你快躲起来，就说你病了。

（忆兰站着不动，玉门前去开门，金妈进来）

话剧剧本　59

金　（披着一件衣服站在外头）这儿有封信给太太的。

玉　给我。（抢过信来关上门）是的，他的，不能让你看，我来念。

忆　你念罢。

玉　我，我简直不敢拆。我们一家完了，完了。我一定知道。（赶快拆信看两三行，看看结尾欢喜地叫起来）忆兰，这我可好了。

（忆兰不明白望着他）

玉　忆兰。——让我再看一遍——是了，是了，不错。这下我好了。忆兰，我好了。

忆　我呢？

玉　你自然也好了，我们两个人都得救了。你瞧——他拿你的借据送还给你了。他还说很抱歉，很对不住。这个人将来不可限量——管他怎么样。总而言之我们没事了，从今往后，谁也不会害你了，赶快把这张讨厌的东西毁了罢。我看看——（看看借据）我不看它了，甚么也没有，这桩事不过是一个恶梦。（将借据撕碎投入火中看着烧完）好了，完了，他信里说他跟你在三天前动手交涉的，这样看来这三天你吃了苦了。

忆　我不遗余力地奋斗了三天，这三天可真难过。

玉　你烦恼极了，没有别的法子，逼得你只好——啊，那种可怕的事不要去想它。难关过了，难关过了，忆兰你听见没有？你好像还不信似的，真的，难关已经过了。你为甚么还是板着脸？哟，忆兰，我知道你是还怕我不能宽恕你，可是我敢说完全不怪你了，我知道你所做的事都是因爱我而起。

忆　这是真的。

玉　你深知道女人应当怎么敬爱丈夫，只因你没有见识就拿事情弄错了，我岂能为你这无心之错，就减去了夫妻的爱情？放心大胆地倚靠着我罢，我自然会指点你，教导你。我瞧着你这样懦弱可怜的相儿，我还不加倍地疼爱你，我就算不得男子汉了。刚见头一封信的时候只觉得天翻地覆，对你说了几句气话，你千万不要放在心上，我可以发誓，我已经完全饶恕你了。

忆　谢谢你能饶恕我。（从右边走出去）

玉　喂，站住——上那儿干甚么去？

忆　（里面答应）去脱掉我的跳舞衣裳。

玉　好，你去脱罢，你定一定心，不要发愁，诸事有我呢。我的大翅膀可以替你遮盖，你只要藏在我的翅膀底下便甚么都不怕了。（在门口走来走去）从今往后，我们的家庭多么美满。可爱的忆兰，你很安稳了，我处处都能够保护你。你好比一只受伤的黄莺儿，我从鹰爪子下头把你救了回来，一会儿我就能够镇定你的惊魂。到了明天，我们一切就都跟从前一样了。我早已饶恕了你，不用多说，你也可以信我跟信你自己一样，你想我怎么忍心赶你走？又怎么舍得怪你？忆兰，你不懂得真正男子汉的心肠，男子汉是拿饶恕自己的妻子当一桩畅快有趣的事情的，所以从心坎儿里头自己愿意。妻子经过一次饶恕，便加倍成了丈夫的私产一般，格外为丈夫所看重。你好比死而后生，从今往后，你非但是我的妻子，简直跟我的儿女一样。可怜的忆兰，一切都尽管放心，诚心地靠着我，我就是你的良心，我就是你的意志。（忆兰换了家常的衣服走进来）还不睡吗？你换了衣裳吗？

忆　是的，这下我换过了我的衣裳了。

玉　这个时候了。还换衣裳干甚么？

忆　我今天晚上不睡了。

玉　可是——忆兰。——

忆　（看看表）还不迟呢，玉门你坐下来，我们有很多的话讲。

玉　甚么事情？板着脸——

忆　坐下来，别耽误时候，我有很多话对你说。

玉　忆兰，你这是怎么回事？我不明白。

忆　正为这个，你不明白我。我也一直到今夜没有明白你——别忙，听我说完，我们如今非算算这篇账不可。

玉　这是甚么意思？

忆　你觉得不觉得——

玉　觉得甚么？

忆　我们结婚已经八年了，你觉不觉得我跟你、妻子跟丈夫像这样对坐着谈正经话，还是头一次吗？

玉　正经话？你说甚么是正经话？

忆　从我们见面起已经不止八年了，我们从来没有关于一桩正经事情，谈过一句正经话。

玉　我能够拿我的烦难事情叫你来担当吗？

忆　不是那样说，我是说我跟你从来没有同办过一桩正经事情。

玉　你又何必干甚么正经事呢？

忆　所以我说你不知道我。——我也就受了糟蹋了。先就被爸爸，后来被你。

玉　甚么？被爸爸跟我糟蹋了？你不想想世界上哪个爱你最深？

忆　（摇头）你不爱我，你不过觉得跟我在一块儿好玩罢了。

玉　你这是说的甚么话？

忆　我说的话一点也不错，我在家里跟着父亲的时候，爸爸说甚么，我听甚么，因为爸爸不喜欢女儿有丝毫意见，所以我无论甚么事情，总是千依百顺，不敢自己做主。爸爸说我好玩儿，爸爸跟我玩儿。就像我跟我买来的小人儿玩儿是一样。自从住到你家里来。——

玉　甚么话？糟糕糟糕。

忆　（不睬他）我从父亲手里转到你手里。你对于无论甚么事情，都只要合你的胃口就是了，我也只好顺从着。有时候我从心眼儿里不合适，我也只好装着合适，不愿意，也只好装着愿意。我现在想一想，我住在这里好像是一个吃剩饭的叫花子，你不过是让我变戏法儿给你乐一乐罢了。你是自然欢喜这个样儿，可是你可害了我了，我今生今世一无所能都是你们的过处。

玉　忆兰，你这话真是好没道理，好没良心，你在这里还不享福吗？

忆　我没有享过福，当时以为享福，其实不然。

玉　没有享过福？

忆　没有，不过偶然高兴是有的。你对我很亲热，但是我们的家没有别的，也不过如同玩笑场中罢了，所以我变了你玩意儿的妻子，就跟在家里做玩意儿的女儿一样，几个小孩子便也成了我的小人儿了。我想起来真可笑，我跟你玩儿的时候就好像小孩子跟我玩玩是一模一样。玉门，我们做夫妻不过如此。

玉　你说的话，虽然有些过分，也有几分对的。可是从今往后，就要不同了。玩耍的时候已经过去，教育的时候要来了。

忆　教育谁？我还是几个小孩儿？

玉　两方同时教育。

忆　玉门，可惜我不配拿我教成顺从你的良妻。

玉　你说这话吗？

忆　至于我，我也不配教育孩子。

玉　忆兰，你——

忆　你不是刚才说道你不敢拿他们交给我吗？

玉　那是气头上的话，说它干甚么呢？

忆　不对，你那个话一点也不错，这种事本来我不配做。而且我有一件要先办的事，就是教育我自己，这件事你帮不了我的忙，必得我独自去干，所以我就要离开你去了。

玉　（跳起来）你——你说甚么？

忆　我既已明白我自己跟我一生的事，非一个人去努力不可，我自然就不能跟你在一块儿了。

玉　（想不出话来）忆兰，忆兰。

忆　我马上就走，我想今晚可以到克芬那里去住一宿。——

玉　你简直疯了，我不许你这样，不行。

忆　这会儿你的命令不行了，我拿我自己的东西带着走。你给我的，我一概不要。——永远不要。

玉　你怎么疯到这步田地？

忆　明天我就回家去。——回到我自己的家里去，我想总可以找点事情做。

玉　你一点经验没有，怎么——

忆　我可以想法子得点儿经验。

玉　你撇开你的家，撇开你的丈夫，甚至于撇开你的小孩子，你知道社会上会怎样谈论你？

忆　我顾不了那些，我只知道应该要这样做。

玉　可了不得了，难道你能够撒下你神圣的责任吗？

忆　你说甚么是我神圣的责任？

玉　这还用我说吗？就是你对于你丈夫跟小孩子的责任。

忆　我还有一个责任跟这个一样地神圣。

玉　万没有的，你说是甚么责任呢？

忆　我对于我自己的责任。

玉　无论如何，你总是人家的妻子，总是人家的母亲。

忆　那些话我全不信了。总而言之我是一个人，跟你一样的。我无论如何，总得努力做人才是。我知道许多的人都是跟你一样的想法儿，书上也是那样说。不过从今以后，人家的话，书上的话，我都不信了。一切总得我自己想，必定要我自己明白。

玉　难道你不明白你在自己家里的地位吗？难道古圣先贤颠扑不破的道理不能指导你吗？你没有信仰吗？

忆　我不懂得甚么古圣先贤，甚么信仰。

玉　这可格外胡闹，真了不得了。

忆　孔子也好，耶稣也好，佛也好，他们经上，叫我们这样叫我们那样。我想总得自己过细地想想他们的话是否真的。还得就我自己本身，考验考验看是不是真的。马马虎虎，糊里糊涂，就去信这个，信那个，未免太可笑了，也未免自己太看不起自己了。

玉　呵，这种话真是从来没有听见过，想不到这样年轻的一个女人会说出这种话来。可是你没有信仰，难道你连良心都没有吗？我想你还有些个道德观念也未可知，唉，恐怕。——你也没有吗？

忆　这个很难说，我也可以说是不明白。不过我觉得我对于道德良心的意见，完全跟你不同就是了，比方如今的法律我就不以为然，哪有女儿，不许顾全她的父亲？哪有妻子，不许搭救她的丈夫？这种机器似的死法律，叫我从哪儿相信起？

玉　你真是个小孩子，你忘记了你是住在社会里头。

忆　这下我得要学学，看到底是社会对还是我对。

玉　忆兰，你有病吗？你一定是在那里发热，我看简直是疯了。

忆　我从来没像今天晚上这样清楚，这样有把握。

玉　你果然就撇下你的丈夫跟你的孩子去吗？

忆　是的，不错。

玉　这样看来，我只有一句话可说。

忆　甚么话？

玉　你是不爱我了。

忆　自然。

玉　忆兰，你忍心这样讲吗？

忆　对不起，你总算待我不错，可是没有法子，玉门我不爱你了。

玉　（勉作镇静）你决定不爱我吗？

忆　决定的，因为我不爱你，所以就要走。

玉　能不能告诉我，你为甚么忽然不爱我了呢？

忆　能够的，今天晚上我本来预备有一桩神妙的事情发生，却是没有发生，我才知道平常日子我看错了你了。

玉　你的话我不大懂，还请你说得明白一点。

忆　我耐着性子等了八年，我知道那神妙的事情，决不能随便发生。我所谓神妙的事，老实说实是你极端爱我的一层表示。在祸事发生的时候，我一直对自己说"神妙的事情要来了"。当时柯士达的信还在箱子里，我决不想到你会要去依从他的条件，或者敷衍他。我以为你会对他讲"听凭你宣布去罢"，宣布之后——

玉　让他发表不是丢我亲爱妻子的脸吗？——

忆　我以为你会挺身而出，说那桩事情完全是你做的。

玉　忆兰。

忆　大约你也知道我不会让你替我担罪名，自然我一定不会的，可是你的话比我的话人家容易相信，你既那样说，人家一定当你是真的。我期望你有这样一片心待我，我又非常地害怕，这就是我所谓神妙的事。我因为要防止这件事情，所以只好去死，死了就证明罪名在我身上了。

玉　我愿没早没晚地为你辛苦，但是没有哪个男人能够牺牲名誉去爱一个女子。

忆　千千万万的女子为男子牺牲了名誉。

玉　看你所想的所说的简直是傻孩子。

忆　不错，你所想的所说的，也不是我所愿嫁的人。当那件事情发生的时候，你非常害怕，你害怕——也毫不为我，完全为你自己。等事情过去了你又装着没事人儿似的，我还是你的小鸟儿，仍旧是你的玩意儿，因为女子软弱无用总得受你的保护。我从那个地方，忽然大大地觉悟，原来八年之中不过跟一个陌路生人同住，糊里糊涂养了那么三个孩子，我难过死了，恨不得拿我的身子撕得粉碎。

玉　（悲叹）原来如此，原来如此。忆兰，我们两个中间已经隔开了一条河。忆兰，这条河填不起来吗？

忆　如今我已经不是你的妻子了。

玉　我也还能够改变一个人的。

忆　除非是你的玩意儿不在你身旁了。

玉　我跟你就此分开吗？不，不。我还没有懂你的意思呢。

忆　（从右边门走进去）你不懂就格外要分开。

　　（她拿着大衣，等再走出来，手里一只小提包，放在椅子上）

玉　忆兰，何妨明天去呢？

忆　（穿大衣）我不能在生人家里过夜。

玉　我们不能做兄妹吗？

忆　（戴帽子）那也不长久的。（围围巾）告辞了，玉门。我不去看小孩子了，我知道有比我好的人照看他们，像我现在这个样子，他们也用不着我的。

玉　忆兰，不过总有一天——有一天我们还——

忆　我怎么知道？我也不知道我将来怎么样。

玉　无论怎么样，你还是我的妻子。

忆　夫妻既是离开就完全断绝关系，你我从此，都完全自由。你爱怎么样就怎么样，毫不与我相干，你的戒指给还你，你也拿我的还我罢。

玉　连这个都——

忆　自然。

玉　在这里呢。

忆　好极了，这下都办完了。钥匙放在这里，料理家事，底下人比我能干，明天我动身之后，克芬会来替我拣东西，我从家里带来的，我都拿了去。

玉　完了，全完了。忆兰你还会不会想着我？

忆　我会常常想着你，想着小孩子，想着这家人家。

玉　我可以写信给你么？

忆　不，千万不要通信。

玉　但是我可以寄点儿甚么给你？

忆　不要，不要，甚么都不要。

玉　我一定帮助你一些用费。

忆　我不能受陌路生人的钱。

玉　我始终不过是一个路人吗？

忆　（提起皮包）除非是那神妙中的神妙事情发生。——

玉　甚么是神妙中之神妙？

忆　那除非我们两个人都变到——玉门，算了罢，我再不信有神妙的事情了。

玉　但是你告诉我，我们应当变到怎么样才——

忆　除非我们同居的生活，可以算得真、正、的、夫、妻。再见。

（她从厅上走出去）

玉　（他拿手蒙着脸上坐下在门口一张椅子上）忆兰，忆兰。（站起来四顾一望）完了，她走了。（好像忽然生了希望心）啊，神妙中之神妙。

（听见下面关门的声音）

（幕闭）

皮格马林[1]

独幕剧

皮格马林（他在一个塑像前站着，表出无言的虔敬。这个像披着短短的衣——越少越好。他揭开帷幔的一部分，像在半暗中隐隐可见。外面连着三次敲门，他全不听见。）

蒂罗（又肥又重的妇人，悄悄地走进来，手里端着盘子，里面是给她丈夫皮格马林吃的中饭。有两个小女孩儿——她的女儿，紧紧地揪住裙子跟在她的两旁。）

皮　谁又打扰来了？（闭上帷幔）

蒂　（小声，有气没力短促的声音）午饭预备好了，坐下来吃罢。

皮　午饭？我没有像你那样容易肚饿。我是要为我自己的魂求面包。

蒂　有豆儿汤，有羊腿——都是你欢喜的。

皮　不许再多说话。你又把我心里再也叫不回来的东西完全破坏了。这儿的问题是永久。我不能不使后世的许多民族，见了我的作品发生惊讶。——这儿你的豆儿汤又来了。你对后世是有罪的。我不知道对你说过多少次，简直没进到你的脑门子里去吗？

蒂　好呐好呐，这儿不行，那就请你到厨房里去吃罢。

皮　出去出去。

蒂　（惊讶的样子，和小孩子一同走出去）

皮　（揭开帷幔）你是石头做的。可是有血有肉的身体也没有你这样有生气。

---

[1]【题注】载于1930年《戏剧》第二卷第一期，署名：德国 Schmidt Bonn 作　予倩译。

我成功了的东西，只怕再成功的人一个也没有罢！你在人间就是寺院，是说教者，是天堂，许多人举起两只手向你跪拜。我，——我的自白——以为我爱了你是不对的。我爱你的腰，爱你的肩。你的手臂大的部分，小的部分，怎么那样匀称，你的脖子怎么那样明秀，从你的胸口抽拔出来！别看它柔软，可很稳当地支持着你的头。你的一切是均衡。你就是美。地上一切的女人都和你在一处，不过你自身在地上只是美罢了。（用长时间对着石像加以观察）但是！倘若你活了！倘若你的眼睛有了颜色，倘若你的手能够动。是呐，你动一动看。抚着我的头发试试。神啊！神啊！——把生命给这个女子罢！让血在她的身体里头流着，给她笑，给她说话罢！一天也好，一时也好，一眨眼的时间也好，让她活罢——我在你的脚上接吻，我的口亲到你的手上。爱人啊，从今以后，就是现在，我敢这样。是的，我的口要接近你的口。再亲一次罢。神啊，一切的神啊，如果你们不能够令石头活——那么，那么我让它活给你们看。这个接吻不能不点着你身里头的火。你回我一个吻罢。爱人啊，活罢，活罢。不行的，像我这样的蠢材。这是干甚么？理性从我的头上滚下去了。（关起帷幔，很悲似的，疲软着坐下去）我们所谓艺术是甚么？我所要求的是一个活着能动的爱人啊，而我的作品是冰冷凝结着站在那里的东西。我要把我的名字挖去，再不会跟这个作品有甚么关系罢！和死女人一同过日子我真不愿意。（拿凿子，打开帷幔）

像　（一只手放下来）

像　（吃惊站住）

像　（两臂及头震动，开着眼，惊骇四顾）

皮　啊！神啊！神啊！（倒在像的脚下）

像　（惊视。从台上走下来）

皮　女王陛下！

像　你是谁？

皮　我是你的部下人。

像　我是谁呢？

皮　你本是石头，我和你接吻，你就活了。

像 （两手轻轻拭口）帮帮忙让我下来罢。

皮 请看这把椅子，好像宝座一样高，请坐在这里罢。（他把自己的衣角抹椅子）

像 啊，好冷！

皮 把这块布披在身上罢。

像 哟，这样丑的布吗？

皮 暂且将就一下罢，等找着好的再换。

像 我是谁呢？

皮 我把石头雕成了你，可是我的灵魂在燃烧的时候，你也就温暖了——活了。

像 那么如今怎么样？

皮 如今你住在我这里。

像 住在这样丑陋的房里？

皮 我们用五色的布悬挂在墙上罢。把染着色的绒毡铺在地板上罢。

像 为甚么你的头发是那样乱七八糟地披着？为甚么你的嘴上像荆棘一般地长着胡子？唉你真瘦得不像样儿呢！你的脖子皮那样皱着。呵呀，你的鼻子又太大，额角也太宽。

皮 这样难看的外表算甚么。我的价值是藏在里头的。我把我最深奥的心在你面前展开罢。这个除你之外再没有谁能够像你这样了解罢。你就是我的血，你是我造成的。我们虽然分为两体，其实就是一个人。

像 我肚子饿了。

皮 啊！我没有留意到，实在对不住。无论如何你不全是天上的。让我叫他们拿饭来罢。虽没有和你相称的黄金盘，可是清雅洁白的桌布上放着几样家制的小菜！（走到门口）

像 慢着，你说，我到底是谁呢？

皮 你是我的。天赐给我的。艺术是甚么？生命是我所希求的。把生命拥抱着在怀里。（开门）喂，把饭开来。带块净的桌布，银调羹。（拍手）快点。（关门）

像 （用布紧包住身体）你跟谁说话？

皮　我的女人，她替我预备我肉体所需要的东西。

像　她会进来罢？

皮　她来替你摆桌子。把饭菜放好了，她就出去的。

像　我怕。

皮　是的，你不能和她见面，她也不好见你，让我从门口把盘子碟子，一个一个搬进来罢。

像　我也怕你，为甚么你老把眼睛盯住我？

皮　用魂的全部分造成你的，这个人——他，都不能看着你吗？一直到我最后的一天还是要对你看着的，除你之外，我是睬都不会睬的。把你神圣的手让我亲一亲罢。在你还是石头的时候，我已经这样做过好几次的呢。

像　（把手缩回去）

皮　你的脚也给我……

像　我想要你那样的鞋。给我罢，地板太冷，又很硬的。

皮　你非穿红鞋子不可，还有梳子、戒指、首饰，所有一切的东西都要给你。今天我的后援者要来，他是个有钱的人，我从他那里弄点钱，你要甚么我就替你买甚么。

像　这个人比你强罢？

皮　他是个阔人。他从运命那里比我多弄了几个钱。

像　看起来钱是好东西。这个人几时会来？

皮　就会来的。他是我一生的好朋友。

蒂　（带着两个小孩子，端着饭菜走来）

皮　等在门外头。唉，已经来不及了。为甚么你不敲门？我本想是从门口把菜传进来的。

蒂　我就出去的，又不会来扰你。我走路都总是蹑着脚步儿的。（她对小孩子使个眼色，让他们在门外头不要进来。收拾桌子。她忽然看见一个不相识的女子，大惊。她用谦逊的态度问丈夫）请你告诉我这位女士是谁。知道名姓，也好招待。可是——

皮　她还没有名姓呢。

蒂 （惊视）

皮 她还没有名字的。你看你像个甚么样子。头发披到耳朵上。小孩子们呢，——唉，你为甚么不给他们洗洗手洗洗脸？这儿用不着他们，一齐给我滚出去！

小孩 （哭起来，都跑了）

像 那都是你的小孩子吗？

皮 这是不能撒谎的，是的，那两个是我的小孩子。

像 那么这位太太是你的——？

皮 你说的一点不错。她是我的女人。（对蒂罗）喂，怎么摆两个盘子？

蒂 一个是你的，一个是待客的。

皮 我的不要，我不配跟她同桌吃饭。

蒂 （更惊，突然叫出声来，跪倒像前）

皮 看起来，你也明白了吗？一块儿出去罢。让她一个人清清静静吃饭才好。

蒂 这个人怎么跟你造的那个像一样。简直像姊妹一样。

皮 像姊妹？她就是我的像。石头变了肉了，我的像活了，这是奇迹——到底在我这里发现了。不是奇迹，这是当然的事。现在我就跟你说罢。我们的生活，从今天起，就要变了。你跟小孩子都住到羊圈里头去。我跟她两个人就住在家里。以后把这里收拾好了，地板抹干净。近边哪家有绒毡借一床来。你这样呆站着，眼睛直着有甚么用处？

蒂 你说甚么？你的石像——

皮 这是我的石像。她会动了。会看，会呼吸，她活了。——她是我的。像这样美丽的人，就是天上的女神也比不上她。

蒂 你疯了。胡说八道的！（她揭开帷幔只见一个空台）

皮 （对像说）请到这边坐，勉强吃一点罢。

像 我不欢喜这个，我怕那种冒出来的热气。

皮 （对妻）喂！快拿筐子出去买牛肉，拣好的。果子，葡萄，蔬菜。烤的，蒸的，煮的，——快快快！

蒂 没有钱。

皮 没有钱去借，快快快。

蒂　你不是知道的吗？谁也不会把钱借给我们。

皮　这个——拿去随便卖了。不管多少钱卖了它罢。（他随手取一个青铜像交给蒂罗）

蒂　一时哪里有人买？——你是知道的。

皮　这怎么好？这可怎么好？

蒂　这样好的羊肉，你最欢喜吃的。

像　（抱头伏在食桌上哭）

皮　了不得了，这是怎么了！

蒂　不要理这么多罢，还是吃你的豆儿汤罢。

皮　千万不要哭，我为你甚么都可以的。你的希望我都可以给你实现，你不欢喜羊肉，我自己去另外替你买过。

像　我要走了。

皮　你到哪里去？

像　我要离开这里，要离开这个家，从你们这里走出去。

皮　走出去？你不能走。门外的世界，比这里更丑恶，外边有暑热，有寒气，有尘埃，有雨，有骚乱，你想食甚么，你想穿甚么，晚上你想在哪里睡，就有骗子，无赖，流氓，你落在他们手里那还了得。

像　我要走。

皮　这不行，你把我的心从我的胸膛里挖出去。

蒂　这个不是好东西，拿把斧头来劈了她，让她再变石头罢。要走？你费了一年的心力好容易才做出来的，要走？走了谁来给钱？

皮　要走我也一同走，我就算讨饭——我们两个人的面包总弄得到口的。好，你穿着我的鞋，我们走罢。我来领路，走僻静的路，让谁也不会看见。

像　啊！我真悲伤。你始终让我是石头倒好了。为甚么你要给我生命？这个地方甚么都是丑恶。倘若你跟我一同去，一定把我带到丑恶的人群里去的。

皮　你这样不爱我吗？

像　是的，我没有爱你。

皮　我这样爱你，你却不爱我，怎么会有这种事？你和我所想象的怎么能够有丝毫的不同？实在你是我造的。不是完全从我的内心出来的吗？好，我们走罢。从这里出去，从这条街出去，从这个国出去；我们坐船罢，我们扯起风篷来，我们漂过一个很美丽的青天碧海，到一个岛上，在那里，除了我们两个人之外再没有第三个人的呼吸。在那里长着果子胡桃洋莓，在那里我们不要金钱，甚么都很丰富。

像 （跪下来）你把我再变成石头罢。求求你，把我再变成石头罢。

皮 就算我这样想——但是我做不到。你如今活了，跟我一样，跟这个女人一样，你是个人了。还有，就算我做得到——我也不肯不是？你不能不活，这是我所希求的。

像 既是这样，我坐在这里不动，我闭上眼睛，就这样看再会变石头不会。我等着。（坐定闭着眼睛不动）

皮 我真是不幸的人！（对妻）你到外头去。

蒂 很好吃的汤你吃罢，再不吃完全冷了。

皮 走！你那种乱头发，大声音，重脚步吓坏了她了。

蒂 得了，这个汤（她想举起盘子来打过去，又忽然住手）不呐，留着给小孩子吃罢。（端着出去）

皮 （跌倒在像前）你的眼泪给我一点一滴都是好的，也好让我把心里的悲痛能够发泄一下，我造成了你，你只落得轻蔑我。（他也丝毫不动地坐着）

（静默一会儿）

蒂 （和定像的阔人倪左思同上）请你自己来看看就明白了。

倪 （白发，打扮得很整齐，手上戴好几个戒指，额角突出来，很兴奋地呼吸着）我看不见她的脸。

蒂 （把帷幔揭开）在这儿呢，你瞧，这儿空了。我要不是亲眼看见，也跟你一样不信的。

倪 神造出种种的奇迹来。但是这个——我总得要先看看她的脸。

蒂 到旁边去扳起她的头来看看。

倪 慢着，不好太打扰她。

蒂 有甚么打扰。有甚么了不得要这样尊敬？她不是石头做的吗？石头哪里有甚么贵的血统？她的家族都还不是几块顽石，许多公牛在上头拉

屎？喂，你这东西把脸给这位先生看看！（走上去拧那像的脖子）

像 （站起来）

倪 啊！万能的上帝，这是她的尊容啊！

蒂 我说甚么来着？

倪 这是你男人用来造像的几个模特儿中的一个人。

蒂 我丈夫用十二个人做模特儿来造成这个像，但是那十二个人当中没有一个像她这样的人，你仔细看看。

倪 你的话不错，正是那个像。啊，美哉，美哉！

皮 （如从梦中惊醒举目见倪）你吗？（站起来）我约你来取这个像，但是现在不能给你了。我一定和你毁约。我在诸神之中，有了一个朋友。你看，我造的像活了。

倪 不错，我好像要晕眩似的。活着的像，比石头造的更美。

皮 是的。我和你打开窗子说亮话，请你把我的作品就这样让回给我。

倪 我照条约付钱就是。

皮 甚么？我为求自己的生活，不能不拿死艺术来卖钱，可是这个活着的是无论多少钱都不能卖。

倪 对不住。定造这个像的是我，你这个像是为我造的。

皮 你定的是石头，这是个有皮有血有肉的人。

倪 这在我毫无区别，我对于你的作品很满意。好，这里是你的报酬，请收着罢。

皮 我不能给你。我照你所定的另外做一个石像给你就是。

倪 老板，你的杰作成功了，这面上的皮肤，真跟大理石一样地透明，我送给你这一点报酬罢。

皮 你不要提起报酬。你把报酬从桌上拿回去，放在你的皮包里头罢。你在这里已经没有甚么用处，请回罢。

倪 我不跟她一块儿不能回去。你太把我当成大傻子了。你要知道，我一生就随时等着这样可惊的事，你看朋友的面上，把她给了我罢。我送给你一座一生都用不完的石矿。

皮 我一句多话也不能再听你的。你的金钱不是能够买到一切的，我心里可很不舒服。我在你的好意之下，很长的时间呻吟着流着血一直到如今，如今我也称得起是阔人呢。

像　啊，不相识的先生。

倪　啊！这个声音！

皮　（不高兴的样子）请坐下来罢。

像　（指倪）我愿意跟这个人；这个人说不出地很漂亮，很惹人欢喜。

皮　不要再多说话。我再不能信赖你，我从此不是你的部下。我造成你的，没有我你不能够活，我是你的主人，我如今命令你。

倪　对活着的人，你甚么权利都没有。好，一同去罢。

皮　真的，我拿锤子来，把这女子打碎。

倪　这样你就犯了杀人罪。美人，你跟我一块儿去罢。我那里有很好的生活。人生是美丽的。你不要丝毫恐惧。外面跟这里不同，你可以住在大理石建筑的屋里，门前有喷水池，有金鱼，有花园，花园里有五色的鸟。许多的女用人拿碧玉般的纱罗披在你身上，用黄金的梳子梳你的头发。你坐着光辉灿烂的车子走过街上，所有的人都要跪在你的面前。

像　你的鞋，给你的鞋给我看看。

倪　（给鞋子给像看）

像　这样的鞋子也给我穿吗？

倪　你穿的比这个更美丽。

像　（看倪的衣服）也有这种衣裳穿罢？

倪　你穿的衣服多得很，而且美丽得多。

像　你常时都是这样温和的面貌对我吗？一定不会像这个人做那样粗暴的样子罢？

倪　无论甚么时候都是一样。

像　你没有那样七嘴八舌的太太管家吗？没有蓬着头发的小孩子们吗？

倪　我家里只有你一个人。就是你。

像　（拍着手笑）我跟你去。

皮　再对你说一句，这个人他给你的是他的富，我给你的是我的心。

倪　你看，门外那金颜色的车子。在那个里头请你坐着跟我回家去。

像　快去罢。

皮　你成了这个人的玩具了。你把我深切的心割碎了，我永远只有悲哀，从此以后甚么都不能做了！

蒂　你还是留在这里罢。你看他没有你是不行的。我再也不对你那样凶了。我替你做事，给你梳头，给你穿衣脱衣，跟那边的女用人一样。

像　来罢。（唱着歌和倪左思拉着手）

皮　（跪倒像前，跟上去拉住她）留在我这里罢，留在我这里罢。（跟她走到门口）

像　（推开他，把他的头碰在地下，用脚踢他）

蒂　你这淫妇，你竟这样地待他吗？

倪　请让开。让我们走罢。

皮　（静静地站起来，所有的神经都紧张着，好像要飞跃似的身体屈曲着。但是他望着那石像，渐渐有光辉从他的上面展开）你，是谁？我是谁？我爱你吗？这是假的。但是看起来，你有你自己的生命，而不欢喜你这样。你也和某个女人一样，故而我是不爱你了。

倪　正因为这样，你才是个明白人。

皮　我的头脑，一直到现在没有这样清朗过。我再也不爱你，也不恨你。你想去吗？毫不与我相干的人要去就去。

倪　好容易！

像　扶着我罢。扶着我罢。这是怎么样了？我头晕。身上发冷了。眼前漆黑。在这儿——在这儿鼓动着的东西要停止了。我所有的部分都重起来了。啊，你是造我的，你必定能够救我。救我，救我！

倪　救命！救命！

皮　神啊，你们是正直的。你因我的爱而生，如今我的爱死了，你也不能不死。神啊，我向你们顶礼。

像　车子——我想坐车去——碧玉般纱罗，——喷水——

倪　救她罢！让她活着罢！

皮　（清朗的语调）我跟你一样也办不到。新的爱不能到我心里来。死罢，我的作品！

像　（再凝固而化为石）

倪　她得生命的时候，你是怎么做的？

蒂　跟她接吻她就活了。你接个吻看。

倪　（反复与像接吻）

皮　永远是石头罢？把你的用人叫了来，装着运回去罢。我受你的报酬了。从此着手做新的事业。喂，把小孩们叫了来。羊肉拿了来。我这才肚子饿了。

（幕闭）

玩具骚动[1]

表演者之组织

一 一般的指导者

总指导员——儿童俱乐部的教师——指挥儿童俱乐部的儿童。

儿童俱乐部的玩具小人儿——指挥玩具全体。

二 表演者各班班长（各班指导者）——指导者各班一人，以店中之玩具当之

兵队班长——用男孩子充当。

陀螺班长——用女孩子充当。要不容易晕眩的。

鸡班长——男女均可；要声音大的。

兔子班长——此班用最年少的儿童充当。

积木班长——积木班用身长相若的儿童五人组织之，又另以一人为长，每人头上冠以文字。

中国人班长——中国人班用肥胖而走路摆摆摇摇的儿童充当之。

飞行机班长——此班以活泼善走之儿童充当。

会翻跌的小人儿班长——此班用带滑稽味的儿童充任。

鬼怪班长——此班以能跳舞的少女充任。

儿童俱乐部各学年（A、B、C、D、E、Ⅰ、Ⅱ、Ⅲ——合共八组）的先生等。

三 大人

玩具店主人

---

[1]【题注】载于1931年2月《戏剧》第2卷第3、4期合刊，署名：新俄 Bardovsky 作 欧阳予倩译。

伊王　伙计

加连多　守门的老婆

守屋的（或由儿童的家长担任）

犬

  各班人数，除"积木"之外，十人乃至二十五人，全部十八班，计玩具班九组，儿童俱乐部的儿童八组。儿童俱乐部儿童的年龄，不必与学年相当，这样反为有趣。游戏开始之时，儿童分前记各班，扮玩具的各有其头饰，儿童俱乐部的儿童，各组有各组的标志，在头布上。大家都坐在观览席上，儿童班在后，玩具班在前，靠近舞台。

第一景

  指挥者的开场白（在舞台前）

  诸位！今天跟到这里来的诸位做一个游戏罢。这个游戏叫《玩具骚动》，扮着各种各色的样子坐在戏台面前的都是劝工场的玩具。坐在后面的是儿童俱乐部的学生。各位知道最近儿童俱乐部有一个小人儿（粤语谓之"公仔"），这个小人儿是俱乐部的学生，不知道在哪一个公园里的一张椅子底下捡来的。得了，这个请各位记住。我是各位的第一个先生呢。其余没有甚么事情要预先让各位知道了。好，开场罢。

  （开幕）

  舞台为玩具店。左手（从看客席看）箱子后面，积木藏在那里（这时还不让人看见），其次乐队箱上放着鬼怪，稍后便是陀螺和中国人，中间的大台上就是会翻跌的小人儿（以后叫"翻跌汉"），从楼顶上用绳子吊着。"翻跌汉"的右边是兔子和鸡。上头就是飞行机。最后右边是兵队。兔与鸡的面前放一张桌子。

  主人（一人）拿着扫帚扫着玩具上边的尘土。儿童俱乐部的先生抱一个小人
    儿走了来。

先生　老板，这儿有个小人儿请你修一修罢。

主人　好的，好的。

先生　（那小人儿放在桌上）就是这个。看起来没有什么坏处，眼睛要请你修一修。本来眼睛是能开能闭的，可是这个小人儿的眼睛一直闭着不能开，你瞧。

主人　原来这样，让我来看一看，看是哪儿坏了。——呵，这个小人儿是在我们这儿买的罢。

先生　不是，才从儿童俱乐部拿来的。小孩儿不知道从哪儿捡来的，捡来的时候完全坏了，小孩儿们给胡乱一修，修成这个样子。

主人　呵，是了是了。可是我认得这个小人儿是我们工场里做的。喂，小人儿你还认识我吗？呵呀呵呀，……修理得真是不错！——可了不得，衣服也换了新的。脸上也画好了，鼻子也安过了；哟，连鞋子也穿上了。佩服佩服……可是，只有这眼睛，在新出茅庐的师父们没有法子想了，还是找到原来我这个老头子这儿来了！喂，你这小东西子，到底是归哪边的？

先生　我是小孩子们的先生。我想让小孩子们高兴一下子。就是在你这里修好了，给他们看看；他们一看，以后眼睛活动的小人儿，他们自己也会做，就用不着上你这里来了。

主人　笑话！您说小孩儿们自己会做玩具吗？那是不成的！

先生　一定可以！

主人　不，做不到的。你瞧瞧——像这样的玩具，小孩子们的手做得出来吗？

先生　你还不知道呢？我们那里是连物理连器械都教给他们的。像用发条那样的玩意儿，在第二级小学的三年生、四年生就都会的了。

主人　呵，原来如此！可是这是外国来的呢。

先生　那么，另外还有甚么外国来的，请你给我看看罢。

主人　是了是了。

　　　　（"翻跌汉"的示威运动。主人拉动绳索，"翻跌汉"合着拍子跳将出来，一举一动都应着音乐的节拍）

主人　怎么样？你瞧这个拍子多么准。这个是我做的，可是东西是外国来的。

先生　这可怪呢。

主人　不怪。因为从前我在外国……

先生　怪不得！可是，我们那里的小孩子们，用厚纸、绳子、颜料做起来，——无论如何不止这样，更比你这个还要好些。不久恐怕你这里的外国货就会堆起来没有人买呢。别的不管，至少像玩具这样的东西完全可以自己做。可是这个小人儿几时可以修好？

主人　明天一准可以的。可是先生你的话……可真是……我们店里还有飞行机，这才真是好东西呢！不过没有大房子就飞不了。

先生　好，那么明天见罢，明天这个时候再来。

第二景

　　（主人拿着小人儿修理着）

主人　伊王！来！来帮着修整这个。

伊王　哟！好玩意儿！

　　（修整起来，主人用发条放进小人儿头中。这个时候要几句科白。一会儿修好了）

主人　试试看。

　　（试把小人儿半水平地睡下，眼睛便闭起来，让她站直，眼睛便睁开）

主人　好了好了。这就行了。

伊王　（看着"鬼怪"）哟，这个从来没有见过。

主人　今天才做得的。你瞧。

　　（把在"鬼怪"下面的音乐箱一开，"鬼怪"便应着"老头子喝着酒……"的调子的节拍跳舞起来。伊王也高兴起来跟着一齐舞）

主人　够了够了！你这是干什么？混账！把铺子收拾收拾睡觉罢。

　　（主人前去拂"鸡"之尘，伊王去弄弄兔子，兔子应着音乐舞起来，伊王又看呆了）

主人　傻子，你看甚么？

伊王　哈哈，可了不得了，这可真是新鲜玩意儿！（开始打扫）

　　（这个时候，主人想逗着伊王玩玩，他便把鸡一拉，鸡咯咯大叫，吓得伊王往旁边一跳，他便把隐蔽着积木的箱子弄倒了，许多积木滚出来散落满地，伊王一面喘着气，慌慌忙忙地一个一个扶起来）

主人　喂，怎么那样粗鲁！

伊王　这是你不好，吓坏了我这有病的老头子看你怎么样。

主人　好了好了。留神把积木放好。看看坏没坏。把字斗一斗看少没少。

伊王　是了。马上……

　　　（他无论如何斗不成字，便让下面的儿童教给他。好容易斗好了，对看客排着。主人验过，叫他一个一个搬进箱里去。他都照办了）

主人　用不着扫地了，你只要坐着这里守着就是。我要睡觉去。

伊王　是了，请安歇罢。

　　　（主人退场，伊王扫了几下地坐在椅子上打瞌睡）

第三景

　　从上面吊下一块牌来，上书"夜"字，渐渐地舞台暗了。时钟好像很吃力地响了十二下，到末了的一下，跟着舞台复明，"夜"字仍然留着。

　　从儿童俱乐部拿来的小人儿忽然跑了出来，站在舞台中央。

小人儿　各位，你们都醒醒罢！我是谁，还记得吗？

　　　（玩具等同时在军乐中跳跃起来，全体答应说："记得，记得！"）

小人儿　走近一点儿来，我有话对你们说呢。

　　　（玩具等都走过来半圆形围住小人儿）

小人儿　我呵，被一个有钱人家的姑娘买了去，谁知这位姑娘她不欢喜我，讨厌我，待我很不好。有一天，她没有把我收起，把我放在地板上，她就跑了。我在门槛底下哭着一晚呢。半夜一只大老鼠走过来把我的鼻子也咬破了。

玩具　（同声）呵呀！

小人儿　到了第二天，她把我从地下捡起来，一看鼻子没有了。更是惹她厌。她出去散步的时候，便把我往公园的椅子底下一丢不要了。以后我就连眼睛也瞎了，看不见了。以后也不知道哪儿许多的小先生看见了我。以后才知道那些都是儿童俱乐部的学生。他们把我拾起来抱回家去，替我洗了一个澡，穿上新衣服，安上一个新鼻子，还给奶油粥给我吃呢。真的，他们都是很好的小孩子。难得他们个个都跟我玩得来，那才真快乐呢！有钱人家的小姑娘那才真不行呢！可是在儿童俱乐部里是连一刻冷清的时候都没有。上课的时候，我也陪着他们上讲堂，我就安安稳稳睡在抽斗里头听先生讲话。可是眼睛始终看不见，可简直变了瞎子。今晚才到这里让当初的老伯父把我治好了，瞧，我完全看得见了。如今我有一件事想要奉劝大家。我想我们不如从这间店铺里逃出去，逃到儿童俱乐部去。这才真有趣呢！那里的小孩子们个个都跟我们好，全欢喜和我们玩呢。他们那里小人儿还不多，我们去了他们不知道怎样欢迎我们呢！各位以为怎么样？

玩具　（欢喜）好好好！赞成，赞成！

小人儿　可是我们这里人太少。他们那里小孩子们太多。这样罢，把那边劝工场的仓开了，把里头的各位一齐请了去罢。

玩具　好好好，带着他们去罢。

小人儿　（对看客）劝工场仓里的各位！跟我们一块儿到儿童俱乐部去罢！不去吗？

劝工场仓内的玩具　赞成，赞成！

小人儿　好，就请来罢！请分成几组一同到儿童俱乐部去罢。

（台上的玩具跟着小人儿的指点，排成一行）

积木　（从箱中）把我们留下吗？

小人儿　是，是，对不起！忘记了。

（把积木从箱中弄出来，加入一列。玩具跟着小人儿的指点从舞台前下到观众席，经过打瞌睡的伊王）

第四景

（玩具经过伊王的面前）

伊王　（醒过来）甚么，甚么？强盗……（忽然看见玩具的行列）啊！你们往哪里去？

小人儿　啊呀，老伯，……我们到儿童俱乐部……

伊王　啊呀，你们这班家伙是暴动吗？要么就是疯了罢！喂喂喂，老婆快来！加连多快来！

小人儿　老伯，让我们过去罢！

伊王　不行，不行，不行！你们想要怎么样！喂，在那儿，加连多！快来帮忙啊！

伊妻　（穿着睡衣睡眼蒙眬地点支蜡烛走过来）啊呀啊呀，这是怎么回子事！

伊王　还说怎么一回事！快些快些，弄得不好他们就逃跑了！

伊妻　可是怎么办……

（"鬼怪"抓住伊王的手，"兵卒"抓住加连多的手，蜡烛落在地下。"鬼怪"和"兵卒"抓住二人乱转，夫妇二人被转晕了，一放手便坐倒在地下。趁这个机会，小人儿指点着其他的玩具走下台去，"兵卒"与"鬼怪"随着追上去。他们在观众席中当到儿童俱乐部去的样子。各班一一由演戏指导者编成。行列可以看儿童数目之不同，分别种之性质。"或分一列二列，或只分班，由各指导者排定之"，全部行列之指挥者就是那个小人儿。兵队站在最前头）

玩具　（全体）伊王伯父再见再见！……加连多伯母再见！

小人儿　各位，好了罢？

玩具　（全体）乐队，吹起进行曲来！前进前进！

行列出了观众席，乐队奏起进行曲。若是游戏在野外举行，乐队也要有相当的衣服，同时加入行列。

扮儿童俱乐部的学生的儿童班由先生领导着欢迎新客，急趋寄宿舍。

如果玩具行列的进行在儿童俱乐部学生所看不见的地方，便可由儿童俱乐部派出斥候队，随时报告玩具行列的进行及一切临时所发生的事，双方互取联络。

玩具行列走到儿童俱乐部，最好通过一间或两三间大厅。如有回廊复室更好。在公园举行则走过空地小路或是过桥都很有趣。

第五景

玩具的行列走近了大门。这个门是通街上的，现在闭着。乐队止住不吹，

话剧剧本　85

前行的兵士上前叫门；但是始终叫不开。于是队长叫他们扒墙，墙高扒起来要特殊的技能更好。兵士扒过墙去，从后面开了闩，这等地方要见儿童的协同力，于是行列通过街衢。

小人儿　各位！留神些！我们并不是完全没有阻碍了。……门口还有人守着呢。他是谁？

玩具　看守房子的。

小人儿　还不知道他肯放过我们不肯呢？……

（随便哪个家长，伸出一顶写着"看房的"三个字的帽子来）

小人儿　哟，就是这位老人家！……静一点！"鬼怪"的同伴，快去拿衣服把这个老头儿遮起来。让我们大家偷偷地走过去。

（扮"鬼怪"的走到看房的旁边把衣服牵开，围住他。其他的玩具便轻轻地溜了过去。看房的睡着了完全不知道的样子。等大家通过了之后，"鬼怪"们再加入行列。忽然听见狗吠）

小人儿　不要怕！不要做出怕的样子。这一定是守屋的狗。

（扮狗的扮着狗形走出来。狗远远地站着叫，行列走近了，它便呜呜呜地轻叫着）

小人儿　大家小心不要让狗咬了衣服。轻轻地，走旁边过去。兵士们请你们把狗赶开。

（玩具一班一班地藏起来，"兵队"出来赶狗，狗怕，就逃走了）

小人儿　了不得，了不得！兵士们真了不得！各位！集队罢，这下没有甚么阻碍了！

（玩具都齐了，只有兔子不见）

小人儿　都齐了吗？

玩具　齐了！……哟，还没有齐。还有兔儿先生呢！

小人儿　兔儿哪里去了，怎么找不到？……一定藏在很远的地方去了。那样胆小真没有法子！对不起，跑得快的陀螺君，足智多谋的积木君，请你们去找一找罢。

（"陀螺"与"积木"同做出找兔儿的样子，其他的玩具看他们表演）

小人儿　找着了吗？万岁！

玩具　万岁！

小人儿　别太高声说话，回头又吓坏了我们的兔二爷呢！……好了，走罢。乐队，吹打起来也不要紧了！

（乐队再奏进行曲）

第六景

玩具的行列渐次走进儿童俱乐部。儿童俱乐部是用长椅子搭成的，身长者也可加入。要一块牌写明"儿童俱乐部"。在俱乐部之前，要铺一丈多木板，最好有沟，就拿板铺在沟上。

小人儿　各位，请等一等！到了儿童俱乐部了。要走上这块板，跨过这条沟才能到呢。大家要留神些……

（行列通过板桥，"翻跌"班的指导者走着怪步过桥，一个不留神落在沟里。或者在板上做走不稳的样子）

小人儿　哟，这可了不得！糟了糟了，翻跌的同伴们，快把你们的班长从沟里拉起来罢！（班长爬上来）上来了吗？好，接着再过桥罢……大家都过齐了吗？好了，这儿就是儿童俱乐部了。

（儿童俱乐部方面或是自己看见，或由斥候队报告，便知道玩具行列到了。小孩子们或是在椅子上，或就在地上睡着）

小人儿　儿童俱乐部的各位全睡着呢。叫醒他们罢。（敲门。先生指点着学生一齐唱歌，歌词写在一块板上。儿童俱乐部的学生同唱）

那是甚么？吵吵闹闹的是谁呀？

半夜敲门的是谁呀？

我们都在床上。

都在寄宿舍的床上，我们正好睡呐！

甜蜜的梦还没有做了啊！

对不起，请你们不要吵啊！

小人儿　好，他们唱歌，我们也用一个歌来答他们罢。聪明的"积木"君把这副歌词展开，高高地举起，我们大家唱罢。

（小人儿交出一副歌词，写着很大一个一个的字）

小朋友，醒来罢。

穿着你们的衣服起来罢。

我们是玩具店的许多客来了呀。

一大堆的东西，送给你们好玩耍。

小人儿有许多，也会翻筋斗，也会爬绳索。

鸡儿会唱歌，咯咯咯。

胆小的兔儿会藏躲。

也有滑稽的中国人，

也有会旋转的陀螺。

兵士一大队，

行一个阅兵式真快活。

还有那有学问的积木，

要求智慧从他去学。

各色各样的玩具真多。

都是你们的好朋友，莫错过。

起来罢，开门罢，大家相逢莫错过！

（儿童俱乐部的学生们合唱）

既是这样说，便开了门罢。

这是我们的大厅，请进来罢。

大家一同，开一个跳舞会罢！

（第四、第五、第六景的另一办法：若是不能使用许多廊下与大厅来摆开行列时，则第四、第五、第六这三场，可以换个组织。在游戏开始之前，叫儿童就座的时候，可在观众席当中留条通路，一面算劝工场，一面算儿童俱乐部，等玩具全部从舞台走下来站齐在各所属班的前面时落幕）

先生　（在观众席）儿童俱乐部的诸位同学们！都好好睡罢！把手扶着下颚，做你们香甜的梦罢。

小人儿　玩具们，都站起来不要离开自己的队伍，到儿童俱乐部去。

（和着音乐，玩具全站着，就在本场，做向儿童俱乐部行进的样子）

从舞台后面推一扇门到舞台前面，兵士去开了门，门后坐着看门的。要通过看门的其办法如下：玩具们只要做出走动的样子，看门的从舞台前经中央通路向出口走去。这时候蹑着脚步走着，给旁观者看起来；看门的是在一块儿站着，而儿童在那里前进。至于狗出来的场面，最好狗从前舞台跳出来，玩具全隐在椅子背后，地板清洁便也不妨钻到椅子下头去。寻找"兔子"的时候，只要"积木"去做就行了。"翻跌汉"跌到沟里一场只要跌倒在地板上就行了。

玩具的抽签"第七景之初"也可在前舞台行之。以后之场面——最终的场面除外——必须在没有椅子的大厅中行之。

第七景

玩具等进了儿童俱乐部，儿童俱乐部的学生都排在墙面前。如在室外便可排在假设的或是真的木棚面前。

小人儿　小朋友，你们好！我好容易回来了——而且同来的不止一个人，玩具店和劝工场里的朋友全来了，瞧，不是很多吗！

先生　哟，眼睛完全修好了！可了不得！

小人儿　哎，今日我们全做客来了，像这样多的人一齐会面，回头还要一块儿玩耍呢。要不然关在店里的仓库里够多么难受。我们是些甚么玩具，给你们看看好不好。

学生们　好极了，好极了。

小人儿　那么就动手罢。

先生　各位，大家分组列起来。每组中都要让玩具加入，都排成圆圈罢。这下我们来抽签，看是哪一种玩具归哪一组。

（大家抽签。一个开着小孔的抽签箱拿了来，里面有一张张的纸片写着各种玩具的名称）

先生　A组，派代表来抽签。

（以下各组挨次抽毕）

小人儿 （站在当中）各位，你们各班到抽着了的那一组去。第一是兵队，你们归到（某）组去罢。小朋友，对不起，请你们来开开发条，不开是不会走的。

（学生们去开了发条，以后便和玩具们一样的动作，但要与各组学生的年龄相当）

兵队班长 （把自己班领到宽场中去。唱）

　　一二，一二！
　　我身边有根发条。
　　一二，一二！
　　发条里面有的是巧妙。
　　一二，一二！
　　看守着劳动家的门口。
　　一二，一二！
　　告诉大家，都要跟我走。
　　一二，一二！

（兵队班学着自己的指导者，合着步调，和着音乐，做种种兵队的动作，归到自己的部位）

小人儿 这下轮到有翻跌功夫的了。请上一上发条罢。

"翻跌汉"班长 （跳得很高指挥着自己的班）

　　喂，喂，喂！
　　喂，喂，喂！
　　抬起脚来看！
　　举起手来看！
　　像我们才是，
　　英雄好汉！

（翻跌的玩具等都和着音乐做出相当的动作。抹"一"字跳高、打飞脚之类都可以）

小人儿 别吵别吵！兔子出来了。请把发条开足些。

兔班长 （一面指导着自己的班）

　　　　　我是个小兔儿呀，

　　　　　谁也没有我聪明呐。

　　　　　可只有一点胆小啊，

　　　　　除了这一点儿便甚么都好啊！

　　　　（全班和着音乐做出兔儿样子）

小人儿　这下轮着鸡了！

鸡班长　（一面指导着自己的一班）

　　　　　我是个鸡，报给你们时辰！

　　　　　我这样一叫，

　　　　　"咯咯咯"——

　　　　　你们就要起身！

　　　　（唱完了便和别只"鸡"打架，一只脚站着学鸡斗，——这一层鸡班长要预先令同班知道）

小人儿　鸡先生一来就这样。自己说"你们要起身"，自己为一点儿不相干的事就打起来了……真是火气太大了。积木先生劝劝架罢。……小朋友请开一开积木的发条！

积木班长　（鸡还正在那里打着，他便走出去）愚蠢的行为。快停止罢。我是最忠实的积木。我对你们说句老实话——"学问是光，无学是暗""学问的根是辣的，学问的果是甜的"。

　　　　（和着音乐进行，最好每人头上的记号是文字的"点画"，斗起来可以成字而学生高声读出。按：正如唐宋间太平万岁字舞）

小人儿　积木先生让一让，"中国人"来了。开一开发条罢！

"中国人"班长

　　　　　我们是从中国来的。

　　　　　出茶的国有很多的茶叶。

　　　　　我们夸耀的是麻烦的礼仪。

　　　　　还有连篇不断的笑话，不成问题。

　　　　　教给我们罢，

　　　　　要跟随你们的主义。

（和着音乐，做出种种"中国人"的动作。"中国人"演戏中，由先生指点跳出陀螺班长来，其他的陀螺也跳出来，小人儿止住陀螺班长）

小人儿　不是还早吗？

陀螺班长　（对玩具及学生全体做出种种表情，唱下面的歌）

我快，

你快，

她跟他快快，

我们大家快快，

你们大家快快，

他们大家快快，

全体各位快快。

（这时候"中国人"班很温和地退回去，陀螺班可以和着华尔兹音乐旋转一会儿）

陀螺班长　吃力了，吃力了！不该跳华尔兹的。

小人儿　哟，对不起！这下要请"鬼怪"先生跳舞了！这就完了。

（"鬼怪"班的班长的发条开了，领着自己的班走出来，最初一个人唱着《老头儿喝酒》跳起来，跟着别的小人儿也出来。以后先生和指导的小人儿劝着学生们和其他的玩具一齐出来，大家跳舞。乐队奏着《老头儿喝酒》的调子，儿童等快乐达于极点）

第八景

（从远处现出玩具店的伙计伊王）

伊王　在这儿了，在这儿了！好容易找着了！

（大混乱一阵，忽然静止，若在电灯之下，便可将灯弄暗）

伊王　（在儿童俱乐部的门前）到底在那儿！这简直是暴动！简直是革命！那班家伙全藏在这里头了！老婆快来！来收拾他们！老婆！老婆！（叫着走去）

先生与小人儿　大家藏起来罢，哪里都好，藏起来罢。……

（大家都找地方藏起来，伊王也把老婆叫了来了，全场静寂）

加连多　死命地叫我干甚么？逃跑了的东西，还不是跑了，不是说没丢甚么吗？……

伊王　你没听见吗？

加连多　甚么？……你别忙……是耗子呢，不是耗子就是老鼠。

（这时候兔班长跑过被加连多看见）

伊王　那是你说的老鼠吗？

加连多　不大很像。

伊王　把老板叫了来罢……你在这儿等一等。……

加连多　我害怕，我害怕！

伊王　要甚么紧，只要一会儿我就来。看住，说不定有东西跳出来。（说着飞奔而去。伊王的老婆加连多一个人站在台上，要故意造出骚乱的乐音，弄起风的声音，可是谁也不走出去，加连多可颤得甚么似的。玩具店的主人披着长的白睡衣，戴着红的困帽，手持蜡烛和伊王一同走来）

伊王　我明明白白看见。

主人　在哪里？

伊王　在这儿呢。（对妻）喂，你瞧见甚么没有？

加连多　甚样也没有。我在这儿打战呢，……

伊王　别吵！我有个好主意！

（三人正在商议，"翻跌班"三人从正面飞出。奏适当的音乐）

伊王　喂，拿住拿住！

主人　拿住拿住！

加连多　拿住拿住！

（"翻跌班"后面跟着伊王，其次是主人，其次是加连多。一齐追赶大兜圈子。一会儿伊王误把加连多捉住）

伊王　抓住了，抓住了！

加连多　抓住了甚么！痛死了！

伊王　混账！（把老婆一推。伊王推加连多倒地，伊王正回头，又和主人相碰，大打其滚，儿童们"嗤"地一笑）

主人　（在地板上）喂，听见没有？

伊王　听见了。

加连多　我也听见。

主人　笑呢。

伊王　笑呢。

加连多　笑呢。

主人　哟，好痛。

伊王　我也痛得要命。

加连多　我才痛得要死呢！

主人　抓不着他们。

伊王　玩得不高兴了还会回来的。

加连多　我们还是睡觉去罢。

（三人同声叹息，跟着儿童们的笑声出了儿童俱乐部）

第九景

（儿童们在各指导者指导之下渐渐走出舞台）

先生　走了吗……尽管大胆走出去！各位玩具的献技都完了吗？

玩具们　还有"飞行机"呢！

小人儿　"飞行机"的各位，到飞行场去罢！

（"飞行机"出到中央）

"飞行机"班长

　　我高过撑着天空的树尖儿，
　　高过来往的飞云，
　　古时候的武将骑骏马，
　　如今的勇士驾飞鹰。
　　无际的天空自由上下，
　　伸开手扶住日轮，

　　　　快创造啊，航空的舰队，

　　　　努力啊，劳动的人民！

　　（"飞行机"全部和学生们一同伸开手作飞行舞。乐队奏《加落浦》曲，儿童等全部加入作长列，"飞行机"学空中分列式。钟打五下，鸡班"咯咯咯"叫起来）

先生　各位，已经是早晨五点钟了！学生们不能不睡了。大家好好地睡一睡，——再起来罢。

演戏班的指导与玩具们　是我们回店的时候了。回仓里去罢。

小人儿　跟我一块儿一生跟着这些小朋友玩罢，这不比关着仓里好吗？

玩具们　那是好得多。

先生　我是个先生，可是我要教你们一个坏主意。玩具的各位，这样罢：趁这时候，你们的主人、看守的和他的老婆全睡着了，你们赶快回去把你们的衣服脱了，你们各位没有衣服还不是一样干净美丽，而且我们的小孩子们可以替你们做新的。哪怕你们主人生气也不要紧——好不好？赞成不赞成？

全体　赞成！赞成！

先生　现在请大家暂时都藏躲起来，看有甚么事情发生。

全体　好极了。

第十景

　　（一齐回到观众席）

先生　学生们仔细替玩具们脱了衣裳，好好地放在椅子上罢。

　　（儿童与玩具等在各班指导之下，卸除头饰放在椅子上，于是大家隐藏起来，不然便低着头坐在椅子上作为隐藏者亦可。……幕始终开着，玩具店主人喘着跑来）

主人　不是做梦吗？（疲劳的样子搔着脚）不是梦！（照照镜子）不是梦！（四围一看，玩具没有了。伊王夫妻走出来，加连多跑进仓库"观众席"）

伊王　老板，您眼睛蒙了吗？暴动呢，真没有法子！

加连多　（从观众席跑上来）了不得，了不得！仓库里头的玩具，只剩了一堆壳

  儿，玩具连影儿都没有了！

主人　（沉思半晌再抬起头来）伊王，出告示！

  （伊王在前舞台揭示一牌。牌上写着："今因玩具发生暴动暂行停止交易。"三个人垂头丧气地走出。下幕。在幕上揭着以下的广告。广告上写："贵家长暨各小朋友同鉴：儿童俱乐部的学生手制各种精美玩具出售，纯利全部捐助孤儿院。"）

先生与小人儿　（同向儿童们说话）"玩具骚动"的游戏就此终场。

（完）

油漆未干[1][2]

第一幕

景：凸出的窗向着村路；从一张门望去即见有一过道通到前门。另一门通厨房和屋后。这是一所老房子，只可惜哈致家里人收拾得不够雅致。新家具当中夹几件旧家具颇不合适，与其说是很古朴，毋宁说是杂乱。书桌药瓶架子还有些东西是方从哈致医生的手术室里移来的。这间屋子用来住又用来吃饭，有一张餐台，四张椅子。有一张椅子，靠背很高。一张放杯盘的赛波台。一张小圆凳，一张大梳妆台，许多装饰品。医生的桌子旁边有一张转椅。墙上一张油画，画着金凤花；一张版画，还有一张油画，画的是一个狗头。窗上挂着空花窗帘。一盆花对着马路。地板上的地毯铺得整齐，可是破了。过道里有一把梯子，油漆桶，刷子，门上贴着一张纸，上面写着"油漆未干"。

一个十月的早晨，上午九点三十分，天气很好。通过道的门开着。

幕开后一会儿，哈致医生从外面回来，他是一个不甚著名的医生，五十来岁，有些疲倦的样子，他是一个典型的英国乡下郎中，他的品格——从公立中学来的古典的品格——因为许多年接近那些粗野的病人，一点一点有些磨灭了。他提着一个黑皮包，把外套和帽子脱了，挂在过道中的架子上。走进屋子来。

哈致 （叫老婆）安娜！
哈太太 （在楼上答应）是你么，亚则？

---

1 【题注】载于1935年2月1日、3月1日、4月1日《文艺月刊》第7卷第2、3、4期，署名：法·伏墅洼著 欧阳予倩译。
2 此剧本来照原文直译，因便于上演起见，颇有修改。这是上演的本子。——译者

哈致　嗯。

哈太太　你回来了吗？

哈致　回来了。

哈太太　吃了早饭没有？

哈致　还没有呢。（他走到书桌面前，把皮包放在上面）

哈太太　（在楼上大声叫）关妮！

　　　　（好像有甚么黏着哈医生的手，他闻一闻，从桌上的玻璃缸里拿点纱布，又走到药瓶架子面前）

哈太太　（叫）关妮！

　　　　（哈致医生从架上取一瓶药水，洗洗手用纱布擦着）

哈太太　关妮！先生还没有吃早饭呢，快弄饭给他吃啊！

　　　　（哈氏第二女苏散，一个漂亮的小姑娘从楼上走下来）

哈太太　（还在楼上，叫）苏散，去帮着关妮弄饭给你父亲吃，好罢？

苏散　（一面走进房来）是呐。

　　　　（哈致掷纱布入火炉）

哈太太　关妮！

哈致　为甚么关妮弄饭还要人帮？

苏散　她不舒服。……

哈致　为甚么不舒服？

苏散　她要离开我们了。

哈致　啊，不错，……今天是星期四了！我全忘了。结局说了许多，也……关妮，这么多年，还是要离开我们！

　　　　[他说着对厨房的门望着。关妮走进来。手里端着盘子，里面有茶壶、茶杯、五味架、牛奶、糖、餐巾。她带着微笑，那微笑因为增加了决断便减少了殷勤。她是哈太太甚么都要做的女工（外国有的女工是只管一定的事的——译者注），卫墅村人，年纪似乎在青年和中年之间，样子很逗人欢喜，很率直，很庄重。说起话来是柔软而好听的北卫尔的口音]

关妮　先生，您的茶好了，很热，正好喝呢，真是，一大早空着肚子出去一直到这会儿，可了不得！那家养小孩大小都很平安罢？

哈致　很好，生下来的是个男孩子，八磅三盎司重。

关妮　哟，可了不得。我想赫利欧先生和他太太一定很高兴，因为养的是男孩子，我想许多做父母的都是想养男孩子不大欢喜养女孩子的，这也不怪他们……先生您就坐在这里罢。苏散你替爸爸倒茶罢，我还要到厨房去收拾收拾呢。（指桌上的报纸和电报）那是报纸，还有一个电报是才来的。（她走进厨房去了）

哈致　她好像在末了一天还格外卖力。（他看电报）

苏散　自然。不是吗，爸爸？她要是走了，家里就会少了一个人似的。……（她父亲发惊异的声音）为甚么，爸爸？

哈致　这电报是伦敦来的。

苏散　不是！

哈致　是的。（他念电报）"仆为已故克利斯宾之爱好者，兹将于十二日星期四正午奉访。但文波"

苏散　克利斯宾。（她想着。坐下来）

哈致　克利斯宾，我好多年没有想到他的名字了。

苏散　他不就是画了许多张画的那个人吗？

哈致　你，当那些都是画？如果不是酒醉糊涂，不会当那些是画的！不过，这但文波是谁？或者他以为我认识他，我实在不认识。（他把电报放在口袋里，苏散替他倒好的茶，他喝着。哈太太走下楼来，五十来岁，很瘦，而赋性嫉妒，她的家世比哈致还要稍微低一点，可是她在服装和态度上面常爱装出所谓城里人的样子。说起话来故意咬文嚼字，过于做作一种腔调，她以为这样便高贵得很）

哈太太　（走出来，看见过道里那些东西做出非常不耐烦的样子）亚则，为甚么那糊墙的油漆匠不把那些讨厌的东西拿着走？（说着把两个油漆罐拿开；又把地板上的碎布之类弄到楼梯下面去）昨晚他漆好了回家的时候，说得好好儿的，说今天一早就来的。（走进厅来）得了得了，我真不想再弄些油漆匠到家里来！苏散，你欢喜那油漆匠，你知道你的姐姐因为闻了那油漆的气味，头痛起来还睡在床上呢。（坐下）我想起今天马上要办的事，啊！可了不得，还要把你父亲的许多东西搬回书房去。……

（关妮又从厨房出来，端着麦糊之类。哈医生一面吃着）

关妮　好，您请用罢。

哈太太　（难过的调子）关妮，今日下午就要走了，……那么……

关妮　如果您不反对的话，好像，太太，那我也愿意不走的。

哈太太　你不是自己说要走的吗？

关妮　是的，我要走了。不过我并不想走，这也只好说是上帝的意思。我所以只能决意走，为的是没有谁对我说过一句话，如果太太说叫我……那我……我也就……

（苏散似乎要对母亲说甚么，哈太太把脸别开，关妮控制住自己的感情发出勇敢的一笑）

关妮　我说，太太，那赫利欧夫人不是才结婚没多久吗？我以为结婚没多久就养出小孩子来，那不如不结婚还好。接那小孩子是不是费了很大功夫？先生？

哈致　没费多大功夫。

关妮　我想赫利欧太太一定很辛苦了，不是吗？您累得那个样儿。他们家里来叫门的时候还没有打四点钟呢。那些新出世的小孩子不是把您吵起来，就是让您睡不着觉，不是吗？

（亚达，哈致的大女儿，二十六岁，可是她自己以为还和奶小孩儿一样可爱，举止态度都是奶小孩儿的样子，她从楼上一步一步慢慢地走下来）

苏散　（伸手抱着关妮）你既是那样不想离开我们，你为甚么不做下去呢？

关妮　你们待我都很好！我是不想走的，还是上帝的意思。

哈致　我头次听见一个女人辞工都是上帝的意思。

关妮　不过这是上帝的意思。我的弟媳妇那样可怜，撇着我兄弟就那样死了，留下四个小孩儿，家里一个女人没有！所以我只能回去。

哈致　不要说了，你回去罢。我们很舍不得你走，可是，你搭几点的车？

（他给哈太太张报纸，她念着）

关妮　五点钟的车呢。

苏散　我们时时会想念你的。

关妮　我有甚么好想念的？苏散姑娘。我在这里这样久，离开又算甚么？我到这里十五年了，十五年了，你知道。

哈致　不要老说这些话。

关妮　不，我不是唠唠叨叨只愿说这个，我忍不住……真的……
（她走进厨房去）

苏散　（站起）关妮真好！我们很不容易找到像她这样的老妈子呢。
（她跟着关妮，关上通厨房的门）

哈致　这倒也不错！

哈太太　（看着那报纸）亚则你以为我们不要用女工也行吗？

哈致　我想不出甚么不行，三个女人在家里，我的床包管自己铺。

亚达　爸爸，你想没想到礼拜天到了教堂里，人家会怎样地议论我们？

哈致　人家议论我们甚么？

哈太太　人家会说我们穷得连老妈子都请不起了。

哈致　那么你来管家，我管我的事。

哈太太　要不是我，你只会坐着烤火，所有的东西破了坏了都没人管！好容易才算把你的手术室油漆过糊过纸，那个厅也是！

哈致　那不是一个厅，那不过是一个过道。

哈太太　那是一个厅。

哈致　不错不错。

哈太太　我们两个人是谁想出来把那个墙上的旧纸卖了，去把你的手术室整新整干净，叫看病的人也好过一点？这也是广告呢。

哈致　我知道，我知道，……

哈太太　而你现在叫我们母女自己做事，把整个的计划全破坏了！好主意！
（看她的报）

哈致　我知道，我知道。只要你能够有法子收齐人家欠我的医费，那就多请几个用人我也不管。

哈太太　不给钱的不让他们上门。（看报）

哈致　那我的生意怎么做得下去？喝西风啊？

哈太太　真没有法子和你说话……

话剧剧本　101

哈致　医生在道德上是应当帮助病人，尽管出不起钱的也要帮助，可是有的出得起也不付，嗯，这个年月……

哈太太　亚达，到楼上去罢，我有话和你爸爸说。

（亚达走着又站住偷听。哈致医生把眼镜取下来放在背心袋里，站起来，走向书桌，从衣袋中取出烟斗来抽烟）

哈致　你能不能用关妮同样的工价另外找一个老妈子……

（哈太太再取报纸细读）

哈太太　我新找的老妈子用不着多给钱。

哈致　（回身向妻）你是不是要告诉我你已经去找着了一个了呢？

哈太太　是的，已经有了。头个礼拜我到小菜场去买东西的时候找着的。

哈致　啊？你会在小菜场找着新的老妈子？

哈太太　（放下报纸）在现在这种不好的时候，无论如何总要想法子维持面子，你难道不知道吗？

（哈致坐在书桌旁的椅子上，哈太太起身向他走过去，他点火吸烟）

哈太太　关妮走我并不难过，而且她在我们家里也够长久的了。

（哈致想插嘴）

哈太太　是的，亚则，我知道你想说甚么——她在我们家里好像一家人似的，叫着小孩子的小名。可是你要知道，她丝毫规矩没有！如今这个新的，那就不同了。又干净又漂亮，又会说话，又会接待人客，这才是纯粹的用人，而且是城里派头，你瞧够多么好？

哈致　（注视哈太太）她要多少钱一月？

哈太太　那你不用管。目下你要想到的就是筹划一点钱，让我和两个孩子置点衣服，夏天好到男人岛去旅行！

哈致　（往后一靠，眼光锐利地注视着）喇，又是甚么男人岛呢？

哈太太　为甚么……不应该吗……我？

哈致　要是景况不比现在好，那就不用说男人岛，甚么岛都没法子去！

（亚达从楼上一冲进来）

亚达　爸爸是不是说我们不能到男人岛去？

哈致　是的，不错，亚达。如果我不能收齐那些病人欠我的账，你们是没

　　　　　有法子对我有一个字提到甚么男人岛……我决定那样，没有更改！
哈太太　我也决定那样，要是办不到，我就不算人的娘！
　哈致　到男人岛与做娘有甚么关系！
哈太太　你是不管你的女儿结婚不结婚，我不能不管。
　亚达　女儿们自己也不能不管！
　哈致　结婚也不一定要到男人岛去啊。
　亚达　或者不一定，可是那里好的机会多点儿呢！
　哈致　荒唐，无聊！荒唐，无聊！
哈太太　并不荒唐，也不无聊！听说那里有个跳舞厅，有许多年青人在那里活动，他们甚么都不想，只想恋爱和结婚。
　哈致　那种小伙子，在夏天，哪里都有。
哈太太　不错，可是在我们北方就没有。
　亚达　（对母亲）爸爸要把我当老姑娘养在家里呢！
　哈致　我并没有那样说啊，傻孩子。
　亚达　（对父）我已经差不多就是老姑娘了……
　哈致　你还是小孩儿呢。
　亚达　我二十四了。
　哈致　那又不止，你今年二十六了。
　亚达　（背向着父亲坐下）那可不更糟了！
　哈致　就是你那样急于想嫁人，你何不到街上去贴广告，贴广告好了。
　亚达　你瞧爸爸！
哈太太　真的，亚则，总之我们为女儿尽的心也不少，——送她们进学校等等，——你能说就让她们随便嫁给乡下小孩子吗？
　哈致　乡下小孩子有甚么要紧，你嫁的不是乡下人吗？
哈太太　那因为我没有到过男人岛。
　哈致　（看着哈太太）岂敢岂敢，老实说，我父亲所给我的好处——在公立学校毕业过也就对得起你。倘若亚达嫁个人能够及得了我一半那也就够她好的了。
　亚达　这里的孩子们没有一个瞧得上眼的，他们也不欢喜我。

哈致　何以见得在男人岛的孩子们就会欢喜你呢？难道因为他们爱看你穿上游泳衣吗？那么很好，给这巴斯东村的小孩子们一个机会罢，把他们请到家里来，你穿上游泳衣坐在火炉旁边，让他们看看不是一样？
　　（苏散从厨房中走出）

哈太太　（站起）好，斗不过你爸爸，到男人岛去今年夏天是没有希望了，我只好到裁缝店里把那人造丝的料子取回来呢。（靠在桌角上）

苏散　去不成多么可惜！可是我觉得也没有甚么要紧。（坐下）

亚达　你不要紧，我要紧呢。爸爸说我还是个小孩儿；他不过是要我一直做老姑娘罢了！

哈致　（站起来，自言自语）我并不是那样说……我……

亚达　（向着她母亲）要是住在这个村里，苏散一定会比我先结婚，因为许多男孩子欢喜她些，要是她比我先结婚，我只有死……我死！我知道我会死！（她伏在桌上哭起来）

哈太太　（走过去拍着亚达的肩膀）闹不完的事也够了，别吵了——

哈致　（难过的样子）安娜，你们真是贪心不足，贪心不足！

哈太太　就算我是贪心不足！可是，有福不会享，有钱不会花，那才是大傻子呢。
　　（关妮从厨房里走出来，半开半闭的眼睛恶意地斜视着，她走近赛波台拿起空盘子）

哈致　从来没有谁说过我是贪钱，我希望永远不会。我要上楼剃胡子去了。
　　（走上楼去。哈太太正要跟他去，听见关妮说话，停步）

关妮　人们真可笑，真的！因为要走我哭了，我心痛，可是你们完全和平常一样安稳地住着。

哈太太　得了，谢谢你，用不着多说了。

关妮　太太别怪我！我不过是个乡下老妈子，又丑又粗又不会说话，我一点也不懂规矩，又叫了你们小姐们的小名，如今您找了一个纯粹的老妈子那才好呢！又漂亮，又干净，又规矩，又会说话，又会接待人客，又有城里派头，好像一个上等女人似的，我们怎么比得上！
　　（她一面说一面收拾桌子，把盘子端向赛波台）

哈太太 （大怒）你真没有规矩，太野了，偷听我们的话。我开除你！

关妮 你不能开除我，因为我已经自己辞工了，没到时候我还不会走呢！

哈太太 我不许你再多说了，……马上给我滚！

关妮 下午才走呢。

（柏鲁斯马格雷，从大门走进过道来。他是个乡下画家，也会油漆和裱糊。二十来岁，样子颇为漂亮，是一个自适其适的青年，穿一件工作衣，说一口苏格兰土话）

柏鲁斯 哈太太您早。

哈太太 （回头）啊，原来是油漆匠。……

柏鲁斯 亚达，苏散，好。

（两女答话）

哈太太 我正在说你应当来了。

关妮 柏鲁斯并不迟。

哈太太 （翻身对着关妮）多嘴！

柏鲁斯 真的不迟，我们北方的青年在职务上从来不会失约的。您不知道吗，太太？

哈太太 自己还会吹牛呢。

关妮 柏鲁斯是对的，尽管他是苏格兰人。

哈太太 哟。两个乡下人怪腔怪调够多么难受！得了，请你把那些脏东西弄走好不好？

柏鲁斯 （稳静地）光阴真快，夏天又快来了。

哈太太 对不起，请你快点儿，我闻着那油漆臭会生病的。

关妮 （端起盘子往厨房里去）这家里比油漆更臭的东西多着呢。（走进去）

柏鲁斯 （仍然安静地）我特为来把我的那些东西拿回去，我还带了一点小玩意儿送给两位姑娘。

亚达 送我们东西？你买的？

柏鲁斯 不是的。你瞧，我画的画，一个人送你们一张。

（他从肘下拿出两小方配好框子的油画，画的是静物）

苏散 （高兴）啊呀！

亚达　你的像吗？

柏鲁斯　不是我的像，是我画的画。（把画递给她们）

哈太太　（走过去看亚达手里的画）哟，一条死鱼。

苏散　（斜过去看）这个好像礼拜天你打的那条沙门鱼，柏鲁斯。

柏鲁斯　正是那条鱼。

哈太太　礼拜天你没到礼拜堂去，倒去打鱼去了！

柏鲁斯　是的。

哈太太　你真不害羞，……（对苏散）你的是甚么，苏散？（苏散把画递给母亲）哟，一个死鸭子！你最好和你姐姐换了，你姐姐见着死鱼会呕的。

亚达　画上的鱼不要紧！柏鲁斯，这是你自己画的吗？

柏鲁斯　自然，都是的。

亚达　这框子也是你配的？

柏鲁斯　这两张画不错，我想你们要拿来挂在饭厅里（他指着墙）那再好没有。

哈太太　我要是见着死鸭子死鱼就连饭都吃不下了！（她走到桌子面前去收拾报纸）

亚达　柏鲁斯说得不错，妈。这两张画的确好看。（恭维）柏鲁斯，我一直不知道你是个画家呢！

柏鲁斯　好像各种的画我都很自然地画得出来。

亚达　啊，我懂得！妈，你看柏鲁斯！我从来没想到他会这样聪明。我没想到巴斯东村的人也会像这样有意思！

柏鲁斯　他们不行。你不能说我巴斯东人，我十岁以后才从苏格兰来的呢。

亚达　无论如何我总当你是的，你如果研究一下，一定能画出好的画来！我只是个小孩子，可是我常常自己学画画，你没有知道吗？（含羞地抚着柏鲁斯的手）

柏鲁斯　我不知道。（就走开去。关妮从厨房里走出来，把赛波台上的花瓶搬放在桌子上）

亚达　（指着墙上）你看见那一丛花的画没有？那是我画的。我还得过奖呢，画得很自然。柏鲁斯，要是你欢喜，我可以教给你一点画画的道理。

关妮　亚达，你教给他甚么道理？画画的道理吗？（看那两张画）苏散，给

　　　　　我照一照。……

柏鲁斯　这就叫静物写生。（把帽子放在桌上）

　关妮　（出神）静物，……这是画家的名词，静物……

柏鲁斯　你懂得甚么画家的名词？

　关妮　啊，我懂得……苏散，你瞧这个……（指着）这不是用笔画的，是用大指头，这样这样画的！

柏鲁斯　一点不错，一点不错！

　关妮　我懂得，我懂得……

　亚达　（和她母亲一样威严）妈，不要理她。让她到厨房里洗碗碟去，叫苏散去帮着她。你就到爸爸那里去，留我和柏鲁斯在这里挂画罢。

　　　（关妮把报纸放在炉棚上，把烟灰碟里的灰倒在火炉里，亚达拿着一张画正要起身，柏鲁斯转身把背向着她。哈太太正要上楼，哈医生穿着衬衫走下楼来）

　哈致　我到楼上去剃胡子，谁知没有热水。哟，柏鲁斯你好！好早。

　哈太太　苏散，拿桶去替父亲打水去。

　关妮　（见苏散正要起身）苏散用不着你去，无论甚么东西，我并没有不替你或是你爸爸拿的。

　哈太太　要是我有胡子，你一定让我用冷水剃呢！

　哈致　甚么事？

　　　（关妮走进厨房去）

　苏散　（安静地）没有甚么的，爸爸。只不过妈和关妮斗气罢了，——您瞧，这是柏鲁斯送给我们挂在饭厅里的画！

　哈致　（看了并不喜欢）嗯，……（又看亚达的）嗯……

柏鲁斯　如果你不欢喜这两张，在我店里我画好的还多着呢！

　哈致　有多少？

柏鲁斯　有差不多一百张。

　哈致　一百张？为画这些画你一定耽误了许多油漆的工夫。

柏鲁斯　为画画我不管花多少工夫都可以。我一定要做一个美术家。

　哈太太　我希望你不要想做美术家。

柏鲁斯　哈太太，我可以打赌，我一定做一个大美术家！

话剧剧本

哈太太　不，亚达，不行，我还是在这里坐坐的好。（坐下）人家家里与其出一个美术家，不如出一个道地的油漆匠。

柏鲁斯　哈太太我想画一画你们花园的门，好不好？

哈太太　如果不要钱就替我们油一油好了。

柏鲁斯　不过我还有一个更好的意思，我想替你们两位姑娘画一张像。

苏散　真的吗？

亚达　苏散也画在里头吗？

柏鲁斯　自然，你们两个一块儿。

哈致　柏鲁斯，你怎忽然这样大方？

柏鲁斯　我想起以前我伯母死的时候你那样帮忙——

哈致　啊！

柏鲁斯　我想起我还没有报答你们，所以——

哈太太　你既有这样的好意，那你跟我们油了手术室也不要钱得了。

柏鲁斯　那我还大方不了那样的地步。

哈太太　你替我女儿画张像，再替我们油油园门好不好呢？

柏鲁斯　可以的，不过油漆归你们买。

哈太太　用你画画的油漆就得了。

柏鲁斯　那是大不相同。

哈太太　既是这样，那不如等明年春季修理再说罢。

亚达　那两张画怎么样办？

哈太太　我拿来没有用处。

苏散　柏鲁斯你怎样画我们？

（柏鲁斯端详她们）

哈致　这就是我所称为问题的呢。

柏鲁斯　的确，不能不好好地想一想。亚达，你到椅子那里去，坐在苏散的旁边。

（亚达走过去，坐在一张大椅子上）

哈致　好好，亚达在听《圣经》，苏散便祈祷好不好？

柏鲁斯　不，不好……

哈太太　两个人想着男人岛的样子得了。

柏鲁斯　不，她们原来是怎么样，我就画成怎么样！

亚达　啊，这件衣服要不得，我有件新的，好看得多呢！

柏鲁斯　我以为就是这件好，颜色好，（完全专门的态度）你的衣裳，苏散的衣裳，还有那张椅子调和极了。

哈太太　那太老了，还是哈医生的祖母的呢！到房里去搬一张新的来。

柏鲁斯　不，这就行了，……（他取出纸笔对两女端详着）

亚达　（对苏散）你坐下来，我站在后头，（推着苏散坐下）我是这么个小孩儿，还是站着姿态好一点，柏鲁斯，你说怎么样？

（她们换个位置，亚达整理一下衣服）

柏鲁斯　怎么样都好，好了，这是个稿子，（坐下来动手画）哈太太你等着，看我怎么样画，……不要动，现在！

哈太太　给一束花给亚达拿着好不好？

亚达　柏鲁斯是要画我素朴的样子。

哈致　（走向柏鲁斯肩后）来看安娜！（哈太太走过去同看）你瞧这孩子的笔多快，已经就看得出谁是谁了。

哈太太　谁是谁？

亚达　像不像我，妈？

哈致　等一等罢，孩子！像也像不得那样快不是，柏鲁斯对不对？

哈太太　你懂得甚么！

哈致　我才真懂呢，你瞧这个！你真是个艺术家柏鲁斯，我说你真是……你应当画些宗教画！

柏鲁斯　为甚么？

哈致　有没有到利物浦沃克美术馆看过那些《圣经》的画？啊，那可真了不得，好极了，跟人一样高，框子都两丈长……那真好！——《爱克左搭斯出埃及》《大洪水》《大卫与哥利亚》《坡蒂法斯之妻》——好宗教画，讲道德的！你要是没有题目，我可以教给你，要是画一张《水变酒》挂在饭厅里那才妙呢！

哈太太　那还不如画一张石头变金子呢。

话剧剧本　109

哈致　我没想到那一层，——我算犯驳[1]了，你瞧，安娜！柏鲁斯，你哪里学来这一手功夫？

柏鲁斯　你还记得住在这里那画家克利斯宾么？

哈致　克利斯宾，以前替他看过病。真怪，今天早上有个电报说到他。

哈太太　说到克利斯宾？

哈致　不错，有个人说他是克利斯宾的爱好者。（想从口袋里找那电报，忽然记出他没有穿上衣）

哈太太　我真不知道那家伙有甚么可爱。

（关妮提着桶走进来，站在门口）

柏鲁斯　我的画最初是克利斯宾教的。正是我父亲从爱丁堡来的时候，——那时我还不过十二岁，他让我跟着他走，又叫我坐在他的旁边照着他的样子画，他教给我。除掉他我没有和别人学过，我好好儿记着他所教给我的，那么——

（关妮对着柏鲁斯呆住了）

哈太太　幸好他没有教给你像他那样喝酒。

关妮　（顽强的样子）哼，有的人不喝酒比他更糊涂呢，（哈太太狠狠地盯她一眼）这是你的热水，先生。

哈致　我要热水干甚么？……啊啊，不错，我正在剃胡子呢！我想我要提着热水上楼去了，还要收拾出去看病。好，谢谢你。（他走上楼去）

（关妮转身走进去的时候和哈太太互相不高兴地盯了一眼）

关妮　啊，太太，我忘了告诉你，那新雇的城里老妈子已经来了，现在厨房里呢，我去提桶的时候，瞧见她在门外头。（走进去，哈太太跟上几步）

哈太太　我只怕关妮说坏话教坏了那新老妈子。

亚达　对不起，等一等，柏鲁斯，这很要紧……妈，是不是——（她跟着母亲走到厨房去）

苏散　（对柏鲁斯）让我看一看好不好？

柏鲁斯　你如果要看，这还不过是个粗坯子。

---

[1] 原文即为此。——编者注

苏散　据我看好像亚达画得不大好。

柏鲁斯　嗯，正因要显得你好，……

苏散　不对，柏鲁斯！你一定把亚达画得好，不然我妈一定会把你的头都压扁了。

柏鲁斯　我画画为我自己合适又不为你母亲，像你母亲和你姐姐，两个猫头鹰似的于我毫不相干……你知道我为甚么要画这张画？

苏散　（退一步）你不是说你要送人情给我妈吗？

柏鲁斯　我不过是想个法子好成天见着你。

苏散　柏鲁斯，你认识我够时候，见了你就作起怪来了！

柏鲁斯　你认识我够时候，见了应当知道我的心了！

苏散　我想最好你不要再多说了。

柏鲁斯　只要你肯嫁我，我就甚么都不说了。

苏散　可是我就不愿意做你的妻子，如果你要去做个美术家。

柏鲁斯　为甚么不愿做我的妻子？我很勤勉，我正要做一个大艺术家。

苏散　不错，可是我还不知我爱不爱美术。

柏鲁斯　我可以教给你怎样去爱好美术。

苏散　我从来没听见你说过爱我。

柏鲁斯　一定要说出来吗？

苏散　我想你应该要。

柏鲁斯　那你答应我了？

苏散　好，只是一件，我们一定要等亚达先结婚。

柏鲁斯　哟！……

苏散　要不然一定闹得一刻都没有安静。

柏鲁斯　（把画放在桌上，反身向苏散，停一停）我想最好是我和你接个吻。

苏散　为甚么？

柏鲁斯　我就要和你结婚，不是和亚达，我要赶快把事情弄妥，不能再白费时间了！而且我想，你给我亲过了，免得你变卦。

苏散　那就不会变了吗？

柏鲁斯　你怕不怕？

苏散　我不怕！

柏鲁斯　好，那我就来了。

（他抱住苏散接吻，厨房门一开，亚达走进来）

亚达　柏鲁斯，我来了——（看见他们抱住，大叫）爸爸，妈妈，快来快来！

（苏散挣开去，哈致从楼上下来，还穿着衬衫）

哈致　甚么事？

柏鲁斯　这是亚达爱管别人的事。

亚达　你敢对我这样说！

（哈太太从厨房走出来）

哈太太　亚达，你知道有事，为甚么那样大惊小怪的。

亚达　我不管你有事没事！这里出了事情，而且很坏！

哈致　（走下来）大清早的，甚么事闹得我家里这个样儿？

亚达　我跟妈在厨房里，还有那个老妈子，等我走回这里来，看见他们，他跟苏散——

柏鲁斯　用不着你来告诉他们，亚达，我做给他们看。

（他抱住惊魂未定的苏散格外热情地接吻。哈太太几乎要断气）

哈致　啊，天知道！

哈太太　油漆匠，赶快把你的那些家伙拿着走，这是有礼教有规矩的人家呢。

柏鲁斯　好。我不相干，苏散，你跟我去好不好？我跟苏散结婚去。

亚达　妈妈，倘若你让苏散比我先结婚！……

哈太太　苏散不能和柏鲁斯或者跟柏鲁斯同样的人结婚，我的好女儿怎么能够嫁给挨饿的无赖汉！（向着柏鲁斯）

柏鲁斯　哈太太，我不信这些话你是对我说的，在这个巴斯东村我是第一个好汉，哪里也找不着第二个，我会到别处去，你的小姐苏散要跟我一块儿去，她已经是大人了，可以自己拿主意。苏散，是不是？

苏散　你暂时先去罢，柏鲁斯。说这些没有甚么益处的。真的，没有益处的……

柏鲁斯　你不跟我去我决不走。

哈太太　亚则，要是这个家伙不走，我数十个字，请你就把他撵出去！

苏散　爸爸，用不着撵他出去，柏鲁斯你去罢，回头再见罢。

（哈太太走近桌子）

柏鲁斯　（不动）甚么时候见？

苏散　我给你信罢。

哈致　你去罢，好孩子，让这儿静一静再说，嗯？

柏鲁斯　好，我走。把我的画给还我，那么——

（哈医生走近苏散，哈太太抓住那张画，一搓，往煤桶里一丢。大家喘口气）

哈太太　我们家里不许再有画！

柏鲁斯　（突然要走）我走，为替苏散想，（拿起他的器具）可是她一定要跟我去，因为我们要去结婚，这会儿我去了，我一定让你们知道我。哈太太，哈先生，你们两个真是所谓俗不堪耐的东西！（把门一碰走出去，苏散站起来）

哈太太　说不定我是俗不堪耐，可是我预先防备了那个把戏。哼！俗不堪耐！

（苏散在书桌那里坐下来）

哈致　安娜，俗不堪耐的东西？恐怕是称赞你。

哈太太　也不见得恭维你。

哈致　我看你们走开一会儿，让我跟苏散说几句话罢。

哈太太　今天早上真是见了鬼，可是我不管三七二十一……

（她和亚达走到厨房去）

哈致　（安慰苏散）好了好了，孩子。这样好了……

苏散　他爱我，爸爸，我也爱他！

哈致　嗯，那是没有办法，如果他不是那样死要做美术家……

苏散　美术家有甚么坏处？

哈致　没有别的，不过衣食问题罢了。

苏散　只要他是个出名的美术家，他一定成的。

哈致　论他们的聪明是有希望的，可是就是大美术家也多是穷的，照我所知道的，尤其现在这个年月……

苏散　你老是说这个年月这个年月，如果不是这个年月，你跟妈妈也不会反对柏鲁斯，那妈妈可是带着亚达到男人岛旅行去了。——

（门铃响）

哈致　那我也可以安静一下。（苏散起身）现在我们已经说得很明白了，我还要出去看病呢。（想上楼去）你到楼上去洗洗脸罢，我去穿衣裳，我要和柏鲁斯谈一次话，看是怎么办……（关妮走出来很不安的样子）喂，去看看，要是看病的就叫他到这里来，不是看病的就让他在外边候着，我马上就下来。（他和苏散上楼去了。关妮开了前门，达仑走进来，一个态度和蔼、穿得讲究、受过中等教育的伦敦少年）

关妮　请您到这儿坐，医生马上就下来。

（她关上门，二人一同走进来）

达仑　好，我在这儿等候得了。

关妮　您请坐，本来有些去年的杂志，因为油漆房子一搬就不见了。可是医生也就下来，不会让您久候的。

（达仑很敏锐地察看这房里的四围，又看一看亚达的画，很失望的样子。忽然对着关妮一笑）

达仑　我想你一定是关妮。

关妮　我从来没见过你呢。

达仑　（把帽子放在药瓶架上，一面再走近去看那画）是的，我们这是头一次见面。

关妮　怎么你一走进来就叫我的小名呢？你的胆儿倒不小呢！

达仑　我会算，一算就算出来了。

关妮　那你是个信邪教的，不是吗？

达仑　多少有一点儿小本事。

关妮　不管怎么样，你总是个厚脸皮，你不要以为你是从伦敦来的就那样调皮，啊。

（关妮走进厨房去，哈致走下来）

哈致　您早。

达仑　您就是哈致医生？

哈致　是的。（拉手）

达仑　久仰得很。

哈致　请坐，（揩着椅子）对不起，我的诊察室这几天不能用。（他做出要给人

看病的样子）

达仑　不要客气。我来看您因为……

哈致　看你有点胆病。（达仑赶紧否认）你瞒不过我，我看得出你是肝郁，要疏一疏肝。

达仑　你说得不错，可是——

哈致　坐下，把舌头伸出来看看。头痛？烦闷？大便不通是不是？

达仑　先生你不知道，我比铁还结实。（拖过大椅子）

哈致　你没有病找我干甚么？

达仑　（坐下去）我来为的是……

哈致　我老实告诉你我并用不着保险。

达仑　我并不是保险公司来的。（哈致不耐烦）我也不是来谈甚么生意，我专程来不过想认识您。

哈致　很谢谢。

达仑　我驾着汽车经过贵处美丽山路当中，赏玩这春天的美景——（哈先生表示不耐烦）我一走到这巴斯东村，猛然想起我得了一个机会来还一笔账，早就应当还的，耽误得太久了。

哈致　甚么账？

达仑　就是那笔神圣的账，我欠您的。

哈致　你欠我甚么账？

达仑　这是十年前的事，有个来请您看病的。那个人，我可以说是——始终是——我最好的朋友。

哈致　你不用说了。

达仑　一个西乡人。他是一个孤儿，曾经在巴斯东村住过好多年。我所说的就是那克利斯宾。

哈致　啊，原来就是你，是不是？

达仑　您是甚么意思？

哈致　我当你是个病人，对不起，我没想到你来得这样早。

达仑　您以为我……？

哈致　我接着你的电报，……让我来看看你叫甚么名字。

（摸摸口袋取出电报）

达仑　（起身抓过电报来）啊，那个电报……让我看看，他们常常弄错。——

哈致　这电报很平常。

达仑　不错，一点不错，我忘了我说的是正午十二点。（将电报递回哈致）我以为要很多时间才走得到，不想到得这样快。我赶忙着，怕您要出去看病，见您不着。我太着急，您瞧，我算是急性子。——

哈致　（看看电报）你说你是克利斯宾的爱好者。

达仑　那还不止如此。

哈致　可是我不知道你所说的那个克利斯宾是否就是我的那个克利斯宾。

达仑　一定是——

哈致　我想不一定，当你的电报到的时候，我女人说——我不知道克利斯宾有甚么可爱——她就是这样说，我女人是比较拘谨一点，你知道。

达仑　不错，不错。

哈致　克利斯宾未尝不是可爱的青年，我还欢喜他。

达仑　那是一定。

哈致　我要弄弄清楚，尽管……他是不是……也可说是个画家呢？

达仑　是的，也可以说是个画家。

哈致　那就不错了。（把电报放在桌上）

达仑　可怜的少年。

哈致　我见着他的画，常称赞他让他高兴，像他那种身体不大好的人，是应当常常让他高兴的。

达仑　我知道您为他画得有力。

哈致　对他总算没有不尽心。自然，那样的病，你是知道的……在英国的这一带地方，天气就不适宜于结核症。如果他有力量能够到康沃尔或是法国南部一类的地方去，那或者可以好的；而且要能戒酒，可是他不能，我也就没有法子呐。

达仑　我们都是不可救药的。

哈致　可不是嘛……你说得对。

达仑　您还能够这样纪念他我真以为了不得。

哈致　啊，我从来没有忘记他，大家都是一样。老实说，几分钟前还正在说起他呢，我女人很欢喜他，我想他能得她的欢心，因为我家里没有男孩子呢。让他到家里来住，他是个病人，又是个孤儿，……是呐，她把他当自己人一样放在心上，还给他预备一画室呢。

达仑　是真的吗？

哈致　是的，花园后头一间旧牛棚。那些画……可怕得很，那小孩子要是能够像我进过高等学校就好了。

达仑　大约你说的是对的。不错……前几天，因为，——我清一张旧书桌，找出几封信来，是克利斯宾住在这里的时候写给我的，末一封信——真是，我真岂有此理，这几年来竟忽略过去了——他很说起您对他的好处，说他非常感激，他还欠了您的钱，问我可否能替他还。

哈致　嗯，可不是嘛！他从来一个钱都没有，成天就是借，借，借，早上，中晌，晚上，……连一顶帽子都不是他自己的。

达仑　让我看，……共总是多少……？

哈致　我不记得了！

达仑　的确是二十镑。

哈致　我想是的，……好像我问过他是否能想法子筹二十镑——

达仑　哈医生，对不起，（他站起来递给医生五镑的钞票四张）迟了一点，可是全数奉上。

哈致　哟，可了不得！

达仑　让您等久了，实在对不起。

哈致　（站起来）先生，你真是君子！

达仑　"无债一身轻"，这下回到伦敦去可以做一个更幸福的人。

哈致　让我来给你个收条。

达仑　好极了。

哈致　我们拉一拉手罢。

达仑　不胜荣幸之至。（握手）

哈致　请等一等。（叫）安娜！亚达！快来！让我介绍我女人和我女儿见见您，哎……但……

达仑　真对不起,我把名片忘记在旅馆里了。

哈致　用不着,用不着,你的大名已经深印在这里了(拍着胸口。哈太太和亚达走进来)

哈致　我女人,这是我女儿亚达,还有我二女儿苏散,(看看楼上)啊,是呐,她今天早上人不大舒服,(对哈太太和亚达)我叫你们来,让你们见一位忠实的先生。

达仑　无所谓的,夫人,小姐。

哈致　这位先生,就是早晨打电报给我的,他,是我们老朋友克利斯宾的好朋友。克利斯宾,不是刚才我们还说起他的吗?自从克利斯宾死后十年了,这位高贵的朋友,这位正直忠实的君子,还会来替他还他从前欠我的那一点小小的账,二十镑,二十镑呐!像这样的事,世界上是少有的呢!

哈太太　真是少有的!

哈致　这个可以给你们做模范,而且这印象是不会忘记啊。

亚达　真的,爸爸。

哈太太　真是的,真是的!您请坐罢。

(达仑坐在大椅上,哈太太坐向桌子旁边)

哈致　(也走到桌子那里坐下)你们无论做甚么,你们两个,无论谁都不能忘了这位先生的名字,他的名字就叫作……叫作……叫作……

达仑　但文波。

哈致　不错,已经到了我的嘴唇边儿上来了,但文波先生。

达仑　先生,这样一说真叫我难为情,我并没有做甚么了不得的事。

哈致　在这种时候,你只要试替医生收收账,你就知道了!(他取出账簿,写一笔下去,很高兴地自言自语道)二十镑。

达仑　朋友的情分一定是要尽的!(停一停,大家都似庄重起来。达仑好像忽然想起)我很觉得奇怪,为甚么他没有留一点画给你们做做纪念呢?固然刚才哈先生说过对于他的画不甚满意。可是他也应当留几张下来啊!

(哈太太低头看着地下)

达仑　而且听说乡下的少年们围住看他画画的时候都笑他……

哈致　这是很不好的，可是我相信有这样的事。

哈太太　当着他的面我们可从来没有笑过他。（停一停）

达仑　（对哈太太）他的画对于我是有一种特别的感情上的价值。

哈致　不错。

达仑　那么，如果他有留下来的画可否给我呢？据他的信上说有六张也不知七张在这里呢。

哈致　恐怕还不止呢。

哈太太　喂，亚则，我想那一张一定还在那里，花园后那个鸡笼上。

达仑　在鸡笼上！

哈致　不错不错！有一张！可是不知道成了甚么样子了。

达仑　我想要那张，哈医生，不管成了甚么样儿都好，我想要。这不过是做个纪念品。

哈太太　亚达，跟我来。看看要是能够找着了，给但文波先生。

（亚达跟着母亲走进去）

哈致　我想起来了。因为鸡笼上有点漏，我想有甚么东西可以挡雨，就找了那张画。你知道，因为油得很厚很好，恰好又没有别的用处。

达仑　（没有法子）自然没有用处。

哈致　慢着！……（起身叫）关妮！……（对达仑）我刚刚又想起一块来，（关妮进来）关妮，你到堆东西的阁楼上去看看。那个角里不是有个小窗，从来不开的……我好像记得前几年用一张克利斯宾的画挡着一点漏在那里。

关妮　老爷要那个画干甚么？

哈致　拿来给这位但文波先生。

关妮　但文波先生要吗？

（达仑看着关妮）

哈致　但文波先生是克利斯宾的朋友。

关妮　但文波先生是他的朋友吗？

哈致　你去得了，去看看，把那画取了来，别弄破了它。

关妮　给但文波先生吗？

哈致　自然。

关妮　是了。（下）

达仑　麻烦您，实在对不起。

哈致　先生，像你这样的好人说甚么麻烦！只希望以后常常亲近。

（哈太太和亚达走来）

亚达　好了，我们找着了。

哈太太　（拿着一块污秽的帆布）不过脏一点，您知道鸡是不讲道理的。

哈致　最好是让关妮拿去用点肥皂和硬刷子刷一刷，——

达仑　（赶快）不，不，不！那用不着！

哈致　那一点都不费事。——

达仑　不，请不要费事！我恐怕……不，我以为不如还是我自己把它弄干净。

哈太太　可是像这样您不好拿啊！（哈致也是这样说）

达仑　您知道我拿这张画有多么深的意思？就好像克利斯宾活着似的。

（大家感动的样子）

哈太太　真的不错，（指着炉台的墙上对哈致）你想着亚达的画没有？

哈致　可是但文波先生不要亚达的画。

亚达　当然他不会要像我这样人的画，不过妈妈的意思是说，我在这一面画了一束花，那一面还有克利斯宾的画呢，我把它反过来画的。

（达仑望着那个画）

哈致　（走近炉台把画取下来）我还没有知道呢。这不是可惜了吗，但文波先生？这里还有一张他的画呢。要不是亚达在这边画了，这张也可以给您拿去的。——亚达，我并不是说你，不过……（取画交达仑）

达仑　这个画是您画的吗，哈小姐？

亚达　如果这也可以叫作画……那就是我画的。

达仑　美极了，生动极了！

亚达　我只学过两三天呢。

达仑　只学过两三天，就有这样的杰作？

亚达　这不是杰作，至少我自己还不以为是杰作呢！

达仑　哈小姐，你不要太自谦了！这个画组织精美真是不可以言语形容呢！

亚达　妈，你听见但文波先生说甚么没有？

达仑　当然，我并不是说您将来不会画出更好的，不会更进步，可是目下，我这个鉴赏家已经认定您是天才了。

哈致　天才！

达仑　当然是天才！（他看看背面克利斯宾的画）

哈太太　但文波先生，你把我们这小亚达当作成一个美术家罢！

达仑　（对哈太太）一定的，我知道您不肯割爱，如果您能够让我买这个……

哈太太　能值多少钱呢？

达仑　（瞧着）这很难说，她的名字还没有人知道，可是让我估量一下伦敦字画商人所能出的价钱，……大约他们卖出来像这样的画……

哈致　多少？

达仑　……让我看……大约十二镑，不能再高了。

亚达　十二镑吗！

达仑　十镑上下。

亚达　这样的画我一天就能够画一张。

达仑　哟，那您千万不要放过，哈小姐，您要发财呐。

　　　（把画放在桌上）

哈致　我以为好像过意不去，你一来就替克利斯宾还了账，又给我的女儿十镑钱——

哈太太　十二镑呢。

哈致　他说十镑。

哈太太　他起初就说十二镑，亚达的画也值十二镑。

达仑　不错，不错。我可以出十二镑，如果愿意卖的话。（拿出钞票来）瞧着罢，不久跟着跟着就有许多人来买了。

哈致　亚达，这钱是不是亚达应当拿呢？

亚达　像我这样的女孩儿十二镑钱，有的是地方花去，就是不到男人岛去也用得掉。

达仑　这里是十二镑，请您收下。

亚达　谢谢您，但文波先生。

达仑　我谢谢您,哈小姐,因为好容易发现了这样一个大美术家。

亚达　哟,但文波先生!

哈致　她,这个聪明都是从我得来的。我虽是个医生,我的弱点就是非常欢喜美术。

亚达　但文波先生,您还得着一幅克利斯宾的画在背面呢。

达仑　啊,不错,(拿起画,翻转来看看)因为只顾欣赏您的画就把那一边忘了。(看着画惊叹的神气)

哈致　那时他画的是甚么?

亚达　不是那旧石桥,从那儿一直通到果园吗?

哈太太　喂,亚则,你要从正面看呢。

哈致　照我说从哪边看都是一样。(达仑注视他,他想起达仑在旁边,急忙改口)哟,对不住,我想我不应该说及那有病的……(大家好像很严重)尤其是对你,你是那样尊重你的朋友。

(哈太太坐下;关妮走下楼来用怀疑的眼睛看着达仑)

关妮　堆东西的楼上甚么都没有看见,没有油画。

(达仑把画收在一边)

哈致　我记得是我放的。

哈太太　恐怕是耗子吃掉了。

哈致　明明白白我自己放的,在那窗户的下面还有许多蜘蛛网——

关妮　(不为所动)甚么地方全找遍了,只有许多破的空罐头是太太积下来的。

哈致　我说我不会错。

关妮　全间阁楼我都找遍了,除了那些空罐头,还只有一张一直放在你们上等卧房里的那个破铁床,前回买了张旧木床回来才换下来的——

哈太太　算了,关妮。当着生客面前。

关妮　其余就是一个破箱子,里面装的是你们老太太的嫁时衣,还有一些破盘子破碟子。其余的箱子——

哈致　我真见鬼,我可以发誓。——

哈太太　我不许你发誓,亚则。

哈致　那只好是没有办法。关妮,好,算了……(对达仑)对不住,我十分想让您知道我们是怎样地钦佩您的意思，可是我的力量所能做到的只是如此了。无论谁都只能尽力而为，不是吗？

（达仑拿起两张画，关妮看着他）

达仑　我真是说不出地满意，只是打扰您了，实在对不住。（恭恭敬敬鞠躬）哈太太，哈小姐。（拿起帽子）

哈致　（送到过道里）但文波先生，今天早晨承你光降，这个最愉快的记忆，永远在我们心里，一生都不会忘记的。

达仑　（回身站住）哈医生，我们的交情必定是一天深似一天，我想我们最好合伙做生意……我们两个都一定有利益的。

哈致　可是我没有本钱，但文波先生。

达仑　决不要您别的，只要……（笑）友谊的合作。

哈致　那我是很丰富的呐！

达仑　那么，我们都要发财呐，都是要发财呐！哈哈！

（握手走出，看见他经过窗外）

哈太太　这一下我们可以到男人岛去了！

哈致　（回来，走向书桌坐下）现在我不说你们不能去了，可是他想约我做甚么生意呢？……

哈太太　只要发财，管他是甚么生意。

（关妮在窗口看着走去的达仑）

哈致　亚达，只要是我的女儿就要记住，世界只有一件事我不能许可的，就是贪钱。

亚达　妈，就着爸爸还没有出去，我们买东西去罢。

哈太太　好，上楼戴帽子去罢。（上楼）只要有一件事能让我们发财，我决不管那是甚么事。（走上楼去。哈医生站在书桌旁边梦幻般地笑着。忽然警觉，看表，时候已经不早，他便检点皮包准备去看病）

哈致　关妮，你看见我的名单没有？

关妮　（从上边一个抽斗里取出名单）在这儿呢。

哈致　（看着名单）我先到这里，再到那家，其余都是本村的。（检点下）

关妮　我全写下来了。

哈致　那么，有事你知道甚么地方可以找着我。（关上皮包，要走，好像想起甚么又回身，再自己警醒一下，发出自恕的一笑）走了，白天做梦！但文波那东西把我的头脑子弄浑了。

关妮　如果是我，我一定要小心防着他。（把帽子和外套取来）

哈致　你为甚么要防备他？

关妮　我以为我们的事甚么他都知道的那种人，就一定要好好儿防备他。

哈致　太太说你爱管人家的闲事，我想是不错的。我不是今天早晨得了那个人的电报吗？

　　　（她不作声。他穿上外套，戴上帽子走出门去。她站一会儿，拿起那电报，刚要读，哈太太和亚达说着话从楼上走下来，预备好了要出去）

哈太太　亚达，你好了没有？我想一想那件人造丝料子，还是不要拿回来，让它去罢。

亚达　用不着的嘛！爸爸已经说我们可以到男人岛去，我想还走远一点儿呢！本来我早就——

　　　（她们走出门去。关妮等她们走了，再拿起电报，一个一个字清清楚楚地念着，钟打十下。苏散从楼上下来。眼泪还没有干。关妮把电报放好，没让苏散看见。苏散从煤桶里把柏鲁斯的画稿拾起，在桌上一往情深地用手抹平）

关妮　苏散！

苏散　关妮，我想没有人比我现在这个样子更可怜的了！

关妮　遭着不幸的事情谁都是可怜的。

苏散　你瞧柏鲁斯这张画，团成这个样子！完全坏了！

关妮　他还可以再画呢，（苏散望着她）美术家都是这样。

苏散　关妮，你不反对美术家，是不是？

关妮　我？不——我不会的！（含着内心的微笑）

第二幕

时：大约十时半至十二时之间

景：同第一幕。房子收拾好了，赛波台上摆着杯子盘子碟子。餐桌上放着一盆花。太阳从窗里照进来，通厨房的门关着，出入口的门开着。

幕一开关妮便走出来，去开了前门。达仑又走进来，她站住把手撑在门框上，很不放心的样子望着达仑。

关妮　医生看病去了，还没回呢。

达仑　（走进来）我是来看你的。

关妮　（惊讶）我？

（她于是格外注意他，达仑走进来把帽子放在前只架子上）

达仑　你如果得闲，我想和你谈谈。

关妮　你有甚么跟我说的？

达仑　（停一停他走向她那里，把左手抚着她的肩）我是来感谢你的。

关妮　谢我甚么？

达仑　因为你对我的朋友好，当别的女人讨厌他的时候，你能够给他许多说不出的好处，安慰他，怜惜他，这是他最需要的。

（她一退，他的手放了下来）

关妮　你知道些甚么？

达仑　都是他告诉我的，除了你，只有我是他的好朋友。

关妮　我从来没听见他说过甚么但文波！他只常常说起他的詹姆斯白朗，可是没有听他说起过你！

达仑　我就是詹姆斯白朗呢。

关妮　你是白朗？为甚么又叫但文波呢？

达仑　但文波是我做生意的名字，我要一个让人家容易记得的名字，但文波——

关妮　你既是白朗，就没有理由要更名换姓呢。

达仑　那也不一定。

关妮　我知道詹姆斯白朗那个时候很困难，克利斯宾对我说他欠了很多债不能还，就逃走了。这都是克利斯宾告诉我的。

达仑　你全记得是不是？

话剧剧本　125

关妮　只要是他对我说的话，没有一个字我会忘记的……（她转身走过书桌那边）我看你简直不像白朗。

达仑　我看你简直跟我所猜想的关妮一样，只是更年轻一点，更漂亮一点。我一见就知道你的名字，是不是！

关妮　那是不错……

达仑　我不否认我有一个时候真是付不出房钱，我常常那样，弄得很困难。你想克利斯宾的朋友不是那样吗？可是我不愿拿那个来说克利斯宾他本人呢！

关妮　（笑）那是，让我想想，刚才恐怕是我错了，那样古板的样子对着你，……（她高兴起来，不再防备）克利斯宾真是对你提过我的名字吗？我从来没想到他会提起我的名字，从来没有！看起来他是不错！

达仑　他是欢喜你。

关妮　他也那样说吗？

达仑　不止一次呢。你不也欢喜他吗？

关妮　只有他才是正正经经待我，说话也是老老实实的。他不多说话，一说就靠得住。……你既是詹姆斯白朗，我愿意能够认识你！真想不到会见着你。真想不到！我们握一握手罢。（他们握手）白朗先生请坐，我可以陪你坐一坐。（一同坐下）哈太太不许用人坐在客堂里，她是要做成十足的英国派，而且是城里人的样子。……好在她不在家，她不知道，也没法儿生气……詹姆斯白朗，这个名字，从我心里引起许多以前的事情来，真的！

达仑　许多甚么事情？

关妮　还不是这个那个的！

达仑　克利斯宾写信给我说只有你欢喜他的画，而且只有你懂得他画的意思。

关妮　对了！我欢喜他的画，我要学着看。啊，他教给我，教给我许多事情。只要是他，没有一点儿甚么我不爱的。

达仑　你既是那样爱他的画，为甚么你不想法子好好地保存？为甚么你会让这许多画都不见了呢？

关妮　请你不要拿这个来问我罢。

（略停）

达仑　你不是说他教给你许多事情吗？

关妮　是的，不错，他教给过我的！也不是像先生那样教，你想，跟他在一块儿，自然会这儿学到一点，那儿学到一点的呢。

达仑　他究竟教给你些甚么？我想听一听，要是你记得起的话。

关妮　啊，我记得！许多东西呢！好像这种春天快去夏天快来的时候，那经过雨的田野变成铁锈的颜色，天的颜色变成那个瓷盘子一样蓝，你瞧，白朗，……（指着赛波台）那叫加巴尔青！画家的术语叫加巴尔青色呢。他又指给我看那红色的旧谷仓，那古石桥，他常常在那里画画的。我来来往往十五年没有留神，经他一指点便成了美术！白朗先生，你知不知道那个旧砖房子不是红的，只是青跟褐色？知不知道那些树落了叶子正是妆点最美的时候？知不知道月光和雪不是白的，只是各种颜色的掺和？啊，他教给我了！（她的追怀越见亲切）他说一个人可以喝醉酒，可不能糊涂。后来他又欢喜画许多农民生活的画，所以哈先生哈太太就更不欢喜他了啊。他教给我的东西多着呢！我丝毫没有忘记，我想了又想，当他在的时候，想了又想，从他死后一直到如今！

达仑　他留下给你的纪念一定不少罢？

关妮　我早已告诉过你了。

达仑　我说的是实质的东西。

关妮　实质的？

达仑　不错，我们的记忆是我们所有的最实质的东西。那才是人家夺不去的，还有，好像纪念品——

关妮　我以为只有我们的记忆谁也夺不去，因为离开了我们就无所属的，不是吗？……不过我现在有点难过。

达仑　为甚么？

关妮　因为我要离开这里了。今天下午就要到曼彻斯特去。因为我兄弟媳妇死了，留下四个小孩子没有人招呼，我不能不回去，可是我真不想离开，（笑）哈先生哈太太倒如了愿呢！

达仑　我以为用不着难过，你可以带着你的记忆，随便到哪里都是一样。

关妮　那我就看不见那古石桥、那红的谷仓、那玉米田和许多的东西了！

达仑　那都是他欢喜画的地方！

关妮　不错，他在画画，我还常常送杯茶给他呢。

达仑　你还打了件绒线衫送他！

关妮　哟，他给你的信上也说起那件绒线衫吗？

达仑　他甚么都写信告诉我。

关妮　关于我的事？

达仑　我是他最亲密的朋友呢。（稍停）

关妮　我以前有一个时候是漂亮一点儿的。

达仑　那还要说吗？就是如今还是很漂亮。

关妮　我也不怕难为情，我对你说的话，我知道你不会告诉哈先生哈太太和那两个小姐的。白朗先生，你知道这里的人待他的情形，——因为他不过是一个美术家呢。他们都不懂得他。倘若他们知道他欢喜我，那一定更不好了。所以我不让他们生气，在哈医生这里保全着这个位置，这好在我也问心无愧呢。

达仑　我不会说的。我尊重你的记忆……可是我想你一定留着有他的东西，好像速写之类。

关妮　我可以让你看一样东西，比速写好多少倍呢。

达仑　啊！那是甚么？

关妮　他画着我一个像，跟人一样大，一直挂在我的卧房里呢。

达仑　我一定要看看，关妮！给我看罢！就给我看罢！

关妮　我可以给你看。我看了那个画更不想离开这里了。你到我房里来看罢，这儿呢。（达仑赶快站起来随着她。她走到门口外忽然停步，回头对达仑）哟，我忘了！

达仑　有谁在那里吗？

关妮　那个城里老妈子正在我房里呢，我不愿意她看见我带个男人到我卧房里去。

达仑　那要甚么紧？

关妮　回头她会去告诉哈太太的。

达仑　好，我想起不要让哈医生夫妇知道我们的谈话，那么，几时再见呢？

关妮　你住在哪里？

达仑　我住在爱克林敦馆，你能来看我吗？

关妮　那是在车站旁边。吃过饭我顺便来看你。那里人很多，可是也不要紧。

达仑　好极了，最好请你把那个画带来。

关妮　你说甚么？搬那样大一张画！

达仑　关妮，倘若你要钱用……你知道，我不是阔人，可是这几年我弄得好一点了，如果……我说，如果你要钱用，我可以买一点克利斯宾的作品。

关妮　（赶快）我不要卖甚么东西。

达仑　不是卖给别人呢，我知道别人你是一定不卖，可是卖给他的朋友，做交情的纪念呢——

关妮　我不能拿他留下来的东西去卖钱呢！

达仑　你想想，关妮。我的意思想把他的作品集在一处，成一个系统。

关妮　你想那样办吗？我想那是了不得的一件事！如果那样，我不能卖，或者我能送也未可知——

达仑　甚么？那张画吗？

关妮　不是说那张！就是我要捐赠出去，也得好好地想想呢！

达仑　自然，那是应该的。不过，给他最好的朋友那就……

关妮　倘若是这世界上除了你——（她听见有关门的声音，一回头，有人从厨房里进来）

达仑　（起身走过去拿帽子。关妮走近厨房门）关妮，我等你呢。

关妮　好的……你走罢，要是你不愿意被他们看见。（达仑走进过道，关妮赶快追过去）白朗先生，别把我跟克利斯宾的事告诉别人，你是好人呢。

（他拍拍她表示答应，便走了出去。关妮走进来，把椅子摆好，苏散从楼上跑下来）

苏散　不是妈回来了吗？

关妮　不呢，没有谁说话呢。

（柏鲁斯从厨房走出来）

关妮　不，我正不得闲……

苏散　看住前门，关妮！

（苏散跑向柏鲁斯，他也凑上一步，抱住接吻）

关妮　你们真闹得可以，可是不要把我搅在里头，这是我末一天呢！他来干甚么？

苏散　我在椅上瞧见了他在那小屋儿旁边。

柏鲁斯　我看见你招手。苏散你要甚么？

关妮　你围着我们的小屋儿转，你要干甚么！一定闹出事情来！

柏鲁斯　我有话要告诉你。

苏散　甚么话？

柏鲁斯　关于我的生活，有一件紧要的事，特意来要和你决定一下。

关妮　特意来要怎么样？

苏散　关妮，去守着前门。

关妮　柏鲁斯在这儿，我怎么能去看守前门呢？

柏鲁斯　傻子，不关你的事，你这乡下婆。

关妮　你们的话不要我听，我还不爱管这些闲事呢，你这野孩子。（走到窗口去）

苏散　哟，我们在你面前一点秘密都没有呢，关妮！柏鲁斯你说。

柏鲁斯　有个朋友愿意把他的事情让给我，可是只肯给我很少的钱。

苏散　怎么样？

柏鲁斯　尽管钱不够，可是决意去干。

苏散　为甚么？

柏鲁斯　因为我能到杰尔西去学美术。

苏散　杰尔西在哪里？

柏鲁斯　那是伦敦近处一个村，美术家很多。

关妮　那里没有甚么意思。

柏鲁斯　可是我一定去。

苏散　那真是没有意思！那你不是要离开这儿吗？

柏鲁斯　我要你跟我一同走。

苏散　柏鲁斯，你知道，妈妈决不让我去！难道今天早晨，你没听见她骂你吗？

柏鲁斯　我决不让你妈知道。

关妮　（走过来）你们可别打算逃走啊。

柏鲁斯　如果苏散真正爱我，她不能让我一个人走！

（苏散走过去拉着他的手）

关妮　这家人家今天早上好像还闹得不够，你不说私逃的话，就够苏散难过的了！她的母亲今天早上真把我气疯了。

苏散　柏鲁斯，你真了不得，真了不得！

关妮　了不得，可是了不得就会闯祸。

（柏鲁斯笑起来，苏散转对关妮）

苏散　关妮，你是好人呢。

关妮　他要图发展，我倒是十分赞成。（她走到窗口去）

柏鲁斯　今晚你把你的衣服交给关妮带到曼彻斯特去。那么，我就驾一架小马车来拖关妮的行李。你就跟我走，你假装送她的行，我把你送到火车站，你就一跳跳上火车。我追上来到曼彻斯特和你们两个人相会。我们就在那里结婚！我看这个主意再好也没有。

关妮　苏散！你要再听他的话！我就去告诉你母亲。

苏散　关妮，你不会的。

关妮　为甚么不会？这是我道德上的责任！

苏散　你说你不反对美术家……

关妮　我从来不，可是这儿周围的人都反对。

苏散　你也曾顾念到人家的为难么，关妮？

关妮　要不是顾念人家的为难，你想我会替人守前门吗？

柏鲁斯　你救救她，关妮！

关妮　我真要救她，就没有你的事了。孩子！一个女孩子被人弄糊涂了，像你对苏散这样，就应当有人看着她，让她好好儿跟人结婚，不要使她胡闹，我也和人发生过爱情，我知道。——（门铃一响，三个人都呆了）你最好把你的主意丢开，免得他们抓住你。

（她走向窗口朝外看）

柏鲁斯　我的车子四点半来。

苏散　（走近他）那样早吗？柏鲁斯？

柏鲁斯　并不早，关妮坐五点钟的火车呢。

（两人抱住接吻，关妮回头望着）

关妮　得了得了，别闹这些把戏了。（对苏散）喂，上楼去自己收拾一下罢。

柏鲁斯　准定四点半！（又抱苏散一吻，便从厨房走了去，带关门）

关妮　要是你们这种样子被你爸爸妈妈看见……（苏散跑上楼去，关妮去开门，她自言自语）这家人家今天早晨闹些甚么，我真不懂。

（她开了门，罗逊走进来。一个住伦敦的犹太人，四十来岁年纪，油滑而过分地客气）

罗逊　（在外面）哈致医生是住在这儿罢？（他的口音像伦敦近郊人，尖尖的）

关妮　他在这儿住了三十年了。

罗逊　（走近来）可否见见他，谈一两句话？

关妮　你能够见着他，如果他在家，那是没有甚么的，可是他不在家。

罗逊　一刻不会回来吗？

关妮　我想不久要回来，一定回来吃饭的。

罗逊　要是您许可的话，我想到里边来等一等。（把帽子交给关妮，一直走进来）

关妮　你留神，油漆没干呢。（关上门，把他的帽子放在厅里桌子上）

罗逊　我常画油画的。

（他四周围看，关妮走到大椅子背后看着他，他一回头和关妮打个照面）

罗逊　你一定是关妮。

关妮　我不认识你啊！

罗逊　我听见有许多关于你的话呢！

关妮　你听见甚么？你在哪里听见的？

罗逊　我听说你待人异常亲切，又欢喜近代的画。……

关妮　好罢，我想打个电话或者找得着哈医生，他今天就简直不应当出门。

罗逊　不必催他，让我坐一会儿。我在路上看过了那旧砖房，（她望着他）那红色的谷仓，现在又见着你。我以为你是穿格子花布衣裳呢。

关妮　格子花布，那是我常穿的，你怎么知道？

罗逊　白底子红格子花布是你常穿的。

　　　（哈医生，哈太太，亚达从前门进来，哈太太和亚达上楼去，哈医生把帽子和皮包放在外厅——过道的桌子，关妮起身走过去）

关妮　您回来好极了，家里弄出许多事来，我真莫名其妙，我想我最好到厨房里去躲起来。（走了进去。哈医生望着她走去，不安的样子，走进房来）

罗逊　您是哈医生？

哈致　是的！

罗逊　这是我的名片。

哈致　有甚么病？

罗逊　没病。

哈致　没病？请坐。（指一个座位，他自己走向书桌那里坐下）

罗逊　谢谢，（哈致弄弄他的衣服和领带，不大理客，罗逊接着说）以前有一个人请您看过病的，是我的一个朋友，一个画家……（哈医生把椅子拉向前一点，惊异的样子瞪着罗逊）……一个画家，我对他，我得说以前我也是很为难，十年前，他死了，他的那些情形真叫我有无穷的悲痛，近来，我翻出许多信，就是他住在这里承您替他治病的时候写给我的信。我看着他的信觉着有一点小事，对于他或者可以使我的良心安慰一点，我的朋友克利斯宾死后还欠您二十镑钱。我现在替他还这笔账。利钱就算六厘罢。照十年算共总应当是三十三镑，四先令，七便士半。这张支票请您收下罢。（他拿出支票，哈医生点头）

哈致　（收了支票，看一看，简直连呼吸都停止似的）谢谢你，先生。

罗逊　不用客气。我还这个钱，是对于苦朋友尽一种神圣的义务。只是在他没死之先人家都不能帮助他的时候，我没有能够助他一臂之力；当然，我们大家都是不可救药的，可是这回回到伦敦……

哈致　感觉到无债一身轻，做一个更幸福的人是不是？

罗逊　我刚要出口的话被您说了。

哈致　（把钱放在袋里）罗逊先生，能够认识先生，我是很荣幸，而且我没有想到美术家看了病，付钱更付得痛快。可是我想问你一句话。

罗逊　请您赶快说罢！

哈致　你是想问我有没有克利斯宾留下来的画，你想拿去做纪念品呢？

罗逊　不，不，不，不，不！我不是来白问您要。

哈致　罗逊先生，我也没有说白给。我只问你……

罗逊　（看哈致一眼，郑重地举起他的手）好，如果您要和我谈生意，我要问您手边是不是还存有这种画。（医生坐起来）我以为，当然，那些画应当归您所有。克利斯宾这孩子又没有成家，他所留下来的画——就是他没有亲手交给您——他既是欠您的钱，可以作为抵押品，归您没收。所以我愿意出二百镑，通通跟您买了去。

哈致　二百镑！

罗逊　通通一起，二百镑。

哈致　买克利斯宾的许多画？

罗逊　我不能再出多了，希望您不要过分地开价。

哈致　（差不多没有声音）二百镑。——

罗逊　这是我说的，二百镑。要，您就拿着；不要，就算了，我是很爽快的。

哈致　我并没有说半个字反对你的意思，最糟的就是你来得太迟了。刚才不到两个钟头以前，有一个人……

罗逊　（把身子伸出去）也是这样要求过您吗？

哈致　不十分一样……

罗逊　您没有把克利斯宾的画卖给他罢？

哈致　没有。我送给他了！有一张是画的那旧石桥……还有一张……

罗逊　（跳起来急死了的样子）你把《旧石桥》给了人！哈医生你被骗了！

哈致　先生，你用不着那样说！

罗逊　可是，天啊！你怎么会——

哈致　他打了电报给我，说他从伦敦来看我。

罗逊　他叫甚么名字？

哈致　名字我不大记得清楚了……让我来看……我可以找得到那电报……（一眼看见电报在桌上，拿起来）在这儿呢。……啊，他叫但文波，不错，但文波。

罗逊　但文波？

哈致　是的。

罗逊　是但文波让你把画给他吗？……

哈致　我想那个画没有甚么好。他也说不好。

罗逊　但文波，他说那些画不好？

哈致　是的，但文波说的！（把电报给罗逊看）你不信吗？你认不认识他？

罗逊　我认不认识他？自然我认识他。可是我不信他会做这样的事，你有甚么证据吗？

哈致　现有我的女人和我的女儿在这儿呢。

罗逊　那就行了。（把电报还哈致，两人坐下来）现在我想我们怎样处置但文波。他是英国《美术月刊》代表的批评家，伦敦第一个人，谁都拍他马屁。现在他露了狐狸尾巴了，没法子让人不知道，他那对您的诡计，不出一个钱骗了那些油画，那些值很大的价钱……（他想他说错了，赶紧改口）值二百镑的画。我们现在这样。（他从口袋里抽一张纸出来，说明给他听）有一批东西卖给他的，这里是一张卖出的契约，我的律师预先办好的。——（门铃响）——你在这上头签一个字，我就给您二百镑钱，那么您、您太太、您小姐跟我一同到警察局去立个案，您老老实实把但文波对您说的话全盘说出来。最要紧是要说他说那些画不好。以后的事全交给我得了。我们可以干，把但文波一下子！

（关妮经过这屋子去开前门，马克斯威尔·但文波走进来，一个上了几岁年纪的有名的绅士）

但文波　哈致医生在家吗？他一定在等我了。

（他走进过道，关妮关上门。他走进屋里来，哈医生望着他，罗逊做个手势让哈致不要说话，关妮走进来）

关妮　医生正陪着客，请您坐一会儿，歇歇罢。（指一张椅子。罗逊认识但文波，他笑一笑，站起来走到药架子那里，一半背着但文波）

但文波　谢谢你。哟，你不是有名的关妮吗？

关妮　哟，伦敦人都知道我的名字吗？

但文波　那你是关妮了！好极了，你还在这里！那格拉斯米亚的旧石桥，那红色的旧谷仓，和关妮永垂不朽了！（他一面把大衣放在椅背上）

关妮　先生，这些面生的人，一个个走来叫着我的小名，我可真受不了了！（她向厨房走去）

但文波　不要怕，关妮。（关妮很不痛快的样子走进厨房去，关上门，但文波上一步对着哈医生）这不是哈医生吗？

哈致　是的。

但文波　我是但文波。

哈致　谁？

但文波　马克斯威尔·但文波。昨晚从伦敦打了个电报给您的。不搅扰您罢，尽管……让我在外面等一等罢。

哈致　不，不，不！不要走！（他回身走近罗逊——慢慢地）这是但文波吗？

罗逊　这就是但文波。

哈致　不是他，那另外是一个人！

罗逊　甚么？

哈致　这不是我跟你说的那个人，倘若这个人是但文波，那个人又是谁呢？

罗逊　现在别多说了，……（悄悄儿）你一句话都别多说。现在我们要闹闹清楚我们自己的地位。（赶快把那张纸放在口袋里。装着笑脸）

但文波　（一回身）罗逊，你在这里弄甚么鬼？

罗逊　你知不知道你要对我发誓，但文波先生？你的把戏穿了！你尽管在报上说我的坏话，你可不能当面侮辱我！

但文波　我知道总有一班东西会挤到这儿来。（对哈致，此时哈致做出强硬的表情）哈医生，对不住，这个人为自己的私利榨取美术家，把他们的作品当作商品来……

罗逊　（退缩，谄媚的样子）那不是我们榨取美术家，都是那些买主。而且有我们这种人，才显得你们美术批评家的存在呢！如果没有我们商人把美术品的价格提高来引起兴趣，哪里有你们的甚么触觉的价值，清澄的反映，和这个那个的许多高的见解呢？

但文波 你们又弄鬼,又做假东西,又……因此就把美术品的交换弄糟了。

(罗逊哼了一声回过身去。哈致急忙从他身边走过来,对但文波)

哈致 慢着慢着!这是我的家,是怎样一回事,我有权可以问!你说你是但文波先生,罗逊先生也说你是但文波,那么,那你一定是但文波。可否请你告诉我,到底是怎样一回事呢?

但文波 哈医生,这是世界上一件最不公平的事,我称不自量,想把它矫正一下。曾经有一个请您看过病的,一个穷孩子,一个美术家……

哈致 是的,我知道,克利斯宾。

但文波 我很欢喜,您还记得他。现在我所说的那个……

哈致 (插嘴,用拳头指着但文波的胸口说)那个画家,他死了,欠我二十镑,你来替他还账是不是?

但文波 不,不是!哈医生,不要说他欠了人的债!这是我们,所有我们大家都永远欠着他的债!正好比这世界始终欠着天才者的一样!(用左手拍着哈致的肩头说)

哈致 天才?克利斯宾是……

(停一停。他回到身去,走到书桌前,又回身,请但文波坐在大椅上,但文波坐下,哈致坐在书桌那里)

但文波 谢谢,我正为克利斯宾写一篇评传,我来是想搜集一些关于他生活上详细的资料。

哈致 关于克利斯宾,你要写一本书吗?

但文波 是的,我正在写。

哈致 为甚么?

但文波 您没看过报上说他的画轰动了伦敦和纽约吗?(罗逊使个眼色给但文波,哈医生昏昏沉沉地只顾摇头)您没有看见,《伦敦评论》的批评专号吗?

罗逊 但文波先生,那个昨天才出版呢。

但文波 安静一点。哈医生,艺术是悠久的,可是世界上往往认识得很迟。克利斯宾死了已经十年,到现在他的作品才在伦敦开第一次展览会,一直到现在我们才认识他,不仅是美国一个最大的画家,而且是前无古人后无来者的大艺术家呢!

哈致　我们的克利斯宾，是吗？

但文波　就是你们那个画着画、喝着酒、成天咳嗽、短命死了的克利斯宾呢！从这里他有信写给他的朋友詹姆斯白朗——啊，他也死了——许多精美的信，昨天才在《伦敦评论》上发表出来呢。

哈致　我们克利斯宾！（他望罗逊一眼，罗逊避开望着别处。他走去坐在转椅上）你们都是看了那个信来的。

（哈太太走下楼来）

罗逊　哈医生您猜得不错。

（哈致报以怒目，回头对他妻子）

哈致　安娜，你来得正好！（介绍她给但文波）这是我内人，——这是但文波先生。

哈太太　但文波先生？

哈致　（赶快）再不要提起那个。回头随便甚么时候我再详细告诉你，这是罗逊先生。（回头庄重地对着但文波）但文波先生，我们住得离伦敦很远。（亚达走下楼来）我不过是个乡下医生，不能不自己老实说，尽管我欢喜克利斯宾，我从来没有想到那孩子在世界上能够得到甚么地位。

（亚达缓缓走进来，一直听着，横过去走到上边的桌子那里）

但文波　我并不是夸张，当代实在没有哪个美术家能有他那样高深的造诣呢！

哈太太　是不是说人家真的要拿钱来买克利斯宾的画呢？

但文波　哈太太，那些商人只要能够找得着，无论出多少钱都肯的，可是找不着。

亚达　每张值得到十二镑吗？

但文波　啊，小姐！不能比一千少，总要到二千。

哈太太　二千甚么？

但文波　二千金镑哪！

亚达　两……千……金镑……一张吗！（一屁股坐上去）

哈致　（对罗逊）你出的价钱太可怜了，两百镑总共买去！

罗逊　你自己知道得了，我并不是头一个人。不必多说了。

但文波　在罗逊先生，算是出得多的了。我来得真巧，看破了他的把戏。

（哈医生头晕了，转过身去）

哈太太　啊哟！

哈致　安娜，你说甚么？

哈太太　不……不……，我甚么都不愿说，我觉得有点难过呢。（坐下）

（此时关妮从外厅进来）

关妮　又有一个电报给您的。（递电报给哈致）

哈致　又一个电报？

（关妮从过道下）

但文波　罗逊，这一下我想你一定要出得比二百镑多一点儿呢。

罗逊　我不是阔人，做小生意罢了。出门都是坐三等电车，谁比上你坐汽车的呢？

但文波　那也是说不定，可是我劝你还是作假画卖，那比骗那些没有防御的老实人好。（对哈医生，爽快说话）哈医生！我不愿意夹在一块儿谈买卖，不过，告诉您，我只愿意把正当的价值告诉你。

哈致　你能够把这个电报的意思解说给我听么？

但文波　让我看，啊，这个很明白，有一个地德美术馆，在伦敦的，要想出一万五千镑买你的克利斯宾的画。

哈致　（冷静地）但文波先生，你瞧我是一个无用的人。

但文波　无用的人？有他的画的人，就应当享福哪！

哈致　你们怎么会知道我有这些画呢？

但文波　从那杂志上，克利斯写的信里头——（哈医生丧胆似的仰望着他）信上列举有七张画留在这里。《旧石桥》《红谷仓》《玉米田》，还有——

哈致　（不等但文波说完）我想最大的困难就是我应当好好地保存，可是我没有……

但文波　哈医生，不用责备你自己，这种事不仅是你呢。（哈致望着他，很烦闷的样子）哈医生，当着人说，那些画没有怎么样罢！

哈致　（绝望地站了起来）总在那儿的。当然，现在只有那个两块……不过，倘若他留下有七块，其余的一定在我这里的。……你听见过有人把油画拿去丢掉的没有？有人把贵重的油画拿去丢掉的没有？我一定去找！一定把它找出来！找出来之后，我一定把它看得很重。（转个身，指着墙上）我一定把它通通挂在这个屋里！我不卖的，……我不卖的（看着罗逊）至少二百镑我也是不卖的。（精疲力竭的样子，掉在书桌前椅子上）可是现在我想请你们大家回去，让我好好儿吃顿饭，再和我家里人商量商量。这是突如其来的事，非得让我慢慢儿想一想不成。

但文波　我下午可以再来罢？

哈致　来干甚么？

但文波　看您把克利斯宾的作品重新收集拢来啊！

哈致　等我吃了饭再说。

（但文波走过去想拿他的外套，看见哈太太坐在那椅子上）

但文波　（对哈太太）对不住。（她看都不看他，一起身走开去）谢谢。（他走过哈致面前，从大衣袋里拿出一本杂志递给他）让我把这本杂志留下给您罢，克利斯宾的信就在里头。因为想对照着看他的画，所以带来了的。里面也说了有您，您读着一定有趣。

哈致　谢谢。（把杂志放在书桌上）

但文波　再见。

（他走出去。罗逊走到过道里看见没别人，再走进去对着哈致）

罗逊　刚才那个人，倘若您不知道他的真姓名，你看他会怎么样？他也是跟我一样做买卖的。

哈致　你也走！

罗逊　好。好！（走进过道去拿帽子）回头再来，您不要难过！（回头向屋里看一看）再见您的时候，您总可以把事情弄妥了罢。

（他走出去，看见他经过窗外，停一停。亚达看着以前挂画的印子）

哈致　我一生好容易有一个机会可以弄点钱，谁想全从我的指头缝里漏掉了！

亚达　（站起来）我见不得墙上挂我的画那个印子！

哈太太　我要到楼上去睡一睡。

（关妮从厨房里走出来，把桌上的花瓶搬到赛波台上，预备铺桌子）

关妮　现在那些古古怪怪的伦敦人全走了，我想可以铺台子吃饭了。

哈太太　我不要吃饭。

　　　　（关妮叠好桌毯）

　哈致　你还不吃饭呢？谁把事弄糟的？

　　　　（关妮惊视）

哈太太　你不能怪我！

　哈致　我们一家人谁让那孩子进来，谁给他地方去画画？

哈太太　我讨厌他的画，你比我更讨厌他的画！

　关妮　这是我末一天在这儿，真不愿看你们两位这样怄气！

　哈致　太太跟我怄气是惯了的，用不着你多管闲事！

　关妮　哟，您从来没有对我这样过！

　哈致　厨房是你待的，走回厨房去罢！别再啰唆了！

　　　　（关妮赶快跑进厨房去，"砰"地把门一关）

　亚达　现在最要紧的是我们不要闹糊涂了，如今只有两件事，第一个人不是但文波，不是但文波他是谁？

哈太太　那有甚么关系？你的父亲自己把画给了他。

　亚达　这很有关系，那个画是他从爸爸手里用不正当的手段骗去的。

　哈致　亚达说得一点不错，他是骗的。

哈太太　那我们可以把画弄回来！

　哈致　要是亚达没有收他十二镑钱。

　亚达　那十二镑并没有卖背面的画呀！

哈太太　亚则，你一定要去找他。

　哈致　可是我不知道他的真名实姓叫甚么！我只知道他回到伦敦去做一个更幸福的人！……尽管这样我总得要找他！如果找着了他，我给他一下子，包管他死而无怨！

哈太太　他比你年轻，回头不要反被他给你一下子。

　哈致　（大步走来走去）那也不要紧。我带个律师去。（走近书桌，拿起电话）我要干他一手……（停一会儿）法律手续要是靠不住，官司打输了，自己岂不反要赔本？（又把电话放下）除非我们舍得丢掉他所给的那个……

哈太太　可是我们就不曾知道那画到底值多少钱！

哈致　我不是还叫你们出来，看一个诚实的君子吗？

哈太太　那个坏蛋，贼头狗脑贪鄙的东西……真叫我头痛。

哈致　（抢接）看起来我们这女孩子是对的！我可是怎么办？要是但文波的话是真的，我简直让那混账东西从我手里弄去了两三千，甚至三四千镑。

哈太太　他还说要跟你合伙做生意呢，你不能说他若是不把画拿回来，便不能再谈别的吗！

亚达　甚么合伙做生意，那种胡说八道，那不过是想引着爸爸上当罢了。

哈致　你爸爸也不见得那样没用呢，孩子！

哈太太　啊，那诡计多端的坏蛋……

亚达　克利斯宾有多少张画留在这里？

哈致　但文波说是七张。

亚达　您说没有人把油画拿去扔掉了，然则还有那五张呢？

（关妮从厨房走出来）

哈致　亚达，你说得对！（对哈太太）太太，我们这孩子的脑子，我们两个合起来都比不上她，关妮，你实在全个阁楼都看过了吗？

关妮　（在门口，闻言惊顾）阁楼？

哈致　今天早上第一个客来的时候。

关妮　不错。

哈致　你简直没看见有画吗？

关妮　甚么都没有。

哈致　你去罢。（关妮走去）亚达，你到阁楼上去看看。亲自出马。（亚达走上楼去，哈致叫苏散）苏散，下来，快点！

哈太太　你又叫苏散来干甚么？

哈致　我还没有问苏散呢，说不定她会知道一点甚么。

（苏散下楼，怕得很）

苏散　爸爸，做甚么？

哈致　有些克利斯宾的旧油画，你看见没有？

苏散　就是这个事吗？

哈致　就是这个事吗！就是这个事吗！你怎么对爸爸这样傻头傻脑的！

苏散　甚么意外的事，把爸爸的头弄得这样浑呢？

哈致　我问你的事，你说啊！我问你，你见过克利斯宾的画没有？

苏散　自然，我见过。

哈致/哈太太　（一齐说）甚么？／哪里？

苏散　最后一回我看见在花园后头，那小屋里头。

哈致　小屋里头！

苏散　是的，爸爸。

哈致　多少张？

苏散　不是八张就是十张。不大记得清楚了。

哈致　八张十张！

苏散　就在那个堆煤屑的角里。

哈致　我去拿我的脚踏车，成天都在那小屋里出出进进，从来没有看见甚么油画呀！最后一回你看见是几时？

苏散　没多久以前……我记得还拿给柏鲁斯看过。

哈致　啊哈！我知道了！柏鲁斯偷了去了！

苏散　他没有！他从来不会做这种事的，爸爸！

哈致　画是在小屋里头！你拿给柏鲁斯看了！现在没有了——一定是柏鲁斯偷去了！

苏散　不会的！

哈致　不会的？好，我要把他抓了来！我叫警察把他抓了来。（急忙走向书桌，坐下）

苏散　爸爸！

（他拿起电话来）

哈太太　亚则，那不行的。

哈致　为甚么不行？

哈太太　柏鲁斯没有偷画。

哈致　你怎么知道他有没有偷？

哈太太　是我拿去烧掉了。

话剧剧本　143

哈致　你怎么？

哈太太　我拿去放在火里头烧掉了。

哈致　十张八张一齐？

哈太太　恐怕还不止呢。

哈致　你说还不止十张八张！两三千镑一张，你还说不止烧掉十张八张吗！

哈太太　你也说那些画简直坏透了。

哈致　你别只顾那样说，太太！你应当跪下来，求求天保佑保佑你的两个女孩子罢！（一会儿，他的眼睛低下去，看见桌上的杂志，他拿起来翻一翻）

（亚达从楼上下来，走进屋里来）

亚达　关妮说得不错，阁楼上没有画。

哈太太　你父亲知道了，甚么油画都没有了……无论哪里。那些画我嫌它们占了许多地方，一把火通通把它们烧了。

亚达　妈，你不会！……现在我们只要大家设法子，去把今天早上那两块去弄回来就是了！

（哈致看着杂志，举起手好像注意到甚么。亚达看见她父亲的神情，叫声"爸爸"，跑了过去）

哈致　（读杂志）"H医生似乎颇忠实，他并不懂医道，可是看起来像个哈巴狗，想来觉得有趣。"[1]

苏散　他说的是甚么？

哈致　H医生就是指我！这是克利斯宾信里头关于我的话呢！（指着念）"我求他让我替他画个像，可是没有法说动他，他对于美术的见解，正和下等动物差不多呢。"

哈太太　或者你让他画了你的像，你现在会好一些。你决不会拿你自己的像去盖鸡笼挡漏不是。

哈致　苏散，下边你可以念念，大约他对你母亲会说得好一点。

（苏散抱着杂志坐在大椅上）

苏散　（读）"那至情的天使是我的姊妹也是我的保姆，而且甚于姊妹和保

---

[1] 原文即为此。——编者注

姆，得她的爱护，延长了一些我的生命，不仅如此，因为她，只有她，能够欣赏我的画。我在这里的生活中，她是唯一的安慰，加之，以她的风格，她是美丽啊！"

哈太太 （得意地笑）我本来欢喜那孩子，我鼓励着他。

亚达 可是，妈，那不是说你，是说关妮呢！（哈太太的笑收敛了，亚达念）"秋天的早晨，有些寒冷，我出去写生，她总送过一杯热茶来。"

哈太太 那都是我们的茶呢！

哈致 （慢慢的）那现在不相干了。

哈太太 一个人对我好，背后又跟老妈子去胡闹，还说不相干！

苏散 妈，不是那样说的！

哈太太 他说关妮是美丽，美丽个屁！

哈致 （跳起来）啊哈！

亚达 哟，爸爸！

苏散 甚么事？

哈太太 用不着大惊小怪的，亚则。

哈致 我记起来了，克利斯宾在这里画过一张像！

亚达 谁的像呢？

哈致 关妮的像！

哈太太 是了，对了！

亚达 不错，是一张很大的画！

哈致 那张画怎么样了？

哈太太 从他死后，她一直把它挂在她的卧房里呢。

哈致 亚达，去看看还挂在她房里没有？

（亚达走向厨房去）

苏散 不过，爸爸，倘若还挂在那里，那一定是应当归关妮的，姐姐，等一等罢——

（亚达停步，从桌子那边转身回来，哈致走到苏散面前，弯着腰就近她说）

哈致 当大战以后，战债，所得税等等把我们的脖子锁住，我们正是十分危险时候，如今家里要发现成的财，而我亲生的女儿会说那张画应当归关妮！关妮会知道那个画能够值那样多钱吗？

哈太太　苏散你真怪，你父亲今天早晨自己上了人家的当呢！

亚达　我想爸爸素来是坚持他的权利的！

苏散　但是那张画是关妮的权利！

哈致　（对苏散）好女儿，我并不是要去做不好的事，不正当的事……你不要那样大声呀！你要嚷得让关妮知道，还是怎么样？

苏散　爸爸，我不愿意站在一旁，看着你去欺负关妮！（她一冲跑到楼上去）

哈太太　不要理她，现在只有一件事，不知道关妮是不是打算把那个画带着走。

哈致　叫她来问问她。

亚达　那她一定会疑心你有甚么意思。

哈太太　我不懂甚么叫疑心。

哈致　亚达对的。我们用不着怕难为情藏头露尾，不过总而言之她一定要疑心的。

哈太太　如果是我，我一秒钟都不犹豫。我一直跑到她房里，把那张画搬了出来，好像一个钱都不值似的！

哈致　这就要讲到良心了。不要忘了《圣经》，让我多想一想罢。

哈太太　闭上眼睛罢，你想是最要闭上眼睛的……那么对了。我们现在应当怎么样？

哈致　有了！那个画应当是我们的财产。因为关妮她并不是所谓美术家的模特儿啊。她是吗？

哈太太　不是的。

哈致　当然不是的，这就对了。她不是当模特儿的，她是我们的用人。我们每月给她工钱，三十个先令一月，给她吃，给她住……

哈太太　那时候我们只给十八个先令一个月。——

哈致　反正是一样的！

哈太太　是呢！

哈致　问题是，她有没有权利赚着我的汗血钱，在工作的时间里头让人替她画像呢？

哈太太　天理良心！你说得对！那张画没有丝毫疑问是应当归我们的了……

亚达，去到关妮房里把那张画取了来！

亚达　要是那样，关妮会怎么说呢？

哈太太　你把房子弄破！把窗帘扯碎！把床铺弄乱！那时候让你父亲告诉她说是遭了盗难。

哈致　我不过是一个乡下医生，我并不要钱，但是为了我的妻室儿女我非要不可。

哈太太　（对哈致）我们就要动起手来！（她推着亚达前头走，两人同走到厨房门口）你走啊！亚达，把它拿着从后面院子里送上楼去，（亚达去了，她带关厨房门，回头来对哈致）要是拿到了就把它藏在你的床底下。

哈致　（自言自语）要是关妮不答应，我可以给一点甚么小东西给她。

亚达　（跑回来，关上门）关妮在那儿呢。

哈太太　画呢？

亚达　画也在。

哈致　成了甚么样子？

亚达　很好！

哈致　听见画没有弄坏，倒是一个放心。

哈太太　关妮在那儿做甚么？

亚达　在那儿收拾行李呢。

哈太太　让她预备开饭罢。

亚达　要是她出来又回到厨房里去呢……

哈太太　让她到这里来铺桌子。

亚达　你叫她。

哈太太　你真没有用！（做出亲密好听的声音）关妮！（走去开着门叫）关！妮！（再关门，向着哈致）你一定要和她谈谈话。

（关妮走出来，还是忧虑的样子）

哈致　（坐在转椅上，演主角似的装出个样子）我们就要离开了，很难过的！

关妮　那没有甚么。

哈太太　现在你走，老爷心里很过意不去的。（从赛波台的抽斗里取出桌布）

关妮　那没有甚么的。

哈太太　你把台子铺好罢。

　关妮　是了。

　　　　（关妮铺桌子。哈太太对亚达点点头，亚达溜进厨房去。哈太太走去，关上厨房门，挡在门口）

　哈致　你很高兴跟我们做完临了的一天，真是好。

　关妮　那没有甚么。

哈太太　不是没有甚么，我和先生，就是新来的那个，都知道你的好处呢。

　关妮　那没有甚么。

　哈致　新的老妈子已经来了，你还在替我们预备中饭，这是很少的。

　关妮　是的，很少的。

　亚达　（跑回来悄悄儿对母亲）那新的老妈子坐在那里！

哈太太　叫她到街上去溜达溜达去。——（亚达回身她叫）亚达！（亚达又回过来）用不着管那强盗。（亚达应下）

　关妮　强盗！甚么强盗？

哈太太　没有甚么，这是我们说的笑话，回头告诉你。（关妮要走）你到哪里去？

　关妮　我到厨房里去拿点儿酸葱来。

哈太太　（挡住门——温和的样子）我想我们吃中饭不吃酸葱，你说怎么样，亚则？

　哈致　是的，醋浸的葱好像不合我的口味。（关妮又向厨房去，他又叫住她）关妮！……你听明白了我说的话没有？我说我们不吃酸葱。

　关妮　我去取点儿酱姜去。你不是最欢喜我做的酱姜吗？

哈太太　（对哈致）不错的，你是欢喜吃酱姜。

　哈致　是的，是的。这会儿我也没有法子反对酱姜。

哈太太　你不是有话和关妮说吗？

　哈致　是的。

　关妮　你要跟我说甚么话？

　哈致　嗯，有两三件事，让我看……从哪一件说起，……我……

　亚达　（跑出来低声）妈！

哈太太　甚么事？

亚达　她说她不愿意出去散步。

哈太太　告诉她，她不散步就让她回家去。（亚达又跑了）

关妮　让她回家？

哈致　我想起来了，我就是要问你，你看那新雇来的怎么样？

关妮　她很好。

哈致　是的，很好，自然很好，太太找不出再好的来呢。可是……你看……你仔细想想，我们对她是不是会和对你一样的满意呢？

关妮　你说得好！自然初来总不大惯。我在这里十五年了，你们的脾气我全知道，好像早饭替你预备一个麦粥一类的事，她不见得有那样连不说都知道。可是她真好，如果她愿意做下去，那是再好没有的——

哈太太　你看她做得长不长！

关妮　我看，也许做得长也许做不长。让我先把饭菜弄好了，回头再说罢。

（她又走向厨房）

哈太太　（想法子不让她走）关妮，你的桌子还没有完全铺好呢。

关妮　我知道，可是老站在这里，那锅里煎的饼会烧成了炭呢。

（她走进厨房里去，关上门）

哈太太　你为甚么不止住她？

哈致　我怎么止住她？你为甚么不止住她？

哈太太　你只顾瞧着我，活该！你真是胆小没有用的东西。

哈致　那是你的主意，这种事我从来没有干过。

（苏散从楼上下来，不是味儿的样子瞧着他们）

哈太太　嘘！喂！……你听！（她走到厨房门口在门上细听）

哈致　听见甚么没有？

哈太太　甚么都没有！

哈致　这时候亚达一定进关妮房里去了！她一定取着那张画走出来，关妮么……安娜，你去看怎么办一办！

哈太太　我不行！你自己去！

（电话响，苏散下楼）

哈致　让我听电话——

哈太太　你不要听，苏散你去听。

　　　　（苏散走过去，刚到书桌那里，铃子又响）

哈致　（对他妻子）安娜，把关妮叫到这儿来。我有别的话和她说。

哈太太　有甚么话，老爷？

苏散　（听电话）喂，您是谁？

哈致　让我想一想……（他坐在桌子旁边的椅子上）不要忙，……你等一等，我会想出主意来。

哈太太　来不及了！

苏散　（电话）是的，甚么，马济？

哈太太　你想一年都想不出来，亚则。

苏散　（电话）甚么？

哈太太　万一她抓住了亚达……

哈致　（抓住哈太太的手臂）让我来劝她不要走。

苏散　甚么？

哈致　我像那样做！让我来开导她！

哈太太　那不行。那样一来她或许就不走，倘若她真不走，那不更费事吗？

哈致　（不等她说完）叫她罢，太太！你想想看！

　　　　（亚达仓仓皇皇地跑来，就让厨房门开着）

哈太太　（开口打算叫）关——

　　　　（她一眼看见亚达，急忙停住不叫，赶紧走过去把门关上）

苏散　（电话）请等一等，我就叫她来。

哈太太　拿到了没有？

亚达　（把手抚着胸口）没有。

哈致　被她抓着你没有？

苏散　爸爸！

亚达　没有。幸喜好那个时候饼烧了，要不然早被她捉住了！我刚刚想从钉子上取下来，回头一看……她正在那里！

苏散　爸爸！

　　　　（哈致做手势让苏散不要叫）

哈太太　我们再来，没有别的。

　苏散　请等一等。（把听筒放下）

哈太太　我们好好儿吃饭，好像什么事都没有似的，一会儿我叫她去送信。亚达，来，快把桌子摆好罢。

　　　　（她走向赛波台取出羹匙等，亚达便去取汤盆）

　苏散　你们尽管咬耳朵，这儿有人叫爸爸听电话呢。

哈太太　甚么事？

　苏散　有个甚么叫马济的，说是从伦敦打来的。

哈太太　伦敦！

　哈致　伦敦的长途电话！

哈太太　马济是不是那个傻子，会说笑话的？

　苏散　这个电话是从伦敦来的，呐！我说不上那名字来，好像是甚么乐得公司。

　哈致　我不愿和他们说话，不管他电话不电话，宗旨我不愿意和伦敦的那班东西捣麻烦。告诉他我不在家，旅行去了！就这样——

　　　　（哈太太还在整理台上的银器等）

　苏散　爸爸，你想撒谎你自己来罢。

　　　　（亚达放好杯盘，哈太太整理座位）

　哈致　好罢好罢，我来罢。你真会帮你爸爸的忙。

　　　　（哈致站起来，走到电话面前坐下。哈太太和亚达继续整理餐台，一个一个字地注意听电话）

　哈致　喂……是的。我是哈医生……（对家里人）我听得非常清楚。谁？……你说……甚么？《格拉斯米亚的旧石桥》？……（停一阵）多少钱？我听不明白……（又停一停，哈太太和亚达同时停下来，注意听电话）……多少钱？……让我想想，明天打电话来罢。（把电话挂断，懵懵懂懂地站起来）

哈太太　甚么……为甚么事？

　哈致　他要给我二千五百镑买克利斯宾的那张《旧石桥》。……只要没有损坏。（绝望的声音）没有损坏！（狂了似的）你们听过没有！没有损坏！

哈太太　二千五百镑呢……二千五……！

亚达　那就是我在反面画了一束花的那轴画呢，十二镑就卖掉了！

哈致　（向转椅一坐，暴躁地叫）我知道！

（关妮端一盆汤走出来）

关妮　饭好了。（把汤盆放在桌子右边哈太太面前。哈医生被闹昏了）大家请坐罢，饭好了。

（临了，哈致一家人都好像受了符咒的禁锢，一个一个机械似的各人就座。关妮站在哈太太和苏散之间，哈太太揭开汤盆的盖交给关妮，她接过去放在赛波台上，再回头站在桌子旁边。哈太太慢慢斟出第一盘汤递给关妮，她接过去送给苏散，殷勤地抚着她的肩头。苏散却把盘子推开。于是关妮只好把汤改送给哈致。那哈医生正集中注意力留神她的一举一动呢。看见她送汤给他，一惊，很忙地接了过去。哈太太又斟第二盘汤让关妮送给亚达。亚达好像完全没有觉得有人送东西给她似的。关妮见着他们那种莫名其妙的情形很不高兴，便在亚达肩头上用力拍了一下。这下亚达才靠后坐一坐，关妮把盘子放在她面前。可是哈医生和亚达谁也不动羹匙。哈太太自己并不斟汤，她只顾捧着个头显出绝望的样子，关妮觉得奇怪，她又走到赛波台上取了一盘饼干送过去，情形更觉神秘，她低头瞥了哈太太一眼，又看看亚达和苏散，回头她的眼光恰好和哈医生相对，他还是在注意着她，她不能不生气，怒气俨然，哈医生赶快把眼睛低下，打开餐巾，押在上衣里，低头）

哈致　（没有法子开始念起祷告文来）感谢我们的天父赐我们的饮食，增进我们的幸福，培养我们的德性。阿门。

（幕渐下。哈致一家全把头低下来念"阿门"。只有关妮依然望着他们）

第三幕

同日下午，家具如上幕。阳光较弱，仍然照进房里来，幕开时，但文波站在火炉旁边，背向观众，他是在那里等候哈医生回来。苏散下楼走进来。

苏散　但文波先生？

但文波　是的。

苏散　我们没有见过，我是哈医生的二女儿苏散。妈妈说对不起，让您久等了。爸爸吃过中饭就出去了。我们都不知道他上哪儿去了，也不知道现在怎么样。

但文波　我等一等不要紧。大约你们老人家所办的是我所希望的那个事，我相信总可以保得住，会成功的。

苏散　是……哎…但文波先生，您现在没有事，我——我想问您一件事。

但文波　请说。

苏散　我和您说的话，您不会告诉我爸爸和妈妈罢？

但文波　我能守秘密。

苏散　今天下午我想和一个人私逃。

但文波　啊！

苏散　是的，您今天忽然光降真是有天意。我正要一个美术批评家！

但文波　如果你要我透点消息给你两位老人家——

苏散　不是的！

但文波　你能否说得明白一点？私逃常常有种种理由。要不是男的已经结过婚，就是女的父母不欢喜把女儿嫁给那男的。

苏散　那就是我的理由。

但文波　为甚么他们不欢喜那男的呢？

苏散　因为他是个美术家，他们以为美术家是没有用的。

但文波　他是不是可以自成一家呢？

苏散　他颇自负，可是我不能断定。所以我想请您去看看他的画，批评一下。

但文波　啊哈！你好打主意是不是？

苏散　您是甚么意思？

但文波　自然，我不免以为如果他的画我看着不行，或许你就要踌躇一下？

苏散　啊，不管怎么样我总是嫁他的！尽管他是世界上最坏的美术家，我也决意跟他！我不管他怎么样，只要自己心里明白就是了。

但文波　年纪这样轻，说出这样的话。

苏散　得了，我只要知道他是画油画好呢，还是油漆房子好。

但文波　如果我看他的画不行……

苏散　您不要告诉他！

但文波　最好是你自己知道究竟怎么样就得了，是不是？

苏散　不要紧的，我给您看罢。（她走到书桌那里，把柏鲁斯给她姊妹的那两张画取出来）这里有两张柏鲁斯的画，不过是小玩意儿，看不出他的本事来。不过请您老实告诉我——您当然会的。（把两张画送过去请他鉴定）这一张是送给我的鸭子，这一张是给我姐姐的鱼。

但文波　（接过画去。戴上眼镜，一张一张地看）奇怪！很奇怪！我敢说他是克利斯宾的学生。

苏散　对了，以前他是的。还是他小孩儿的时候呢。以后完全是他自己画。

但文波　他们两个人个性很相同。

苏散　是不是不好呢？

但文波　不，不，不。我还想多看一点他的画，而且我还想会会他本人呢。

苏散　那是很容易，我把他的住址告诉您罢。我带领您——现在去好不好？您瞧没有多远呢。

但文波　你几点钟离开家？

苏散　四点半，跟关妮一同搭火车。

但文波　关妮也走吗？

（哈医生从前门进来）

苏散　是的，她要回家去，因为——嗞！爸爸回来了！

（哈医生走进来，憔悴的样子，烦闷地瞥了两人一眼，走向桌子旁边找一张椅子，软弱无力地坐下）

苏散　爸爸你怎么样了？从哪里来？

哈致　到了许多倒霉的地方。

苏散　你样子不好看。

哈致　我心里不好受。

但文波　啊，……是了……我——

苏散　我领着但文波先生去外边走一走，爸爸。

哈致　好，领他去罢。

苏散　但文波先生，您不反对罢？

但文波　不。那少年一定有事对我说。我还想和关妮谈一谈，趁她没走之前。

（他们走到过道里，拿起外套和帽子，此时哈太太从厨房走出来）

苏散　您要跟关妮谈话，时候多着呢——他的家，就在马路那边呢。

但文波　就在马路那边吗？

（二人出前门，看见他们经过窗户）

哈太太　怎么样了？

哈致　倒霉地方全去过了。上至米田，下到旧石桥，又到了那边坟场里去。

哈太太　跑到坟场里去干甚么？

哈致　去找今天早上偷我们的《旧石桥》的那个浑蛋。

哈太太　你以为他死了埋在那儿吗？

哈致　他还在某个地方画画呢。

哈太太　画画。

哈致　我在爱克雷斯敦把他找着了，今天早晨他把行李放在那里，还没有算账，没有拿去呢。

哈太太　画是不是在他房里？你为甚么不——

哈致　他送到省银行去了，藏在金库里。

哈太太　那么？

哈致　那银行不肯给我。那个经理，傻小子，他还是我的同学呢！对不住，那强盗又出去了。带了他画画的东西吃中饭去了。他名字叫达仑。

哈太太　达仑……怎么拼法？

哈致　管他呢！（叫）关妮！

关妮　（在外面）来了。

哈致　（对哈太太）我想了一下午呢。（关妮进来）给我杯牛奶、一点饼干。

关妮　您要不要吃一点甚么热的？

哈致　没有工夫，随便罢！

（关妮走进厨房关上门）

哈太太　你出去了之后，又有三回电话、七个电报从伦敦打来的。

哈致　我没有工夫看电报。（举起他颤动的手，悲观地）瞧！这种事不是我这样年纪的人做的。今天早上我是一个安静的乡下医生，心里充满着做医生的和平思想；我不贪甚么，连对人家欠我的医药账都没有奢望！瞧我现在！要是有人请我看病，我都没法子替他治！一个人只要一动手干这种事……只要一被这种事管住了……

哈太太　亚则，你要拿定主意呢。

哈致　所以我正在这儿想法子呢！我记得关妮五点钟的火车要走，那张画不能让她带去啊！我们可以伸手的就只有这一张了。

哈太太　那你就要下手，要对她下了一点功夫才是呢。今天我真是没法子闹了。

哈致　所以我赶回来办这件事，交给我罢，交给我罢！这是你闹起头的，让我来收场罢。我已经甚么都想妥了。（关妮端一杯阿华田一盘饼干进来，带关门。她走近桌子把玻璃盅放在哈致面前）好极了，我就想吃这个。

关妮　我还替你煎了一块猪排，就好呢——

哈致　（他发抖，伸出手来）你瞧！

（哈太太走近窗口，向外望着）

关妮　哟，可了不得！从来没见您这个样子！都是那些伦敦人来得不好！

哈致　他们都就要回去了！

关妮　他们来了，为甚么你这样烦闷？

哈致　你总不能放弃你的责任不是。要是家里弄得妥妥当当，我也就不烦心。你瞧，亚达的画取了去墙上那印子。

关妮　烟熏的印子让我来把它洗干净。

哈致　没有时候了。

哈太太　把柏鲁斯送的两张画挂在那里好不好？（她指着书桌边上放的那两张画）

哈致　不！柏鲁斯的画不够大，一定要大的才行。一定要盖得上那全部分的才行。要张大画呢！

关妮　那么，我……（回身就走）

哈致　（叫住她）关妮，你不是有一张克利斯宾的画吗？

关妮　就是他替我画的那个像。

哈致　那不刚好合适吗？我们可以拿来填了这个空呢！

关妮　呵呀！

哈致　在你没走以前挂一挂，关妮！

关妮　老实说，先生，我不是不肯。不过我不能够把我的像挂在这里！不像样子的。

哈致　怎么不像样子？

关妮　那真不好。要是人家进来一看我的像挂在这里，烂红萝卜似的又丑又怪，一定说得很难听呢！

哈致　我管人家说甚么？这不是自由的国家吗？你不是也有选举权吗？我宁愿把你这红萝卜挂在这里，倒比那甚么裸体画月份牌式的东西好得多呢。

关妮　可是我的像没有配框子！

哈致　那不要紧，不过要来补补那个空罢了。

哈太太　关妮，你答应他罢。

哈致　你瞧，关妮！（他再举起他那颤抖的手）

关妮　啊，我真没有法子。（走了进去）

哈致　还样比偷好得多，这就行了。不过一定要弄得合法。

哈太太　可是她还没有给你呢。

哈致　她会给的。一回只能走一步，这就叫步骤。我全想好了，你不要慌。

关妮　（把像搬了来）你瞧，就是这个呢。

哈致　你真是再好没有。我真高兴极了！

关妮　要是有个框子就好看点。

哈致　现在来不及配框子呢。

哈太太　亚则，不是以前老太太的像跟这个差不多一样大，有个很好看的框子吗？

关妮　那为甚么你们不把那个像挂在这里呢？

哈太太　她死了已经那样久了，让她的像挂在那边好得多。

哈致　（叫）亚达！

哈太太　关妮，你去把那框子拿了来。

　　关妮　但是我不愿意先生把老太太的相框子取下来，配在我的像上。

　　哈致　啊，这再好没有，也是对你表一点儿尊敬呢。

　　关妮　这是太过分了！

　　哈致　把那框子配在你的像上，说不行的不应当是你。

　　关妮　我的意思并不是反对，我想你总不会错的。我就——（走上楼上）

　　（哈太太看着那像）

　　哈致　我说过要给她一点甚么，我想给她五镑钱罢。

哈太太　你给了她可就拿不回了。

　　哈致　谁让你把许多财产拿去烧掉了，害得我拿五镑钱来冒险。（看着那个画）老实告诉你，安娜。这要不是为了有那些电报和电话，我至多给五个铜子儿。

哈太太　你瞧鼻子上那条红的，手又是蓝的！

　　哈致　恐怕那时候她正染完了甚么东西。……她手里拿着的是甚么？

哈太太　一把小刀，她正在削红萝卜。

　　（关妮从楼上下来搬着一个老式的大相架，里面装着一个老妇人的像）

　　关妮　好了，不管怎么样拿来了，太太，我觉太笨了。真的！

　　哈致　拿到这里来罢。安娜，你来帮着把老太太的像取出来。

　　（他和关妮把相架玻璃的那面取下放着）

哈太太　让我来拿出来……（她把赛波台上的牛乳盅之类的东西捡开）

　　哈致　试试看合适不合适。（他把关妮的像装上去，用拳头捶着）

　　关妮　先生，提防铁钉子刺痛你的手。

哈太太　太小了。——

　　哈致　不，不过紧一点儿。真有趣，本来老太太的像松一点。（像居然装好了）瞧！你能说这个框子不就是为关妮的这张像配的吗？（他把画靠在桌子旁边）好，让我们来看看。

　　关妮　谁想得到我的像会弄成这个样子？

哈太太　倘若克利斯宾还在看见了这个，岂不是很得意吗？

　　关妮　他要能够看见就好了！

哈致　这很像你。你不能走开去了,关妮。

关妮　他画这像的时候,他老对我说:"关妮,这个时期我所画的画,这张是我的杰作呢!"

哈太太　亚则,你听见没有。

哈致　关妮,他的确是那样说吗?

关妮　自然!当他画完了的时候他跟我道谢。他感谢我,好像我帮了他甚么大忙似的。像他那样的青年,……像他那样的青年人真不应该死得那样早……

哈太太　关妮不要哭,不要哭,你一哭我也要哭起来了。

（她坐下来）

哈致　(拍拍关妮肩头,缩几缩鼻子)你弄得我们大家全要哭了。(他走到过道里,叫)亚达!下来,来看关妮的画像。

关妮　你们待我真好……

（亚达下楼来）

哈致　我们谁都欢喜你。没有话可以形容。像我这样一个医生……亚达,你来看!这不是大成功吗?

亚达　啊,可了不得!

哈致　现在我们有两个关妮了。一个是有血有肉的,一个是油画的,两个关妮都离开我们,是多么难过的事,这可不会了罢?

关妮　我真不知道怎么感谢你们才好,我真不……从今后我决不会忘记替你祷告。……

哈致　你等一等罢!看见这两个关妮,忽然有一个好的意思到我脑子里头来了。

哈太太　那是很好。

关妮　哈医生有的都是好意思!

哈致　我来告诉你。你要走了,倘若你能够把你的像留在这里,那可就好极了。

关妮　把画留下!我能带着走吗?

哈致　我不让你吃亏,我可以送点儿东西给你换。

关妮　你怎么能够给东西换我的画呢！

哈致　我并不是说我给了东西给你，你的画就归我，不过说送你五镑钱让你回家去也好花一花！

（关妮摇手）

亚达　爸爸，给她十镑。

（哈太太走去一把捏着亚达的膀子，哈致望着亚达）

哈致　好，我送十镑，关妮凭良心说我愿意！本来在这个日子，这个数目是有点儿艰难，可是我愿意送你十镑。我想不会反对罢！

关妮　我说不出反对的话。这是一个破格的赏赐，好像——

哈致　安娜，你瞧！甚么都办妥了！

哈太太　亚则你真了不得。

哈致　一切公开，光明正大。

关妮　可是我决不能丢掉我的画像。

哈致　关妮你不要吓我。

关妮　一样东西在我旁边那样久了，我是舍不得。

哈致　关妮，你再想一想，我已经很大方了，你最好不要拒绝。

亚达　这样罢，关妮，我们拿这个画去照一张相，再送到你家里去还你好不好？

哈太太　我们小亚达这个办法可真不错，我可真没有想到。

关妮　这样一来我可真为难，不知道怎么样才好！我从来没知道你们会这样欢喜我！

哈太太　关妮！

关妮　真的，从来没有，太太！我知道苏散是欢喜我的，我从来没有觉到你们三位会欢喜我，我很不愿意说"办不到"三个字，只是——

哈致　那你就不要说"办不到"，你说"办得到"好了，就让我们握一握手罢。

关妮　啊！我有主意了。……我把这张画去照一张相寄来给你们好了。

哈致　可是你不知道，那是——

亚达　那是有颜色有笔致，那才——

哈太太　相片决不会像画那样，使我们觉得你还是在我们家里一样。

（以上三个人的话一齐说）

关妮　你们真有那样深切的意思，非把我的画像挂在这里才行吗？

哈致　我们会把我们不爱慕的人的像挂在自己家里吗？

关妮　可是我一直对着这个画像一刻没有离过。

哈致　那你成天对着镜子好了！

关妮　我对这个画不是看的自己！那是……那个时候我还年轻！我可以想起那时候许多的事情！那……那……那我不说。我不能！……得了，倘若你们一定那样的坚持……

（门铃响）

哈太太　有人叫门呢。

亚达　关妮，别让我们失望罢！

哈致　她不会让我们失望的，关妮，你一定不会的。你答应了是不是？想一想罢，十镑钱呢。

（门铃再响）

关妮　得了，如果你们一定坚持说要——

哈太太　好，我们听关妮说罢！她会答应了！

关妮　不，我得想一想。

哈致　当然你要想一想，我也要你想一想，我知道你一定不会打错主意的。（前门一开。达仑走进来。手里很小心地拿着一张画）你去坐在你的床上想十分钟罢。

达仑　没有人开门，我只好自己进来。

（他把画靠住药品架子，把帽子放在架子上）

关妮　如果你是为我的画像来的，我老实说不能给你。（达仑看画）我已经决定无论如何不能让你拿去，现在我觉得我应当打另外的主意。白朗先生，对不起你呢……

（她走过桌子很快地走进厨房里去了）

亚达　你看上了关妮的像，又想来那一手吗？

话剧剧本　161

哈太太　你说你是但文波，关妮又叫白朗，当天说话，你到底叫甚么名字？

哈致　我真没有想到你自己会送上门来让我抓，达仑先生！

达仑　可否请太太小姐们让开一下子，让我们说两句话？

哈太太　你还有甚么秘密吗？

达仑　（对哈太太）很高明的秘密呢。（走过去精密审查那张画）

哈致　（对妻女）你们去让我和他说话。

亚达　爸爸你要留神！要是他再要弄这一张，就拿枪打他！

哈太太　你要人帮忙你就叫，我听着呢。

达仑　我知道您会这样！可是哈医生跟我一定成为最好的朋友呢。

　　　　（他对她鞠一躬，两个女人上楼去，他关上门）

哈致　你刚才说的话我不相信。你今天早上简直就是偷了我山那样大一堆钱去。

达仑　我希望你说话稍微谨慎一点。

哈致　你对我玩的那个花样，你还以为有道理吗？

达仑　这不过是一种做生意的手法，从古至今收集古董字画都是这样的。收藏家收买一些稀有的或是不为人所注意的美术，这只是很平常的。

哈致　你以前认识克利斯宾吗？

达仑　一个月以前，才听见说起他的名字。

哈致　啊，你真敏捷！

达仑　的确！现在我们还是谈生意，你告诉但文波，你存着有多少张克利斯宾的画？

哈致　我甚么都没有说。我还只当是其余的可以找得着呢。

达仑　你没有找着吗？

哈致　全被烧掉了！除了你弄去的那两张，还有那一张画像。（指着关妮的像）

达仑　这是杰作！

哈致　那就好了。

达仑　你跟我不容易做到这个样子。

哈致　你跟我？你是甚么意思？

达仑　卡罗……这个名字你知道不知道？

哈致　从来没听过。

达仑　卡罗是一个法国的风景画家，一八七九年死的，他的画当大部分在那个时候丢了。还有随藏聂也是一样，他是一九〇六年死的。我知道有许多的随藏聂全是去年画的。（他跑去拿过他所带的那张画来）我今天早晨说过我们合伙做生意，你瞧……这张《玉米田》就是克利斯宾的作品。（哈致想过去接，达仑止住他）留神，还没有干呢！

哈致　你在哪里弄来的？

达仑　我画的。

哈致　你是干甚么的？

达仑　造假画的。（把画放在一旁）我想你渐渐地明白了。《伦敦评论》那个杂志上所登的克利斯宾的那些信，告诉我们他有几张画存在这里。原画已经没有了。幸亏我有点儿聪明。烧掉了也好，甚么也好，碍不着我们的事。我老实告诉你，哈医生，我要送给你一个金矿。我们可以整个地占有克利斯宾。

哈致　占有？

达仑　独占呢。因为你不仅可以证明我造的假画是真的，而且可以破坏和我竞争的人，这你大约总明白了罢？

（他回身把那张画靠在药品架上）

哈致　这个不对！……这是犯罪的。

达仑　毫不要紧。

哈致　这是冒险！

达仑　那也未可知，不过没有哪个收集字画的会那样傻，就把自己所收进来的真迹随便卖出去。

哈致　（坐下）我不愿意听这些话，今天早晨你没来的时候，我是好好的。我为社会所尊敬，我自己很安静，我也没有被外物或者为人所诱！

达仑　正如我今天早上说的，我们都是不可救药，你有妻子还有两个可爱的女儿呢。

哈致　你说得对！我是这样想。一个人为妻室儿女比专图自己的私利，总是可恕的。……你能够分给我多少？

达仑　二成，我想。

哈致　那不行。

达仑　我是大方的，二成半罢？

哈致　我要五成！

达仑　我们当中，如果你的贪心太狠……

哈致　（站起来）我的贪心！要是没有我帮忙，你这件事就办不到。因为我是处在可以破坏你的地位！

达仑　（伸出他的手）哈医生，这就干了！

（过道中有人声，罗逊开了门走进来，一停，看见达仑一惊）

哈太太　（在过道里）我想你最好进去……

哈致　我想最好太太和亚达不要说话……

罗逊　（对达仑）你也来了？

达仑　（他的微笑一见罗逊就收起了）我比你先来呢，罗逊。

罗逊　原来那就是你——我早就猜着了！

哈致　你们都认识吗？

达仑　罗逊先生是我们的同行。

哈致　安娜，留神，这个时候，不让外边人进来。

（哈太太关上过道的门）

达仑　我们正在组织有限公司，罗逊，你也来做一个基本股东好不好？

罗逊　谢谢，我今天不是来干你那一套的，我是来看真东西的。妈的，我非弄到手不可。

达仑　（指着关妮的像）真东西？这不就是，只要你出得起价钱。

罗逊　啊哈……！（弯下腰去看）这个没有署名。

达仑　（笑）马上就可以有。

罗逊　你画的吗？是不是？

达仑　不敢当，是我画的。

哈致　不是那么回事！这是真的。

达仑　就这样罢，哈医生，他不是买画的傻子，他卖出去的画大部分是我假造的。

罗逊　达仑，我知道你是会造，可从来没有知道你会造得这样好！

达仑　这下你可以认识我的本事了。

罗逊　你不能骗我。（对哈致）如果这个是真的我愿意买了去，可是……

哈致　还个画的的确确是真的。

达仑　这个画的的确确是真的。

罗逊　（指着他对达仑）你们预先说好的，是不是。

达仑　一点儿也不错！

罗逊　（对达仑）你的？

达仑　我的。

哈致　我的！

达仑　对了！（罗逊低头看画）我们要在这张画上赚四千镑。

罗逊　那算你的本事！你会把它放在这框子里吗？

达仑　一年以内就会涨一倍。

罗逊　要是真迹，我可以买。

哈致　我老实告诉你，罗逊先生，凭良心说话，凭天说话，这实在是真迹！不过为难的就是在我的地位不能……

罗逊　对不起，我还不能十分相信，不过……

达仑　来罢，罗逊！只好承认你不懂！

罗逊　嗯！是真的，还是假的？

（门开了，但文波和苏散说着话走进来，苏散一面走上楼）

达仑　但文波来了，问他罢！

但文波　哈医生，你失掉了的财产找回来没有？——（哈致对关妮的像做个表情）——啊！（对罗逊，他正站在画的面前）可怜这个人画完了这个就死了……（跪一条腿）瞧，这种柔和，这种力量。表现着一般的女性。这个美丽好像只有……好像只有……（站起来）简直没有比较！这才是真美。

罗逊　我就是要听你这批评。我愿意出一千五百镑买这个。

（哈致一下坐在大椅里，哈太太从过道里走进来）

但文波　你不是要买吗，罗逊？

罗逊　是的，但文波先生，尤其欢喜你在这里看见我买这个。

但文波　你买来干甚么？

（亚达走进过道）

罗逊　陈列在我的陈列所！一个个人的展览！一张画的展览！我要把那些甚么批评家，一个个引到我住的那条街上去。

但文波　究竟你想让我尊重你一点是不是？

罗逊　不错的，但文波先生！你就毁灭我也好！（他坐下来）来罢来罢，哈医生！负起责任来，我们谈生意。

（但文波走上一步对那画看着。苏散走下楼来。哈太太和两个女儿结成一团）

哈致　我……我……我想卖给你……不过……我还不能……

苏散　要做就不要害羞，爸爸！

哈致　你走开去！我不愿意我的女儿批评我！

但文波　哈医生，请罢！

哈太太　是啊！

哈致　女人们在这儿闹，我就没法儿谈生意！

罗逊　一千七百镑，哈医生！

哈致　我告诉你在我的地位还不能卖这个。

哈太太　没有时候了，亚则！她的火车五点钟就开呢。

哈致　我知道！关妮在哪里？

哈太太　她在厨房里呢。

哈致　不要管她。（对达仑）来罢，反正是那么一回事。

达仑　交给我罢，伙计，我有办法。

哈致　你少开口！这回的生意没有跟你合甚么伙。……（对罗逊）一千七百镑……不够。（"砰"地坐下去）

罗逊　别发傻了！

哈致　不够不够！

罗逊　你要想想我的费用。

哈致　你的费用丝毫不与我相干！一千七百镑不够。

罗逊　你知道我能卖得出卖不出？

哈致　我还不定高兴不高兴卖呢！

亚达　（在门口）爸爸！

哈太太　亚则，别忘了你还花了十镑钱在这上头！

哈致　那个现在不算了！

罗逊　两千镑，到了顶了！

哈致　不够。

罗逊　你要多少？

哈致　我还没有打算卖呢，……如果你要买，你得合得了我的意思。我要七千镑。

罗逊　你发疯了！

哈致　六千五百镑！

罗逊　这也太，但文波先生……

但文波　太高一点。

哈致　得了，那就六千镑！

哈太太　别减了，别再减了！

哈致　放心，我决不会减价的。（对罗逊）你爽快一点。

罗逊　两千五百镑！

哈致/哈太太/亚达　（一齐）不够！

罗逊　三千！

哈致家人　（一齐）不够！

但文波　罗逊，全家一致来对付你了。

苏散　我不在内，但文波先生。无论谁的事都不与我相干，如果他要——

哈致　走回房里去，孩子！爱管闲事，你可小心一点。

苏散　我不要紧。我就不忍看关妮——关妮——（生气跑上楼去）

亚达　我妹妹因为小时跌坏了，脑子不大好。

哈太太　她真是个傻孩子，甚么都不知道！（推亚达叫她到厨房里去）这张像，她一定不肯放手，因为挂在旁边太久了。

哈致　她不能放手我能放手的！（看表）他妈的！

哈太太　（对亚达）别让关妮到这里来。

　　（亚达到厨房去）

哈致　六千镑，罗逊先生！要就拿去，不要，就算。

罗逊　我自然不要！

但文波　罗逊，这回你遇见狠手了！

罗逊　三千五百！

哈致　六千！

罗逊　三天之内付清！

哈致　五千七百镑！

哈太太　不要放手！不要放手！

罗逊　四千三百！一半付现钱，其余的明天！

哈致　四千七百镑，马上付现。

罗逊　算了！

但文波　好买卖。

哈致　（差不多要晕倒似的，看着厨房门难过）拿出钱来看看！

罗逊　好厉害！不要忙。（他从衣袋里取出支票和契约）

亚达　（从厨房走出带关门）妈——

哈太太　怎么样？

亚达　那个新来的老妈子——

哈太太　她怎么样？

亚达　跑回去了。

哈太太　由她去罢，有钱还怕雇不着！——（门铃响）——去看看是谁，要是有人看病，就说你父亲不干了。

　　（亚达去应门）

罗逊　我弄好了一张两百镑的支票，现在要大改特改。（他写支票。亚达开门，柏鲁斯进来）

亚达　你跑来干甚么，柏鲁斯？

柏鲁斯　我来搬关妮的行李！

但文波　这小孩子了不得！

哈太太　谁？柏鲁斯吗？

柏鲁斯　但文波先生！

但文波　我刚才看了他的画，哈太太。你们村里，专出天才画家。

哈太太　他的画也好吗？苏散！柏鲁斯来了！进来，柏鲁斯！不要怕！我们现在对美术家不同了。

柏鲁斯　我想把关妮的箱子搬去。

　　　　（柏鲁斯走过那过道，苏散追下楼来，跟着他出去。罗逊写好支票，把笔纸和契约交哈致）

　罗逊　好请你签字。——（哈致一面签字一面看着厨房门）好，这是支票。（把支票交给哈致）

哈太太　给我瞧一瞧。

　哈致　我怎么知道怎么去钱收？

　罗逊　不是写明白的吗，先生？

　哈致　啊，是了，你一把这画拿出我的家，我就要钱。

　罗逊　（站起来）我马上就办。（他把画从框子里取出来）

　哈致　（起身）安娜，看住那门！

哈太太　（如不闻）你小心，亚则！

　　　　（关妮走出来，预备要走了，提着一个手皮包）

　关妮　对不起，打扰你们了。现在我要走了。……（把手皮包放下）我决意……

　哈致　不错不错！我知道！（从口袋里抽出一张钞票）这是我答应给你的十镑钱。（把钱塞在她手里）一路平安，关妮！（他催她走）

　关妮　这些人干甚么弄我的像？

　罗逊　带到伦敦去，关妮！拿去展览呢！许多人会来看！你拿几张厚纸、一点小绳子给我好不好？

　关妮　你有甚么样可以拿了去？

　罗逊　我生平没有比这回出的钱再多的了！

　关妮　这是我的。

　罗逊　这是怎么回事？

话剧剧本　169

关妮　这是我的。

哈致　关妮,你这是怎么了?谁叫你这样闯了进来?你到底想要甚么?

关妮　我来跟你告辞,顺便取我的像,恰好看见他要想偷着走。

哈致　不过,关妮,这张画你已经卖给我的了!

关妮　没有的事!从来没有!

哈致　你已经收过我的钱了。

但文波　哈医生!这不行!那个钱是你——

关妮　在这儿呢!你把这个钱拿回去!赶快拿回去!(把钱递回哈致)你说要我的像做纪念,我说让我想一想!我想过了!这个画不能离开我,不能,绝对不能!想不到你要背着我私自卖给人!我从来没见过这样的丑事!

哈致　关妮!

关妮　我真难为情!这种老套了的鬼主意!

哈致　这是我的家,所有的东西都应当归我;你是我的用人,给你工钱的。

但文波　啊呀!

关妮　我的像是不归你的!

哈致　但文波先生,请你们各位都到过道里去等一等,让我好跟关妮弄清楚一下!当然没有甚么困难……只要五分钟。

(他让大家出去,都窃窃私语)

罗逊　哈医生,我刚才还给过你一张支票。那是——

哈致　现在请你不要吵。有一点小小误会,不要紧的。(他把门一关,做出凶样子对着关妮)你真是忘恩负义,关妮,这样多年岁待你这样好!

关妮　我没有办法,我不能够丢掉这个像。

哈致　我正在为你想一个了不得的好处呢。

关妮　是的,被我抓住了!我真觉得丑!

哈致　你以为我做的是甚么阴坏的事吗?

关妮　又阴,又坏,又偷,又狠心。我总以为只有你太太和亚达是贪鄙,狠心,实在没想到你也是一样!

哈致　关妮,你怎么忍心这样说我!我正在替你找一点钱呢!我并不是说那十镑钱。那不过是笑话，——我要给你二百镑呢！二百镑呢，关妮！
关妮　你拿我那个像去卖二百镑吗？
哈致　像你这样身份的人，就不应藏那样大价钱的东西！
关妮　你说的是对也不一定，我可不知道……可是我的那个像，在这世界上我只有那一个东西。……画那像的人……我现在说出来也不怕难为情了，这是以前的事。我爱他，我永远爱他。他一画完这张画，他就死了，这是他最后一张画……所以我看得非常重……我一生的幸福就在这里。你知道除了那个，我甚么都没有……现在我想我要去赶火车去了。
哈致　你只想你一个人的事。你的兄弟怎么样？还有他的小孩子呢？他不是很穷吗？
关妮　不错，我知道他是很穷……
哈致　他现在正失业呢。
关妮　我知道……
哈致　你回去一定很为难。
关妮　那是没有法子的，我也只好这样！
哈致　还有他那些小孩儿。你不替他们想想主意吗？
关妮　我跟克利斯宾说道，无论如何，我永远保存这个像，他临死的时候，我还是那样对他说，这是他专为我画的。
哈致　现在看谁是狠心？看你兄弟那些小孩子，他们会说谁狠心？
关妮　你不要把话挤对我，让我去赶火车——
哈致　关妮，还有一层你没有想到。这张画无论如何不应归你。我雇了你来做事，没有让你在应当做工的时间坐着，让人家去画。
关妮　你完全错了。他画我的时候正是我工作的时候。没有一分钟我不在工作。

我记得，我们坐在那小屋子里，我做事，他就画。
哈致　你还偷我们的茶给他喝呢。
关妮　我没有！你知道你们的茶哈太太看得多紧。那是我自己的茶，我吃早饭的茶省下来给他喝的！得了！你还有甚么坏主意没有？

哈致　我对你是诚实的。诚实是再好不过的。他们要出四千七百镑买这张像。

关妮　四千七百——

哈致　我们分罢，关妮。你拿一半，给我一半，要不是我，你一个钱都得不着。

关妮　我不要。

哈致　再多一点，你拿三千！想想看，你有了三千镑，你兄弟的小孩子够多么好！

关妮　不！不！我不要！

哈致　（抓着她的手臂）你拿三千五百镑罢。

关妮　我不要！

哈致　好狠的心，关妮！

关妮　并不是狠心！就是一百万镑我也不要！你应当知道羞耻！

哈致　我……（坐倒在大椅里头）

关妮　你可放我走了罢？

哈致　好，滚罢！

关妮　（一往情深看着画像）他是很穷，克利斯宾……他没有好衣服，没有法子保冷，只有我做给他一件绒线衫。晚上也没有暖一点的屋子睡觉；他所要的东西从来得不着。他是那样穷……要是他有钱到温暖一点的地方去，他也不会死。在冬天我总是求雪快化春天快来，等他好过一点，为甚么一个人会死得那样苦，而他的画又会那样的值钱？……

哈致　因为他在生的时候没有人要他的画。

关妮　我一直就欢喜他的画。所以我收藏起来那样多。只要是他画的。

哈致　（站起来）你……收藏得很多吗？

关妮　是的。

哈致　你怎样收集的？

关妮　太太叫放在火里烧了，我拿掉的。

哈致　现在哪里？

关妮　在我箱子里，我卷起来了，一张都没坏。

哈致　有多少？

关妮　有十七张。

哈致　十七张？你是说……十七张吗！（他跑到门口大叫）安娜！亚达！罗逊！

哈太太　（冲进来）亚则，你怎么了？

（亚达、罗逊、达仑和但文波一齐进来）

哈致　全进来！别管这画像！所有其余的画全在这里！安娜，你所烧的那些画，关妮全好好地保存着在她箱子里呢！一共十七张！十七张！

但文波　十七张没有出过世的克利斯宾的画吗！

（伯鲁斯从右边走进过道，背着关妮的皮箱用绳子绑着。苏散跟在后面招呼，不要碰了油漆）

哈致　亚则，这是一注大财！

亚达　这是我们的！这是我们的！

哈致　把箱子放下来，打开来看看！

柏鲁斯　我好容易才把它绑好的。

哈致　再把它解开！割断它！有刀子没有？

（柏鲁斯把箱子放下来，把绳子解了。许多人都走去围着箱子）

关妮　啊，我会把车误了——

亚达　这种时候还说甚么车不车呢！

柏鲁斯　哈医生，解开了！

哈致　（把箱盖揭开）关妮，画在甚么地方？

关妮　（走过去）让我来罢。我不愿人家翻我的箱子。

（静默。她从箱子里取出一束画来）

哈致　啊呀！（从关妮手里夺过画来）好，这下我跟你谈生意，罗逊先生。

罗逊　对不住，我只会卖画。（他从哈致手里把画拿过来走过去，坐下来，在画桌上把画铺开）哈医生，我没有预备做这样大的交易！

但文波　小心一点！不要弄坏了！……啊！

（画打开来）

哈致　你想这个值多少钱？

话剧剧本　173

但文波　嗯，现在还不知道呢——

关妮　（对柏鲁斯）请你把我的箱子捆捆好罢，柏鲁斯，好不好？

（柏鲁斯捆箱子苏散帮着他，关妮望着桌子那里的一堆人）

哈致　你说这个值多少钱，但文波先生？你说过你可以告诉我的。值不值二千镑？

但文波　那不成问题。

哈致　听见没有，安娜？二千镑不成问题，第一张就这样！总共有十七张呢！

亚达　（走前一步，抱住母亲）我们发财了！发财了！（罗逊又打开另一张）

但文波　啊！

哈太太　不错，我们好像是发财了，可是有点儿让我难过。

（这个时候关妮想要止住他们那买卖的进行，可是试了好几次，尽管她说也好甚么也好，简直没人理她，他们只管喧哗欢叫，就没有看见她在面前，更不会留意到她那可怜的情景）

关妮　先生，你又想卖那些画吗？

（达仑回头望着他自己画的那张画）

哈致　这张是甚么？

但文波　（弯下腰去看）这就是那《玉米田》，一定就是那张了！

（达仑很沮丧的样子，望着但文波）

哈致　不用说，就是他信里头所说的那张《玉米田》！

关妮　本来要烧的，我救出来的——

（达仑拿着他的画走出去，关妮看着他，话便停住了）

哈致　我常常走过那田边，所以知道最清楚。

但文波　（又看一张）啊，你瞧！

关妮　这些画都是我从火里头救出来的，我想全应当归我的！

罗逊　（对哈致）哈医生，我们谈交易之先，我一定要问明，你是没有全权处置这些画的。

哈太太　我们没有权，谁有权？

哈致　照你所说的这些画应当归我。不是他欠了我的钱抵押在这里的吗？

但文波　我想应当归他。

关妮　啊！

哈致　这就对了！

关妮　喂……

但文波　让我们看完其余的那些罢。

罗逊　（坐在转椅上）我说，我从来没有见过这样丰富的大交易。整个的克利斯宾都在这里了！可了不得！

关妮　好了，再见了各位，我要走了。

哈致　甚么？整个的！

关妮　我的火车要开了。只因为——

但文波　照我说就不忙卖。

罗逊　我也没有预备，但文波先生。

关妮　再见亚达。再见太太。

罗逊　这一点东西要值四万镑呢！

亚达　哟，妈呀！

罗逊　我可以试筹一笔款，你给我这些时候去办办罢。

哈致　我不知道怎么给时候，老实说——

关妮　好了，我要走了……我想我走罢，我想在这里也没有办法。

（罗逊把画接连着展开，他们几个人轻轻地赞叹）

关妮　请你把我的箱子搬出去好不好，柏鲁斯？

（柏鲁斯对苏散点点头，他拿起外套和帽子走出前门去，柏鲁斯跟着出去，让门开着。关妮提起皮包，站着不动，看一看四围的人）

罗逊　（自言自语）卜老柏可以来一份……这有金士敦，我可以叫他来，……哈医生，你能不能把那张支票放三十天的期？

哈致　只要你把这些画的价钱讲妥了。不过你要知道，价钱不好我可不卖。

罗逊　让我想法子办妥他。

（但文波不愿参加谈生意，走出来，见关妮正提起皮包）

哈致　（带着笑）听凭你，我们绝不会妨碍你的进行的！

（罗逊在桌上做他的计划，其余的人从他肩上望着，关妮站在画像旁边）

但文波　关妮，你不就走罢？

关妮　（她顺从着，把皮包又放下来）但文波先生，我是要走了，我来告辞的。可是，他们太忙了！

但文波　关于你的画像，我可否问一两句话？我不是要把你的像拿了去！不过，这样一个美术品我是有责任的。这是你的，永远是你的。应当归你带回去。不过你回到家里总要找个稳当地方放着，最好给市美术馆陈列。你每天可以去看的。你说对不对？

关妮　让我想一想。

罗逊　（计划好了，抬头）共总三万五千镑。

哈致　你说过四万镑的！

（罗逊和哈致都回身向但文波，他不说话，哈太太也抬头望着，站起来）

但文波　关妮！哪知道你对艺术尽力很多。我想克利斯宾画这张画的时候，他和你订的约，现在总还存在罢？

哈太太　订的约？你说！有甚么约不约的！

（关妮望她一眼，回头来，自尊的态度，对但文波）

关妮　但文波先生，除了他再没有人向我求个婚呢。

（这句话尽管腼腼腆腆地说出来，全屋的人都呆住了，停一停）

哈致　你……（向着她走过去）你没有和他结婚罢，关妮？

关妮　他又是那样病，他所要求我的事，我哪能说一个"不"字儿呢！

但文波　这样说你是他的妻子？

关妮　是的。

罗逊　那就这些画全应当归她呢。

（柏鲁斯再走进来，把关妮的像和皮包拿了出去）

哈致　（摇着头）她一定要有证据！一定要有证据！一定要有证据！

但文波　我想她有！她一定有！（对关妮）你从来没有说起过！可是，关妮，你为甚么不说！这才显得高洁！克利斯宾的眼力是不错。

罗逊　（对哈太太）我没有法子像这个样子做生意！我不要了。（想将画给关妮，哈太太从他手里把画夺过来）

哈太太　（紧紧抱住那些画）她不能拿了去！我死也不放！这些画既是我拿去烧

的，就自然应当归我！

亚达　妈！怎么说爸爸不能……卖这个画吗？这不是我们的吗？这不成，一定不能给她——

关妮　当然我有证据，我有婚约在，你瞧，刚才拿去的那个箱子里呢。你们要看不要看？这儿还有我的结婚戒指呢（她从胸口拉出一条丝带系着一个戒指）看罢！我以前以为免得人家误会，所以——现在我也用不着隐瞒了，正和哈医生的妻子是哈太太一样，克利斯宾的妻子就是克利斯宾太太呢。——可是我从来没摆过架子，我也决不会——

哈致　（把所有的画抱着对关妮手里一塞）去，去，去！

（大家面面相觑，关妮动身向外走）

关妮　再见，各位。再见，先生太太。再见，亚达。

但文波　（替关妮提起手提包和她的画像）我是有保护之责的。

罗逊　（对但文波）下次谈生意再请你做中人。（回身对哈致）哈医生，我那张支票呢？

（哈致无力地将支票给了他，哈太太和亚达都哭起来）

（全剧完）

电
影
剧
本

———

玉洁冰清[1]

导　　演：卜万苍　　编　　　剧：欧阳予倩
摄　　影：梁林光　　置景兼绘图：鲁少飞
中文说明：欧阳予倩　　英文说明：许厚钰
副 导 演：汤杰　　剧 务 干 事：萧英

演　　员：

张织云 饰 孔素仙　　李旦旦 饰 孔琼仙　　刘玉珊 饰 孔逢春
林楚楚 饰 钱孟琪　　欧阳予倩 饰 钱维德　　龚稼农 饰 黄伯坚
朱耀庭 饰 黄发渊　　沈丽霞 饰 黄妻　　汤　杰 饰 陈有才
萧　英 饰 二房东　　王梦石 饰 朱明　　戴不平 饰 球大王

---

[1]【题注】载于1926年《民新特刊》第1期，本事及字幕均署名：予倩。民新影片公司1926年出品。

本　事

钱维德者，家于吴。以谿刻致富。益富而益贪且吝，常以金贷与小贩，盘剥重利。且利市井无赖为之爪牙，有负债逾期者，则威迫之，结怨乡里勿顾也。妻早卒，遗子女各一，子曰官保，尚幼；女曰孟琪，已成长，亭亭玉立，美秀而文。维德虽铜臭熏心，未尝不钟爱之也。其账房黄姓名发渊，甚勤谨。发渊有子名伯坚，肄业于南洲大学，幼与孟琪同里巷，两无嫌猜，及长渐疏。而伯坚深鄙维德，兼及孟琪。孟琪则属意伯坚，始终如一也。

一日，维德之收账人陈有才，行过市场，见一老渔携幼女憩于茶肆，债户也，遂向之索逋。老渔谓债本已偿，请酌让其利，并索还债据。陈谓所偿者为利尚不足，未遑论本。争执不决，势将用武。而陈之所以胁老渔者至不堪，适为伯坚所见，挺身为抱不平，痛斥有才，掖老渔父女而去之。有才诉于维德，维德令发渊切责伯坚，于是钱、黄存芥蒂矣。

未几，伯坚毕业试第一，雅为当道所推重。维德艳羡虚荣，欲以孟琪妻之，且伯坚为青年励志会会长，颇以砥砺廉隅相尚。维德忌之，欲借婚姻以羁縻其志，乃嘱陈有才示意于发渊。发渊大喜过望，立允委禽，欣然以告伯坚。伯坚峻拒，百端譬解，不为转移。发渊怒曰："父已允矣，不肖子何能自主，择日迎娶可也。"伯坚终不承，取酒饮之，既醉，乘自转车出城，借抒愤抑，不觉渐远。

适车过小山之麓，见二村女追呼相戏，幼者在后，长者误绊地上树枝仰跌大笑。伯坚回顾，堕车晕绝。二女急前趋视，见其伤重，留长者守之，幼者急归呼其父至。舆之至家，施以医疗，伯侧既苏。见侧坐为之按摩者即市场所见之老渔，幼女侍焉，更有一人，正扇火煎药，忽回眸凝睇，忽欲有言。以意度之，必渔翁之长女无疑矣。渔翁姓孔氏，名逢春，妻死无以葬，假资于维德，家贫屡衍偿期，以致付利倍偿本而责负仍无已时。当其见窘于陈有才也，幸得伯坚为之解围，不意伤者即为伯坚，故加意维护之，以报前日之惠。二女尤殷勤，幼者琼仙，天真未凿，不过秉承父命，周旋汤药。其姐素仙，已解人事，嘉宾莅止，固不能无动于衷也。伯坚伤渐愈，与素仙姐妹亦渐稔，斗草垂纶，相与破闷，水乡深处，竟日流连。芳草疏芜，尘寰隔断，武陵天台之乐，实无以过之。逢春每询家世，伯坚辄支吾其词，自耻其父之役于钱氏，尤恐言之失美人之欢心也。逢春为人古朴，深恐素仙误陷情网，时讽伯坚还家，然客意缠绵迟迟不发。会陈有才以索债入村，纵迹得伯坚。于是逢春知伯坚为黄氏子，严辞劝归，不稍假借。伯坚无奈，惨然作别，从此世外桃源，遍生红豆矣。

发渊见伯坚归甚慰，急备纳采，禽妆既具。伯坚掷毁之以示决绝，发渊甚怒，亦已无及。事为有才所知，走告维德，并谓伯坚有外遇，饰辞污蔑素仙。维德乃命有才逐逢春远徙，逢春迫于势，移居避之。将行，伯坚适至，潜就素仙赠以小影，情话正浓，为逢春所觉，责女兼责伯坚。其时迅雷风雨劈空而至，伯坚冒雨归城，回首孤村，四围烟雾，自顾遍体沾濡，不会为雨为泪也。

自是伯坚益知维德之恶，蓄意与之为难。先是维德曾得某储蓄会头奖，以不堪善堂董事之嬲，勉损金以避嚣。善堂亦例赠乐善好施匾额以为报。伯坚知之，约青年励志会会友集通衢，截留其匾，取巨石击碎之，当众暴维德之短。维德闻而大怒，革除发渊，并令巡警拘伯坚。伯坚遂避地至上海，欲以著作自沽。

期年编中国经济史成，不能售，资斧断绝，贫不自聊。一日遇乡人朱明，其人为书贾，有小肆在麦家圈附近。偶见伯坚，款接周挚，并留其书稿，为之发刊。书出，伯坚名大噪，旋即再版，伯坚以为是偶然事，岂知成之者，即其所鄙薄之钱孟琪女士也。孟琪素不善其父之所为，颇重伯坚之豪迈，深恐其以意气贾祸，故阴相助以缓和之。

朱明者，曾以债务为维德所迫，得孟琪为之缓颊而解。及知孟琪属意伯坚，遂引小说中佳人才子为证，令其妻居间传通消息。伯坚新著出版之费，无非取自孟琪,而书之大半,孟琪购之,且诚朱明勿告伯坚,盖谓成人之美,非所以愧之。

孟琪复假某总会名,作书致其父,伪言博负,索债于维德。维德见书骇诧,怒问孟琪。孟琪述明原委,乘机谏父,问父绩钱何为,父曰:为儿女耳。孟琪曰:假令儿为败子又如何?故不如早散其财,以利贫苦,毋以财故遗祸于子孙。维德不答,未几官保误医而殇,孟琪复日以危言耸听。维德悟,决计改业。孟琪乃取所有债据,一一圈销封还之。乡人大悦,传颂不衰,无勿知维德为改过为英雄者矣。

维德欲葬官保于亡妻墓侧,携孟琪至洞庭山,孰知孔逢春即迁居于此。其时素仙已成狂疾,啼哭无常。一日破扉而出,不期与孟琪相遇,遽前与语。孟琪惊异,适琼仙踵至,向孟琪谢过,孟琪因问其姐致病之由,琼仙为述颠末。孟琪因忆及有才告维德之语,盖尝窃听之也。

孟琪归,即以素仙名作书由朱明转致伯坚,略曰:"自从判袂,寒暑再更,回首前尘,恍如隔世。妾以命薄,叠构闵凶,不意累君,亦遭穷困,停辛伫苦雁渺鱼沉。昨日方闻,君在上海,倩人秉笔,达意何从。蜗居在洞庭山后,此函若达,尚望临存,但得握手一言,万死无憾。"云云。

伯坚得书,疑信参半,然以念素仙甚切,急赴洞庭山。遇素仙坐道旁,以为丐女,投钱与之,径至其家,则逢春与琼仙樵采未归。及还至素仙坐处,见从前所赠小影,遗于地上,揣知丐女,必为素仙。蹑迹觅之,见其披发立岩石上,手碎怀中花,跃入水中。急泅而抱之,果意中人也。逢春与琼仙相继而至,共拥之至家。举眸见伯坚,神智顿复。顾多情人虽成眷属,而夕阳西下,杨柳楼头,有人手中国经济史一篇,置之当胸,凝睇斜晖,低声长叹,芳心一寸,情绪万千。借问伊谁,非市侩之女乎!

(完)

字　幕

　　　　旭日本无私，和光过大地，
　　　　人各欣所适，物各欣所寄。
　　　　乡下老渔翁，挑担进城去，
　　　　以有易所无，日中可为市。
　　　　借问城中人，何必苦心计？

　　　　放重利的钱维德（欧阳予倩饰）
　　　　钱家账房黄发渊（朱耀庭饰）
　　　　专收利债的陈有才（汤杰饰）

有　这老东西的账真难收，而且住了我们的房子，连房钱都不肯付。

　　　　钱维德之女钱孟琪（林楚楚饰）
　　　　钱维德之子官保

维　限你三天非收到不可。
孟　穷人的账爹就宽放些罢！

　　　　渔家生活。
　　　　渔翁孔逢春（刘玉珊饰）
　　　　逢春次女孔琼仙（李旦旦饰）
　　　　逢春长女孔素仙（张织云饰）

素　爹！早些回来，到时候烫好酒等您呢。

　　　　黄发渊之子伯坚（龚稼农饰）
　　　　伯坚之同学球大王（戴不平饰）

伯　　喂！重利盘剥的女儿，别瞧脏了眼。
同学　我就怕眼睛不脏。你跟她不是从小的老朋友吗？
有　　老孔，你的账怎么说？今天可是不给不行。

有　你管甚么闲事？你老子都够不上过问。

伯　你们总有一天认得我。

横财发富家。

我刚才受……

贾朱明（王梦石饰）

维　朱明你来干甚么？

明　我来送钱的。

维　利钱呢？

明　不瞒你说，我这个钱是当来的，利钱就求您免了罢！

维　阿发！

维　为甚么放闲杂人进来？

男仆　并没有人进来。

维　滚蛋！

有　发渊的儿子袒护逢春欺侮我。

发　老爷要开除你，我来替你讲个情罢。

发　东家为用人何必这样生气呢？

维　你教的好儿子。

慈善会长　老先生，所费不多，功德无量，一定要来送匾颂扬盛德。

伯坚毕业于南洲大学。

省长致训词。

第一名。

维　发渊你的儿子总算不错，省长都赏识他。

发　就是脾气不大好。

伯　好朋友许多我舍不得毕业。

伯　……目下有志的青年有许多为市侩所收买了……

伯　……所以我希望我们诸同志要崇尚气节，奋斗到底……

      维德醉心虚荣，欲以女许伯坚。

维 伯坚那孩子可真不错。

发 这话却不该我说，伯坚的脾气可太坏了。

发 既是省长提拔他，东翁又有意，那总不会错的。

有 老黄，你真交运了。东家的小姐，要许给你做儿媳妇。

发 你别开玩笑了，哪里高攀得上。

发 既真是承东家看得起，又承你过来，再好没有，我们择日下定就是。

伯 哼！我哪能娶市侩的女儿？

发 这是小儿害羞。

发 你方才说甚么，幸喜有才没有听见。

发渊妻 东家的小姐，人家求都求不到，况且我们是靠人家吃饭的。

发 父母做主定了就定了，哪能由你胡闹，——没出息的东西。

同学 小黄！我今天在路上又看见了那个脏眼睛的她。

琼 这就是我说的那个人。

男仆 四处寻找少爷还是没下落。

发 哪怕他死在外边。

      当晚。

维 孔逢春的钱究竟怎么样了？

有 明后天我准定下乡去讨。

      伯坚伤渐愈。

素 乡下的衣裳，穿不惯罢？

琼 跟着我们打一辈子鱼罢。

伯 我愿意住在乡下一辈子。

乡邻 女儿家怎么跟男人乱跑，这都是老孔没教养。

逢 你今天不痛了么？

伯 谢谢，好得多了。

电影剧本 187

逢　既是好些了，还是早点儿回家去罢。

有才下乡讨账。

琼　哟，可找苦了我了，原来瞒着我在这儿呢！爹爹叫你们去吃饭。
有　原来你就是黄家的少爷，请快回去罢，免得家里挂念。
有　把你父母急坏了，我看你快走罢。
有　我先送他回去，钱限你三天送来！
逢　原来他是小人的儿子。

发渊为子订婚。

亲戚　今天不过刚下定，就升作经理，将来还是要锦上添花呢。

发渊的儿子。

伯　……我们总要富贵不能淫，贫贱不能移，威武不能屈……
会员　他只顾着说大话，恐怕不久就要做市侩的女婿了。
发　这是小儿害羞。
同学　你要是娶了钱家小姐，我们大家都有体面的……
伯　卑鄙龌龊的话请少说！
有　他欠债不还，房钱不付，他女儿又伤风败俗，赶他出屋就是。

祸从天上来。

琼　爹，爹回来了。
有　这就是小黄的……
有　你父亲哪里去了？
乡邻　老大，你听见刚才那三个人说的话没有？老孔家里一定出事了。
有　当你只会赖账，谁知你还会拿女儿勾引人。
有　钱老爷怒了，让你还了钱，赶快搬家。
逢　要钱归要钱，搬家归搬家，不应该糟蹋我。

有　账马上要还，家明天就搬，倘若拖延，叫你有死没活。
逢　我明天就搬，可是你嘴里要放干净些。
有　搬了家我再来问你要账，不怕你飞上天去。

风雨诉离情。

伯　你姐姐哪里去了？
琼　姐姐不在这里。
伯　老伯不要生气，我跟素仙是很正大光明的。

次晨。
两点钟齐集。
两点钟。

伯　钱维德谁不知道他是本地一个盘剥重利的小人，你们反恭维他是乐善好施，公道何在？
发　你！……你你……你疯了怎么？你……
发　畜生！……畜生！……重办！……重办！……
维　黄发渊革除了，你顶他的缺罢。

伯坚被释离乡土。

明　黄先生要到哪里去？
伯　我要到上海去。
明　我如今在上海有个小书摊，我们上海会罢。

朱明妻　小小意思，不过表表我们的心罢了。
朱明妻　小姐保重才是。
朱明妻　你不知道这里老爷跟黄家为难吗？
朱明妻　我们刚才看见黄少爷在火车站，他说要到上海去。

上海。
楼下。
二房东（萧英饰）

房东妻　楼上那个穷鬼两个月没付房钱，看看又要到期了，你为甚么不去逼逼他？

房东　他也是没有法子。

房东　我看到底是我无奈穷何还是穷无奈我何？

房东妻　你是上来开心的吗？

伯　蜡烛完了，请睡觉罢。

房东　不要紧。

为郎憔悴的孔素仙。

逢　素仙！琼仙！

孟　我放你出笼罢！

伯坚一年的心血。
伯坚书稿不能售。
先生要买甚么书？

书店主　等我拜读一遍，明后天回你信罢。

月底。

房东儿　肚子饿了。

收租人　你们再不付房钱，就要钉门了。

房东　三天之内准付就是。

房东　老兄的房钱，到底怎么样？我非万不得已，决不来问。

伯　我的稿子已经有人留下了，今明两天准有好消息。

伯　一准后天付。

房东妻　黄先生的信，我叫小孩子送上来罢。

伯　好消息来了，一定是稿子卖掉了。

伯　想不到竟无人要，只好让我再筹划罢。

　　　　　　要吃没有吃，有吃的不要吃。
　　　　　　朱明的书摊颇为发达。

伯　白费心血，简直没人要。

明　要做一本姨太太的艳史就好卖了，可是也要有些面情门路。

明　我一定替你想法子。

发渊妻　儿子被你逼走了，叫我怎么过！

明　小姐待他真不错，将来我们一定吃得着喜酒。

　　　　　　下面叫门，一定是房东钉门来了。

房东妻　你们请坐，我去倒茶。

　　　　　　没饭吃的孩子偏强健，有饭吃的孩子偏多病。

医生　小少爷是受了风寒，发发汗就好了。

有　他的利钱不肯付。

路人　那就是钱维德的女儿……有几个臭钱不要脸。

　　　　　　孝女的苦心。
　　　　　　果然文章有价。
　　　　　　孟琪设法谏父。

孟　爹要那么多钱做甚么？

维　不过是为你们。

孟　只怕钱多了，反替儿女留祸。

孟　女儿并没有赌钱，不过怕爹放债，结怨太多，求爹放弃一切债权，就当女儿是一个败子罢。

女仆　小少爷不好了！

死神不受金钱的贿赂。

素　枯树啊！你没有桃花的红，梨花的白，玫瑰花的香，牡丹花的娇艳，你枉傲了一身的霜雪，辜负了春三二月天！

孟琪将债据封还各债户。

孟　这一张借据引起了三家的风波，可以留作纪念。

有　这两个人赖债，我拿他们的衣服都剥下来了，……东家呢？

孟　东家已经不放债了，放出的债全不要还。

维　我现在不放债，你另图高就罢。

维　我想明天下乡去看看你母亲的坟，就便将你兄弟葬在旁边，叫他跟着他娘罢。

素仙疯了。

乡邻　城里人来了！

素　你能上坟，我不能上坟吗？你有父母，我就没有父母吗？

琼　我们姓孔。她是我姐姐素仙，我叫琼仙。

孟　她怎么会疯的？

琼　他是鬼老头子钱维德逼疯的。

孟　他是我的爸爸。

孟　我们老人家已经不放债了。

孟琪借素仙之名作书，由朱明寄伯坚。

素　你娇艳在枝头，风吹你落地，与其踏没泥中，不如揉碎在我的怀里。

伯　素仙！

伯　你写信叫我来，又何必跳水呢？

（完）

三年以后[1]

监　　　制：李应生　黎民伟　　编剧兼导演：欧阳予倩
副导演兼配景：鲁少飞　　　　　副导演兼剪接：顾梦鹤
摄　　　影：梁林光　　　　　　洗　　　印：梁伯慈
翻　　　译：朱维基　　　　　　配　　　光：李乾初
写中文字幕：陆若严　　　　　　写西文字幕：范竹云
照　　　相：李锡金

演　员：

杨依依 饰 何庄儿	陈少辉 饰 何成儿	许盈盈 饰 李慧贞
芳　信 饰 何毅夫	王谢燕 饰 何张氏	陆若严 饰 何刚夫
邢半梅 饰 何老太	辛　夷 饰 李希白	顾梦鹤 饰 张德纯
吴素馨 饰 陈艳云	邢少梅 饰 刘七	糜　中 饰 长工
黄冠群 饰 老陈	朱雪影 饰 丫头	

---

[1]【题注】载于1926年《民新特刊》第3期，本事及字幕均署名：予倩。民新影片公司1926年出品。

本　事

何氏之居，有弟兄二人。长刚夫，性戆拙，饱食终日，无所事事。次毅夫，颇诚实，佐上海某纺织公司出纳，八口赖之。其父早世，母氏张，乖僻之人也。

刚夫娶舅氏女，生子成儿。母以犹女故，独钟爱之。既育成儿，益专母宠。有弟曰德纯，少丧父母，寄养于何氏，失学嗜博。而母以为兄之遗孤也，偏加怜惜，过于己出。独毅夫鄙其为人。

毅夫妻李氏慧贞，贤淑有才，女工精绝，并通书算，操持家务，独任其劳，与毅夫伉俪颇笃。而毅夫谋生于外，相见甚稀，加之德纯拨弄是非，时受姑责。幸有掌珠，足慰辛苦。女庄儿，美慧有至性。微此女，则慧贞之生趣微矣。慧贞母家故贫，兄希白纵酒浮夸，拙于生计，杖头钱罄，辄向慧贞乞焉。慧贞亦不时周恤之。

一日，德纯博负，博徒刘七，逼之甚急，不得已欲得何氏房契，质清博责，就商于慧贞。慧贞不允，德纯衔之。适毅夫归，慧贞私以告毅夫，毅夫不能忍，以告刚夫，意勿令嫂知而刚夫告其妻。嫂责德纯，而实左袒之。德纯羞怒不承，以死相挟。何母闻之，痛斥慧贞，以为长舌。毅夫不能为妻辩释，愤而离家。由是德纯益无忌惮，肆博益困，渐盗何家物，付之典质，而嫁祸于希白，乘其醉，置何氏所祀瓷观音于希白怀中，故令刚夫见之，以激其怒。而又从中劝勿深究，以泯其迹。希白横遭冤辱，眦裂发指，慧贞知难辩白，泣劝阿兄，戒饮而已。

毅夫既至上海，遣愁无计，渐逐游盘。嬉游女艳云，遂耽麴糵，糟糠之好，忽忽忘之。伤哉慧贞，旧恨已深，新愁又积，作书寄毅夫，略曰："自君去后，家中常有是非，恐伤君心，不愿多言。伊人行径益非，终归自败，甚可伤耳，唯愿君能安心努力办事。我为君受尽艰辛冤屈，亦所甘心。君能知之，即自慰矣。天气渐寒，望珍重万千，万千珍重。"书为德纯所截，由是谗构益多，姑恩全断，竟至托故遣归，付书决继，意谓不能事母，暂令异居，俟母怒解，再行迎归。慧贞以为兄病，匆匆归宁，及见希白，方知被逐。其时庄儿早为刚夫妻携去，故不在侧。及归寻母，母已不在。以之询婢，知母大归。慑于祖母之威，欲哭不敢，吞声雪涕，夜不成眠。

忆曾随母之外家，依稀辨路，遂起潜出，决往依娘。其时皎月将升，远近通明，而意乱心忙，瞬迷去向。登山越陌，惊惧如狂。转念慈亲，又复前进。行至一处，见田中草人惊昏，适有灌园叟老陈者，闻叫声起视，识为何氏女，次晨送之慧贞。母女相逢，惊如隔世。而毅夫金迷纸醉，晓梦正酣时也。

何母既失女孙，令德纯往责李氏。适见庄儿嬉门外，抱拥欲行，为慧贞所见，遽前夺之。希白适至，怒逐德纯。希白自经慧贞苦劝，断绝杯酌，从事于种植，其气已刚。德纯虽狡，末如之何已。自是庄儿即依慧贞，而思父綦切，会希白有事往浙，苦恳偕行，无已许之。及抵沪上，毅夫已移居，觅之不得，与希白彷徨衢路，彼此相失，几为汽车碾伤。忽有人抱持之得免，即毅夫也。

毅夫自识艳云，负债甚多。而艳云之要索无厌，遂致决裂。毅夫失意追欢，徘徊歧路，见幼女濒险，急趋救之，亦不意其己女也。少间希白踪迹至，相见悲切，遂与偕归见慧贞。慧贞拥庄儿入室，见庄父闭门不顾，庄儿私启观内父，希白从而为之缓颊。慧贞转面向壁，千唤不回。希白因携去庄儿，俾毅夫得倾胸臆，慧贞溯往追来，益泣不可支矣。继见毅夫，似实诚恳，乃曰："若彼此愿为夫妇，则君当更往居上海三年。"毅夫韪之，决然遂去。途中遇老陈，告以德纯既死，老母抱病，劝之速归。

先是德纯书付刘七之券，已届满期。刘七者虎而冠者也，苟愆偿期，祸且不测，不得已乘夜窃得何母文具箧。何母惊寤，与之争持，辨窃者为德纯，呼其名而责之。德纯委，箧惧而去，竟将远逸，不幸为刘七所见，率党追蹑。德纯知不免，佯示弱，乘刘七不备，出匕首猛刺之，刘七毙焉。其党乃聚殴德纯，而诛之，此何母之所以病也。

毅夫闻老陈语，驱车还家，入门见庭院冷落，满目凄凉。何母闻子归，既悲且愧，流泪而已。毅夫乃与兄刚夫，约彼此努力重整门楣，自携成儿就学歇浦，期以三年相见。

瞬而三年届，矣兄弟相遇于畎亩之中。毅夫浮华尽洗，刚夫奋发力田，荒畴毕垦，嫂亦农妇装，提馌饷夫，熙熙然如羲皇上人。成儿就母欢跃，相率还家。则婢方纺绩，老母饲禽，见少子爱孙，喜出望外，不觉其泪之滋矣，于是毅夫往迎慧贞，慧贞感焉，重温旧爱。而德纯之墓木拱矣，希白尝荷锄为除坟前宿草。自谓迁善之机，德纯实成之云。

字　幕

何刚夫之子成儿（陈少辉饰）

何毅夫之女庄儿（杨依依饰）

何夫之妻李慧贞（许盈盈饰）

何刚夫（陆若严饰）

刚夫之妻张氏（王谢燕饰）

张氏　贱骨头，不会站开吗？该让人打的！

何老太（邢半梅饰）

成儿　妹妹打了我，婶婶不骂妹妹，还要叫我妈打我！

老太　二少奶，你不要只顾护着自己的女儿，长辈心放得平，小辈自然和气。女孩子家总要温存些。——以后不许庄儿到门外头玩儿去。

墙以外。

墙以里。

张德纯（顾梦鹤饰）　为张太宜人之侄，而刚夫之妻弟也。幼丧父母，寄养于何家。

吞刀鬼刘七（邢少梅饰）
　　　　借据文

　　立借字人张德纯，今因正用，借到刘七先生名下大洋三百五十元正，言明月利五分，尽五个月内本利归还，如过期不还，自愿挖去左目。恐口无凭立此借字为据。

十五年0月0日
张德纯立笔
证人　谢长子　王庆丰

　　　　题壁文
　　豪气吞江海，雄心抉斗牛，倾杯发长啸，浇尽古今愁！

天下第一酒仙李希白题

　　李希白为何毅夫之妻兄（慧贞之胞兄）（辛夷饰）

酒保　我们新粉的墙，被你涂坏了，看你怎样赔？
希白　粉墙何足道，一字值千金！
酒保　念你是个疯子，算了算了，你快付了酒钱走罢。
希白　要钱？俗哉！俗哉！
希白　有朝一日春雷动，得破风云上九重。
希白　老实不客气没有钱了。妹妹替我想个法子罢。
希白　难道你嫁了丈夫，就没有手足之情了吗？
李氏　哥哥的脾气，再不改怎么得了，——况且我真没有钱！
德纯　二嫂你是个当家人，你既能帮娘家哥哥，必然也能接济接济我这穷表弟。
李氏　我不过管了一笔账，就是家里也是没钱。
德纯　我实在到了绝地了，请你把姑母的房契取了出来，让我暂时押一押罢。
李氏　我实在没有这样大的胆量，还是请表弟当面去问婆婆借罢。

　　何毅夫（芳信饰）李慧贞之夫也。为上海纺织公司副账房。得假准备回家。

贿赂与谰语。

老太　成儿你的角子是哪里来的？
成儿　李家舅舅问婶婶要了十块钱，他分四角钱给我，叫我不要告诉祖母。
德纯　媳妇顾娘家本是常事，送他哥哥十块钱喝老酒，也不算甚么。
老太　哼！把家当盘光了，还没有人知道呢。幸亏成儿还肯说实话！
老太　成儿，去叫你爹娘来。
李氏　婆婆，这是上半月的用数。
老太　替你哥哥还酒账的十块钱，写上了没有？
老太　我自然会知道，难道我还会冤枉你吗？可是你哥哥要再来，我就要赶他出去。

李氏　表弟非但要借钱，而且还通我偷文契给他去抵押……
李氏　这事你千万不要对别人提及，免得又生枝节，只是对表弟留心些。

毅夫　哥哥！
刚夫　兄弟回来了吗？进来进来！
毅夫　表弟呢？
成儿　舅舅！我知道他到张家祠堂赌钱去了！
张氏　小孩子偏爱胡说，舅舅从来不赌钱的。
成儿　你要打我，我就把舅舅的事全说出来！
毅夫　这话你千万不要对别人提及，免得又生枝节，只是对表弟留心些。
刚夫　据兄弟说，德纯非但好赌，而且刚才他还问弟妹借我们的房契去押。
张氏　叔叔刚回家，怎么就这样清楚？好快的电报！
张氏　正说你呢，你就来了！你为甚么向二嫂去借房契还赌账？

德纯　姑母，二嫂冤枉我，二哥刚回家，她就对他说我要偷您的房契去还赌账，我……我除死没有路了！
德纯　你们不要拦住我，我去投河，这我才知道寄人篱下的苦处！

老太　我只有一个侄儿，倘若有个长短，怎么对得起他去世的父母？都只怪长舌妇害人！

老太　我看你会写算，抬举你当家，谁想你……今日才知道"女子无才便是德"。

毅夫　这种家庭我一天都不能耐，我还是早走。

李氏　你是走了，我呢？走到哪里去？

庄儿　爹快些回来，我天天到门口去等你。

老太　在家千日好，你遇着有工夫常回来。——你表弟的亲事，你要准备早替他办。还要替哥哥找件事干干，枕边之言要少听。

毅夫　哥哥看书呢。

刚夫　我在这里看《太上感应篇》。

刚夫　兄弟到上海，替我寄块杭州咸肉来，母亲吃素，我是非肉不饱。

　　　　　　　过了一晌。
　　　　　　　又有了赌本。
　　　　　　　　次晨。

老太　你看几点钟了？

长工　厅堂的香炉不见了！

德纯　这一定是家贼，我包管查得出来。

老太　一家人都是吃饭不管事，幸亏还是你有良心。

　　　　　　毅夫因愤郁而纵情游荡。
　　　　　　艳云（吴素馨饰）亦所谓交际明星。

艳云　我愿意嫁给你，你说怎么样？

艳云　你家里还有甚么人？

毅夫　我可以说是无家可归！

希白　淡如秋水贫中味。和似春风醉后功。醉后功！醉后功！
德纯　希白兄，你唱的醉后功，醉后功，你醉后还有甚么功？
希白　原来是表弟，你问我醉后功么，就是睡功！哈！哈！
德纯　大哥，外面天气很好，我们去散散步罢。
刚夫　怪不得我们许多东西不见了，原来都是你……
刚夫　你快说香炉跟表哪里去了？
希白　我是有志之士，哪能够偷东西！
刚夫　我拿你送到警察局里去，看你说甚么？
李氏　我哥哥决不会做这样的事，一定有人从中陷害。
李氏　哥哥无容多辩了，总怪你喝酒不好，哥哥去罢，若是真要追究，我替哥哥去见官。
老太　这样没规矩还了得，把他一齐关在大门外头去。
李氏　哥哥要是再不戒酒，你就真……
长工　二少奶叫我发信。
德纯　我正要到邮局，就替你带去罢。

信文

毅夫君爱鉴：

　　自君去后，家中常有是非，恐伤君心，不愿多言。伊人行径益非，终归自败，甚可伤耳，唯愿君能安心努力办事，我为君受尽艰辛冤屈，亦所甘心。君能知之，即自慰矣。天气渐寒，望珍重万千，万千珍重。

妹慧贞裣衽

刘七　我站在你身后半天了。
刘七　我刚从上海回来，听说毅夫有了相好，叫艳云老三，租了小房子了。
德纯　方才我一个朋友从上海来，说二哥娶了姨太太叫作艳云。

老太　男人家三妻四妾，本是常事，写封信让他接回来就是。

德纯　二嫂呢，只怕她不答应罢。

老太　哼，我自会处置她。

过了两天。

张氏　今天仙人庙有戏，婆婆让我带着两个小孩子去玩玩。

丫头　老太太叫你。

老太　你哥哥喝醉酒跌伤了，有车子来接你，我看你就回去看看罢。

李氏　唉！我劝哥哥戒酒，想不到还是这样，我只好去看看他就回。

灌园叟老陈（黄冠群饰）

老太　庄儿你娘到舅舅家里去了，你跟着大妈不要吵。

丫头　二奶被老太赶了回去，再也不来的了。

庄儿　我要妈呀！我要妈呀！

希白　我去质问他们去。

李氏　哥哥，他们人多，这时候去也无益，暂且忍一忍罢。只可怜庄儿……

当晚。

老陈　一定是有人偷菜来了。

老陈　不要害怕，你不是何家的姑娘吗？怎么半夜来到这里？

庄儿　我要到舅舅家里找我妈去。

此时之毅夫。

毅夫　家母有信来，许可我跟你结婚了。

次晨。

德纯　后门开着，庄姑娘不见了。

老太　庄儿不见了，一定是那贼人勾引她逃到李家去了。真好大胆！你带个人去弄回来罢。
老太　算了,省付家伙罢。

　　　　　　　希白的新生命。

希白　妹妹,我自从戒酒以后,完全实事求是,只要把我们的空地都种满树木,便永远不求人了。你悲伤无益,一同努力才是。
希白　那一旁我想也种起来,只是本钱不够,我想到浙江去向几个朋友借点本钱。我如今戒酒,他们必乐于帮助我。
庄儿　舅舅到浙江,我也去,我到上海找爸爸去。
庄儿　我一定要去!一定要去寻爸爸!爸爸不要我!我要爸爸!
希白　妹妹,据我看毅夫,未见得真负心。我带着庄儿,顺便去看看也好。

刘七　你的利钱到底付不付?
刘七　你的钱不还,要你左眼;利钱不还,我可要你的右眼。期快满了,你知道么?

　　　　希白携庄儿往沪之议已决,即烦邻妇伴慧贞。

　　　　　　　毅夫之新婚生活。

艳云　你要不许女人自由,不如养只画眉!
毅夫　怎么你嫁了人就变了?
艳云　怪你只摆丈夫的架子,不尽丈夫的义务。
艳云　不过三百多块钱裁缝账,你就不愿还,地毯还没有买,车子也没有去办。
艳云　你会碰东西,难道说我不会碰!大家试试看!
毅夫　你可知道,我为娶你欠了一身的债!真是花钱买气受!
艳云　我不怕你欺负,明天请律师跟你算账。

　　　　　　　希白携庄儿抵上海矣。

希白　你站在这里不要动,我去换钱去。
庄儿　我的舅舅呢?
群众　汽车轧着一个女小孩子,幸喜……
希白　庄儿几乎死在上海!

德纯穷极无聊。

老太　德纯你要怎么样?
长工　有贼!有贼!
长工　有贼!有贼!
长工　有贼!有贼!
刚夫　贼在这里了!贼在这里了!
长工　是我!是我!
刚夫　原来是你,快去关门!
老太　想不到我亲爱的侄儿,会做这样的事,可怜我从小抚养他!

三十六招走为上。

刘七　小鸟儿,债还没有还,就想飞吗?没打听你七爷爷可放你。

　　毅夫与艳云离婚的交涉,不过是出钱了事,他居然被女儿接回乡下来了。
庄儿　妈!爸爸回来了!
希白　毅夫被不良的境遇逼迫得走了错路,如今悔悟了;他外面的人,完全脱离了关系。经过一番锻炼的青年,格外纯洁,你可信任他了。
李氏　如今我能自食其力,用不着人家怜惜!
毅夫　我只求你能够怜惜我!
李氏　你我如果真要做夫妻,你再到繁华地方住三年再来!
毅夫　庄儿!

老陈　二少爷久违了,你可知道你们那害人的表弟,被人杀死了?你娘老人家很苦,你应当回去看看!

刚夫　我们的家事，全是表弟挑拨弄糟的，看起来冤枉弟妹了。
毅夫　都只怪我们弟兄太糊涂太懦弱了！
刚夫　以后便怎么样呢？
毅夫　我以后专从纺织上谋生。哥哥最好努力务农；成儿让我带到上海去教育他。
毅夫　口说不为凭，我明天就带成儿去。我们弟兄过三年再见！

　　一寸光阴一寸金，寸金难买寸光阴。相看刮目别三日，况见三年努力人！
　　秧歌：四月大麦黄，六月稻花香，汗滴禾根禾上长！金满仓！玉满仓！物阜万民康。
成儿　庄儿如今在哪里去了？
刚夫　我看去接弟妇回来罢。
老太　早就该这样一直等毅夫回来。
张氏　明天我们一同去接她罢。

毅夫　慧贞呢？
毅夫　三年的历练满了，我回来了。
希白　毅夫！毅夫！
张氏　一切都已明白，婆婆特意叫我带你回去。
毅夫　我看请哥哥嫂嫂先回去，我跟弟妹明天回来罢。

　　　　　　　　次晨。
毅夫　希白，我今日才知道你是个豪杰！
希白　多亏我有个好妹子。你们夫妇回去罢，我不远送你们了。

　　经过困难的夫妻，爱情格外坚固！
　　经过风波的家庭，手足格外亲密。

次晨。

毅夫　我今日才知道失学的悲惨！
刚夫　他从小太娇惯了！
希白　我还多亏他呢！

　　　　　　（完）

天涯歌女[1]

制 片 总 监：李应生　黎民伟　　编剧兼导演：欧阳予倩
副 导 演：周淑芬　　　　　　　剧 务 主 任：邢少梅
美 术 主 任：鲁少飞　　　　　　摄　　　影：东方熹
写　　　真：褚保衡　　　　　　绘　　　题：秋草
装　　　饰：雪鸪　思周　　　　英 文 说 明：朱维基
书英文字幕：范竹云

演　员：

李旦旦 饰 李凌霄　　吴嘉馨 饰 吴侬意　　王谢燕 饰 凌霄假母
周五宝 饰 凌霄假父　高百岁 饰 高绍游　　陈嘉祥 饰 张嗣武
葛次江 饰 葛锐夫　　邢半梅 饰 葛锐夫之母　芳　信 饰 蔡予信
易荫峤 饰 何豪　　　欧阳山尊 饰 锐夫之弟　欧阳予倩 饰 陆沉余

---

[1]【题注】载于1927年《民新特刊》第5期。民新影片公司1927年出品。

本　事

歌女凌霄，其家世莫能详。假父李奎禄，抚之成长，因姓李氏。凌霄擅歌舞，解文字，志行高洁，不与俗群；而奎禄则欲假之以媚权贵，权贵亦多欲得金屋而藏之，凌霄勿承也。

一日凌霄偶游某展览会，见画家陆沉余之作品，爱之，遂遭陆为画像。开幕之日，礼意甚隆。陆落拓半生，忽得美人青眼，为幸如何，不觉感爱之心，发诸肺腑；然深恐中年之爱，足以妨其修养，乃整装远引，不稍流连。陆有弟子高姓，名绍游，勇侠少年也。陆知其心爱凌霄，复念以凌霄之操，易遭时忌，宜有人能隐助之者——而艺事商量，尤赖朋友——因于临行时，荐绍游于凌霄，凌霄颇优接之。绍游乃为编剧，曰：神仙眷属。大意谓："天女下凡，慰人间之烦闷，而不知人心之是否已死，乃幻大火自焚，无有能救之者。遇勇侠少年，从火中负之而出，则火场忽化花田，乃歌舞相携，身生彩翼，飞上天去。"

是剧富绅张嗣武见而恶之。张故土豪，多资，每市惠于凌霄，而凌霄不以利动；胁迫其父母，而凌霄不以威屈。及见绍游与凌霄亲昵，大怒，以为《神仙眷属》一剧，绍游有意编制，以挑凌霄者也。乃假军人之力，迫舞台经理停演，逐去绍游。绍游走晤凌霄，适值张在室中，恃酒狂肆，见绍游怒骂，绍游反诋之，几于用武，张出枪拟绍游，凌霄乃翼被绍游，送之出门而去。绍游知祸且作，乃走告其挚友葛锐夫，为言："万一不幸，嘱葛为护凌霄。"继而张果嗾恶党劫绍游于路，绍游受伤几殆，幸葛趋救之，匿之于其寓。张以为绍游已死，乃强致凌霄，张盛筵出之，以见宾客，示为己有。凌霄含痛晕绝，遂卧病不起；而奎禄夫妇逼之理妆，意将遣嫁于张。其姐吴依意，知凌霄终不屈，设计使之宵遁；而偕之者，葛锐夫也。

　　未几，战事发生，张所结之军阀战死，张避乱他徙，不暇深究凌霄事，凌霄乃得从容脱险。不意，葛锐夫护送凌霄，失足堕崖下死，于是凌霄踽踽独行，孤身无着矣。绍游不得锐夫踪耗，焦灼异常，不及俟伤愈，急起踪迹之。无意中，与其师陆沉余相遇。其时，凌霄沦落天涯，鬻歌糊口，而畏人客子，常自隐藏，然为饥驱，虽雨雪载途，不能稍息；又防侦者，住徙无常。一日，大雪，冻踣于道，适陆沉余写生行过，拯起之，因得与高生相见。开眸睇视，悲不成声，气息亦仅属矣。

字　幕

　　心田千万顷，血泪润枯苗，弹胜一根弦，难道说都断了；便断了，还有我心弦的颤摇！

　　　　歌女　李凌霄
　　　　画师　陆沉余
沉余　这还是在创作展览会的出品。
凌霄　画上的蛇是甚么意思？
沉余　越美越多人妒忌，越妒忌尽管越美。
歌女　吴侬意
侬意　张老爷请等一等，让我看看她穿好衣服没有。
凌霄　厌物来了，赶快把画收拾起来，我不愿意给他看。
　　　　李凌霄之母
　　　　富绅　张嗣武
凌霄　今天不许看，改天再看。
凌霄母　你看这画好不好？
嗣武　我看还不如香烟牌子画得有劲。
凌霄　下礼拜三是我的生日，一并请客看画，务必请先生要到。
嗣武　你为甚么请他画像？他是个有名的疯子。

凌霄　世界上的人都是疯子，便以为他也是疯子。
画像开幕
凌霄父　客来得很多了。
司令　何豪
嗣武　今天是凌霄的生日，应当我做主人招待司令。等到侬意生日，司令再招待我吧。
凌霄的父亲　李奎禄
世界报记者　蔡予信
侬意　画师跟蔡先生都等久了。
嗣武　我知道不是我亲来接你，你是不肯出房的。
凌霄母　我女儿从来不跟人开玩笑的，她待你真是特别。
嗣武　我近来也学会了几步跳舞，你今天非陪我舞一舞不可。
画师陆沉余之弟子　高绍游
沉余　你可愿意再演戏？
绍游　可惜没有机会。
沉余　我有意荐你去帮助李凌霄好么？
绍游　今天早晨的雾很大。
沉余　我最欢喜是雾，好似一个大问题给我们探索的机会。
绍游　老师为甚么匆匆离开此地，要到哪里去？
沉余　现在没有定，你可以寄信由哈尔滨报社转交。
婢　姑娘今天不见客。
绍游　陆先生离开此地了，有封信要面交凌霄女士。
凌霄　既承先生的美意，以后请多多地帮助我们。
高绍游初试编剧
凌霄　剧本编好了没有？
侬意　谁跟谁做神仙眷属？

　　神仙眷属本事：天女下凡安慰沉闷的世人，却要先试试人心是否已死，她便化出一座楼居，自居其上，忽然楼中大火，无人能救；有一勇侠少年从火中救出天女，一刹那间，火场变作了花田，天女挽少年歌舞，二人身生双翼，飞上天去。他们的歌声却永存在人间！神仙自有神仙眷，在天上莫忘了人间！漫说是情意太缠绵，为甚么花儿娇艳，月儿团圆？孕灵根宇宙成花县！孕灵根宇宙成花县！

舞台经理　程古凡

嗣武　神仙眷属那出戏，真是岂有此理！

古凡　生意倒还不错。

嗣武　只要李凌霄上台，甚么戏都能卖钱，何必要唱那伤风败俗的戏呢！官厅要禁止那出戏，你赶快把那编戏的拆白党辞了吧。

古凡　总求您多多地维持。

嗣武　因为维持你才对你说，要等司令封你的门就迟了。

凌霄父　高先生，这回的事老板也很难过，实在是有大绅士要跟你为难，以后你还是少亲近凌霄的好。我听说有人要陷害你，所以……

凌霄　这时候犯不着拼命，还是看重些自己。

绍游　凌霄，我就算跟你毫无关系，我也不忍让你受那些劣绅土豪的糟蹋。

凌霄父　我知道你在这里。快去快去，张老爷等着请你宵夜。

绍游　你不应拿你女儿看得太轻，你真不会做父亲！

凌霄父　岂敢岂敢，你也不要癞蛤蟆想吃天鹅肉！

凌霄母　凌霄就要回来的，等一等吧！

凌霄母　张大爷在我们这里花的钱也不少了，你总要稍微给他些面子，我们总是靠人的。

凌霄　我靠自己的本事。

凌霄父　靠本事有几个人不挨饿。

凌霄母　侬意，你预备宵夜去。

绍游　你以为有几个臭钱就可以欺负良家妇女吗？

嗣武　戏子敢对我这样说话吗？

凌霄　你放心，我也不是个柔弱的女子，只要你平安我就……

高绍游之挚友　葛锐夫

锐夫　这种东西应该是这样对付，只是你怎么样呢？

绍游　我与他势不两立，倘若我得了意外之祸，请你多多地照看些凌霄。

凌霄母　张家今天做寿，叫车子接我们来了。

凌霄父　小高的事你还不明白吗？你今天不去，小高必有性命之忧。

嗣武　我替你预备了一间房子，待我来领你去看看。

嗣武　你们自问哪个比得上凌霄。

嗣武　你们既知趣，好，一个人赏你们一万块钱，去吧！从今以后凌霄归我了。

司令　你瞧我的人儿多好！你的人儿呢？

嗣武　她太不受抬举。

司令　你为甚么非要她不可？

嗣武　她要不是红角儿就再长得好些我亦不要。

司令　她要摆架子，让我来收拾她。

侬意　二位别生气，让我去慢慢儿地劝劝她。

侬意　好妹妹你不要太固执了。眼前不忍，必受大辱；况且高先生还在他们掌握之中呢。

侬意　我一劝她就依了，你再去看看。

嗣武　适在侬意说你回心转意了，你到底怎么样？

嗣武　这不过是试试你的心，谁真叫你拾珍珠，你起来吧。

嗣武　宴会的时候早到了，我们一同去吧。

嗣武　这里没有你的座位，外头还有好几桌呢。

张妾　同是一个女人，为甚么李凌霄这样享福！

司令　要是我能够变作凌霄，我连皇帝都不要做；可是我想请凌霄唱一个，让我们大家听听，以后恐怕不容易听见的了。

嗣武　请司令点戏。

予信　我看回头还有堂会，就不必请李女士当筵唱曲了。

侬意　我替凌霄妹妹唱一支吧。

嗣武　司令的命令非唱不可。

侬意　如今张家的身价银子已经交了，就要接人了。

锐夫　我想凌霄除逃走没有别计，绍游兄请放心，我自有办法。

凌霄父　好孩子。听我的话，爹爹总是为你好，你总要孝顺些才是。

凌霄　张家我是死也不去的！

凌霄母　身价银子怎么好退呢？

凌霄父　你真是个不识抬举没志气的孩子！

凌霄　我只能卖艺不卖身。

凌霄父　老实说，你本是我买来的，只能随便由我卖。

侬意　妹妹，可怜的妹妹，如今的世界是不让我们干净的！

凌霄　我不愿看轻自己去将就那些贱骨头，我只有死！

侬意　只要你拿得定主意，你不如逃走了罢。

凌霄　都是我们的命苦！

凌霄　我走了，你呢？

侬意　你不要问，我只好混到哪里是哪里！

锐夫　我看风声很紧，不能到我家里去见绍游，只好先到乡下躲避些时再说。

凌霄父　我的女儿也不知是哪个混账东西勾引着她逃走了。

凌霄父　可怜我……拜托你替我找回来吧。

予信　像你那样待你女儿，也怪不得她要逃走。

锐夫弟　锐夫去了全无消息，恐怕不免有危险。

锐夫母　倘若我的儿子有个长短，怎样呢？

绍游　我马上去找他，倘若他有了意外我愿孝顺你一辈子。

侦探　先生近来在报上很攻击张嗣武先生，请你要稍为留些面子才好。

战事发生。

嗣武　既是风声不好，我们到别处去避避。

绍游　你追的甚么女子？

浪子　晚上在外头瞎跑的女人还有好的吗！

踏破铁鞋无觅处，相逢无意感人多。

（完）

桃花扇[1]

  一个省会的街市中许多人在买报。
  报特写：《人道报》，标题《苛政下之农村》，两张插图；著者名　方与民
  （第一插图）索耕牛农民，（文曰）为饥饿卖去耕牛。
  （第二插图）卖儿女的农夫，（文曰）为受重利盘剥卖去儿女。
  许多乡下人背包袱进城，一队清乡兵出城。
  兵，枪，囚车数辆经过街市，屠夫引着一群羊迎面走过。
  街上的观众，囚车的轮子，羊与屠夫。
  两个青年驻足观看。方与民偕友孙道诚。

  （两个青年谈话）
方　又是一大群！
孙　从来枪毙人都没有罪状。
方　人命在军阀手底下是一个钱也不值的，枪在他们手里，有甚么办法？
孙　他们只知道有权力不知有法律。
方　法律从来就没有保护过平民，只是御用的命令。
  （二人回头一望）
  一个警察走来。
  孙扯一扯方的袖子，他们便假装看墙上的广告。
孙　（指墙上）看我没有？你瞧这张广告是我画的。
  （墙上的招贴写着"天声舞台礼聘中外驰名青衣花旦谢素芳今晚准演《玉堂春》云"，中间画着一个素芳的小像）

---

[1] 【题注】载于1936年《文学丛报》第2期，署名：欧阳予倩。本片另有1982年香港《八方》杂志社出版《八方》第1期剧本版。

方　我还有一点事，回头再见！

　　（方直走，孙向左转弯。一间点心店，一辆汽车走来停下，督署秘书刁俟轩下车，一回身遇见孙道诚）

刁　哟，孙先生！

孙　哟，刁秘书。

刁　好久不见。我正想找你。

孙　啊？

刁　我们到另外一个地方去吃点心罢，这里人太多。

孙　我还有点儿事呢！

刁　不要紧的，不会耽误您的事。

　　（刁一面说着便开了车门让孙道诚上车。卖报童子上前被护兵一掌打退。车开走了，报童哭起来。刁与孙在车中）

刁　孙先生，你跟《人道报》是怎么样的关系？

孙　没有甚么关系，不过朋友帮帮忙罢了。

刁　可是方与民这篇文章太叫人下不去了。

孙　他这不过是泛论，一时发发牢骚罢了。

刁　不然，他这里头显然攻击张督办，而且很多过分的地方。至于张督办这个人，未尝不想把地方的事情弄好，可是他到底是个军人，对于政治学问不够，所以他很想有明白的青年帮帮忙，他还很想见你呢。几时我们把方与民找了来，大家见面谈谈好不好？

孙　是，让我先跟他谈谈看……大概总没有甚么不可以的。

刁　你最好去劝劝方与民，行，大家不愁没有出路，要是他始终不觉悟，那我们做朋友的也就没有办法了。

　　（孙无语。两个一队的卫兵五六队。花团锦簇的窗户中闻磔磔的笑声。一只狗跳上去咬一片牛肉。军阀张德凯在喂肉。姨太太在床上撒娇）

姨太　你瞧，一早起来尽管狗的事！

张　啊？好！

　　（张顺手在桌上盒内取块可可糖一掷。姨太太张口接着了那块糖，一面嚼一面笑。闻张的笑声，远枪声）

姨太　哪里枪声？

张　一定枪毙乱党。

姨太　哪里来那许多乱党？

张　那谁知道？

姨太　天天枪毙人，准没有冤枉的吗？

张　五十个里头有一个不冤枉就得了。宁愿冤枉一百个，也不放走一个。

姨太　阿弥陀佛！修点儿善罢！

张　女人家多管闲事，你只管陪男人睡觉得了。

姨太　狗嘴里吐不出象牙！

张　（唱）昨夜晚，喝酒醉睡得快活，（揭开她的被窝）起来换衣裳罢，回头要到庙里去拜菩萨。

（姨太叫起来）

姨太　你还拜菩萨呢！

张　拜给百姓们看看。来，换衣裳。（站起来）

姨太　（笑）

张　你不要笑，我将来弄点钱就去出家，我一定成佛，你就不成。（他盘腿坐床上念佛。姨太太抱着他摇着笑着。手，机器，印传单。方与民、刘继亭和另外三四个党员在聚议。方看手中传单。"拥护革命军，打倒军阀，解除民众痛苦。"）

刘　今天早上枪毙四十几个人，其中有两个是我们的同志。

方　现在北伐军已经要出动了，我们总要在这里造成严重的空气。

刘　我想这回的传单，可以到戏园里去发。

方　（点头）

党员　今天早晨我看见一个人跟督军府的秘书同车，好像孙道诚，我看这个人要留神他一点。

方　我想他不会有甚么危险，一定是你看错了人。

刘　啊，我想戏院宣传的事，谢素芳可以利用。

方　我已经在编《桃花扇》，借李香君写被封建势力摧残的女性，借侯朝宗写知识分子的无用，借吴三桂写媚外的军阀，他借了外国兵来镇压本国的革命。

（枪声——大家站起来）

刘　恐怕又在捉人了！

（秘书长刁俟轩在桌前写信，陈秘书在旁。

信：

　　道诚先生执事，昨谈甚快，兹先奉三千元应用。督座爱才如渴，决不负吾兄为国之苦心也，即此敬颂

著祺

刁俟轩）

刁　陈秘书（陈走过去），把这封信送给孙道诚，这是三千块钱的支票，交给他让他写张收条……喂，最好是先写好张收条带去，让他签个字就成了，免得麻烦！

（陈秘书答应着走出去。孙道诚在他家的客堂里，女仆引进一个客来，彼此见面，来的就是陈秘书）

陈　这位就是孙先生？

孙　不敢当，陈秘书。

陈　不敢当，久仰久仰。

孙　久仰得很，请坐。

陈　兄弟是刁秘书长派来的，这里有封信。

（孙接信拆看）

陈　这里是三千块钱支票，请孙先生收下打张收条。

孙　信上的意思我都明白了，这个钱，因为目下没有甚么用处，请陈先生暂时带回去。等要用的时候，再当面向刁秘书长要就是。

陈　这兄弟不敢做主，秘书长的命令，兄弟只有服从。我看，最好请孙先生暂时收下，写张收条，等兄弟回去，也好有个交代，有甚么话改天孙先生见了秘书长的时候当面说比较好一点。

孙　这……

陈　收条已经写好带来了，请孙先生签个字就行了。

孙　（想一想）好罢。（他在陈所取出的收条上签了字）

陈　好极了，好极了，（收好收条）要是不够的话，将来还可以想法子的。

孙　……

陈　兄弟不坐了。衙门里忙得很，还有许多事情要请教孙先生的，改天再……

孙　岂敢岂敢。

陈　再见再见。

　　（孙道诚将支票藏好，信就放在桌上，送陈秘书出去。陈秘书出去。孙妻抱着小孩出来在桌前看刁俟轩的来信。看完，见孙走来，便将信藏衣袋中，孙进来）

孙　我的信呢？

妻　你的钱呢？

孙　你不要胡闹，那个信是不好给外人看的。

妻　外人，我不是你的内人吗？（对小孩）你瞧，你爸爸还想瞒我呢！

孙　那个钱我还没有定收不收呢。

妻　为甚么不收？你真傻。以前的名士，还可以拿清高骗人，如今谁理你？人家送上门的钱你都不收你真傻！

孙　我要收了那个钱，我就要替人家做我所不能做的事。

妻　钱，你尽管拿着，最好是两边不得罪。

孙　那就难了。（走过书桌坐下）

妻　你把那么多钱带在身上，多么危险，还是我来替你收好罢……真的……

孙　……不过一张支票。（将支票取出）

妻　（一手夺过支票）我是强盗吗？稀奇！……这一点儿钱赎当还不够呢，（对小孩）瞧你爸爸多么小气！

孙　你不要把它糊里糊涂弄丢了。

妻　（对小孩）你说你妈妈会像你爸爸一样糊涂吗？（她逗着小孩走进房去，孙茫然）

戏院发传单之场

戏院前景。

台上正唱着戏。

包厢。

孙在包厢中站起来，方与民来赴约，一同看戏，鲁步同走过与孙招呼。

孙　鲁先生，你坐在哪里？

鲁　我就要走，今晚有人约我打牌，没有工夫看戏呢。

孙　啊！你有公事，再见再见。（鲁去）

孙　（对方）这就是鲁步同，他自命为谢素芳的保护人的。

方　小买办俗不可耐。

（从后台里面见栅栏外站着许多兵，一个花脸走过来）

花脸　你们到前台去看戏去吧，后台没有甚么好看的。

（话犹未了，只听到外面"好脸子，好脸子！"的骂声，"我们要看谢素芳，谁看你这个鬼脸！"，一团烂泥飞过来打在花脸的脸上，接着就是一阵哗笑之声）

花脸　这是哪儿说起？这……这……这……（走开。一个小花脸走去向外张了一张缩回来，忽听得"不要去看"的声音是从管事口里发出来的，龙套和宫女都走开。只见烂泥、果皮和石子从外面打进来，一片声叫"开门开门！不开门我们就打进来了！"。楼梯口一个人走过来，他就是谢素芳的师父苏菊生）

苏　让我来同他们说说！

小丑　苏先生，去不得！

众　他们是不讲理的。

苏　不要紧。（走过去）

苏　各位不是要看谢素芳吗？她是个女孩子，你们这样一闹，她一定躲起来连戏都不敢唱了。你们要是不为难她的话，回头她一定出来见见你们各位。

兵等　我们不吵，我们不吵！你们不要怕。

苏　好，那就是了。

兵等　你是谁，是谢素芳的爸爸是不是？

苏　　我是她的师父。

兵等　好好好，师父开门，师父开门。（又是一阵哗笑。谢素芳正化好装站在桌子面前对着镜子）

素芳　这些丘八先生真拿他们没有办法，可是他们也真可怜。

（忽听得一声大响，接着一片喧闹。苏菊生喘着气走进来）

苏　　不好，不好，他们打进来了！你单单不能下去，单单不能下去！

素芳　不下去怎么样？他们要打上来呢？我还是下去！

（大家阻不住她，还是走出去。素芳下楼，一些人跟着管事等迎着，都很忧虑的样子。走到后门口，那些兵都站在那里）

兵等　啊！好看的来了！

素芳　各位不是要看我吗？我就是谢素芳，可是真对不起，我要上场了，我今天一定卖力气好好儿唱，请各位前台看戏罢！

（她说完几句话，锣鼓打到了，一挑门她就走上场去。见她出场去了，兵等一哄而散。兵等往前台跑。台上，刁俟轩从包厢站起举手作招呼状。孙在包厢举手。刁过来就要让孙介绍方，说些"久仰"的话。王继亭等手中纸包。[1]台上，并观众。[2]观众喝彩，传单如雪片飞下，秩序大乱。许多观众往外拥挤，又听见"没有事，大家请坐"的声音。许多警察围在戏园门口。王继亭在观众中大大方方走出来。报馆编辑室，方将看过之大样从小窗内送过邻室，就在一旁吸烟）

方　　今晚想不到会遇见刁俟轩。

孙　　能够敷衍他一下或者有便利也未可知。

方　　只怕他们比我们更聪明。（闻叩门声。一推门，素芳进来）

素芳　想不到罢？

孙　　哟，这个时候——

方　　怎么会来的？

素芳　因为方先生答应我编戏，我自己来讨来了。

1　原文即如此。——编者注
2　原文即如此。——编者注

方　不会的，一定是戒严回不去了。

素芳　一点儿也不错，有甚么法子想没有？（坐下）

孙　就在这儿谈一晚到天亮罢。

素芳　老妈子、伙计都还等在下头呢。（握着方的手。老妈子在马车里打呵欠。车夫站在车外打呵欠）

方　请那边坐罢……老太太呢？

素芳　不舒服呢，舅舅也病着，要不然我怎么能够来！

（电话响，方去接）

方　谁？……啊！……（回头）是你们家里打来的。

（素芳不快的样子）

方　（大声）她在我们这儿呢。

（素芳起身，走过去接过听筒）

素芳　你是谁？……是舅舅吗？妈好一点儿没有？

舅　她好点儿了。

素芳　您呢？

舅　我还是头痛畏寒，你怎么不回家？

素芳　因为戒严回不来，正在请方先生他们想法子呢。

孙　（低声）你告诉他我们有口令。

素芳　他们有口令啦。

舅　你为甚么早不回戏馆里问老板要通行证呢？

（谢母走过来接过听筒）

母　阿芳，快回来罢！啊？……好，你快回来罢！

舅　偏爱去找那姓方的，要是鲁步同知道了又要麻烦！

素芳　您放心吧！（放下听筒素芳走过来，方请她坐下）

方　坐下谈一会儿罢。我跟你编的《桃花扇》已经差不多好了，用原来的故事用新的方式来分析，场面非常紧张，我来给你看。

（方随手抽一本剧本，素芳接在手里）

素芳　几时要能够称着自己的心演自己欢喜演的戏就好了！

（电话又响，方去接，素芳不安地站起来）

方　啊，是了，她就回来了，不要紧，我们可以送她……是了是了。

孙　你家里真着急！

方　你舅舅说你母亲不放心。

素芳　甚么，这都是我舅舅的把戏，他甚么事也不干，专靠我吃饭，可尽量摆着长辈的架子管我。

方　连在朋友家里坐十分钟的自由都没有吗？

素芳　家家有一本难念的经呢！

孙　不错不错，家家有一本难念的经……不过你舅舅靠你吃饭，为甚么他能管你？

素芳　谁让他是我母亲的弟弟呢！

方　本来，世界上许多用劳力养活人的人都是受不做事的人管住的。

素芳　啊！今晚那些传单可真痛快，下雪似的飞下来！

（电话又响）

素芳　哟，可了不得，又催来了！

方　（接电话）谁？……啊，是了，知道了。（回头）不相干的别的事。

素芳　我真急死了，急死了！

孙　你还着急，我还想跟你去演戏呢。

素芳　哼，我在外面儿就好比要饭，在家里就好比坐监，谁像你们，有甚么不痛快就写出来。

孙　你有不痛快唱出来就得了。

素芳　含着眼泪在让别人开心取乐呢！

方　我们也是一样，想说的不能说，不能说的，也就不能写。

素芳　（一面说着一面走动拿起皮夹子）唉，得了罢，没有法子，走罢，走吧！

楼梯上。

素芳　我明天晚上戏上得晚，请你们两位来吃晚饭。

孙　好，我们从明天早上就不吃饭等着。（笑）

门外。

素芳　哟，我口号也没有，怎么回去？

方　我们来送送她罢！

孙　我可不送。

素芳　你不送吗？

孙　不错，这就是我生平最聪明的地方。

素芳　胡说。

　　　（走过去叫醒车里的车夫和女仆。上车，方同乘，大家说"明天见"。车动）

　　　车中。

素芳　好容易同坐一次车！

方　你真有胆量，在这个时候来找我！

素芳　你有口令没有？

方　我哪里有口令？

素芳　我不管，我们一块儿到警察局里过夜去吧！

方　我一定奉陪。（同笑）

　　　（他们的手握得很紧，忽听得叫"口令！"）

方　成！

答声　就！

素芳　你还说没有口令呢！

答声　站住！

　　　（车停下来，一个兵从车窗中窥看）

兵　今晚特别戒严，非有通行证不能过去。

方　哟，这怎么办！

　　　（素芳即出通行证示之）

兵　好，走！

方　素芳，你真聪明，你真可爱！

　　　（车从两个哨兵当中通过，兵用电筒射着车后，见双影。忽然，素芳回手将车窗拉下）

兵甲　真有一套！

兵乙　妈的……！

素芳请客

（素芳喝着，她母舅吴祥发拉她母亲到后房去）

舅　她今天又把姓方的请来吃饭，倘若回头鲁步同走来又怎么样？

母　她要那样我也没有办法。

舅　鲁步同他又是洋行里的买办又有面子，又帮我们家里那样多忙，又答应替我找事情。那姓方的一个穷光蛋，听说还是乱党呢，弄到家里来不是危险吗？

（外边电话响，吴祥发急起去接）

舅　谁？……啊，鲁先生吗？是是，喂，叫你听电话！

素芳　只说我在吊嗓子。

舅　那不行！……快点。

素芳　真麻烦！（走过去）

素芳　鲁吗？甚么事？

鲁　我今天约了几个朋友到你家里吃晚饭，你替我预备几样菜！

素芳　我今天自己请客呢，对不起，你改明天罢！

鲁　嗯？你请男客还是女客？

素芳　那你管不着。

鲁　我的客请定了，是不能辞的。

素芳　我的客请定了，也是不能辞的。

鲁　好，随便你吧。（挂听筒。素芳生气的样子站着，胡琴师调着弦）

素芳　我不高兴吊了，你们去罢！

（胡琴鼓板散去，吴祥发走过去对素芳）

舅　打个电话给姓方的，让他明天来吧！

素芳　那不行！

（祥发抢着去打电话，素芳不放）

素芳　妈！你来看舅舅。

母　（大声）甚么事？知道我病着！

素芳　舅舅真不讲理！

舅　你要这样胡闹，一定把一家都毁了，我是你舅舅，应当管你！走开，让我打电话。

（祥发用力推素芳，素芳顽抗，此时方、孙二人走进来。祥发即退去）

孙　甚么事那样热闹。（一面除衣帽）

素芳　舅舅跟我抢着打电话，好玩儿着呢！

舅　正在打电话催你们二位呢。

方　剧本带来了。

素芳　全好了吗？真快！

孙　昨晚赶了一个通宵呢！

方　没有的话。

素芳　（看剧本）这不就是李香君磕破了头，血染在扇子上那一场吗？这一场可真难做。

方　在你是没有问题的。

孙　中国的女子到了没有办法的时候，只有自杀，啊？

方　她们的地位实在太惨了。

孙　《桃花扇》是三百年前的故事。

方　现在还不是一样？或许还更糟呢。

（素芳叹气，女仆进来送茶）

仆　大姑娘，菜都预备好了，你自己去做吗？

素芳　好，我就来，……对不起，你们请坐会儿，我去替你们做菜去。

孙　哟，要你亲手做菜真不敢当。

素芳　没有甚么好吃的，不成敬意。

方　我们来参观厨房罢。

素芳　不成，后台看不得的。

（素芳进去）

孙　她的态度真好。

方　可惜环境太坏。

孙　哟，我想起一件事来，今天刁侯轩有封信来，说张德凯要请你当顾问。

方　哼！

孙　你如果没有法子利用，那就得想个法子拒绝他。

方　你回掉他就是了。我们看素芳弄菜去吧。

舅　方先生！（他从阳台走过去，方等正好走，闻呼停步）听说方先生替素芳编了一本《桃花扇》是不是？

方　是的。

舅　听素芳说里面提到吴三桂借外兵欺压本国的百姓是不是？

方　是的。

舅　不妥罢？

方　怎么？

舅　怕老爷们多心。

方　那也多心？

舅　毛病多的人，最爱多心，不如编一个仙女下凡讲爱情倒不错。

方、孙　（大笑出去。方等出去。闻汽车喇叭声，吴祥发跑到窗口一看，回来赶快把方、孙二人的衣帽搬出去。祥发将衣帽匆忙塞于柜下。素芳在厨房里忙着。一些亲戚都帮着，有的切菜，有的洗盆碟，有的站着看。孙与方进来）

素芳　哟，可了不得，我做菜还是玩儿票呢。

方　帮忙的真多！

素芳　跑龙套的倒不少呢！可是他们都是大角儿，让我来介绍介绍罢。这个是我姑妈，这是我姨妈的大儿媳妇，这个是我舅舅的堂房兄弟，这个就是我本家远房大嫂子——（此时忽闻"糖来了"的声音，一个又矮又丑的小孩子举着一包糖从后门进来，素芳笑起来说）——你别瞧这个小孩子，他比我大两辈，我还叫他叔外公呢！他们在乡下不是遭了这个灾那个灾的，便是丘八爷光顾了一下，种的稻子卖不出，织的布又卖不过洋布，他们没有饭吃都到城里来找饭吃来了。你们两位穿西装的先生，替他们想个法子吃饭罢。

孙　那还是你，我们今天都是吃你来的。

素芳　我！哼……（说着把手中端的一条鱼往锅里一放。鱼特写）

素芳　我就跟这鱼差不多呢。

（谢母慌忙走来与素芳耳语。姓鲁的客人在客厅里，两盒麻将倒在桌上。鲁步同和吴祥发说着话）

鲁　素芳请甚么客？

舅　没有请客，她不过说笑话。

鲁　她现在哪里？

舅　她……她在厨房里亲手替您做菜呢……

鲁　让我去看她去。（走开）

舅　喳……（为难的样子跟着。孙、方上楼，恰在楼梯口与鲁相遇）

鲁　哟，你们两位在这里！好极了，我今天请客，孙先生，你跟你的朋友都来凑凑热闹。

（方、孙无语）

鲁　你们不要客气，这是我的小公馆。

方　鲁先生，尊重人家的人格，就是尊重自己呢！

鲁　玩个把女戏子有甚么稀奇！（素芳随母走上来）你们问她，这是不是我的小公馆？

素芳　孙先生和方先生是我请的客，你不能这样无理！

鲁　我是你的保护人，没得我的许可你不能随便弄些人到家里来！

素芳　我有我的自由，不过借了你几个钱，谁也没有受你甚么保护，当奴才。（其母在旁止其勿言）

鲁　没有我，哪个码头你也站不住！

（许多客出来看）

鲁　不用管她，我们来打牌。

（鲁进房把门一关，把方等僵在外面）

方　（气极却仍镇静）道诚我们走吧！

舅　你们二位的衣帽在这儿呢！

（吴祥发在柜下取出衣帽走过去交给方、孙二人）

方　素芳，这个问题不是一刻能解决的，我们暂时走罢。

（二人回身下楼）

母　孩子，你且忍耐点儿吧，闹不完的事！

素芳　我也走，我再不回家了。

　　　（其母抱住她哭。鲁在房中生气，拿方的书本翻一翻）

　鲁　乱党的戏本，去他妈的！（走向窗口，用力向下一掷。方、孙刚出门，戏本打在头上。孙拾起，方伫立无言。素芳、与民谈情之场。素芳和方与民从树林中小路走出）

素芳　常关在家里的人，出来走一走真是痛快。

　方　可也得风景好的地方，这儿可真不错。

素芳　我还嫌这儿树太密了。你瞧，四面都是树围着，好像一个鸟笼子似的。

　方　那我们到树少的地方去罢。

素芳　最好是有水的地方。

　方　那我们到水边去罢。

　　　（二人从山路走下）

　方　你们家里一定在找你。

素芳　你为甚么偏要提起这些？

　　　（她走开，方跟着去。二人走到小湖边，素芳小孩子似的跑到水旁石上）

素芳　呵！这儿可真好，我是不回去呢！

　方　这可如了你的心愿了。

素芳　不过我还觉得这儿水太平，没有波浪。

　方　那我们到海边去罢。

素芳　好的，去罢。……要是常常有空出来玩玩，该多么好！可惜我们都太忙了！

　方　有的忙还不好？还有许多失业人，求着像我们这样忙，还做不到呢！

素芳　那就很难说了，我们心里的苦处谁知道！

　方　我们到海边去罢。

素芳　好，去罢。

　　　（二人又走到海边）

素芳　（跑了过去）来啊来啊！你瞧这儿多好玩！

　方　可不是嘛。你瞧，一层层向我们冲过来的波浪，一片片变化无穷的

云！（他带着滑稽的语调说着）

素芳　瞧你多会说。

方　你看，眼界多宽，你可以看见世界的那边。

素芳　你才只看见世界的那边啦！

方　我是远看天边近看眼前。

素芳　你这看见天边，不看见眼前。

方　啊？

素芳　不跟你说了！（笑着走开去。素芳走到一块石头上坐下，方与民跟上去同坐）

方　何以见得，我只看见天边，不看见眼前？

素芳　你看见眼前有些甚么？

方　水。

素芳　还有呢？

方　石头。

素芳　还有呢？

方　这美丽的风景。

素芳　嗳……还有呢？

方　啊，还有我的好朋友。

素芳　真的吗？

（她踌躇半晌）

素芳　我现在问你，爱我不爱我？

方　照我目前的地位，还没有法子谈恋爱。

素芳　好，那就是了。（起身就走）

方　（拉住她）慢着！可是我决不能让你给那些市侩洋奴欺负，我正在想法子呢！

素芳　我爱你，爱你豪爽，爱你强健，爱你勇敢，现在我才知道你也和别的男人一样，只顾自己。

方　世界上被压迫的女子不止你一个，被踩在市侩洋军阀的脚底下的还不知多少人呢！我们应当和他们算一次总账。你不明白我的意思，也就没有法子。

素芳　好，随你罢，我知道你有你的事，我愿意丢掉家跟你走。就是你坐牢监挨枪毙我也跟你。可是你也不要自以为了不得，我并不要你可怜我。（说完就走。方追去叫"素芳！"，素芳一回头略停，仍走去素芳在转弯角上遇见孙道诚）

孙　我正在找你们呢！素芳！……你看见与民没有？

素芳　他在那边呢！

孙　你们打算怎么样？

素芳　他比铁还冷，我从来也没打算靠他，我是一个人，始终是一个人！

（她要走，孙拉住她）

孙　你等一等，我跟你一同去找他去。

素芳　不！

孙　你看他来了！

（方走来，三人对语）

孙　与民，你的意思怎么样？我看你们的结合是很有意义的。

方　我很愿意使素芳的生活改善一下，可是事实不如你所想的那样简单。

孙　很简单，我有办法，那姓鲁的我有法子对付他。

方　你有甚么办法？

孙　那你不要问，以前我不也替你办过好几件为难的事吗？总之像素芳这样又有天才又有革命性的女子，我们应当极力帮助她，你还信不过我吗？

方　好罢，我没有甚么不相信你的。

孙　好，那我现在还有我的事，你送素芳回去吧。（他走去）

方　（上前拉住素芳的手）素芳，我了解你，我爱你，而且我相信你能永远做我们的同志。

（素芳不觉地倒在他的怀里哭起来）

孙道诚说服鲁步同

收据

　　立收据人鲁步同今收到谢素芳还来洋三千元，本利清讫，此发本人愿退出保护人地位，关于素芳之一切生活问题不再过问。

　　此据

立据人　鲁步同
证　人　孙道诚

孙　你看怎么样？

鲁　（怪笑）

孙　你再看看这封信。

　　（信："道诚吾兄　购买机械样本已呈督座阅过，乞密偕鲁君先与洋商一谈再行请示核办可也。"）

鲁　谢谢。

孙　请你签个字吧，钱我也带来了。（从袋中取支票）……你还靠一个女戏子发财吗？

　　（鲁大笑，拿起笔来签字）

孙　一切请守秘密，因为……

　　（二人耳语）

孙　（孙与吴祥发耳语，末句……）你不要看不起方先生，他是督军最器重的人呢！

婚礼之场

　　花篮。方、素并肩出礼堂，喜筵；素芳之师苏菊生的女儿苏兰阶起立。

兰阶　今天方先生跟素芳姐结婚，我们姐妹们预备了一个歌。恭贺他们两位，甜蜜得很呢，请大家甜甜蜜蜜地唱，恭喜他们永远甜蜜。

大家拍手，女友们合唱。现在请唱起来吧。（拍手）

歌词：卷不起的帘栊香雾霏霏；

挣不出的太阳光气微微；

管不了的时刻花影飞飞；

揭不开的锦被笑谐迷迷！

说不尽新婚的甜蜜，

这才是佳人才子行乐及良时！

（二段）：

比翼儿的鸳鸯水畔依依；

布芬芳的花树结子离离！

无限赏心乐事相对恰恰；

锦绣前程万里并步齐齐！

说不尽新婚的甜蜜，

这才是佳人才子行乐得意时！

（大家鼓掌而笑。方、素站起来道谢）

方 承各位唱这样美妙的歌来恭贺我们，十分感谢。不过，歌词里面说到佳人才子行乐及时，我以为现在不是佳人才子行乐的时候，而是无论男女要一致起来，铲除强暴，争取自由的时候。素芳今天预备了几把折扇送给各位，上面有我们定情的歌，曲子呢就是素芳的师父苏菊生先生的大姑娘苏兰阶女士谱的，要是大家有兴趣的话，还想请各位也唱一遍。

（在说到苏兰阶女士的时候，苏站起来。特写方说毕大家鼓掌。吴祥发去捧一盒扇子，各人手里一把扇子唱起来）

歌词：我爱你，我爱你，你我同在一条战线。

纵海枯石烂也毁不了我们的贞坚！

休只管在花晨月夕流连流连，

便忘了责任在双肩。

为民族的生存要肉搏向前！

为大众的解放要奋勇当先!
看人海狂风骇浪掀天,
你与我,手儿相携,步儿相连。
到那时爱的精诚才见,爱的精诚才见!

（座客一面拍掌一面叫"再来,再来!"）

苏　真好听,好事成双,再唱罢!

舅　好事成双,我再唱。

（大家唱着站起来,走动。到洞房。洞房中方与素芳并立,众客围住,吴祥发跳进来,作揖打拱）

舅　恭喜恭喜,大家恭喜,早生贵子,官上加官。

（方见之不快,即拉孙道诚走向阳台去）

舅　世界上只有讨老婆最快活。我讨个老婆死了,想讨又没有钱,我做了官,也学他们拣漂亮的多来几个。（大家笑起来）你们笑甚么?真不要看我不起,就凭我的这个外甥女婿也要做个把官给你们看看,他是督军面前最红的人,不是吹牛皮,这回他要我的外甥女儿都全靠督军大人帮忙呢。

（方在阳台上听见吴祥发的话）

方　道诚,这是怎么回事?

孙　醉话听他干甚么?

方　（严厉）你是怎样对付那鲁步同的?

孙　给他钱的。

方　你哪里有钱?

孙　借的。

方　借谁的?

孙　朋友的。

方　那刁俟轩给你的是不是?

孙　（无语）

方　看起来是你勾结军阀卖你的朋友!

孙　这完全是我的好意,为你们着想,要不是这样素芳出不了鲁步同的手，你也早被他们关进牢监去了。

方　你把素芳从买办手里夺过来，连我一齐卖给军阀手里去了。素芳！素芳！

（素芳赶过来）

方　听你舅舅的话，我就问道诚，原来他们受了军阀的钱把我们卖了，我马上要离开这里，你倘若事先知道，你就尽量去享福吧！不然你就跟我一同去住破房子去！

素芳　我是完全不知道，既是你要走，我跟去就是。

方　那我们就走。

（方怒视孙，孙不屑的样子走去）

孙　日后你总会后悔！

（素芳也便拉住，方想说话。素芳要走了，抱住母亲）

素芳　妈，你放心罢！明天一早我就回来。

母　不过，太对不住亲戚朋友。想不到你们都是这样的脾气，我是快死的人了，我还说甚么！（揩眼泪。素芳抬头望望与民）

方　老太太，这是不得已的事，可是您请放心，您的姑娘，我决不会待亏她的。

母　我知道，我知道，现在是你们年轻人的世界了！

舅　不过姑爷你要明白，我一家都靠素芳吃的呢！

方　素芳，我们走吧！

（素芳对母亲做出安慰的样子，她慢慢地站起来。方与素芳二人走下楼梯。亲戚们和她母亲在楼梯口，看着他二人，渐渐地跟下来，很严肃的样子。方与素芳上一个小楼梯。方用电筒照着。方开门。进房）

方　你看我这间屋子，也还不错罢？

素芳　我几时说过你屋子不好？

方　我们现在真同站在一条战线了，我们要打破重重罗网做一个自由的人，我们还要为大众争自由呢，我们最初的决心就决定我们最后的胜利。素芳，你不觉得难过罢？

素芳　这出戏还才开场呢！

方　不错，让我去弄点开水来，好好儿谈一谈我们以后的事。

素芳　我也去。（方提起水壶，二人接吻。张德凯和他的姨太太并坐，旁边一个老先生，一个头上绾着发、手中摇着芭蕉扇的老头，还有一个和尚对坐，一桌打完了还预备继续的麻将，一个很漂亮的护兵来倒白兰地给他们。护兵一一倒酒。三个客，个个都望着那护兵）

张　我们再继续罢。

和尚　输了，没有钱了，阿弥陀佛！

张　瞎说，你这和尚还没有钱？（对姨太）你去拿一万块来给师父罢。

姨太　又要人家跑。

张　回来让你多打几圈。（姨太太半推半就地起身走出。刁俟轩送把扇子来给张看）

张　妈的，这是甚么玩意儿？

（扇特写）

刁　方与民作的歌，他结婚的时候，还有一篇很激烈的演说呢，我看那家伙不能就范。

张　那就干掉他完了。（随手将扇交与老先生）

老先生　现在这班小孩子真是糟极了，大帅，若不赶快禁止白话文，复起科举来，那真不堪设想，老道你说怎么样？

绾发的老者　（看扇）方与民，不就是那主张甚么打倒偶像、废除庙宇的吗？那真是死有余辜。和尚，你说怎么样？

和尚　阿弥陀佛，阿弥陀佛。

（姨太太走出来，将几张庄票交给张德凯）

姨太　你们在看甚么？

张　你看看革命党的扇子。

姨太　啐，明知我不认识字，考我甚么着！

（将扇一执）

张　哈哈哈哈，我们打牌，我们打牌！

（张与和尚等走向牌桌，刁俟轩坐近姨太太）

姨太　你们真不会办事。

刁　　怎么不会办事？

姨太　那些革命党还不都是些穷光蛋，要是我啊，给几间好点房子给他们住，做几样好菜给他们吃吃，陪他们打打麻将牌，包管他们不捣乱了。

刁　　那方与民，大帅替他娶了个老婆，他还不满意呢！

姨太　再替他娶个姨太太好了。

刁　　那恐怕大帅还没那样大的家当。哈哈。

张　　（在麻将桌上）哈哈哈，侯轩，你过来……拿方与民和他的同党，今天晚上就全给抓了来！

刁　　早就预备好了。

张　　谢素芳你可替我留着。

姨太　你又要作怪了。

张　　这你也吃醋吗？

（他们打牌。方、素二人换了衣裳将要睡的样子了，忽闻叩门声。方急急下楼去，素芳也赶到门口。素芳谛听着急的情形，听见关门上楼梯的声音。方与刘继亭进来）

方　　这是刘先生。

素芳　见过的。

刘　　今天的婚礼，我没有能来道贺，实在对不起！

方　　你有甚么事只管说，不要紧的。

刘　　我打听着一个很不好的消息，他们照着预定的计划，看你要是能够就范，他们就威胁你，借你的手来糟蹋我们的同志。你要是不就范，他们就要用非常手段对付你。现在情形很紧，我看你非走不可。

素芳　马上就要走吗？

刘　　我想是越快越好。

素芳　走到哪里去？走得了吗？

刘　　走总比等死好。

素芳　不会是警察罢！

刘　　我去开，想没有那样快……（走去开门）

素芳 （对方）怎么办？……楼下是谁住着？

方 没有人住，是报馆里堆东西的地方。

（苏菊生和他的女儿兰阶走进来）

苏 姑娘你不要害怕，方先生有很大的危险，有人来告诉我，恐怕他们今晚就要动手，有几个江湖上的朋友是当密探的，他们都知道方先生是个好汉，一定有个照顾。可是你目前非赶快避开不可，我带了几件衣裳来你换换罢！

素芳 既是这样，你就不要迟疑了。

方 好，继亭你来。（刘跟进去到后房。后房，方取一束文件交刘，他们密谈数语，刘即走出，方叫素芳。前房，素芳闻方叫，便抱着衣包进去）

刘 （对苏）我有事要走，回头请你催催他，我想布置一下。

苏 真想不到。

刘 我们每一个钟头都担着风险的。

（方匆匆穿着衣服，素芳服侍着他）

方 素芳，我想你跟我一起走。

素芳 不，认识我的人太多，反而要连累你。

方 你以后怎么办？我害了你了。

素芳 我还可以到别的码头去唱戏呢！

（忽闻远处叩门声，狗叫，二人惊）

方 不要紧，不是叫我们的门。

素芳 你快走罢，我真担心死了。

方 这是我们新婚的第一夜呢！

素芳 将来的幸福在等着我们呢。

（素芳把方的手放在自己胸前，方吻着她。苏菊生在门口轻轻敲着。方、素如梦惊醒，开门。二人来到前房）

苏 外面风声很紧急呢！

方 我马上就走。

素芳 总该没有危险吧！

方 我办法很多，决没有危险，只怕素芳以后的危险比我还多呢！苏先生，苏小姐，素芳的事一切拜托。

兰阶　方先生，你放心，从此以后我总一刻也不离开素芳姐就是。

方　好，谢谢！素芳保重！

（素芳与方握别，她想送下楼，苏强止之，苏送方下楼。兰阶拉住素芳，兰阶哭不抑，素芳即步下楼。在楼梯下面与方拥抱。方急开门出走，素芳倒于门上）

刁俟轩逼迫孙道诚

信："道诚兄鉴：此次之事费款颇多，而方逆在逃，督座甚怒，并疑兄暗通消息，弟正极力疏通，望兄有以自效。刁俟轩"

（孙道诚对信发愣。电话响）

孙　是谁？刁秘书吗……信接到了。

刁　这回的事白花了些钱，而方与民逃走了，大帅很生气，你恐怕要多费点儿力气才好呢！

孙　嗯……

刁　喂，现在又有一件事，大帅要传谢素芳到府里唱堂会，可是她诈病不去，这显然是存心反抗，我看你去劝劝她，不管真病假病，总之非把她弄去不可！

孙　是了是了，堂会是明天是不是？……呵呵，是了。我去想法子。（挂电筒）想不到这样麻烦！

（孙妻走出）

妻　刚才甚么事？

孙　督军要谢素芳唱堂会，她不去，要我去劝。

妻　啐，一个女戏子，还会摆架子！你的麻烦都是由于交朋友不谨慎来的。

（孙想走去打电话）

孙　西区二百二十号。……啊，你是谢家吗？……啊，你是吴先生？素芳病了吗？

（素芳母舅吴祥发接电话）

舅　甚么？没有病，就只是在闹狗食脾气。

孙　督军府的堂会她去唱不去唱？

舅　怎么不去？天掉下来也得去。可是她诈病不肯去，最好请您来劝劝她。

孙　好的，你们先劝劝她，万一要我来，再打电话给我了。……再见再见。（挂听筒）说两边不得罪，恐怕两边不讨好！

妻　也只怪你太笨了。

（素芳的卧房里，许多亲戚和她的母亲坐着，大家愁闷的样子。素芳坐在书桌前看《桃花扇》剧本，扇子放在桌上，苏兰阶站在她旁边。母舅吴祥发走进来，谢母急起问他）

谢母　怎么样？

舅　刚才督军府王副官打电话来，说是明天早上会拿车子来接。明天督军府里唱堂会，是两班合演，大概素芳要唱三出，有一出是《玉堂春》，听说是督军亲自点的，督军最喜欢看穿着红衣裳跑在他面前那个样子。

谢母　那么你怎样跟他说的呢？

舅　我说素芳病啦。

谢母　那么……

舅　他说病不病，都得去！

谢母　那么怎样办呢？

姑妈　其实在人家里唱，同在馆子里唱，不是一样吗？许多人不都是全靠唱堂会吗？

姨妈　唱堂会还有赏钱呢！

舅　上次赛兰芳唱了一出《天女散花》，一赏就是三百，后来带进去给太太磕了个头，又赏五十，他们可捞足啦！

姨妈　不但有赏钱，还有酒席吃呢！

舅　我们现在不要说是吃酒席，连饭都没有吃啰！

兰阶　那督军也太不好了，有时我们去唱戏，他要是不高兴起来，人家唱了半截儿戏就嚷下去。高兴起来，就留在府里不放出来。

舅　那种事情是绝对不会有的。

兰阶　万一有那种事情，谁敢担保呢？我姐姐上次不是几乎被他留住了吗？

舅　谢谢你！请你帮帮忙，少说两句话好不好？

谢母　啊，不怕官只怕管，势力斗不过人家，鸡蛋碰不过石头！

姨妈　不错，一点儿也不错。

舅　素芳，你把这个剧本也带回来做什么？做喜事的那天，那姓方的印来送人家的扇子，人家都烧了，连帖子都烧掉了，这东西多么危险，快给我烧掉了吧！

（素芳把剧本和扇子一起锁在抽斗里）

素芳　好，随便你，好在杀头也没有我的份。

舅　素芳，不是我怪你。第一，你不应该到报馆里去找他。第二，你不应该叫他到家里来吃饭，你明知道他跟鲁步同吵过架，你又瞒着家里跟他到外面玩去。我们都知道姓方的是个骗子，只有你这个傻孩子会上他的当！鲁步同不错呀，要不是他，我们哪有这样好的日子过呀？完了，完了！

谢母　好了，好了，已经过去了的事，不要多说了。

舅　好，我不说，我不说，总而言之，好人难做！（他气着走出去）

姑妈　时候不早了，有话明天说吧，我们走吧。

舅　（大声）兰阶，你来！

兰阶　什么事？

舅　我有话跟你说。

兰阶　来了，来了！姐姐，我去看看他到底跟我说些什么。（兰阶走出去。谢母走到素芳面前）

谢母　孩子，你仔细想想，顾全顾全母亲吧！

舅　（大声）姐姐，你来一来！

谢母　你仔细想一想吧！我就来。回头还有好些话对你说，唉，都是你爸爸去世得太早。

（谢母走出去，素芳便把门关起来，她回头开窗看一看想逃走。她又走到柜前照照镜子，感伤的样子，回来她靠在床上，伸手拿条丝巾擦擦眼睛。床架上有条丝带，她一见就拿过来想自杀，最后她又把它抛掷一旁决心不死。于是她走到长桌前，再取出《桃花扇》剧本和扇子，提笔随便写几个字。此时，谢家亲戚

们都在楼梯口商量办法）

舅　她跟哑巴似的不开口，我有什么法子。

谢母　刚才你不应该那样说她。

舅　都是你平日惯坏的！

谢母　都是我不好，都是我不好！

姑妈　我们还是好好儿去劝劝她，你们俩何必又怄气！

兰阶　我姐姐又不是没主意的，你们强迫她也没有用啊！

舅　对了，照你这么——说，她更不去了。

姑妈　好了，师父来了。

舅　你来得好，明天督军府里要素芳去唱堂会。

苏　我也听说。

舅　我叫她去，她不肯去；她是最听您的话的，还是您去劝劝她吧！

苏　好，好……

（苏走到素芳门口）

苏　门锁着呢，有钥匙没有？

谢母　那怎么办呢？噢，我有一个。

兰阶　爸爸，你去劝姐姐吗？怎么劝呢？

苏　小孩子，不要管！

（苏师父推门进去，素芳正在扇上写着字，苏叫一声，素芳急忙回头。素芳急起身走到苏的面前）

素芳　您得到与民的消息没有？

苏　他已经很平安地离开此地了。

素芳　你晓得他到哪里去了？

苏　不晓得，因为他们是很秘密的。

素芳　他们要你来劝我，是不是？

苏　我不是劝你来的，我要问问你，明天堂会你去唱呢，还是不去唱呢？

素芳　现在有什么办法呢？跑不了，避不开，我倒要去看一看那张德凯到底是一个怎么样三头六臂的东西。

苏　我明白你的意思。

素芳　师父，请你等一等！

　　　（素芳走到书桌前，取了剧本和扇子再回到原处）

素芳　这两样东西，我想交给您，放在家里一定要被他们烧掉了的；这是他的心血，除了这一本，没有第二份稿子了。这扇子是他在结婚的时候替我写的，要是你还见得着他，就请交给他，万一……

　　　（苏接着她所托的两样东西）

苏　　你放心吧！他是没有什么危险的。

素芳　就算他没有什么危险，万一明天我……

苏　　好，交给我吧，我要是不死，总不会丢掉的。真想不到啊！事情会弄到这步田地，也只好说是……

素芳　唉，现在还有什么样话说？

苏　　你是一个有志气的女子！

素芳　世界上只有一个人能够明白我，我就是死……

督军府中的一间卧室

　　　（素芳好似死人一般被两个女仆扶进房来，她还穿着台上的衣服，张德凯跟着从另一边进来，女仆退下）

张　　看不出你这个小东西倒会勾结乱党——你不要得意，老实告诉你，那姓方的昨天晚上我早已把他枪毙了。

素芳　啊？

张　　别慌！我吓吓你的，我还等你来救他呢。

素芳　真不要脸！

张　　你敢骂我？你要再闹脾气，我就把那家伙带到这里来，当面杀死给你看。

素芳　好，我跟他一同死！

张　　那可没有那样容易。

素芳　（站起来）你要怎么样？

张　看得起，玩玩你，——脱衣裳！——我叫脱衣裳！你应当知道我的权力底下是无论哪个都没有自由的！（往前一抓素芳挣脱，急趋衣架前欲拔挂在那里的军刀，张急忙拦住，一声"来啊！"，几个护兵走进来）

张　抓住这女人！

（护兵等将素芳捉住，素芳挣扎，张德凯近前戏弄她，她踢张）

张　这家伙疯了，把她送到无量寿庵去，立起关来，让老师父感化感化她！感化好了，再送回来。

（众应，拥素芳出去）

张　想不到世界上会有这样的强盗婆！这都是吃了革命党的迷魂药的！

尼庵之场

诵经声中现出"慈悲方便"四个大字，下款署"张德凯敬书"。推下去见照壁下一排兵荷枪而立。

佛像。

一群尼姑拜着。

素芳之母跪在地上合掌祈求，苏兰阶在旁服侍她，吴祥发忧愤地靠着站着。

关立在栏杆内，谢氏的亲戚都在栏杆外。

老尼率众尼后殿上下来。

老尼　阿弥陀佛，信女谢素芳看破红尘立志皈依，自愿立关，还是前世的佛缘，亲人可以去分别分别，以后不许常来骚扰！

（栏杆打开，谢氏的亲戚都走到关前，大家叫着素芳，可是素芳绝不露面。忽听得老尼叫"不许大声！"。谢母由兰阶扶着一步一跌走至关前，苏菊生也挤上前去）

母　素芳！（叫了一声，以下便不成声素芳从关里露出面来，一言不发只是流泪）

兰阶　姐姐我已经跟老师父说妥了，在这里陪伴你。老太太，有我在这里，您可以放心。

苏 （低声）你放心忍耐些时候罢，方先生没有怎么样呢！

素芳 （她伸出手来一手握住母亲，一手握住师父）妈妈！师父！保重！

（大家低头悲泣，母亲"哇"的一声晕倒过去）

树林中秘密集会

树林。

五个人席地而坐，其中一个装成卖旧货的就是方与民，主席是党员刘继亭。

刘 大家没有异议罢？（大家举手）

方 （站起来）好，就是这样决定罢！我们以后的工作一定要更切实一点，只要武力一集中，吆喝一声，军阀就倒了。

四人 大家分途进行罢！

（方与民挑着担子，一面走着一面想着。方与民走到一间茅屋面前，见一牵牛的农民与一农妇三人入内。方从担内取出一束文件，两支手枪交给那牵牛的，他匆匆拿来暂时藏在草堆下面）

农妇 你说来老不来，我还当你抓了去了。

方 哪儿的话。

农 等一会儿我就把它挪到别处去。现在叫得拢的，已经有了二千五百多人了，枪械都有办法。

方 我们北伐成功，把军阀打倒，我们的生活一定可以渐渐地好起来，至少苛捐杂税可以免除，鸦片烟绝对不至再卖，租界可以收回。你只看，一过民国十五年，气象必然一新。

农 我们相信，我们的血一定不会白流的。

方 嫂子，我们打起仗来你怕不怕？

农妇 你真太看不起我们女人了，有人欺负，我们打给你看。

方 如今倒是乡下的女人大不同了。

农　以后你不要到我家里来，有事只到两棵大树一座庙那里，那里我们的人很多。

（耳语。月夜，尼庵侧面外景。苏扮一卖唱的乞丐站在墙边，弹着三弦。尼庵内部，兰阶移一梯置墙下，急急藏躲起来。望着两个尼姑走过，便急急走入殿内。素芳与兰阶跳墙。素芳等从墙上下来，苏急用破衣披在素芳身上。三人飞奔。三人避至一间茅屋后面，再打扮一下）

素芳　妈在哪里？先去看看妈妈罢！
苏　那不行，先要离开这里。兰阶，你从小路过山，藏外婆家里去！我们去想法子搭火车。
素芳　我想看看妈。
苏　来不及，逃命要紧！兰阶快走，人多不好逃呢！
兰阶　姐姐，爸爸，再见罢！我算对得起方先生的托付了！

（她匆匆离去。苏与素芳望着她走入林中。苏、素芳二人过桥，回头望。远处有火光点点，二人匿桥下。有数人打灯笼过桥［不必写明是追的］。二人在桥下闻锣声、远处钟声、虫声。二人再跑。素芳一次陷泥沼中，起来再跑。苏与素芳下火车。二人换乘小车）

方与素芳巧遇

方与民挑着担子走着，口里哼着《我爱你》的曲子。
两个侦探站着远望。

侦甲　这家伙不像个卖旧货的，我看有点作怪。
侦乙　我们跟跟他。（二人会意往前走。一辆小车走着，上坐菊生和素芳二人）
素芳　像这样不生不死，妈在家里还不知怎么担心呢！
（苏的眼泪流出来）
素芳　你为甚么流眼泪，难道说妈……

苏　还是前两个月以前她就……
素芳　怎么？（她哭出来，伏在车上。方与民挑着担子只顾走，小车从横路来，经过他面前。小车停在一间小饭店面前，那里有些人在歇脚。素芳与苏占一个座头；方也进来占一个座头；两个侦探也占一座，两个侦探挤挤眼睛，他们喝着酒。方吃饭，回头看看又吃。素芳吃不下饭，苏望着她叹气）
苏　姑娘，怎么不吃饭？行路是病不得的。
　　（两侦探耳语。方叫伙计算账。苏、素芳同觉惊异，便望着方。苏对素芳说："这个人好像是他！"说完他想起身去看看，素芳止之。苏想一想，便拿起所带的三弦。苏弹着《我爱你》的曲子。方闻曲而惊，不觉回过头看一看苏的脸。素芳把扎头布略弄高一点。苏又想起身。堂倌来收碗，方一面付钱一面用另一个手向他们暗地摇着。苏坐下与素芳对望着。两个侦探如有所觉，打一个暗号。方与民担起担子出门，侦探急起身跟出。苏等二人也起身就走，堂倌拦住算账。方与民出了门回头看一看飞跑。苏等上车紧追。方穿过树林，弃了担子飞奔而去。一个穷人走来看见担子，四顾无人便偷了担子。小车快快走着）
苏　对不起，请快一点儿。
车夫　这差不多跟火车一样快了。
　　（三岔路口，方一转往左跑去。穷人挑着担子往右飞跑，小车远远望见追上去）
苏　喂喂！请你等一等。
素芳　恐怕不是的罢？
穷人　叫甚么？这担子是我自己的，又不是偷的。（他飞奔而去。小车上的人举起手来叫着，素芳失望痛苦万分。方走得疲倦了，他靠在一间大王庙前的大树上，忽然树后闪出二人。他们争斗起来，前牵牛的农民过来一锄打死一个侦探，方也出手枪打死另一个。一面锣敲着，许多农民各从各的家里搬出藏着的武器。农妇演说。别动队组织成军）
农妇　军阀们真是欺负我们太厉害了，我们要跟他们拼个死活，这是我们自己的事，事到临头，我们只有往前打！（大家叫"打！"）大队就在前面，我们追赶上去！（大家整队）

督军府的签押房

电报谓革命军已下武汉，势如破竹。
刁俟轩看电报。
张德凯由卫兵护之从厅中出。
张进房，刁出电报示之。

张　我们兵是够用的，就怕内部靠不住。
　　（刁又拆一封电报，看一看即呈张。电报"……现几县已发现革命军便衣别动队，声势浩大，其伪司令为方与民……"。张见报惊且怒）

张　来！

应声　喳！

张　去把孙秘书叫来！……（回头对刁）我看这家伙倒要留神他一下。

刁　目下的时局怎么应付？

张　万一的时候让他来玩玩，我们休息休息再来，还怕不行吗？

刁　最好我们走一走，让部下挂起他们的旗，保全实力，将来再说（二人会心地笑。孙道诚进来）

张　孙先生，你想两边讨好是不行的！

孙　大帅是甚么意思？

张　你帮我办乱党，把大的放走，把小的给我抓许多有甚么用处？你说过那姓方的死了，他现在带着别动队在那儿捣乱……

孙　那没有的事……

张　我不管，总之你的朋友不得势，你就卖你朋友，你的朋友得了势你就可以卖我！现在军事紧急，不由你玩把戏。来，把他押起来！
　　（两个护兵进来）

孙　冤枉得很，我对大帅是最忠实的，而且子幼家贫……（他望着刁，刁扭过头去）

张　好罢，等我抓到了那姓方的就放你。
　　（护兵拉孙下）

张　（对刁）喂，大连的款子，汇去没有？

刁　汇去了六十万，其余的都在上海和香港。

张　我知道，把凭据交给我！

刁　在这儿呢。

张　你还有二十万不对账……

刁　那总比大帅弄的少得多。

张　好，二十万给你，你的命给我！

刁　我早知道你会这样，可是你知道，你的钱非我签字是不能取的。

张　那你就马上签字。

刁　那怎么能签？等到了上海，我会全部弄妥交给你，你不信就随便你罢。

张　（急改笑容）我跟你闹着玩儿的，你怎么认起真来了，我跟你亲兄弟一样还分家吗？老弟？哈哈哈哈。

（电话响，刁急接电话）

刁　谁？陈师长吗？——怎么说？……第三营卫队兵变了？呵——

张　（夺过电话筒）怎么说？……好好好……赶快办，赶快办……（放下电筒）老弟你把我的家眷先送到福音堂。

刁　想不到你也还有用人的地方。

张　老弟老弟……（卑鄙地笑。鲁步同的汽车碰翻一辆黄包车，一个人从车里跳出来。被撞的车上坐的是苏菊生，他受伤了，素芳也从前面车上跳下来抱住他。街上的人围拢着，警察也来了）

鲁　把他抱上汽车，马上送到医院里去吧！

素芳　我们坐黄包车可以去。

鲁　啊！原来是你，素芳？

众　原来他们是认识的。

鲁　你怎么出来的？你还是那样的脾气吗？你知道流多了血就要死的！——来来来来来！

（汽车夫和警察将苏抬上汽车，素芳也只好跟着。警察赶开众人，汽车开动，警察忙抄号头。车中）

鲁　素芳你不是出了家吗？怎么又还了俗？……真想不到又见着。我有生意在上海，所以很久没得你的消息，我到这里来办矿的……你这个样子很像唱打鼓的，别有风味，……万事总是缘，有缘千里来相会！（尽管他说，素芳只不作声。车到一所洋房门前。鲁从里面叫两人将苏抬进去。伤者放在一张床上，素芳和鲁站在旁边）

素芳　怎么这里不像医院？

鲁　医院哪里能住，这是我办事地方，就算临时公馆罢！

素芳　你说怕他流多了血，怎么不送医院又把他弄到家里来呢？

鲁　这是特别优待。医生叫过了，就会来，有两个看护妇守夜，那你也好休息休息……你是逃出来的是不是？……不要紧，在我这里就是再闯大一点祸也不要紧，这所房子是挂洋旗的呢。

（医生来了走到床前）

鲁　这是我的老朋友，请你多费费心。

（鲁走到沙发前，带着神秘的微笑坐下。一间卧房，素芳睡在床上。鲁从窗中进来，坐在床沿把灯一开，素芳惊醒）

素芳　你来干甚么？

鲁　给点好东西给你看。（他给她一部册页，素芳接着掷在地下。仕女行乐图。素芳起身，鲁拉住她）

鲁　我始终是好意，素芳！

（素芳去开门，开不动）

鲁　（走近）素芳你想想，我待你不错，我收留你。

素芳　没有你，苏先生的腿也不会断，我们也到别处去了。

鲁　你不能露面呢。

素芳　不关你的事。

鲁　这里还没归乱党占领呢！

素芳　那更用不着。

鲁　素芳，（素芳走开不听他）你不要太甚么了，以前你还有把柄在我手里，而且今天晚上，我只要这样跟你弄到明天早晨，等我一班朋友来的时候，那你也就没有法子不承认你是我的人了。反正那么回事，你为甚么不漂亮一点呢？

（素芳急得两手拘挛起来。鲁得意极了，又跳又唱，摘着瓶中花掷素芳。素芳被他的花打急了，便取桌上的墨水瓶砸过去。鲁满身墨汁淋漓，他取花瓶砸过去。素芳一闪未被打中，于是随抓乱掷。鲁见素芳疯了似的，欲避不能，急忙用钥匙开门）

鲁　看起来这家伙真疯了，我把你送到疯人院去。

（他开了门，素芳想冲出，被他拼命一推，素芳倒在床上，他便把门一带。倒在床上的素芳。门外，凶形毕露的鲁步同）

疯人院之场

疯人院前，许多兵在挖战壕。

疯人院门额。

许多病房。

第一个疯子穿着短衣，他正撕破一张报纸，他嚷着说"啊呵，又去了一块！"。第二个疯子穿着长衫，自己打一个嘴巴，他哭丧着脸说"别打我，给你好了！"。第三个疯子，是个农人模样的，他捏着拳头叫"报仇！"。第四个疯子，是个工人模样的，他举起拳头叫"打！"。第五个疯子，穿着鞋袍马褂，他唱一句《空城计》，"国家事用不着汝等担心！"，接着说一句"违令者斩！"。

镜头推过去听见有呻吟喊叫的声音，还有些疯人隐约可见，又有女人的声音"卖了身子，还要逼我卖灵魂吗？"。

临了，就见素芳关在一间房里。

素芳　我真是疯了，我为甚么不肯安心卖笑！他真是疯了，他为甚么要去革命呢！

大众都疯了，他们为甚么不能忍饥饿，偏要大声高叫！

杀人的尽管快活逍遥。血成了河，骨头成了山，还有许多人在昧着良心叫好呢！爱心逼走了，母亲也逼死了，把我便关在这黑暗的监牢里！

他们又有钱，又有势，又有枪，又有刀，我赤手空拳，怎么斗得过他们？

哼，我就是身成了骨，骨头成了灰，也不能饶过他们，也不让他们安心睡觉的！

（男女两看护走到栏杆边说话）

女　这个女人她一点也不疯，为甚么就这样把她关起来？

男　因为送她来的人是有面子的，鲁步同你知道不知道？他又是买办，又是流氓，他把她送来的，所以没有法子只好把她关起来，好在关一关也会疯的。

女　真可怜。

（另一看护"男乙"走来）

男乙　不好了不好了。官兵开来，很多在我们医院旁边大挖战壕，恐怕是革命军要来了，打起仗来怎么得了？我们走罢！

女　院长来了没有？

男乙　不要说是院长，就是医生也是来的来，不来的不来，来了马上就走了，我们等死吗？

女　那些病人怎么样？

男乙　那就不能管了。

（此时远远有炮声，接着一片人声嘈杂，说革命军来了，这三个看护一哄而散。院中诸人背着行李混乱逃走，素芳扶住铁栏高声叫喊）

素芳　你们这样走了吗？你们要走，就把我们的锁开了罢！喂！喂——

（她尽管叫着，没人理她，只听见一片嘈杂的叫声，——"快点快点！""疯子不要管！"）

素芳　人对人只这样的吗？

（暴乱声中枪炮声甚密，方与民据小山，用望远镜借闪电光力试行观测，刘继亭走来）

刘　敌人集中重兵在疯人院附近，炮火很紧，我看我们只能退回原防。

方　退？这是革命军人说的话吗？许多小百姓，许多同志，以为我们可靠，才把责任托付给我们，我们退，让他们去死吗？那不是欺骗他们吗？

刘　这是战略。

方　不要拿"战略"两个字掩饰自私自利怕死的心！

（一个农民的妻子走来）

农妻　报告！

方　怎么样，王同志？

农妻　我一部分人全完了！我的丈夫也死了！

方　我们的基本队伍受了这样的挫折，我们应当报仇！革命对于任何势力没有妥协，我们一寸一分的土地，都不能让给敌人，我们集中火力对着疯人院，掩护着冲锋。

（素芳在铁栏锁着的疯人院里，她很愁苦地试行破坏墙壁，忽闻炮声，她自言自语）

素芳　看起来他们是来了，他在不在里面？……嗳，不管成功也好，失败也好，我总算没有退后！

（方与民发炮。疯人院被毁。敌军退却。方等到疯人院……入院内搜索。方、刘见院内许多死人。方发现牌子上有谢素芳名字，大惊走入。方抱起素芳始知未死，叫兵抬担床。好几张担床走出，方命送医院。方仍上马赴前敌。方受伤）

医院病床前

（素芳睡在病床上，方也受伤，头和手部扎着绷带，坐在床前）

素芳　你胜利了！

方　以后的责任恐怕还更重呢。

素芳　目前无论如何总是胜利了。

方　主力都在下层民众，现在不过是一部分军事上的胜利。

素芳　军阀可倒了。（方摇头无语）

素芳　小百姓总可以比较以前安居乐业了？

（方闭目不答）

素芳　等我好了可以演你编的戏了。

方　　那是我所最高兴的事！（吻她的手。苏菊生撑着木棍走进来）

素芳　师父！

苏　　真难得，真难得，苦尽甘来！苦尽甘来！

（他喜欢得眼泪双流）

素芳　师父受了苦了。

苏　　没有甚么，没有甚么。素芳你托我的东西总算没有遗失……扇子，《桃花扇》的原本全带了，还是你亲手交给他看看罢。

素芳　（接过手巾包）啊，师父。

方　　师父真是侠义的人！

（刘继亭进来）

刘　　啊！你们都好得多了！我们的祝捷大会等素芳登台呢！哟，苏师父也在这里！

方　　前敌的情形怎么样？

刘　　很顺利，可是外国兵居然干涉，不许我们通过济南。

方　　那便怎样？

刘　　有的主张打，有的主张妥协，正预备开紧急会议呢。

方　　革命的事能够对外国人妥协吗？我们一定要跟他打！让我去！

刘　　你的伤还没好呢？

方　　不要管我……素芳你保重，我们的幸福在继续奋斗当中呢。

素芳　不要管我，你去罢。

（他说完就起身出去，素芳强起靠在窗前往外望。方骑上马。素芳从窗口举起手巾。马疾驰而去，素芳的影子愈远，遥见手巾还在动）

木兰从军[1]

第一场

布景：野外秋林　木兰家门口　木兰家后门　木兰家庭院　木兰父母卧房
　　　机房

人物：木兰　猎人六人　木兰母　木兰父　兰姐　兰弟　保正

1 L.[2] 秋天的云和树。

2 S.L.[3] 树叶从树上纷纷落地。

3 S.C.[4] 云中的雁行。

4 C.[5] 弓开箭射。

5 S.C. 雁行中一只雁中箭堕落。

6 S.C. 雁箭落地上，有马飞走过来，骑者俯身取雁。

7 S.L. Pan[6] 取雁者就是花木兰，将马勒住。

8 S.C. 木兰勒定了马，将雁放入袋内，复驰马而去。

9 L. 木兰骑马远去。（划）

10 S.L. 木兰至一高岗，勒马四顾。

11 S.C. 矮树丛内，有物蠕蠕作动。

12 S.C. 木兰开弓射之。

1　【题注】载于1939年《文献》第6卷，据《中国新文学大系1937—1949·电影卷一》校订，署名：
　　欧阳予倩。
2　L——远景。
3　S.L——全景。
4　S.C.——近景。
5　C.——特写。
6　Pan——摇拍。

13 S.L. 正中目的，忽叫痛声作，原来也是一个猎人，伏在树内等待动物，负痛跳起来，见是木兰，本来认识。

老王　哈哈，你这个鬼丫头！

14 C. 木兰大惊失色。

15 C.S. 该猎人将箭拔出，另外三个猎人走过来问。

猎人老李　老王，为什么忽然叫起来，打中了什么没有？

老王　什么也没打着，我倒挨人家打着了，你们瞧……

（他指着股上中箭处给大家看）

老张　她不是花家那个小娘儿们吗？

16 S.L.Pan. 木兰骑马走过来赔礼。

老李　可不是嘛。

老张　装疯卖俏的，跑到咱们村子里来打猎，还要放肆！

老李　可不是嘛。

木兰　王大哥真对不起，我以为是一只兔子，想不到是你钻在那儿。

17 S.C. 老张以挑拨的口气说。

老张　老王，你挨了打，还要给人家骂兔子！

老李　可不是嘛。

老赵　她竟敢看不起咱们爷儿们。

老李　可不是嘛。

（大家以目会意，凶凶地走过去）

18 S.L. 他们将木兰团团围住。

老赵　你偷了我们的东西，快留下来，才放你走。

众人　留下来！留下来！

木兰　哪个偷了你们的东西？

老赵　你还说呢，你是花家村的人，到我们李家村来打猎……

19 S.C. 木兰生着气叫他讲。

老赵　……这个雁，这个野鸡，这个兔子，都是我们村里养的，你不告而取，岂不是偷吗？

木兰　天上飞的，地下走的，这都是在村子外边打来的。

20 S.C. 老赵说。

老赵　村子外边打来的，来到这儿村子口也得要抽税。

木兰　这是几时兴的规矩？

老赵　今天才兴的。

老李　对了，今天才兴的新规矩。

21 S.L. 木兰松缰要走，又被他们拦住。

木兰　放我走。

老王　放你走，也不难。

22 S.C. 老李又插嘴说。

老李　打了我们的禽兽都要还。

　　　（镜 Pan. 到老王）

老王　小木兰，下马来咱们谈谈。

23 S.L. 木兰催马要走，又被拦住。

众人　咱们玩玩，咱们玩玩。

老赵　小木兰，不害羞，不会打猎只会偷。

老王　小木兰，小乖乖，要找男人到我这儿来。

24 S.C. 木兰要走，又被他拦住。

木兰　再不放我，我可不客气了。

25 S.C. 老李说。

老李　小木兰，别啰唆，我还没有娶老婆。

26 S.C. 木兰驻马，好气又好笑。

木兰　哈哈，看起来你们都有两下子。

27 老赵说。

老赵　喝，你还才知道，我们李家村的人都是文武双全的。

　　　（镜头推到木兰）

木兰　刚才那一套是文的对不对？

老赵　对啦。（O.S.[1]）

---

[1] O.S.——出画。

木兰　那么武的呢？

老赵　武的，那你可受不了了。

木兰　噢……让我们来比比箭法好不好？

28 S.C. 老赵拿着鞭子，边说边走近木兰。

老赵　你要比射箭，好极了，你瞧天上飞的。

木兰　嗯，那是鸿雁。

　　　（老赵就拿鞭子对木兰比画着鸿雁说）

老赵　我一箭射了去，说中它的眼睛，就不会中它的嘴，说中它的嘴，就不会中它的腿，说中它的肚子，就不会中它的背。

　　　（老赵说话时镜头推近木兰。众大笑）

木兰　听你的箭法，还算不了稀奇，你可会由一只手反手射箭？

29 S.C. 老赵倒被她问住。

老赵　一只手，那怎么样射法？

木兰　你瞧着，这样开弓……（O.S.）

30 S.C. 木兰开了弓对众说。

木兰　……搭上箭把手反到背后，要射天上的鸿雁落地。

31 S.C. 老李也拿箭在手中试，试来试去不成。

老赵　你先射给我看。（O.S.）

老李　你要射得中，放你过去；要是射不中，连人带马留在这里，让你妈妈拿钱来取。

32 S.C.（仰角）木兰说。

众人　好。

木兰　好，大丈夫一言既出——

33 S.L. 众人都拿着弓箭照木兰的样子试着。

老李　驷马难追。

木兰　各位请看……雁来了，我要射第一行的第一只。

　　　（木兰用力鞭马，突围而出，众失望）

木兰　各位再会。（O.S.）

34 S.C. 老赵气极望着木兰去处说。

老赵　倒上了这个小丫头的当。

老李　可不是嘛。（划）

35 C.　木兰获得的猎品甚多，挂在身旁，Pan. 成 S.L.，她骑着马行在斜阳中，一群孩子跟着她唱着歌。

　　　歌词："太阳一出满天下，

　　　村里的儿童笑哈哈，

　　　来罢来罢快来罢，

　　　一同打猎可看花。"

36 S.L.（正摄）木兰天真的样子唱着。

　　　歌词："太阳一出满天下，

　　　快把功夫练好它，

　　　强盗贼来都不怕，

　　　一齐送他们回老家。"

　　　（当中插两个小孩子的特写）

37 S.C. 木兰继续唱。

　　　歌词："太阳一出满天下，

　　　前面就是我的家，

　　　来罢来罢快来罢，

　　　一同前去吃杯茶。"

兰母　木兰回来吧。（O.S.）

38 S.L. 木兰停步与小朋友们说。

木兰　哟，我母亲在叫我，她一定怪我回来晚了，今天不请你们去喝茶啦，改天一同去打猎好吧。

群孩　好的。

木兰　那么明儿见！

群孩　明儿见！

　　　（群孩散去）

39 S.L. 兰母在门口等她，木兰回来下马。

木兰　妈。

兰母　整天在外边乱跑，你还记得回家吗？

40 S.C. 兰母背影，木兰正面指着猎品对兰母说。

木兰　妈，您看。

41 S.C. 木兰背影，兰母正面说。

兰母　看，看你这个样子，还像不像一个女孩子？

42 S.C.（平摄）木兰娇媚地说。

木兰　妈，我因为爸爸的病刚好，所以我才出去打点儿野味回来，让他老人家开开口胃。

兰母　你爸爸为你一天不回来正在生气呢……快悄悄儿走后门进去，换了衣裳再去见爸爸。

　　　（木兰紧抱住她的母亲。镜头推近成 S.C.）

木兰　我的好妈妈。

兰母　好了，好了，快去吧，把这些打来的东西也都藏起来。

　　　（她偷偷地沿围墙走过去……）

43 S.L. 走至后门口拴马卸鞍。

44 S.L. 至井边提一桶水。

45 S.L. 提水给马喝。她悄悄地走进后门。

46 S.C.Pan. 她进后门一楞。Pan. 父亲正站在檐下。

木兰　爸爸。（O.S.）

兰父　一个女孩子家，成天在外头乱跑，你看你还像个什么样子？

　　　（这时候她妈妈和她弟弟走过来）

兰弟　姐姐。

47 S.C. 兰弟名树兰。他走近他姐姐，发现她藏在身后的猎品。

兰弟　爸爸，你看姐姐打了这么多。

兰姐　妹妹回来了。

48 S.L. 兰姐走过来，见父亲生气，显出畏惧的样子，兰父埋怨兰母。

兰父　我常常从军在外，你瞧你把女儿教成这种样子。

兰母　她也从来没有做过什么坏事，顶多不过是欢喜打猎罢了，谁叫你从小就教她使枪射箭，把她的心都玩野了，还要来怪我。

49 S.C. 木兰对她父亲说。

木兰　我因为爸爸病后身体不好，特地去打来给爸爸吃的。

50 S.C. 木兰父怒气渐消，指着猎品问木兰。

兰父　这些都是你打的吗？

木兰　当然都是我打的。

兰父　我可不相信。

51 S.C. 兰弟为木兰辩护。

兰弟　我相信，姐姐比爸爸还会打猎呢！

　　　（大姐姐快拦住他，不许他再说话）

52 S.C. 木兰甚爱她弟弟的神气。

兰父　以后不许你出去。（O.S.）

木兰　是。

兰父　还不快去换衣裳。

木兰　是。（她走过去）

兰父　回来！……

53 C. 兰父命令似的说。

兰父　罚你三天织一匹绢，不织好不许出来……

54 C. 木兰很天真地听着。

兰父　听见没有？（O.S.）

木兰　听见了，爸爸。

兰父　咦，谁来了？（O.S.）

　　　（木兰也向外看）

55 L. 有一个戴着高帽子的差官来递文书，兰父迎过来。

差官　这里有个花世荣吗？

兰父　不敢，就是在下。

56 S.L. 差官取出文书说。

差官　啊，就是你啊，有封文书是下给你的。

兰父　多谢大哥……

　　　（兰父接信，怀中掏出碎银，差官喜形于色）

电影剧本　259

57 S.C. 木兰对准差官的帽子，一箭射去。

58 S.C. 差官刚想接银子，帽子忽然飞去，惊慌失措。

59 S.C.（兰弟的笑声）兰父拾起帽子，拔出箭来；帽子上已有两个小洞。差官大怒，兰父快快给些碎银塞在差官的手里。

兰父　这里有点小小的意思。

　　　（差官见银转怒为喜）

差官　不要客气，再见。

　　　（他再看看帽子说）

差官　好箭法。

　　　（他去后，兰父怒容持箭进去）

60 S.L. 木兰等见兰父来，快逃进去。兰父来止住木兰。

兰父　你这顽皮的孩子！

木兰　爸爸不相信我射箭射得准，所以我显点本事给您看看！

　　　（兰父举箭要打木兰，木兰逃去，兰父并不追）

61 C. 兰父看看箭，反觉可喜。再看看文书。

62 C. 文书上写："右给花世荣开拆　都督府谕。"

兰父　一定是边……（镜退后 S.C.）

兰父　一定是边境又出了事，又要我去从军。

　　　（他微摇其首，拆看文书）（划）

63 S.L. 木兰父母在房中灯光之下，谈出征之事。兰父说。

兰父　这一次去从军，能不能活命回来是不晓得的，家里的事全要你当心照管啦。

兰母　你的年纪大了，病还没有完全复原，怎么受得住战场上的辛苦……

64 S.C. 木兰在机房窃听。

兰母　……叫我怎么放心？（O.S.）

65 S.C. 兰父也甚感慨。

兰父　我倒不要紧，只是想起家里没有人照应，要是大儿子不死倒也罢了，如今只有两个女儿……

　　　（镜头 Pan 到已入睡的小儿子）

兰父 ……树兰的年纪这样小，要不然可以替我去从军……

66 S.C. 木兰仍然在偷听。

兰父 ……也免得我这条老命死在异乡啊！（O.S.）

67 S.C. 兰母呜咽地说。

兰母 真是二十几年夫妻，你从来在家的时候少，一家大小全靠你，偏如……

兰父 别伤心了。

（兰母止哭，静下忽闻隔室叹息声）

兰父 谁在那儿叹气？

木兰 是我。

兰父 半夜三更，一个人叹气干什么呀！

兰母 孩子一天天大起来了，还没有人家，这也是我的一件心事。

（隔室泣声更大了，两老持烛台走过去）

68 S.L. 木兰独坐叹息，她爹妈走进来问她。

兰父 孩子为什么不织绢，在这儿唉声叹气啊？

69 S.C. 兰父背影。木兰正面说。

木兰 为的是爸爸。

兰父 为我？是不是为我白天责备了你几句，在这儿生气啊？

木兰 爸爸责备我是应该的，我怎么敢生气呢！

兰父 那么为什么呢？

木兰 因为刚才爸爸在房里对妈妈说要去从军的事，我都听见了……

70 S.C. 兰父对兰母看了一看。

木兰 ……我想爸爸去不得。

兰父 怎么去不得？

木兰 爸爸一身已经经过了几十次打仗，这么大年纪也应该在家里养老……（O.S.）

71 C. 木兰苦劝她爸爸说。

木兰 ……近年来又是多病，北方的冰天雪地，你的身体怎么受得住，大哥不在了，兄弟年纪小，姐姐就要出嫁，家里全靠爸爸撑持，我看还是不要去吧。

72 S.C.Pan. 兰父走过其妻身边，凳子上坐下。

兰父　军令如山，怎么能够不去，好在爸爸还不很老……

73 S.C.（仰角）木兰很英勇地说。

木兰　爸爸我想……

兰父　你想什么？

木兰　我想替爸爸去从军。

74 S.C. 兰父闻言立起。

兰父　啊，你替我去？

木兰　是。（O.S.）

兰父　那怎么使得！

　　　（Pan. 到兰母）

兰母　那不是笑话吗？一个女孩子家，怎么能够去打仗呢？快去睡吧。

75 S.C.Pan. 木兰止住说。

木兰　不，爸爸从小教女儿一身武艺，留在家里也没有用处，不如替爸爸去从军，一来尽孝，二来尽忠，得胜回来，让人知道女孩子也能光大门楣，就是战死沙场……

76 C. 兰父以不信任的神气听着。

木兰　……也心甘情愿，爸爸，你成全了女儿吧。（O.S.）

兰父　你的孝心，我很欢喜，可是我怎么能够让我的女儿去冒名顶替。

77 C. 木兰说。

木兰　我可以改扮男装。

78 C. 兰母大不以为然。

兰母　啐，村里村外的人，谁不知道你是个女孩子。

79 S.C. 兰父背景，木兰正面。Pan. 她走至兰母背影，她正面说。

木兰　爸爸妈妈尽管对人说我本来是男孩子，因为怕我长不大，就扮成女装，如今长大了，改换男装，去替父从军。

兰父　上官不会答应。

　　　（她来回想了一想，又走近父母说）

木兰　爸爸年纪大了，又时常多病，只要爸爸去说明缘故，女儿再演几手武艺给他们看看……

80 S.C. 兰父已渐渐被她打动了心。

兰父　嗯……

兰母　使不得，使不得！

81 S.L. 木兰双膝跪在父母的面前说。

木兰　爸爸妈妈成全女儿吧。

（镜头推近成木兰背影，兰父正面抚木兰发沉思片刻说）

兰父　你能有这样的胆量，我倒不忍心阻拦你，可是上战场不是好玩的，到那个时候可不要懊悔啊。

82 C. 兰母大不以为然。

兰母　哼！

木兰　女儿年纪虽轻……

83 C. 木兰坚决地说。

木兰　……倒也深明大义，无论怎么样艰苦，决不后悔！

84 S.L. 兰父大为兴奋对妻子说。

兰父　好，妈妈去把我的军衣拿来，让她穿起来试试看。

（兰母将头一扭说）

兰母　我才不去呢。

兰父　那么我去。（划）

85 S.L. 木兰已经穿好了她父亲的军衣，耍枪舞剑。

86 S.C. 木兰的武姿。

87 S.C.Pan. 兰父欣喜，兰母反对。

88 S.L. 木兰走至兰父前问。

木兰　爸爸你看怎么样？

兰父　扮起来很像一个年轻小伙子，可是你的嗓子？

89 C. 兰母掩口发笑。

90 C. 木兰倒被提醒，不禁失望。

兰父　好了，睡吧，明天再说。（O.S.）

（木兰学男子的粗声）（划）

91 S.L. 木兰倚窗而望，抽出剑来。

木兰　誓将此生报国家，不妨古剑斩离情！

（窗外鸡鸣）

（F.O.[1]）

第二场

布景：木兰父母卧房　街市　木兰家客厅　乡村　木兰家门口

人物：兰父　兰母　木兰　保正　卖货三人　韩奎　刘英　刘妻　刘胖儿二　殷慈　章顺　老母　兰姐　兰弟

1 S.L. 兰父从箱笼中取出地图展开来，给他妻子看。

木兰　花老将军，花夫人，小将有事禀报。（O.S.）（男声）

兰父　谁？请进来。

（原来是木兰穿好军衣，进来行军礼）

2 S.C.

木兰　小将花木兰参见老将军老夫人。（男声）

（父母大笑声）

木兰　妈妈，爸爸，我的嗓音像不像一个男人？

3 S.C. 兰父甚乐说。

兰父　像得很。

兰母　像倒是像了，可是我总是舍不得！

（外面锣声起，是保正催有军名的限期出发）

保正　边关紧急，大家要去投军……（O.S.）

4 S.L.Pan. 保正执锣呼叫着。

---

[1] F.O.——淡出。

保正　……有名字的限两天之内就得出发，误了卯期，军法从事。（说完两锤锣）

5 S.L. 木兰愈见紧张。保正呼声渐远。

木兰　好，我现在往街市上去买点行装。

兰父　好。（木兰去，边走边学男人的喉音，甚为可笑）

兰母　她这样装扮起来，太像我们的大儿子了。

　　　（母伤心，父慰之）（划）

6 S.L. 木兰牵马来买鞍鞯。（划）

7 S.L. 木兰买鞭缰。（划）

8 S.L. 兰母在木兰房内检点行装，父立窗前。姐弟至。

兰姐　菜都弄好了。

兰父　先拜祖宗。

9 S.L. 祖先堂前摆上酒席，木兰父母领着木兰向花氏祖先叩头。（划）

10 S.L. 就在祖先堂前，兰父设筵为木兰饯行。兰父为木兰斟酒，木兰立起来。镜推兰父成 S.C.。

兰父　祝你一路顺风，扫灭狼烟，得胜回朝！

11 S.C. 木兰回说。

木兰　多谢爸爸教得女儿一身武艺，使得女儿能够尽忠报国，又成全了女儿的孝道，真是两全其美，这正是报答爸爸的时候，请爸爸放心！

　　　（说完饮酒叩头）

12 S.L. 木兰叩头，父将她扶起，兰母也替她斟酒说。

兰母　望你一路上多多保重，真是从小一步都没有离过娘！

　　　（镜头慢慢推近木兰成 S.C.）

木兰　妈尽管放心，多谢妈妈成全女儿的志向，使女儿能够做一个国家有用的人，将来得胜回来一家团聚，那才安稳，妈你等着听喜信吧！

13 S.C. 兰姐捧起酒杯说。

兰姐　恭喜妹妹前程远大！

14 S.C. 木兰感谢姐姐的样子说。

木兰　多谢姐姐的金言，料理家务侍奉爹娘，全靠姐姐了。

　　　（她说完对姐拜一拜）

15 S.C.Pan. 小弟也拿起酒杯走近木兰说。

兰弟　姐姐，你要是打不过这些家伙，只要写信回来，我就去帮你的忙。

　　　（镜推后成 S.L.，兰弟说完神气十足）

木兰　好极了，好极了，听爸爸妈妈的话，发奋求学，将来好为国家出力。

　　　（外面保正敲锣声）

16 S.L. 韩奎也去从军，与新婚的老婆，不忍分别之状，甚为诙谐。

保正　要去从军的，今天就得出发啊！（O.S.）（声在远处）

17 S.L. 刘英与他的两个胖孩子分别。

刘英　爸爸打仗去啦！

　　　（说完跳跳跃跃，忽又苦起脸来，复又力抑其悲，跳起来说）

刘英　爸爸打仗去了。（音响同上）（划）

18 S.L. 章顺、殷慈两弟兄也去从军，叩别老母。母先对顺说。

老母　顺儿，你的性子很躁，在外面要小心。

19 S.C. 章顺粗鲁的神气说。

章顺　我什么也不管。

20 S.C. 老母对殷慈说。

老母　慈儿，你平时太懒惰爱睡觉，出去从军，可比不得在家里啦！

殷慈　妈！你放心，儿子不打胜仗，再也不睡觉了。

　　　（他说得很勇敢，可刚说完就打呵欠。划）

21 S.L. 木兰一家也在门口与木兰分别。

　　　（保正敲锣声）

木兰　我去了。

兰父　上马吧。

22 S.C. 兰母泣不成声，木兰劝母说。

木兰　女儿去从军，是一件好事，妈不应该伤心，应该欢喜。

兰父　对啦，我们应该用笑容来欢送她。（O.S.）

木兰　妈，笑啊。

　　　（兰母力抑其悲苦，笑着）

木兰　爹妈身体保重，女儿去了。（Pan. 成 S.L.，木兰上马）

23 C. 木兰上马对家人满是笑容，可转头也挥泪不止了，扬鞭而去。

兰父母　保重！

24 S.C. 二老苦笑着。

兰父母　孩子，路上保重。（F.O.）

第三场

布景：北方路道　茶亭　黄河边小客店

人物：木兰　裘元　从军者八人　老韩　老刘　刘元度　卖茶老婆子　小姑娘
　　　从军者六人　章顺　殷慈　尤亮　店小二两个　唱坠子老头　小姑娘

1 L. 木兰在路上缓辔而行，形形色色的从军者均忙赶路程。

2 S.L. 每个人走过木兰的身边，都回头看看她。她虽不怕羞，却甚尴尬。

3 S.L. 老韩、老刘骑着两匹驴子，一个想老婆，一个想儿子。

老韩　我的老婆刚娶回来只有十六天。

老刘　你出来从军，你的老婆说不定会找一个小伙子去陪她，可是我那两个又肥又白的孩子。

（老韩刚想骂老刘，发现后面的木兰）

4 L. 木兰从他们身边走过去，老韩老刘看得很出神。等木兰走过去之后，他们指手画脚。

5 S.C. 老刘老韩谈论起来。

老韩　喂，你看这个家伙长得好白。

老刘　不但很白还很嫩。

老韩　你又没有摸过他，怎么知道很嫩？

老刘　你长眼睛干什么的？

老韩　这个家伙不知道是什么路道？

老刘　管他呢，我们赶上去，凑个热闹去。

老韩　对。

6 S.L. 他们鞭驴，但是速度有限。（划）

7 S.L. 木兰走进一个茶亭歇脚,那里早歇着几个军汉。她也拖过一张凳子坐下。

8 C. 有一个英俊少年,名字叫刘元度,也在吃茶,他颇注意木兰。

9 C. 木兰无意间也看见刘元度。

10 S.L. 老刘、老韩也到了,下驴见木兰,就走进来。

11 S.L. 韩、刘走近木兰坐处,斜着身歪着头围着她转了一转,站在她的后面,举动轻浮。卖茶的小姑娘送碗茶给木兰。

木兰　谢谢。

　　　（小姑娘望了木兰一眼还笑了一笑。Pan. 成 S.C.。她跑到母亲面前指着木兰,让她母亲看。她母亲朝女儿羞了一羞）

12 C. 老韩忽然用鞭梢叩着木兰的肩。

老韩　喂,小兄弟哪儿来?

　　　（木兰回头看一看,慢慢站起来）

木兰　亳州来。

老刘　哪里去?

木兰　延安州去。

13 C. 老韩轻浮的神气说。

老韩　去干什么?

木兰　去投军。(O.S.)

14 C. 老刘轻视她说。

老刘　好几千里地啦,你怎么去得?

木兰　怎么去不得?（O.S.,镜头 Pan. 到韩）

老韩　路上有强盗。

15 S.C. 刘、韩背面,木兰正面回答。

木兰　我有宝剑。

老刘　树林里钻出豺狼虎豹。

木兰　弓箭可以防身。

16 S.L. 刘、韩正面,有些人站拢来听他们说话。

老韩　劝你不要说大话。

老刘　你小鸡儿似的,只好给老虎当点心。

17 S.C. 元度看得不耐站起来。

老韩　哈哈哈，小兄弟你真像个小鸡儿。（O.S.）

18 S.C. 木兰半侧面，老韩正面笑着说。

老韩　小兄弟你姓甚么？

木兰　姓花。

老韩　嘿，你真像朵花儿。

19 S.C. 刘、韩背影，木兰正面生气说。

木兰　两位，如今边关紧急，大家前去投军，无非是为国效劳，决没有自己人还欺负自己人的道理，二位跟我还是头一次见面，就对我这样说话，难道就想欺负人吗？

20 S.L. 刘、韩做怪相说。

老韩　哟，好大脾气！说说笑笑谁欺负你？

　　　（他说着就去拉木兰的手，本想让木兰跌一跤，哪晓得木兰顺势把他一扭一送，他便跌了出去）

21 S.C. 老韩跌在马粪的上面。（众笑声，他爬起来）

老韩　啊，你这小兔崽子竟敢动手！

22 S.C.Pan. 木兰不管的样子，走出去。

老韩　站住，是好的不要逃！（O.S.）

老刘　对不住，要你的好看！（O.S.）

　　　（木兰已走出门，S.L. 地位[1]，她站住回身说）

木兰　好，来吧！

23 S.L. 木兰背影，刘、韩奔出来，拔刀，刘元度跳出来拦住他们。

元度　慢来……

24 S.C. 刘、韩背影，元度侧面说。

元度　……刚才我看得明白，分明是你们在欺负人家，我看算了吧，有本事不如到战场上去显！

　　　（Pan. 元度再走近木兰）

1　此为拍摄提示。——编者注

元度　这位大哥，你走你的，不要跟他们一般见识。

25 S.C. 韩、刘很奇怪。

老韩　哪儿钻出这样一块料来，劝你不要管闲事，老子的刀可不认识人！

26 S.C. 元度转身按剑，木兰止住他说。

木兰　仁兄，他们既下死心，就让小弟对付他们吧！

　　（她从袋中取出几颗石子）

27 C. 手中石子。

木兰　也不用刀枪，就用这几颗小石子……

28 S.L. 木兰说。

木兰　让他们知道，人不是好欺负的。

　　（她说完 Pan. 她走到空地上叫）

木兰　来吧！

29 S.C. 刘、韩也叫了一声。

刘、韩　好，来吧！

　　（他们走过去）

30 S.L. 老韩举刀劈过去，被她隔开，再举刀，一石子飞过去。

31 S.C. 韩刀落地，手被打痛，叫苦不已。

32 S.C. 老刘举刀劈过来。

老刘　看刀！

　　（石子飞来，刀又落地，老刘抚掌叫痛）

33 S.L. 两人用脚踢木兰，又吃着两粒石子。两人抱膝乱跳。群众喝彩，木兰上马。

34 S.C. 木兰上马对刘、韩说。

木兰　对不起，再见。

　　（木兰纵马驰去）

35 S.C.Pan. 元度也上马。众愕然。茶店小姑娘欣羡木兰之神情可爱。（划）

36 L. 黄河边小客栈门口，木兰刚下马，元度亦下坡来，木兰望他招呼。

37 S.L. 二人拴马卸鞍，彼此攀谈起来。

元度　刚才那两个东西，实在可恶。

木兰　多亏仁兄替我解围。

38 S.C. 木兰背影，元度正面说。

元度　哪儿的话，仁兄的武艺超群，真是令人佩服。

木兰　惭愧，惭愧。

元度　请问仁兄贵姓？

39 C. 木兰很友好地答他。

木兰　不敢，姓花。

元度　台甫？（O.S.）

木兰　草字木兰，转请教仁兄贵姓？

40 C. 元度谦和回答。

元度　敝姓刘，草字元度，我是沛州人。府上？

41 C. 木兰答。

木兰　我是亳州人。也上延安州去吗？

元度　是的，仁兄呢？（O.S.）

木兰　我也是的，因为家父年老多病……

42 S.C. 木兰背影，元度正面静听着。

木兰　……因此替父从军。

元度　忠孝双全，令人可敬！

木兰　行军的事懂得很少，还望多多指教！

元度　岂敢……我们到店里去歇息吧。

43 S.L. 两人走进，叫店小二。

元度　小二！

小二　有！

元度　多加草料。

　　　（他们走近门口，忽然止步向堤上望）

44 S.L.Pan. 刘、韩二人到了，一拐一拐走下坡来，看见木兰哭笑不得的样子说。

老韩　这一定是妖怪。

老刘　恐怕是剑仙。

电影剧本　271

45 S.C. 木兰和元度笑一笑，走进去。

46 S.L. 走进去，灶上烧着大锅热水，店伙一桶一桶在倒水。（划）

47 S.C. 众人在洗脚。镜头推到刘、韩，他俩一面洗脚一面叫痛。

48 S.C. 章顺、殷慈、尤亮刚洗好脚，章顺发现木兰。

49 S.C. 木兰独坐不洗脚。

50 S.L. 章顺领殷慈、尤亮，Pan. 走到木兰面前打转。

51 S.C. 刘、韩看见替他们着急，吁吁作声，叫他们过来。

52 S.L. 章等听见，回头望着韩、刘。木兰手插带内。

53 S.L. 刘、韩更急，恐怕她又要放石子，招手叫他们过来，他们莫名其妙的样子走过来。

殷慈　叫我们什么事？

老韩　这个家伙不是好惹的，我们已经吃了苦了。

　　（说完示以手脚，他们偷看木兰）

54 S.C. 小二打桶水给木兰。

小二　军爷洗脚。

木兰　放着罢。

55 S.C. 元度快擦擦脚让座。

元度　花兄，我洗好了，你这儿来吧。

56 S.L. 木兰仓皇地说。

木兰　不客气，不客气。

　　（说着把一桶水提到房里去，把门一关）

57 C. 殷慈大为奇怪。

殷慈　怎么，洗脚也要关起门来？

58 S.L. 老刘急止其多说。

老刘　吁！

殷慈　怎么？

老刘　他是个剑仙。

59 C. 尤亮吓得两目发呆。

尤亮　啊，剑仙？（划）

60 L. "月照黄河水，"（唱河南坠子声）

61 S.C. "黑鸦飞动，点点在树枝之上。"（声同上）

62 L. "满天星斗。"（声同上）

63 S.L. 一个老头子带着一个女孩子，倚门唱河南坠子。

64 S.C. 几个人在微弱的油灯光中铺被。

65 S.L. 木兰和元度在黄河边上谈心。

元度　请问老哥是什么职位？

木兰　我替家父的缺，暂充队正。

66 S.C. 木兰背影，元度正面说。

元度　我也队正，我们是同僚，不过像老哥那样的武艺，一定是步步高升。

67 C. 木兰微笑。

木兰　谢谢你的金言，只要能替国家出力，职分的大小倒不在乎。

68 S.C. 元度望她点点头。（初更鼓传）两人打呵欠。

元度　睡吧，明天还要赶路。

木兰　你先请睡吧。

元度　我们真难得，一见如故，想不到一个沛州，一个亳州，忽然同在一处，也算是缘分。

69 S.C. 元度背影，木兰正面。

木兰　男儿四海为朋友，人生何处不相逢！哈哈哈，明天见吧。

70 S.L. 元度走下坡。

元度　明儿见。

71 S.L. 元度背影入店门。

72 S.C. 木兰看他入门后，她转身侧面仰天，（水声）D.E. 想她的父母。

73 S.C. 一个老头子在叫。

店伙　外面还有人没有？上锁了！

74 S.L. 她漫步回头走下坡来。（更声再传）（划）

75 S.L. 她走进房，看见炕上已经睡满了人。她必得与男子睡在一起，她走过去坐在灯前，在一片酣睡声狗吠声远远地唱坠子声中，用手撑着头，不能成寐。（F.O.）

电影剧本　273

第四场

布景：沙漠　城楼　元帅府门口　门房　木兰营房　元帅营房　城墙

人物：木兰　番兵廿人　唐兵廿人　韩奎　刘英　殷慈　裘元　兵二人　刘元度　元帅　军师　侍卫四人　番将甲、乙　番兵二人　唐兵十人

1 L. 沙场……马蹄踏尸体而过……木兰在战场上之英姿……兵对兵……将对将……木兰战得汗流满面。

2 L. 大雪纷飞之下，城楼上旌旗招展，击鼓吹角。

3 S.L. 木兰很英勇地在鼓角手的旁边，对城外察看。（推近）雪花堆积在她的铠甲之上。（划）

4 L. 木兰巡城完毕，带了一队兵在元帅府门下马。

5 S.L. 木兰下马走进府门。

6 S.L. 韩、刘、殷、裘等在门房里烤火，木兰经过他们的门口，走进去。（镜头推近成 S.C.）韩对众说。

老韩　不知不觉地到边关来已经三年了，什么好处都没有，你看那个姓花的，我们一同来投军，他一来升官，如今做校尉，眼看着就要升都尉，再一跳还不是节度使？看起来还是要长得漂亮。

7 S.C. 老刘说。

老刘　那也不要说，人家到底有战功啊，他一来就连打胜仗，也怪不得将军赏识他。

8 S.C. 老殷说。

殷慈　那家伙也真怪，媚里媚气的，简直有点儿像女人，那身武艺真不知怎样学来的，打起仗来可真不含糊。（Pan. 到韩）

老韩　可惜他是个男人，要是女人，那我……

9 C. 老刘问。

老刘　你怎么样？

10 S.C. 老韩轻浮的神情说。

老韩　那我真受不了。

（他旁边的人刚笑出口，忽止住，推韩立起）

11 S.L. 原来门口刘元度至。大家立起，元度问。

元度　花校尉在什么地方，知道吗？

殷慈　花校尉巡城刚回来，到里面去了。

元度　噢。（他走去背面转身）

老韩　这也是个怪物。

12 S.L. 木兰在房中研墨写信。

13 C. 手写"父母亲大人膝下"，S.C. 木兰正写家书，元度在外面叫她。

元度　花校尉在屋里吗？（O.S.）

木兰　元度兄请进来吧。

14 S.L. 元度走进来，Pan. 他走近木兰。

元度　写信吗？

木兰　明天有人回亳州。

元度　对不起，打扰你来了。

　　　（Pan. 木兰走近火盆，边走边说）

木兰　不要紧，有什么消息吗？

15 S.C. 木兰侧面向火，元度正面走过来。

元度　我们得了个密报，他们又准备大举进攻来了。

木兰　那是当然的，他们受了几次挫折，决不肯罢休。

元度　可是我们的军师，还不相信！

16 C. 木兰说。

木兰　我看事情，要坏在军师手里，因为他的私心太重。

17 S.C. 小兵递茶给元度，元度饮茶，两面看一看再说。

元度　不错，可是主帅因为打过几个胜仗，好像就不把他们放在眼里。

18 S.L. 木兰说。

木兰　我本有个屯田养兵，防边退番的办法……

　　　（Pan. 她走近桌前，取一本册子、一张地图给元度看）

木兰　……你看写了这样一本……这里还有战争的地图，前几次打仗，全靠这几幅图去布防，想不到军师会说我的地图靠不住，真把我气死了。

元度　唉！可是目下最紧要的是要知道突厥的重兵到底在什么地方，我们只要得到真凭实据，军师也就无话可说。

19 S.C. 元度背影，木兰正面说。

木兰　好，我跟你去见元帅。

（她说完，Pan. 她预备去佩剑，元度过来对她说）

元度　你想怎么说法？

木兰　我们自告奋勇，去打听他们的虚实，我们就去吧。

20 S.L. 元帅坐虎皮椅上，军师来见礼。

元帅　军师请坐。

军师　昨天那两个降将，已经盘查过了，的确是真心投降，如今要叩见元帅。

21 C. 元帅说。

元帅　好，就让他们来见吧。

22 S.C. 军师卑鄙的样子说。

军师　是，元帅的宽宏大量，没有一个人不钦仰的……

（Pan. 他走到门口叫一声）

军师　……元帅传见番将。

侍卫　得令！（O.S.）

（门帘启处，四个兵押着两个番将进来）

23 L. 两番将向元帅叩头。

番将　叩见元帅。

元帅　二位请起。

24 S.C. 两番将道谢起来。

番将甲　我们小邦，得罪天朝，蒙元帅大恩不加诛戮，已经万幸，何敢当元帅大礼相迎。

25 S.C. 元帅说。

元帅　你们弃暗投明，本帅十分欣喜……

26 C. 军师狞笑着。

元帅　……只是听见说你国的狼主正要调动大兵前来进攻，这又是怎么个说法呢？（O.S.）

（军师闻元帅之言，快递眼色给番将）

番将乙　敌国自从打了几次败仗……（O.S.）

27 S.C. 番将说着。

番将乙　……早已无力进攻，所说调齐大兵，不过是谣传而已。

28 S.C. 元帅侧面，军师正面抢话说。

军师　本来是谣言。

元帅　就请军师好好地款待两位。

29 S.L. 兰、刘两人在帅府门口，被一个兵曹挡住。

木兰　你为什么不让我们进去，我们要见元帅说话。

30 S.C. 兰、刘背影，兵曹正面说。

兵曹　元帅正见着两个番邦的降将。

31 S.C. 兵曹背影，兰、刘正面，他们微惊问。

元度　哪个引进来的？

兵曹　是军师带了来的。

兰、刘　糟了！

　　　（说完忽注意里面）

32 S.L. 军师引两番将从元帅房中出来，到军师房间里去。

军师　两位请这里来。

33 S.L. 进军师的房间，番将四顾无人，对军师低声说。

番将甲　敌国的可汗奉赠军师黄金万两，请向元帅说情，不要相逼太紧，两国从此和平岂不是好？

军师　我自有道理。

34 S.L. 兰、刘拉兵曹到门口旁边说话。

木兰　万一是诈降怎么办呢？

　　　（兵曹两边看一看轻声说）

兵曹　我也以为靠不住，请两位暂且等一等，让我来想想法子，等军师跟那两个番将走了，再见元帅。

35 S.C. 兰、刘点首。元度说。

元度　全仗大力，挽救危机。

36 S.C. 兵曹说。

兵曹　这是应当的……

　　（他走至门口，向里面张了一张，忽对兰、刘说）

兵曹　喂，军师来了。

37 S.L. 兰、刘两人 Pan.，快走过一边躲避起来。

38 S.L. 军师与两番将走出去，兵曹过来 Pan.，喊兰、刘 Pan.，同走进帅门。

39 S.L. 指元帅房门口，兵曹叫他们等招呼。兵曹进去报告。

40 S.L.Pan. 兵曹进室，走近元帅跪下报告。元帅正接过一个女子捧上的茶，见有报告，很不快活的样子。

兵曹　启禀元帅，花木兰、刘元度有机密大事要见元帅。

41 S.C. 元帅不乐意的神气说。

元帅　又有什么机密大事？你去问他们。

42 S.L. 兵曹说。

兵曹　还是请元帅亲自问吧。

元帅　好，叫他们进来。（O.S.）

兵曹　是。

　　（兵曹起身走到门口，启帘招手，两人进来）

43 S.C. 元帅见他们进来，很和气的神情。元帅示意女子进去。

刘、兰　叩见元帅。（O.S.）

元帅　有什么事？

44 S.C. 刘推兰说。

木兰　末将等得有密报，番邦调动大兵就要来了。

元帅　那我知道都是谣言。

元度　确有其事，并不是谣言。

45 C. 元帅仍不相信说。

元帅　那么，你知道大兵到了什么地方？

46 S.C. 刘、木兰两人互相看了一下，木兰说。

木兰　因为他们的行动十分秘密，所以末将等想求元帅，命木兰和元度亲身前去探听虚实。

47 S.C. 元帅很自信地说。

元帅　军师问过两个降将，大举进攻绝无其事。

元度　倘若这两个番将是诈降，岂不误了大事。（O.S.）

　　　（元帅很不耐烦）

元帅　好了，不要多说了，就命你们两个人去打探情报！

48 S.L.（元帅背影）刘、兰正面大喜。

刘、兰　得令！（他们出去。划）

49 S.L.Pan. 木兰走进房来，元度说。

元度　我们这样前去打探，人家不会疑心吗？

木兰　我想我们要改扮一下。

元度　改扮什么呢？

50 C. 木兰说。

木兰　你来改扮一个番邦打猎的。

元度　你呢？（O.S.）

木兰　我……

51 C. 元度接她的话说。

元度　对了，你最好扮一个番邦女子。

52 S.C. 元度背影，木兰说。

木兰　胡说，我怎么好扮女人！

元度　你瞧，扮回把女人算什么事！

53 S.C.（平摄）木兰说。

木兰　只怕扮不像啦！

元度　你呀！不扮都……

木兰　什么？

元度　对不起，别生气……（Pan. 他走出去）

元度　……回头见，我去改扮改扮。（划）

54 S.L.（跟）刘、兰改扮后，行动在近沙漠的地方。

木兰　你扮得真不错。

元度　到底不如你扮得好。

电影剧本　279

（木兰走着一歪，刘去搀扶她）

元度　喂，留神。

55 S.C. 木兰多少有点撒娇的神气说。

木兰　得了，拉拉扯扯不像个样子。

元度　我们这样倒有点儿像什么？

56 C. 木兰说。

木兰　像朋友。

57 C. 元度说。

元度　不像朋友。

58 C. 木兰说。

木兰　像兄妹？

59 S.C.（平摄）元度说。

元度　唉……不过人家一定当我们是夫妻。

木兰　什么？（站住）

元度　没有什么。

60 C. 木兰微怒说。

木兰　一路上没有听你说一句正经事，尽是说笑话瞎扯。我问你，到底是办公事要紧，还是说笑话要紧？

61 S.C. 木兰背影，元度正面说。

元度　当然是办公事要紧。

木兰　你也像那些混账家伙要挨打吗？

元度　那我受不了。

62 S.L. 木兰似真非真地对着元度。

木兰　如今你的职分比我低一级，我就命令你，我们要分路了，你走那边，我走这边，在约定的地方碰头，快去！

元度　得令！（轻轻软软地答了一声，他去了）

63 S.C. 木兰望着他走远，叹一口气，终于鼓起勇气向另一方向走去。（划）

64 S.L.Pan. 木兰深入番兵界内，四顾行走。

65 S.C. 草堆边的番兵发现木兰，喊窑洞的兵走近。她藏草堆后。

66 L.Pan. 由远而近走至草堆边，二番兵跳了出来。

67 C. 木兰吓了一惊。

番兵甲　喂，上哪儿去？（O.S.）

木兰　我回娘家去。（故作镇定回答他们）

68 S.L. 木兰侧面，二番兵走近她问。

番兵乙　娘家在哪儿？

木兰　就在那边不远。

番兵甲　不要去了，一块儿去见我们的头目。

69 S.C. 番兵背影，木兰正面说。

木兰　我不去。

番兵乙　那由不得你。

木兰　我怕。

番兵乙　怕也要去。

70 S.C. 木兰背影，番兵正面说。

番兵甲　真是，好容易看见一个女人，还会放过你。

木兰　你们的头目在哪里？

番兵甲　就在那边。

　　　（番兵甲指给她看，她转身仔细远看）

71 D. 远远地无数的营帐。

72 S.C. 木兰走近镜头，二番兵在她后面。木兰装傻探问。

木兰　那里不是扎着兵吗？

番兵甲　谁说不是。

木兰　那样的营帐，一定有好几千兵？

番兵甲　几千？

木兰　怎么，没有吗？

73 C. 番兵甲说。

番兵甲　哼，少说点儿几万，这一回一定把唐兵打个落花流水。

　　　（Pan. 到木兰，她更装傻）

木兰　那才好玩呢！

74 S.L. 番兵乙似较机警，忽变色说。

番兵乙　好玩儿，玩儿命，别啰唆了，跟我们走吧。

木兰　哟哟哟，拉拉扯扯干甚么？我也逃不了啊。

番兵乙　我怕你逃。

木兰　你们一边一个看着我不成吗？

番兵甲、乙　那使得，那使得。

75 S.S. 木兰忽思妙计，索性诱惑他们，她把膀子抽出来，分开搭在他们的肩上说。

木兰　不如这样吧，这不更好玩儿吗？

番兵甲、乙　倒是不错。

（两兵傻笑，骨头也轻了。镜头跟三人走。木兰唱）

木兰（唱）　三人同走一条道呀，一边一个一般儿高呀，你也好来，你也好呀，我没有法子好心焦呀！

（唱到这里，两番兵大动邪念，都想去亲她嘴，她顺势将两个的头互相一碰，两个都晕倒了，她拔出匕首）

76 C. 她俯身刺每人一刀。

77 S.L. 她见番兵已死，就剥一个番兵的衣服。（划）

78 S.L. 她着好番兵衣服，从草堆后走出来。（马蹄声起）她惊看远处。

79 L. 一个传令小军，骑马飞驰而来。

80 S.L. 她自己想想已穿好番兵衣服，她就大着胆跑出来叫。

木兰　喂！

81 S.L. 传令兵闻声勒住马，看见是自己人。

82 S.C. 木兰于是就对他行番礼，招手叫他过来。

83 S.C. 传令兵就莫名其妙地走过来。

84 S.C. 木兰从身边取出小石子。

85 C. 手中小石子一粒。

86 S.L. 木兰背影，传令兵走近她，她一举手，传令兵掉下马来，木兰奔上去厮杀。

87 S.C. 番兵始想挣扎，又吃一刀而死。木兰取出他的文书。

88 S.C. 几个番兵巡逻看见木兰。

89 L. 木兰取文书。

90 S.L. 番兵追过去。

91 L. 番兵逼近木兰。

92 S.C. 木兰始知，跃马而去。

93 L. 木兰纵马驰远，番兵追了几步停止，大为失望。（划）

94 L. 木兰骑番马穿着番衣到城边勒马。

95 S.L. 勒定马叫城。

木兰　开城。

96 S.L. 城上的唐兵以为她是番兵，就放箭。

97 S.L. 有一箭几乎被打中，她高叫着。

木兰　别放箭，我是花校尉。

98 S.C. 城上唐兵似信非信。

城兵甲　花校尉，他怎么穿起番兵的衣裳？嗯，你说你是花校尉，有什么凭证？

99 S.C. 木兰把她的符号射上城去。

100 S.C. 箭中城垛之上，城兵始信。

城兵甲　真是花校尉，快去开城。

101 L. 城上兵向木兰招手，木兰马向城门口去。（F.O.）

第五场

布景：军师室　元帅室　木兰室

人物：降将甲、乙　军师　舞女二　女乐六　爪牙一　小兵二　元帅　木兰　元度　侍卫二

1 S.C. 桌上置着许多珍馐。（镜头退后）军师招待两降将。管弦女乐，两女子舞于席前。

2 S.C.Pan. 降将饮酒军师掀髯微笑，状甚为得意。

3 S.L.Pan. 军师的爪牙忽紧张的样子走进来，至军师前报说。

爪牙　师爷，花木兰打探军情回来了，现在去见元帅了。（镜头推近军师与爪牙）

军师　嗯？他不先来见我，先去见元帅，真是岂有此理！好，让我去听他说

些什么？（立起来）

4 L. 军师去，两降将恭立。

5 S.C. 两番将互相挤挤眉眼。

6 S.L. 元帅坐虎皮交椅上，木兰站在面前。

元帅　你是今天回来的？

木兰　是。

元帅　打探军情怎么样？

7 C. 军师在幕后偷听。

木兰　番兵来得很多，都藏在安寨附近的山里，为数总在十万以上，他们的马队已经有小部分出现在离州城十几里二十里的地方……（O.S.）

8 S.C. 木兰继续说着。

木兰　……有一个传令的被末将打死，在他身上搜出了证据。

　　　（Pan. 木兰呈上文书，元帅拆开惊讶）

元帅　啊！……你的意思怎么样？

9 S.C. 木兰说。

木兰　依末将的愚见，以为我们死守在城内，恐怕一旦有事，措手不及……

10 C. 军师偷听着。

木兰　……而且城内奸细很多，恐怕中了番兵里应外合之计，此时不如把兵分两路开到城外，以攻为守……（O.S.）

11 C. 元帅也听着。

木兰　……从两翼包抄他们。等他来扑城，城是空的。他想回头，我们用奇兵断了他们的归路，这是上策。（O.S.）

元帅　嗯……

12 S.L.（跟）军师从幕后走出来说。（跟到元帅木兰背影，军师正面说）

军师　这正是下而又下的下策，木兰，你说番兵来得很多，有什么凭据？

13 S.C. 军师背影，木兰说。

木兰　是末将亲眼看见的。

军师　看见什么？

木兰　看见许多的帐篷，许多的兵马粮食，布满在安寨附近的山里。

14 S.C.Pan. 军师狞笑着。

军师　我早知道那是番邦的疑兵，故意做成那样，要骗我们出城。我们深壁高垒，不去理他，他们丝毫没有办法。只要我们一走出城，就中了他们的诡计了。

　　　（他已走近元帅）

元帅　这里有封文书，是他从番兵身上搜来的。

　　　（军师看文书）

军师　我也得到一样的文书，里头的话恰好跟这个相反……

15 S.L.Pan. 元度直闯进来至元帅前。

军师　……可见他们的诡计无所不至。(O.S.)

元度　启禀元帅，末将奉了元帅之命，打探军情，探到番兵来得很多，而且很近了！

16 S.C. 军师斥责元度。

军师　刘元度不等元帅传见，闯了进来，难道不懂得军法吗？来，叉了出去！

17 S.L. 两卫士入内侍立，元度还想说话，元帅向他挥手。

元帅　元度，你先出去！

　　　（刘行礼退）

18 S.C. 军师对木兰说。

军师　木兰，你要不是年轻不懂事，上了番兵的当，你就是受了番兵的贿赂，谎报军情。

20 S.C. 军师边说边走近木兰。

军师　听说你还会扮女人是不是？好，我看你不要当军吃粮，还是回去唱花旦吧。

　　　（木兰气得几乎发抖）

21 S.C. 元帅叫木兰。

元帅　木兰，你暂且退下去，本帅自有道理。

22 S.C. 木兰行礼退，军师阴险神气地看着她走后，Pan. 军师走近元帅说。

军师　部下猖狂到这个样子，真太不像话。

元帅　年轻人好大喜功本是常事，不过让他们有点挫折也好！

23 S.L. 木兰走进她的房中，拔剑砍树，气愤填膺。元度走进来说。

元度　今天是怎么回事？我看军师一定是妒忌我们的功劳。

　　　（木兰走近镜头）

木兰　我想他一定还受了番邦的贿赂。

　　　（元度走近她说）

元度　那我们怎么办呢？

24 C. 木兰说。

木兰　我看只有一面暗中派人监视军师和那两个番将，一面把我们的弟兄们布置好。

25 S.L. 元度问。

元度　怎样布置？

木兰　我看这样：万一有事，你带一支兵暗中到城外埋伏，我就在城内保护元帅……唉！好好的事情眼看要断送在奸细之手！（F.O.）

第六场

布景：城头　沙漠　军师室　城内街道一部分　元帅室前　元帅府前

人物：木兰　元度　头目四人　唐兵十人　番兵五十人　军师　两降将　民众四十人　元帅　兵曹甲　番将　参军

1 S.L. 狂风之夜，风吹着旌旗招展。木兰在城头前仰天忽有所见。

2 L. 天空群鸦从头顶上掠过。

3 S.L. 木兰惊讶转首叫。（元度至）

木兰　元度快来。

元度　怎么？

木兰　你看群鸦惊惊慌慌飞过来，一定是他们的队伍来攻城了，你就到城外去布置吧。

（元度慌张而去，木兰再与其他将官说）

木兰　王校尉带一支兵到城北去埋伏。

木兰　李队正到城西去。（划）

4 L. 番兵马队飞过。

5 S.L. 番步兵衔枚疾走。

6 C. 马脚踢起沙尘。

7 C. 人脚行进。

8 S.L. 元度领一支兵布置埋伏。

9 S.C.（仰角）军师与二番将交头耳语，军师频频点头，挥手令速去，状甚得意。

10 S.C. 木兰在城上走来走去瞭望。

11 S.L.Pan. 刘元度指挥着他的兵移动。

12 S.L. 木兰在城上戒备极严！忽锣声四起，城内起火。

人声　起火了！起火了！（O.S.）

13 L. 城内各处起火。

14 S.C. 木兰惊慌。

木兰　我们快下城去救火。

15 S.L. 城南妇孺逃窜。（隔火焰）

16 L. 番兵大队临城下。（金鼓齐鸣）

17 S.C. 城上放箭。

18 S.L. 番兵爬城。

19 S.G. 城上抛石头抛石灰瓶。

20.S.C. 番兵由软梯上跌下去。

21 C. 番兵中箭而死。

22 S.C. 城垛上格斗的场面。

23 S.C.Pan. 妇孺逃命紧张。

24 S.L. 元帅匆匆出厅，回兵曹保护。军师走过来。

军师　花木兰带兵造反，请元帅下令惩办。

25 S.C. 兵曹甲（章顺）上前驳斥。

兵曹甲　胡说！分明是番兵攻城，怎么说木兰造反！

26 S.C. 军师望兵曹一瞪眼，再对元帅说。

军师　番兵是他引来的，快到城北还有办法。

27 S.C. 元帅不信说。

元帅　番兵在城北进攻，怎么还能往城北去？

28 S.C. 元帅背影，军师正面说。

军师　元帅不听我的话，悔之晚矣！

29 S.L.Pan. 两个兵士擒住一个放火的，原来就是番降将甲。

30 L. 兵士走近元帅，跪下说。

兵士　抓住一个放火的，他说要见军师。

31 S.L. 军师拔剑想杀降将灭口。

军师　岂有此理！

　　　（他举剑砍过去，为兵曹拔剑挡住）

兵曹甲　慢着，问过口供再杀！

32 C. 元帅问。

元帅　原来你是假意投降，该当何罪！

33 C. 番将甲说。

番将甲　各为其国，不必多问。

元帅　你要见军师做什么？（O.S.）

番将甲　那还要问吗？因为他会把我放走。

34 S.C. 元帅转首走近军师说。

元帅　你说人家通敌，原来你才通敌，把他们都杀了。

　　　（兵曹甲一把抓住军师衣领，推出去）

35 L. 军师与番将一同押出去问斩。Pan. 正遇花木兰匆匆走来。

36 S.L. 木兰对元帅行军礼。

木兰　启禀元帅，番兵倾巢而来，幸而末将等早有预备，就是他们进城也不能久守，现在请元帅赶快到城南去指挥。

元帅　好。

　　　（他们走去）

37 L. 至府门口，元帅刚欲上马。

38 S.C. 番将乙藏墙角后，放一支冷箭。

39 S.C. 元帅中箭，木兰过去扶住他。

40 S.C.Pan. 番将乙奔跑而去。

41 S.C. 木兰说。

木兰　快抓住那放冷箭的。

　　　（两个兵追了去，木兰对元帅说）

木兰　请元帅上马，先往城南。

　　　（元帅忍痛上马）

42 S.C. 民众惊逃，有一个民众对镜头大喊。

民众　番兵来了。

43 S.C.（仰角）番兵执火把掠过镜头。

44 S.L. 木兰等护送元帅至一处。

木兰　你们保着元帅先去，我要回马去杀他们一阵。

45 L. 番兵杀进元帅府。

46 L. 番将等进元帅室。

47 S.L. 番将坐元帅交椅，刚坐下，有一参军来报。

参军　启禀头目，城里唐兵很少，大队都出了城，正取包围形势想断我们的归路，我们应当赶快退出城去，和他们在二三十里的地方决战，不然怕中埋伏。

48 S.C. 番将不乐意的样子说。

番将　你早为什么不说？好容易得了城池，一进来马上就要退出，这是哪儿说起。

49 C. 参军垂头说。

参军　最初没有想到。

50 S.C. 番将大怒说。

番将　怪不得人家说你是个狗头军师！

　　　（他没有法子立起来）

51 L. 番将起来说。

番将　把古董宝贝，好的女人，都给我带着走！

（番兵七手八脚抢了许多东西去）

52 L. 出衙门番将上马时，木兰杀过来。

53 S.L.Pan. 木兰一枪刺过来，把番将刺死。Pan. 番兵逃窜。

54 S.C. 木兰在马上大喊。

木兰　他们的阵脚乱了，赶快追杀！

　　　她也追杀过去。（F.O.）

第七场

布景：元帅帐

人物：元帅　木兰　元度　将官卅人　兵四十人　章顺

1 S.L. 夜间元帅帐中，元帅负伤甚重，他手书遗嘱，木兰等都站立在床前。

元帅　我懊悔不听好话，让全城百姓遭了大劫！……

2 S.C. 元帅继续说。

元帅　……幸亏将士们忠勇战斗，才得转危为安，我真是死有余辜……

3 S.C.Pan. 木兰也负了伤，含泪在听着。

元帅　……我已经奏明圣上，任花木兰为帅，他真是又忠又勇，足智多谋，可以担当重任，你们要服从他的调遣，休存二心，这是我的遗言！……

4 L. 元帅喘息不定，他说。

元帅　……身后之事，一切拜托。

　　　（元帅逝去，大家下跪）

5 L. 帐外儿郎均跪下默哀。

6 C. 帅旗由"张"字变成"花"字。

7 L. 木兰登台拜帅的一天，元度、章顺随着她走进账内，众将官参拜。

众将　参见元帅。

8 S.L. 木兰对众训话，元度、章顺站在他的旁边。

木兰　本帅蒙前元帅的荐举，又蒙圣天子的鸿恩，命我镇守边关，你们大家，不许贪赃枉法……

9 S.L.Pan. 众将听着。

木兰　……不许欺侮百姓，不许临阵脱逃，不许营私舞弊……

10 L. 木兰继续。

木兰　……本帅言出法随，违令者斩！

众将　是！（F.O.）

第八场

布景：沙漠　广漠夜景　沙漠营帐

人物：木兰　元度　章顺　武将十六人　番兵五十人　唐兵五十人
　　　群众八十八人　韩奎　刘英　殷慈　舞女五人

1 L. 唐兵与番兵大战。DE[1] 木兰恶战，元度助战，番将被刺死。马蹄。Dto 2

2 C. 木兰雪中苦战。Dto 3

3 C. 元度雨中苦战。Dto 4

4 C. 木兰雨中刺死番将。Dto 5

5 S.C. 番将坠马跌入泥中。Dto 6

6 L. 番兵逃，唐兵追。D.E.D.L. 木兰、元度策马追去！带着胜利的微笑。（划）

7 C. 石碑上写着"大唐贞观四年，折冲都尉花木兰平番勒石于此"。

8 L. 木兰骑马在高岗之上，众僚属向她拜贺。

众将　恭喜元帅，大功告成！

9 S.C. 元度在马上向木兰说。

元度　元帅文德武功，绥靖边陲，千秋万世，永垂不朽！

10 S.L.（仰角）木兰说。

---

[1] DE 在电影术语中为"二次曝光"的意思。——编者注

木兰　这都是大家的功劳，我不过是领衔罢了。

11 C. 元度笑着说。

元度　元帅太谦。

12 S.L. 木兰对他一笑，走下岗来。

13 L. 大家的马蹄都动了。（划）

14 L. 庆祝凯旋之夜，百姓舞龙灯，木兰、元度等至。

15 S.C. 木兰含笑一看，走过去。

16 L. 父老结队敬木兰的酒。

17 S.C. 木兰应接不暇，捧杯喝几口酒。

18 S.C.Pan. 庆祝凯旋，众抬"爱民如子""永庆昇平"等匾额。

19 L. 沙漠上作大规模的庆祝，舞着"天魔下凡舞"。木兰至，军民欢呼。

20 S.L. 木兰回礼观舞。

21 S.L. 舞姿甚美。

22 S.L. 烤着全羊，韩等畅饮。

23 S.L. 木兰、元度痛饮。

24 S.L. 舞姿。

25 Pan. 舞姿。

26 S.C. 木兰含笑观舞。

27 S.C. 章顺观舞，痛唉羊肉。

28 S.L. 舞姿。

29 S.C. 元度已有醉意。

30 S.L. 木兰立起去，元度赶快又饮一杯跟了去。（划）

31 S.L. 木兰已回到营帐，脱去外袍，走近床前，已有微醉。

（远远的音乐欢呼声）

32 S.C. 躺下若有所思。（声同上）

33 S.L. 殷慈扶着元度走过帅帐来。

殷慈　老刘，你怎么喝了点酒，就满肚子的牢骚？

元度　我不管，我找元帅去。

殷慈　我看你去睡吧。（拉元度）

元度　我不睡，你去睡吧。（推殷慈）

34 S.C. 殷慈被他推过来说。

殷慈　好，我去，可是你要小心一点，不要冲犯了元帅。

35 S.C. 元度呃着说。

元度　知道知道，我的元帅，我还不知道他的脾气吗？

36 S.C. 元度背面，殷慈正面。

殷慈　你的元帅，笑话笑话。（笑着走去）

37 L. 殷慈去。元度醉醺醺地走至木兰前，坐在一块石头上面，"呃"个不停。

38 S.C. 木兰忽听见元度之"呃"声，走过去。

39 S.L. 走出来问元度。

木兰　怎么，元度酒醉了吗？

元度　啊，元度没有。

　　　（镜头推近 S.C.）

木兰　我报给你一个喜信。

元度　什么喜信？

木兰　京里有信来，说是皇上要召我进京，你就升作折冲都尉，留在这里。

40 S.C. 木兰背影，元度正面说。

元度　恭喜元帅。

木兰　我也恭喜你。

元度　我不要升官！

木兰　为什么？

元度　只要一辈子伺候元帅。

41 S.L. 木兰说。

木兰　小孩子的话，睡去吧。

元度　是。

　　　（木兰进帐去。元度去而复回，仍坐石上）

42 S.C. 木兰在帐内忽又看见元度。

43 S.C. 元度又坐在石上。

44 S.C.Pan. 木兰笑了一笑，叹一口气，走出去。

电影剧本　293

45 S.L. 木兰又走到他的后面。

木兰　元度，你在干什么？

　　　（元度连忙直立）

元度　在这里守卫。

46 S.C. 元度侧面，木兰说。

木兰　胡说！我几时让你守卫？我看你真是酒醉了。

元度　没有。

木兰　那你一定是在想家？

元度　不是。

木兰　想妻子？

元度　我没有妻子。

木兰　啊，对了，你还没有娶亲……那么你……

47 C. 元度忙接着问。

元度　怎么，元帅？

木兰　你去睡吧……时候不早了。

　　　（更鼓声）

元度　不。

48 S.C.（平摄）木兰说。

木兰　你去睡吧，赶明儿回去，我给你作个媒人。

元度　我不要。

木兰　为什么？

元度　我已经有了。

49 C. 木兰微惊问。

木兰　有了？那姑娘姓什么？她在哪里？

元度　我不过心里有了她。

木兰　那为什么不就娶了她呢？本帅并没有叫你不娶老婆啊。

50 S.C. 木兰背影，元度正面说。

元度　我不敢对她说。

木兰　为什么？

元度　那个姑娘脾气怪得很，地位又比我高，说得不好她或许会杀我。

51 C. 木兰笑起来说。

木兰　天底下有这种事？

52 C. 元度说。

元度　天底下就有这种事，你看奇怪不奇怪？

53 S.L. 木兰说。

木兰　你真是酒醉了，胡说八道的，不准在这里多说了，去吧。

元度　是，得令！

　　　（木兰进帐。元度去复停步）

54 S.C. 她进帐微有醉意，不胜惆怅的神气，走近桌前，舞剑解闷。

55 L. 舞剑之态。（唱歌的过门）

56 S.L. 载舞载歌。（Pan.）

木兰（唱）　月亮在哪里？月亮在那厢。它照进我的房，它照上我的床，照着那破碎的战场，照着我甜蜜的家乡，几时能入我的怀抱，也好诉一诉我的衷肠！

　　　（唱完，忽闻帐外元度接唱下去，她向外一看）

57 S.L. 元度的背影坐在石头上唱。

元度（唱）　月亮在哪里？月亮在那厢……

58 S.L. 元度立起来继续唱。

元度（唱）　……它照进她的房，它照上她的床，照着我破碎的心肠，照着我终夜在彷徨。她几时入我的怀抱，也好诉一诉我的衷肠。

　　　（他唱时插木兰走出来听镜头）

59 S.C. 木兰故意地问。

木兰　半夜三更谁在那里唱？

60 S.L.Pan. 元度走近她说。

元度　元帅不是准许百姓们今晚唱到天亮吗？

木兰　啊，又是你！好，你就唱吧。

61 S.C. 元度三分醉酒样子说。

元度　请元帅指教指教。

（过门起）

木兰　哈哈哈，我不懂。

元度（唱）……月亮在哪里？月亮在我的身旁，我见着月亮的面。

62 C. 木兰听得入情。

元度（唱）……我漫着月亮的光，我向着天边望，我对着天边……（O.S.）

63 S.C. 元度唱着。

元度（唱）……我不会癫也会狂，到头来却还是人间天上。

64 C. 木兰甚受感动的神气。

木兰　唱得好，我跟你十二年的朋友了，今天我也学你唱一支歌。

65 C. 元度顽皮的神气。

元度　这是元帅的恩德，我真是万死难报。

木兰　啰唆。

元度　是。

66 S.C. 木兰唱。

木兰（唱）月亮在哪里？月亮在你的身旁，你见了月亮的面，你爱惜月亮的光……

67 C. 元度听着。

木兰（唱）……知道你年年望，知道你天天想……

68 S.C. 木兰继续唱。

木兰（唱）……你不要慌来不要忙，到头来自有那嫦娥下降。

69 S.L. 二人合唱。

兰、度（合唱）　你不要慌来不要忙，到头来自有那嫦娥下降。

　　　（唱完二人大笑。木兰说）

木兰　现在你可以去睡了吧。

元度　得令。

　　　（元度雀跃而去。F.O.）

第九场

布景：金銮殿

人物：文帝　花木兰　刘元度　文武大臣廿人

1 L. 金銮殿上，官员排班，木兰、元度先后跪在丹墀。

2 S.L. 皇帝坐在御座上说。

皇帝　花木兰平番有功，永绝边患，朕心甚喜，加封木兰为尚书郎。刘元度襄助军机，加封为折冲都尉。

3 S.C. 木兰俯伏丹墀说。

木兰　臣花木兰，并无大功，不敢当尚书郎的封典，只愿陛下赐与骏马一匹，使得回乡省视父母。

4 S.C. 元度说。

元度　臣刘元度才力有限，始终只愿跟随元帅花木兰充一名走卒，官职太高，恐怕辜负天恩。

5 S.C. 皇帝甚喜。

皇帝　花木兰事父母能孝，刘元度事主能忠，朕甚嘉许！每人赐宝剑一口，骏马一匹，给假六个月回家省亲。

兰、度　万万岁！（O.S.）

　　　（垂帘退班）

6 L. 官员跪送后，都走近木兰慰问。（F.O.）

　　　（以下紧接第十场）

第十场

布景：木兰家前　木兰家门口　木兰家　木兰卧房

人物：村叟村妇五十人　木兰　元度　韩奎　刘英　殷慈　章顺　尤亮　裘元　兰父　兰母　兰弟　兰姐　姊子

1 L. 木兰家乡远近村邻，焚起香案，迎候木兰。木兰、元度等骑马而来。

2 S.L. 木兰在马上对大家拱手。

3 S.C. Pan. 村姑、村叟都喜形于色，猎人老王、老赵亦在，见木兰至。

老王　元帅元帅，还认得我们吗？

4 S.L. 木兰笑着点头走过去。

5 S.C. 老王非常得意伸大拇指说。

老王　他是我的老朋友。

老赵　我跟他也是老朋友，老朋友。

6 L. 木兰到了家门口，父母姊弟均在候着，还有许多邻人。

木兰　爸爸，妈妈。

　　　（木兰下马请二老入内）

7 L. 木兰等进大门入客厅。木兰请二老上立，她就下拜。

8 S.C. 二老一边笑一边流泪。

9 S.L. 木兰再向姐姐施一礼。

木兰　姐姐，这许多年辛苦姐姐了。

10 S.C. 姐姐已有了孩子，她悲喜交集。

11 S.C. 木兰再摸一摸兄弟的头。

木兰　弟弟长得这么高了。

12 S.L. （隔门摄）兰父说。

兰父　里边换了衣服歇息歇息，有话回头再讲。

　　　（母搀木兰入内，兰父至厅门口对外说）

兰父　各位，请里边坐。

13 S.L. 木兰随母走进自己久离的卧房，推窗拂去镜上的灰尘。

兰母　真是有话不知从哪儿说起。

14 S.C. 木兰照镜感慨，化成女妆。

15 S.C. 母亲将许多庚帖入示木兰。

兰母　你瞧，真不知道多少人来说媒，你看这样多的帖子怎么办？

16 S.L. 母侧面，木兰正面很女性地说。

木兰　我已经定了。

17 S.L. 从窗外向内摄木兰侧面，兰母正面说。

兰母　定了？怎么样的人？

木兰　妈，你先听听他的声音，再看行不行？

　　　（面向窗外叫）

木兰　……刘元度！

元度　有！（大声答应着，木兰笑嘻嘻地问）

木兰　您听怎么样？

兰母　洪亮得很。

18 S.L. 木兰更喜说。

木兰　我带您去看看他的模样儿，看使得，使不得？

　　　（她说完很有力地把她母亲一拉）

兰母　慢一点，我禁不起你这一拉。

木兰　好，妈，孩儿知道了。

　　　（她顽皮地装出千金小姐的样子，一步一步把母亲搀出去）

19 S.L. 元度等站庭前饮茶。木兰搀母出，指着元度。

木兰　元度兄。

20 C. 元度转首呆住了。

木兰　就是他。（O.S.）

　　　（元度继则惊喜）

21 S.C. 木兰对韩奎等说。

木兰　各位请随便。

　　　（施一礼）

22 C. 老韩见了奇怪。

23 C. 老刘傻样。

24 C. 老殷更傻样。

25 C. 老尤怪眼。

26 S.L. 木兰笑嘻嘻地复入内室，兰父走出来问。

兰父　这是怎么回事？

　　　（推近成 S.C.，兰母向他附耳指着元度）

兰父　哦，原来是这么一回事。

　　　（划）

27 L. 洞房花烛，宾客出去，元度关门，走近木兰。（推进）

元度　今天晚上看你还躲到哪里去?

　　　（木兰娇媚地望着新郎一笑，倒在他的怀里）

　　　　　　　　　　　（完）

文论

谈二黄戏[1]

二黄戏，是一种平民的野生艺术。二百年来，拔帜易帜，将昆曲的地盘据而有之，其中虽有些时流行过梆子腔，始终还是不敌它的势力，这自然不能说没有研究的价值。我这篇文字，是就经验所得，略为谈谈，或者可供创造新歌剧的参考，也未可知。

昆曲在全盛时期，也不过士大夫私家的娱乐品，与平民没有发生甚么关系。平民方面，自然会要求一种相当之艺术的娱乐，二黄戏便应运而生。我们在谈二黄戏之先，请试论昆曲的得失与二黄戏比较观之。

明清之传奇，打破了元曲的范围。如对唱科白等，却添了不少的兴味，却是同时在结构上自己又作了好些毛病，譬如元曲限于四折，昆曲的剧本没有这种限制，这是要认为一种进步的；不过在剪裁上不加注意，又不免有松散冗长之弊。而且文人作曲之时，信笔所之，不能割爱，往往在文词上作者的得意处太多，全剧的兴味反因之而减。论昆曲的词句呢，可以说是华藻缤纷（有的也很俗恶，如《活捉》中《马嵬埋玉》一曲，不晓得说些甚么，《挑帘裁衣》《蝴蝶梦》《南西厢》等，很多都不通。在当时作者或以为雅俗共赏也未可知，龚定庵有诗云："梨园曲本募谁修，也是风花一代愁。我为尊前长太息，文人珠玉女儿喉。"），然而典丽之处，多半华而不实。只看《折柳阳关》的词多么好，其中旦唱的"慢点悬清目"一段就不适宜。又凡传奇里面，十行角色必要行行有正戏，这实在是笨极了。如《牡丹亭》的设想，本来好极，那些《劝农》《冥判》《闹学》等，喧宾夺主，穿插得反觉沉闷。李笠翁所说：一出戏的

---

[1]【题注】载于1927年6月《小说月报》第十七卷号外《中国文学研究》。

主要角色只是一个,其余都是陪衬,实为不移之论(唯西洋近代剧中亦有例外);只是不打破十行角色的习惯,就始终不能得精严的结构。二黄戏的台词,不如昆腔的雅驯,不过它没有昆腔十行角色等的限制,颇能在平铺直叙之中,饶朴质率真之趣。

论腔调,昆曲可谓极温文尔雅之致,且一剧有一剧的腔调。谱上的工尺既要合四声,又要符剧中的意思,如《刺虎》之悲愤,《游园》《惊梦》之缠绵悱恻,《弹词》《八阳》之悲凉慷慨,《山门》之豪壮,《折柳》《阳关》之旖旎凄切,都不是随便的。就是《思凡》与《琴挑》同是尼姑唱的,神味完全两样,这比二黄实在高明得多。只因它有几种地方不如二黄,所以受了侵占。

(一)昆曲的词句已经不能通俗,而一字与一字之间,小腔太多,字为腔所裹,格外不容易听得懂。在我也算读过词曲,也学过几出昆腔戏,每逢听我没有听过的戏,我必要先将脚本读几遍,然后照着本子仔细地听,往往一大意就不知人家唱到哪里去了。所以听昆腔戏说是看情节罢,因为有角色跟时间上种种困难,不容易见着整本;要看唱做罢,那就非有相当的研究不能领会。二黄则词既较为通俗,而行腔多在每句之后,所以容易懂些。(我并非赞成腔在每句后。)

(二)昆腔声太低,只宜于小舞台或私家红氍毹上的演奏,不能普及于大众。在宋元的笛色,本来较明清为高,如今的班笛,实在太低,纵有较高之嗓音,非压低着唱不可。二黄从前也用笛子,以正宫调为主,而唱腔属于调面,所以声音大得多,坐较远也能听得见。据说二黄在南边本用胡琴,传到北京,因为清帝嫌二黄与二皇同音,下令禁止,就改用笛子唱,遂名为乱弹。一说二黄本来用笛子,后来才改用胡琴的,我问过许多老伶工,多主张后说,只是王鸿寿君(三麻子)说他在南边唱胡琴,到了北京,叫他唱笛子非常难过,据此则前说似可靠。"二皇"之说或未必然,二黄传到北京改用笛子,或者不错,前几年北京还有用笛子吊嗓子的,我在湘鄂之间,却从来没有听见用笛子唱乱弹的。

(三)昆腔的腔调,变化微细,往往两支曲子完全不同,不注意听去,好像一样。二黄的腔调变化较为显著,容易引起注意。

(四)二黄与昆腔虽同遵中州韵,不过没有昆腔严谨,中州韵是以四声同反切为标准，昆曲的切音先就子音行腔，一个字的腔行完，然后出母音，所以子音同母音往往相隔甚远，非常难于明了。二黄吐字子母二音相隔较近，可以说昆曲咬字太过，偏于学理的；二黄虽粗俗，却近于言语。况且南曲盛行极端以吴音为主，地方色太重，也就格外不易传播。

（五）昆曲本以温和优雅见长，但是过于温和则易使人沉闷，要在昆曲中寻出热闹爽快的场子颇不容易。譬如《惊变》中玄宗听见安禄山造了反，还只管大段大段地唱，二黄便不是这样办法。又如《思凡》《夜奔》这种独角戏，在二黄中很少。

（六）二黄因为腔调较昆腔简单，易于学习，流传较易。

就以上所说看来，昆曲之所以衰微，二黄之所以勃兴的道理，大概可以想见。二黄在当初不过是一种牧歌式的歌唱，几经进步，才变成了现在的形式。最初盛行，确在湖北，而湖北唱戏的人，要以黄陂、黄冈人为中心，——尤以黄陂人多——所以都说二黄戏发生于湖北，从湖北而传到湖南、广西、广东（五六十年前的广东调，同汉调还差不多，如今是很不相同了，广东的老伶工老妓女，还能唱汉调式的粤调。）、安徽，总名之曰湖广调。许多徽班老伶工，都承认二黄是从湖北传去的，不过从二黄戏腔调的组织上细细研究，虽然说是产生在湖北，却毫无所本。有人说二黄本于徽调的高拨子（高拨子出于桐城），西皮本于秦腔。因为高拨子只有二黄弦，没有西皮弦，秦腔只有西皮弦，没有二黄弦。湖广调在最初产生的时候，想当然没有二黄西皮之别，以后受了徽调同秦腔的影响，才发生变化的。

由高拨子到二黄，当是平板二黄为之过渡。平二黄与属于"弋阳腔"之"咙咚调"极相近，说是从"咙咚调"（又称梆子调，又称吹腔）脱胎，想来不错。弋阳是地名，在江西信江。"弋阳腔"当然产于江西，如："海盐腔""余姚腔"都同时盛行过（见祝允明谈）。考之于老伶工，弋腔入安徽较早，平二黄是安徽人唱出来的，在二黄之先，所以流传也较早。至今别种腔调都发生了变化，只有平二黄无论广东、广西、安徽、湖北、北京都还仍旧一样。二黄在汉调中叫作"南路"，因为秦在北，皖在南，二黄既脱胎于徽调，自然叫作南路，而脱胎于秦腔的西皮，所以就叫作"北路"了。汉调的"南路"戏里，许多都带着平板的形式，所以我以为二黄戏是由平二黄改作的。平板二黄，虽然脱胎于弋腔，在当时难免受些高拨子的影响。从安徽的平板戏如《雪拥蓝关》等看起来，它的音节板眼还带着"高拨子"的色彩，于此我们可以推想平板是"弋腔"跟"高拨子"结合的产物。但是汉调的"南路"——京调的二黄——已经丝毫没有"高拨子"的意味，这是没有直接受影响的缘故。照这样看来，与其说二黄是本于"高拨子"，不如说是本于弋腔。（《梅龙镇》《乌龙院》等从前都唱的是吹腔。）

西皮也出于吹腔，受了秦腔的影响便成了现今的形式。它的慢板、快板、摇板等，都与秦腔（又名"梆子腔"，弋腔的"咙咚调"也叫"梆子"，大约是怕与"秦腔"之名相混，故改叫吹腔，苏君少卿说西皮脱胎于吹腔叫"皮子"的，故名西皮，但湖北叫"唱"是"皮"，一段唱叫一段皮，西皮或者是"西秦的唱"的意思。"皮"之一字，或即出于"皮子"）结构一样，行腔也很相似，只是韵味不同罢了。但南梆子与西皮产生，孰为先后，不得而知。

二黄腔，因为受了各种腔调的影响，融会贯通，渐渐由湖北人改造成现在的形式，复从湖北流传到安徽，再由安徽人传到北京，便变成了京二黄。到一处染着一处的地方色，便自然成一种特别的风味。

二黄戏中，应用的腔调，不止一种。它能容纳各种腔调，无论昆弋秦腔，一一借用。凡牌子都出自昆腔，那是不消说的（也有翻秦腔中牌子入京胡的），而与秦腔弋腔结合的地方，亦数见不鲜。到近来是无论何种腔调，一齐拉拢；兼容并包，有融会的趋势。往往在一出戏里，加入许多别的腔调，来作陪衬。只要支配较为适宜，便不见得不顺，也不觉其逆耳，这是京二黄的特色。真可谓无往不适。居下能容的了。试想若在昆剧中加一段二黄，还成甚么东西？若在二黄戏中恰当的地方加一段昆腔，或是别的腔调，只觉得别致有趣。并且别的腔调加入二黄戏中，决不致喧宾夺主。只看昆弋秦徽各调，不是被二黄征服过的么？在二黄戏中，处处叫它们服务，岂不美妙！这足见得二黄戏的伟大，不过二黄戏本身的弱点也因此暴露无遗，它衰亡之道，也由于此。（二黄之亡，必亡于本戏，广东从前所唱的二黄，同汉调一样，不过口音不同，韵味差别，以后因为排出许多整本大套的新戏，腔调的变化渐大，到了目下，便迥然不同了。）因为二黄本身过于简单，要借助别的腔调来替它捧场，那许多腔调，渐次联络起来，便起了革命了。

反二黄弦	西皮弦	二黄弦
上尺工反六	六四五乙上尺工	工合四乙尺
（外弦）	（外弦）	（外弦）
尺工反六	合四乙上尺工	尺工反六五
（内弦）	（内弦）	（内弦）
此名六上调	此名工四调	此名尺合调

二黄的词句，只是用七个字或者十个字的上下句反复相连，这还不如昆曲的长短句。并且还有一种限制，七字句只可分为二二三，十字句就只可分为三三四。因为二黄的腔调是每句分为三小段，唱七字句，就先唱两个字，停一停，接唱两个字又停一停，再接唱三个字，加过门，再唱下句。十字句，则先唱头三字，再唱次三字，临了唱四个字。若是词句的方式变了样，便不能上口（《斩子》中"怒恼杨延昭"四句，不过偶然将七字句去掉头上两字唱唱罢了；《武家坡》中两军阵前遇代战，"代战公主好威严，将我擒下马雕鞍"，这两个下句，也不过是偶然好奇），如此可见它根本组织，是很呆板的。并且每句的落音（就是末一音）有一定，譬如二黄上句的头半句，限落尺字，次半句限落上字，句尾限落四字，下句则限落合字，或尺字，这种限制足以损它音乐上的价值。而且二黄西皮、反二黄，都没有甚么不同，只是由弦上变调来分别罢了。落腔呢，都不出尺上四合四个工尺，行腔无论如何新奇，大体总是一样。西皮落腔稍有例外。

二黄是把里弦当合，外弦当尺，叫"尺合调"。西皮把里弦当四，外弦当工，叫"工四调"。反二黄里弦当上，外弦当六，叫"六上调"。因胡琴弦上的工尺推动，所以腔调的外表，自然发生变化，韵味也随之而异，不过实质始终无甚出入。所以拆穿西洋镜说，二黄戏的腔调是很简的。因为简单，就够不上说表情。（西洋音乐近来很注重用简单的旋律，收深入浅出之效，不过决没有多少年相传千篇一律的腔调，可以当作万应灵宝丹来应用的。）照普通的习惯，反二黄是表达一种悲愤之情，生角之《碰碑》、旦角之《祭江》等用之。反西皮也是表悲哀，因少高亢之音，似专宜于泣诉。（反西皮与旦角之西皮二六极相似，据说是谭鑫培从旦角的二六改造的。）至于二黄同西皮的性质与效用，颇难分别。用西皮的地方用二黄，或用二黄的地方用西皮，都似无甚不可。只是二黄的音节较缓，西皮的音节较紧些，西皮有快板，宜于紧密的对话或供诉，有时且用以解慢板之沉闷。二黄没有这个效用，而西皮的原板同二六板，比二黄也来得轻情流丽些，不过二黄就好似端庄凝重点罢了。

据《二进宫》《乌盆记》《教子》《逍遥津》《断太后》《寄子》等戏看来，二黄是表悲哀的，西皮如《南天门》《探母》《母女会》《投军别窑》等，也有同等的效用。又西皮中的《渑池会》《庆顶珠》《三击掌》等戏，与二黄中的《琼林宴》《搜孤救孤》《独木关》《战蒲关》等并看，可见同样可以表示慷慨激烈之风。二黄有哭头，西皮也有哭头。有人说二黄的哭头比西皮的哭头悲些，这却是很难测量的。而且二黄除表悲哀之外，也可以通常随用，如《草桥关》的二黄，《包公》戏的二黄，《金水桥头》段的二黄，神仙唱的二黄，都没有十分意义。或者说它是较为凝重的，其实不过在习惯上合式罢了。本来西皮虽然用工四调——就是用二黄的尺字当工字，合字当四字——好像比二黄低一个，但是和弦的时候要比二黄弦高一字，结果还是差不多。而行腔的变化，也相去不远，所以彼此有可共通之处。不过二黄是以里弦的四合，配外弦的上尺成曲的，在尺字平呼，及合四低唱的时候，有一种悲凉的音节。西皮是拿里弦的低上尺，与外弦的高五六相配而成曲的，在两根弦上自然成西皮样子的音节，它所缺乏的是外弦尺字平呼、内弦合四低转的韵味，而有高低音相连的一种流走活泼的精神。有时拿里弦的四乙，与外弦的五六相结合，也可以作悲声，如《南天门》《探母》等，颇有沉郁之概。加之它的音节，能紧能慢，所以在戏中应用的地方极广，无论为悲、为喜、为恨、为爱、为风流、为下贱、为庄、为严、为谐，都用得着它。

平板二黄，似乎是表一种风流潇洒之至的，在旦角唱，颇为娟媚，在老生唱也颇流畅。不过在《戏凤》表调笑；在《杀媳》表愤恨；《琼林宴》书房一段表悲苦，出箱时则兼表滑稽。

　　总观以上所述，二黄戏的腔调实极简单，而表情力又极薄弱，应用的范围又复太广，笼统假借，没有严密的规则，它容易流传也在于此，没有价值也在于此。有许多名优，因为二黄本身太简单不够应用，每每就字音之高低阴阳，造些长长短短的新腔，求能在轻重疾徐之间，补救些缺陷。（这种是最高等的，还有莫名其妙自鸣天籁的，更有标新欺世的。）同时更不能不求助于昆、弋、徽、秦诸腔，就是大鼓小曲之类，间接直接，也不能不有所借用。不过大致是生吞活剥的借用，能够消化的很少，以致二黄越发变成了杂烩。直到今日，发生变化越多，二黄的本来面目，渐渐就快消灭了。如上海整本戏里头的五音联弹、九音联弹，改"三三四""二二三"的结构为长短句的对唱，又将乐器的配奏改个形式，这也可以算是一种自然的进步。不过虽然说是长短句，仍不过就原来二黄戏上下句里头，加些衬字或小句，或是将一句分作几个人唱罢了，并没有出二黄原板西皮数板的范围。而且音的短促，组织浅陋，好像背账簿一样，毫无美感可言。然而它启发新歌剧虽不足，毁败旧二黄戏却是有余。如今的人心受了各种压迫，都要求一种兴奋，所以格外不耐沉闷。慢板渐不入时，这种对话式的数板，就应时而生，观众因为没有较好的艺术可以安慰，也就急不暇择，随便盲从，这也是当然的现象呵。

　　以上所说的是二黄戏的歌唱，如今我要拿二黄戏的音乐来研究研究。二黄戏所用的乐器，是大锣、小锣、小铛锣、大鼓、班鼓、大钹、小钹、檀板、胡琴、三弦、月琴、笛子、大唢呐、小唢呐共十四种。照音响学的规定，凡不规则的声音叫作噪音（所谓不规则者，是说声音不能继续，或者能暂时继续，而振动不规则，车声、炮声、碎玻璃声、铎声、鼓声等，都是噪音），有一定之振动数可测的叫作乐音。二黄戏的乐器，胡琴、三弦、月琴、笛子、大小唢呐所发的都是乐音。大小锣、大小钹、鼓板等七种所发的都是噪音。这种噪音的乐器，因无音阶之组织，所以不能成曲，只能交互作响。在戏剧中也不过表示一种节奏，或作一种起唱与停唱的仪式，或指明剧中人的动作，使观客注意，并不能与别种乐音乐器合奏。譬如鼓板，是完全管起止同快慢的。牌子中的锣鼓，如《水龙吟》《将军令》等，好像一种和声的组织，其实也不过用以明节奏壮声势。其余各种的敲法都不过习惯的形式,没有甚么音乐上的意义可言,我也不暇在这篇文字里加以分析。至如《急急风》《水底鱼》之类,说是可表急切与争斗,那是很幼稚的方法。而且锣鼓的敲法,除牌子外,细分起来,大小不过二十种上下。牌子呢,只要是唢呐的,总可以想法子嵌大锣。胡琴笛子的牌子,就来几下小锣,或是小铛锣,没有甚么曲折,只看敲的人合手不合手,熟练不熟练,来分好听不好听就是了。二黄的锣鼓,从古至今,除近来加进了些梆子派(秦腔)的敲法外,没有甚么变化。近十年来的趋势,只是敲得越响越好,武戏常有两天打破一面大锣的。(我还见过打破新班鼓的)文戏的倒板、冲头、脆头等,也以拼命敲打为好。一来是非此不足以壮角色之声威,二来或者以为观众的脑筋麻木,非此不足以资警醒! 大凡打鼓的都是耳朵比常人聋些,竟有上些年纪,就完全听不见的,试问这种轰天动地的锣鼓有甚么价值?

乐音的乐器,只是以胡琴为主,配上月琴、三弦就算是唱工的伴奏。其余如唢呐、笛子,只是吹牌子用的,与胡琴、三弦、月琴不发生关系。笛子虽曾经用作二黄的伴奏,只是终不相宜,不能算正当的办法,如今是绝对不用的了。唢呐二黄,只有神仙偶尔唱几句。小唢呐(又名海笛)的二黄,偶然用于托梦。就吹牌子而论,大唢呐两支合奏,一支润音,一支窄音(如今都用同样的两支)。小唢呐总是独奏。笛子在昆腔里用一支,与三弦、笙相配,在二黄里就两支同吹,这样看来二黄戏里的管弦都不过是单音独奏,胡琴虽有月琴、三弦相配,惜乎主仆之势大明,不能各显其长,也就等于独奏。西皮二黄的过门,都有一定的格式,这种格式的组织极为简单,翻来覆去总是那样几个。有些琴师在过门中加些技巧,也不过随便挤进些工尺,没有甚么道理,于唱者本身更是没有甚么关系。牌子呢,常用的数得出的几个,就这几个也就够用了。有时吹奏的想显些新奇,就从昆曲本子里胡乱抄几支下来罢了,至于于戏情是否合宜? 本来可以无须问的。

可见二黄戏的音乐,不过是一种习惯的形式,而且噪音的乐器锣鼓太多,看得也太重。乐音的乐器,除胡琴与歌唱有重要的关系外,其余都好像奴仆一般,若是锣鼓的胡琴离开了戏台单独演奏,试问能动听吗? 于此可以说二黄戏的器乐,在音乐上不成立。二黄戏的歌唱,也是音乐中之不具者,或发育不全者。不过在古乐沦亡,新乐没有长成的时候,也只好说是慰情聊胜于无罢了。

我对二黄戏的歌唱与音乐的分析，并非过于苛求。然而这种明了简单的野生艺术，在当时很能应民众的需求。创造的人，真有不可及的天才，而且有许多戏编得真好，有些戏编的时候，或者不见得完全，唱来唱去改成好戏的也不少，却是唱坏了的也有。

　　凡属一个时代的作品，总与那时代的思想相照应。二黄戏大半取材于历史小说，有的是创作的，有的是从昆腔或是秦腔戏改作的，还有脱胎于元曲的（如《桑园会》《六月雪》之类）。所以它的思想，不免是因袭的。不过看它的剪裁和编制，也多有别见会心之处。从前有很多人说旧戏演的都是淫杀之事，这却不然。固然二黄戏有些无意识的，也有些原本并没甚么不好被俗伶作坏的。不过总括全体看起来，实在是惩恶劝善与大快人心的最居多数。譬如《孝感天》《天雷报》《生死板》《桑园寄子》等是劝孝友的；《三击掌》《桑园会》《祭江》《孟姜女》《宇宙锋》《三娘教子》等是讲贞操的；《黄金台》《取荥阳》《监酒令》《徐母骂曹》《骂杨广》《南阳关》《八义图》及《关羽》《岳飞》诸戏，是讲义烈崇尚气节的；《渑池会》《将相和》之类，是讲爱国的；《骂阎罗》《八大钟》《党人碑》之类，是表义愤的；至于劝善的则有《朱砂痣》《打金枝》《大赐福》《双冠诰》，种种；惩恶则有《审潘洪》《曹操逼宫》《司马师逼宫》《回龙阁》《铡美案》《打龙袍》《天雷报》等；如《四进士》《六月雪》《钓金龟》《状元谱》《铁莲花》等，是家庭戏。《水浒传》中有些戏及《庆顶珠》《五人义》《连升店》《琼林宴》等，很能描写当时的社会；《马鞍山》劝敦友谊；《摘缨会》《鼎春秋》说的是恩怨分明。二黄戏中最是崇拜勇士同天才，所以对诸葛亮、关羽（如《单刀赴会》）、岳飞、李白、黄忠、赵云等写得非常注重；又最同情的是任侠，所以对于《卖马》的秦琼、《换子》的徐策、《杀庙》的韩琦等，描摹得十分出色。二黄戏最恨为富不仁的，所以对乡绅的专横极端攻击，凡属告老太师及讨鱼的强霸，都是假借来讽刺当时社会的。又二黄戏中的皇帝，素来不居重要位置，除了些昏庸之辈，胡乱拿来形容一下，其余都是些三等配角饰的。只有《上天台》《金水桥》《打金枝》的皇帝，美其能怀念功臣，然而作者的用意完全还是重在功臣身上。富贵忘朋友，在二黄戏中深恶痛恨，《斩姚期》便有马武的打金砖，《斩郑文》便把宋太祖形容得不像个人样。如《挡幽王》《博望坡》《打龙袍》诸戏，已经很有革命的意味了。

中国人从来华夷之辩最是要紧，小说中的卖国贼如秦桧、毛延寿、卢杞、潘仁美若没有旧戏替他们传播，决不能那样妇孺皆知。又如宗教小说《西游》《目连》《封神》诸书，旧戏替它们尽力的地方也真不少。《善宝庄》《蝴蝶梦》是一种宜宣传道教的戏。不过《白蛇传》，我以为有点反佛教的意味，《白蛇传》虽说是报恩，可说是一种爱情的神话。人们看了总是同情于义妖，不免觉得法海有些讨厌，就南极仙翁赠仙草、紫竹真人救许仙等情节看来，似乎道家的气味还重些。本来中国表面是佛教当令，其实在民间道教更流行些。戏里头替道教发挥的地方，比佛教多，也是当然的。（道教在民间比佛教流行，影响也较大，不过平民间只知道敬菩萨，并没有教与教的辨择，与本文无甚关系，不多论及。）

二黄戏中，爱情戏也占很重要的位置，如《红鸾禧》《占花魁》《祝英台》《玉堂春》《花田错》《彩楼配》《穆柯寨》等都是好的。调笑戏中，有许多都是粗俗的，如《戏凤》之类比较好些，不过《戏凤》这出戏，讽刺的意味较深。若是普通人那样调戏妇女，必定挨一顿饱打，还得要送官办他一办，因为是皇帝，所以反以为荣，可见皇帝是尽管做坏事的，这无异于骂皇帝，并不能当它是风流佳话。看二黄戏的讽刺大半都很深刻，但有些出乎人情的地方，不过引起看客兴味的也往往在此。《胭脂虎》《浣花溪》《辕门斩子》都是形容封疆大吏的。如《胭脂虎》里头的李景让，被形容得威既不足以服众，勇又不足以克敌，只会装出矫枉过正的样子，以致激怒部下，弄到没有了结的时候，只得低头于妓女。《浣花溪》中的崔琳，因为媚事佞幸，握封疆的大权，除了夺民女为妾、饮酒观花而外，没有一些本事，等到杨子林造反，变生不测的时候，若是没有侠女任蓉卿出主意杀贼，他是早已不知道糟到甚么样儿了。任蓉卿侃侃而谈的一段话，骂得他不成个东西，若在平时，他还不发脾气？到了慌急无措的时候，也只得心服口服。论这两出戏，《浣花溪》要比《胭脂虎》好些，许多老爷们都以为是帮妓女姨太太说话的戏，所以很表同情，实在有趣。《辕门斩子》的杨延昭，自己也是曾经阵前招亲的，他对儿子偏要严厉地执行军令，谁保都不行，母亲的话也不从，一听见强敌穆桂英来了，便手足无措，岂不可笑吗？还有《珠帘寨》，是说朝廷有贤才不用，已经成了偏安之局，一旦国家有事，又派人前去敷衍借兵，那使臣见了珠宝不能使之动心，交情又说不出，结果只好走内线，求助于人家的妻妾，一何可笑。至于说李克用怕老婆，不过带着嘲笑那些妻妾干政的人物罢了。所以我疑心当时编这种戏的时候，或有所指也未可知。又这几出戏的女角，都处在枢纽地位，二黄戏中，女将出色当行是很多的。

二黄戏在编剧艺术上有价值的也不少，待我举几出戏来说说。例如《庆顶珠》（又名《打渔杀家》），编得何等紧凑，桂英上船唱的："太湖石边把网撒，江水照得两眼花，青水绿水难描画，那一个渔人常在家？"写景写情都好。萧恩接唱："父女打鱼在江下，贫穷哪怕人笑侩！桂英儿掌稳舵父把网撒，无奈我年迈苍苍气力不佳。"桂英说："爹爹年迈河下生意不做也罢。"萧恩说："本当不做河下生意[1]，只是我囊中……咳！"说到此处，桂英长叹拭泪，萧恩说："傻孩子，不必如此，将船摇到柳荫之下，为父要凉爽凉爽。"于是他们将船摇了过去，萧恩又说："儿啊！将今晨打的两尾鲜鱼烧熟，为父要吃酒。"这父女二人的身世，于此可见。他们失望的悲哀，在末后几句话，完全表现出来了。一会儿李俊、倪荣来访问萧恩，倪荣要试试萧恩的气力，被萧恩一手架住，这下就可以知道萧恩是个精于武艺的汉子。他们坐下喝酒，丁家催讨渔税的来了，萧恩只得说鱼不上网的话来敷衍他，却怒恼了两位朋友，将那人叫回来，说了几句硬话。在问他"有无旨意公文……"简单几句话里，我们便早知道是一种乡绅专横的事。而在催税之先，来一人偷看桂英，有轻薄之意，及萧恩问他："做甚么？"他只好推说问路，问他问的是哪里，他便推说是问丁府。这种烘托与介绍的笔法，实在有力量。倪、李二人与萧恩的对话也很好，他们问萧恩为何那等软弱，萧答："他们的人多。"倪、李说："我们的人也不少。"萧说："他们的势力大。"倪、李说："欺压俺弟兄不成？"萧说："这就难讲话了。"这些地方，可以看得出萧恩是一个老于江湖阅历深沉的人，不免有点暮气了。倪、李二人去后，桂英问："二位叔父是谁？"萧恩唱几句，追叙二人的身世，很为自然。这出戏第一场丁郎儿到河下催渔税，是表明绅衿丁府借托知县鱼肉乡民的暴行，这对于萧恩是一次催逼。教师爷到萧恩家里去是二次的催逼。在这里，写教师爷怕萧恩，可见萧恩虽然流落江湖，人家不敢

---

[1] 原文为"生理"，根据上下文分析，应是"生意"。——编者注

把他当作普通的渔夫看待。萧恩在头场的态度，只想是打鱼养家口，多一事不如少一事，到了丁家派出教师欺负到他头上来了，他也不能不施展些手段，为正当防卫，便把他久经沉寂的英雄气概复活起来（萧恩即梁山阮小七，见《续水浒》），他说："……江湖上叫萧恩不才是我，大战场小战场见过了许多，我好比出山虎独自一个，哪怕你看家犬一群一窝，你本是奴下奴敢来欺我……"

他说着打着，那教师只好望风而逃，却是萧恩虽然打个把教师爷不在话下，他如何能够敌得上丁府的势力？他只想到县衙抢一个原告，他明知法律不能够保障平民，也不过希冀县官在公事上不敢公然枉法，那他闯的祸也就可以暂时了结。谁知又经一次压迫，那县官不由分说地打他四十大板，赶出衙门，还要叫他当夜到丁家去谢罪，慢说他是个昂藏的男子，不肯这样受屈，如果他顺从了，试问以后的日子还怎样过？所以逼得他无路可走，势必被迫杀人。他与桂英的父女情，从桂英倒茶起，到同去报仇止，写得十分充足。他父女有如此的深情，所以从来都是隐忍，直到挨了板子，他觉悟到生活不自由，纵然是父女安居，还有甚么生趣？只得狠狠心，父女二人，同去冒那危险，不自由，毋宁死！这出戏我当它是弱者的呼声的，这出戏从打渔起到杀家止，是完完全全一出好戏。人家问我《打渔杀家》整本是怎么样的，我必然说，这就是整本，若必如秦腔班里演到桂英投河遇救种种，那就索然无味了。

《卖马》这出戏的主人公是秦琼。我们若要研究这出戏，势必看他如何描写秦琼。那州官不肯批回文，似乎对公事很要紧，等到绿林王谢去一张名帖，马上就批，可见是个浑蛋，拿浑蛋来陪衬一个落魄的英雄，煞是有趣，这就是这出戏大体的结构。却是那州官蔡大老爷并不出场的，想秦琼受了州官的留难，困在客房之中，受小人许多闲气，自然有无穷的感慨。像店主东那种市侩，哪里有甚么慧眼识英雄的本领，他只知道开店逼房饭钱，是天公地道的。以落魄的英雄，遇见市井小人有甚么话可说？所以秦琼对店东，做出些无赖的样子，不过借此排遣，这便是描写最工的地方，及至店主东实在等不及要出去喊叫了，他也就无可奈何，只好牵出自己的爱马去卖。英雄的志量，正同骏足的前程一样，试想羁旅中被人瞧不起的英雄，要卖去自己的爱马来清口腹之累，是何等伤心事？无怪唱词中有"两泪如麻"之句。而末了"摆一摆手儿牵去罢，不知此马落谁家？"两句，越觉得悲凉慷慨，寄情深远。偏偏马的草料不佳，饿得瘦了，千里之驹，人家只当是下驷。英雄在风尘之中，何尝不是一样。店主东将马牵了去卖，没人要，再牵回来，于是把秦琼的感慨，写得十分充足。那时秦琼的马，被单雄信看见、赏识，称赞他是天下的良马。秦琼见人家称赞他的马，便好比自己得了知己一样，何况单雄信又提起他的名字，有仰慕之意，怎不叫秦琼倾心呢？所以听见单雄信的哥哥被人射死，便毅然将马送与了他，一来是秦琼求知己之心甚切，遇见知己，便不肯轻易放过，二来也是他侠骨热肠的表现，他居然能把店主东的逼迫完全忘记，这正所以能表示他伟大的心理。及至见了王伯当、谢映登，他唱的"……认得他人是响马，无有牌票怎能拿……"等句，是表示英雄无用武之地，而王、谢二人，却真是秦琼的知己，能在他困顿之中联络。在赠银分手的时候，秦琼居然说："……二位贤弟响马放，纵有大祸我承当"，这不是因为一饭之恩可念，而是风尘中知己难得，并且他还有一种觉悟，就是与其替贼官当捕快，不如与绿林做朋友，于此可见作者之用心。

《捉放曹》结构颇好，自捉放至杀家宿店，气势朴茂，有两处不与演义相同的地方，颇可注意。演义说曹孟德去访吕伯奢，戏中则说孟德不认识吕伯奢，是吕伯奢在道旁叫孟德，觉得吕伯奢来得太突兀，本不无几分可疑之处，而孟德之杀吕一家，为自卫之计，情有可原。这出戏本来立意写英雄的伟大，这种地方简直表示出作者同情于曹操。剧中的正角是陈宫，却是他处处描写陈宫，处处贬抑陈宫。试看陈宫那些长篇大套的埋怨话，若在普通人听来，或者以为有些道理，要讲给持超人态度的曹孟德听，那就只觉得麻烦啰唆，完全废话。所以直截痛快说他是言多语杂，曹操不理他，他说曹操是井底之蛙，这分明是作者说陈宫是井底之蛙，深叹他见识浅薄，庸碌无用。到了宿店，陈宫拔出宝剑，要杀曹孟德，唱词"拔宝剑将贼头割下，险些又把事来做差"两句，写陈宫犹疑不决，非常明显。照演义是陈宫说"吾为天下跟他至此，杀之不义"，在戏中偏要说是"我若一剑将贼杀死……岂不连累店家……"，这分明是拿滑稽的语调来形容陈宫的庸懦，乃越觉得曹操是可儿。可见这出戏，表面上的主角是陈宫，精神上的主角是曹操。把陈宫写得庸懦越充足，曹操的面目才越显得出来，这可见作者有力量。若以为作者是同情于陈宫，那就被作者蒙骗了。本来陈宫激于一时义愤，放走曹操，原算不得曹操的知己。及至看见曹操杀人那般辣手,以为将来必为天下之患,想趁他睡的时候,杀了他,以除后患,忽然又转念杀之不义,这不过是怕天下人说他不义,并不是他认为杀曹操是一出不义的事。并且他自知不是曹操的对手,不敢与他共事,所以左思右想,只好走开,他以为替自己打算周密,谁知他日后竟死于操手。这是他性格的悲剧。《捉放》一剧,可为对既不能合,又不受命之人的棒喝,于是我便联想到祢衡身上,让我来谈谈《击鼓骂曹》罢。

《击鼓骂曹》一剧唱词颇好,以"丞相已用恩非小屈为鼓吏怎敢辞劳"一段为最佳。首两句见其郁怒之极,故示镇静。"出得帐来微微笑,孔大夫做事也不高"二句,已足见其目空一切。"满腹经纶空怀抱,有志不能上九霄"二句,自叹身世,深恨无以自见。前段中"有朝一日春雷动,得被风云上九重"何等自负?至此受挫,所以表示失望。到"越思越想心头恼,施一个巧计骂奸曹"便急转直下了。此剧的宾白,大体直抄演义。只有曹操让他去说降刘表,照演义是祢衡不肯去,曹操叫人扶掖之而行,并令百官送之,祢衡下马,荀彧等端坐不为礼,祢衡大哭。在戏中却是祢衡自己认错,长揖而去。我常怀疑他为甚么要这样做?有一天我同洪深君谈及,洪深君说:"这就是他的好处。祢衡本不过是个狂士,恼了他,他会骂人,甚至拼命,不过也容易为人所用的。"我听了他的话,回来仔细想了一想,觉得《击鼓骂曹》这出戏的作者,别有会心。据《祢衡传》说祢衡少有才辩,而气尚刚傲,骄时慢物。像祢衡这种人,可以做诗人,可以做艺术家,决不宜做政治家、军事家。况在当时群雄割据之秋,狂士更从何处立足?然而祢衡既恃多才,也未尝不想有以自见。所以他的朋友孔文举才荐他出去。此戏的作者,根据这点,以为祢衡恃才傲物,无自知之明,而有自见之心。所以出场几句唱词,就说"平生志气运未通,似蛟龙困在浅水中。有朝一日春雷动,得被风云上九重"。上两句写他的狂,下两句直说他弹冠待荐。他明知曹操是奸臣,孔融荐他,他居然见了曹操,又居然由着曹操送他投刘表,又由着刘表送他投黄祖。可见祢衡不过年少气盛,恃才傲物,于出处之间,并没有分寸,所以戏中竟说他向曹操表示服从,不仅是因为场子上的便利(若做荀彧等送行便要多做一场)。平心而论,祢正平的名言"大儿孔文举,小儿杨德祖"云云,不过是他恃才看不起人的一种表示。他年纪本轻,平生于经国大计,只怕并不怎么留心,所以也没有怎么发表。曹操因此也不过以狂士待之。正平自命坚贞，如何能忍？势必出于一骂，骂的词句，我以为还没有陈琳的檄文来得中窍要。并且我还揣想假使曹操居然以国士之礼待祢衡，祢衡是引曹操为知己呢，还是仍然大骂一顿呢？就《击鼓骂曹》作者的眼光看来，若是曹操加祢衡以礼貌，祢衡必为曹操所用。只是祢衡始终是要被杀的。

花旦戏，如《乌龙院》《杀媳》之类，都编得很好。请看《坐楼》《杀媳》两场，多么紧凑。两个人在台上那么久，毫不觉得絮烦，这就可见作者的本领。其中科白，句句针锋相对，所以处处能引人入胜。这出戏深贬阎惜娇，然而写宋江无赖也不弱。想宋江不过在荒旱的时候，用三十两银买一个女子，便想玩弄她一生。阎惜娇看出他这个意思，心中不甘，便也存了个玩弄宋江之心，在宋江以为自己是衙门的人，又是结交绿林的好汉，难道还怕一个女子？况且她是出过三十两银子买来的，还不能由着自己的兴儿玩吗？谁想阎氏偏偏是个坚决的女子，她所不爱的人，她便不客气，任凭怎么样她都不理。她既爱上的人，她便死也不变。看她决然毅然容纳张文远，决然毅然与宋江翻脸，多少大胆，以后得着了梁山书信，她便下最后的决心。宋江在坐楼一场，发急的时候说"三十两银子将你买……"，肺肝如见。杀惜一场，阎氏逼着宋江写休书，便是针对这句话。并且更进一层，叫宋江写休妻阎惜娇，不许写休妾，在百忙中争一个"妻"字，可见阎氏不甘供宋江玩弄，这是作者独到之笔。到后来，阎氏不肯还书信，宋江决计杀人，都是箭在弦上，不得不发。可见男女不相爱，强勉凑合，是危险的，何况胁之以恩，临之以势，欺之以诈，遇见不甘受的女子，祸机便一发不可制止了。可引宋江以为戒。我对于这出戏编制的技术，颇为满意。其余如《得意缘》《红鸾禧》《花田错》等都各有各的好处，只是《翠屏山》《打樱桃》《双钉记》之类，真一无可取。

二黄戏中，好戏还有不少，也有些是瑕瑜互见的。因为交卷的时期近了，我一面还要忙我自己别样功课，暂时不能一一提出加以批评，只好不避挂漏之讥，随便就着想起来的几出说说以见一斑。总而言之，二黄戏由典丽进于通俗，由束缚的进于自由的，由贵族的进于平民的，尤以编制的简单、明了、紧凑、经济，比昆曲好些。可惜二百年来，毫无进步。一来旧时伶人未免过于敝帚自珍，不肯公开研究。二来有学问的人，不屑专心研究使它发展，而俗伶乏识，不能将原有的缺陷补起，反将原来的好处湮没，票友诸公，不过一时高兴，唱着玩玩。没有人当它是一生的事业，或者较量锱铢，失其大体，以至于二黄的真价溢贬。老树上不发新叶，它的寿命也就自然短促了。

  如今二黄已经近到破产了。固然不妨当古物一般将它保存，不过也无须惋惜。因为它虽有些好处，已是过时之物，现代的社会决不以这种艺术为满足。我们很热烈地期望有新艺术产生，决不希望费些无谓的光阴去在朽木上加以雕漆。旧戏所靠的是习惯上的符号（如脸谱马鞭及舞蹈式的动作等），若是去掉了这种符号，旧戏便不成立，所以我以为若要保存旧戏，无论是昆腔戏、二黄戏还是秦腔戏，应当照它原样一丝不苟地保存。并且添编新作，也要完全用它的公式。（有多少人拿写实派的眼光来看中国旧戏，那是错的，有人说旧戏的符号式的动作是象征派，那是格外可笑。）若要创造新歌舞剧，便需新出机杼，旧式的公式要完全抛弃，只可借各种好处的精神作为一部分的基础罢了。譬如各种好的旋律，可以采取来制我们的新歌新乐；好动作，可以采取来制我们的新舞。（武戏在二黄戏中占很重要的位置，二黄戏因为有了武戏壮了不少声威。武戏的动作，虽然出自武术，不过精神形式上都大不相同，武术是用以克敌，武戏只求美观。如《虹霓关》等戏的对枪，《珠帘寨》等的对刀，都可以当一种舞蹈看。并且打把子的步伐，都有一定，原经作成合于舞台用的。若用真刀真枪，只求快捷惊人，便失了原来的意义了。中国古舞已亡，武戏颇有可采以制舞者，但是无论昆腔二黄，都有歌舞相兼的形式，如《思凡》《佳期》《游园》都可算一种轻歌曼舞的歌舞剧，这种可以谓之软舞，二黄戏中只有《醉酒》，然远不及《思凡》《游园》等之自然。）只是改革的话，是要真有了新作品方能言之有据，这里略提一提，不过表示二黄戏此后的位置罢了。

汉口的花鼓戏[1]

汉剧是湖北的产物，而京剧则从汉剧中应运而生，随着京剧在汉口盛行，汉剧就开始逐渐走向衰落。因为京剧有优于汉剧之处，且被清代的王公大臣所提倡，所以其普及性极强。任何一种新艺术都必有其根基，在新者完成之际，旧者就像脱壳一般被完全淘汰。京剧兴，汉剧衰，亦是这个道理。我对汉剧没有深入的研究，故不能将其详细分析并同京剧比较，但汉剧的音调比京剧沉稳，京剧则更为嘹亮。用于京剧的字音虽有中州韵，但多为湖广音，且其中夹杂着几分京味，听起来十分顺畅入耳。此外，京剧唱词短小精练，而汉剧仍保留着108句唱词的旧习。（但汉剧若非这样唱，其灵魂便失。且京剧比汉剧音调高，因此不能多唱也是一由。）另外，汉剧颇具地方特色，因此不易普及。湖南与湖北接壤、交通便利、语言相似，但湖南的汉剧已与湖北不同，由此汉剧不易普及的特点也可窥见一斑。而京剧得以普及的原因在于其极具特性，拙稿《谈二黄戏》一文曾对此进行过研究。北京是首都，普通话又以北京语音为标准，因此也存在戏剧中竞相模仿北京话的情况。而湖北话不是普通话，所以湖南人用长沙话唱汉剧，随之也就变成湖南调了。但京剧却与之不同，需要用京调来唱，绝不会随意用湖南调唱京剧。进一步说，北京话之所以成为普通话，当然有其特色。京音和所谓中州韵相结合的一种字音最适合唱二黄，这一点事实上也很难改变。

二黄戏近年来也已发生变化，或许在未来它的形式和内容也将会逐渐淡化，只留存在我们的记忆中。如今，正处于旧者将死而未死，新者将生而未生

---

[1]【题注】本文作于1928年，载于1929年7月《满蒙》。

的过渡时期，北京改名为北平，二黄戏失去了帝都这一偶像屏障后，也蒙受了不少损失。再者，南方兴起的新艺术在经过数年的稳定发展后，也一定会培育出灿烂的花朵。

二黄戏虽然发生了很大的变化，但汉剧依然原封不动地保留了下来，一些湖北人仍喜欢汉剧，我们看了也会觉得有不少优点。他们通常最重视诸如《天水关》这样的戏，也十分重视丑角戏和须生戏的唱腔。他们不像京剧二黄般注重亮相，举手投足间都很僵硬，不如京剧那样轻快流利。同时也不像京剧般注重武戏，他们关注的重点在于唱和做，只是附带注意打。他们的黑头完全不发声，花脸侧重于喊叫，我没有听到过唱得好的。但在作品方面，实在有二黄戏所不及之处，如牡丹花的《活捉三郎》《打花鼓》，比二黄戏的都好很多。因为《打花鼓》本不是二黄戏，所以汉剧的音韵同二黄相比，有一种二黄没有的非常自然幽雅的韵味。我把我的意见告诉了几位汉剧狂，他们非常高兴，大谈汉剧的复兴。但我认为，与其提倡汉剧，不如改良花鼓戏。下面就姑且不谈汉剧，来谈谈花鼓戏。

花鼓戏起源于一种牧歌。但与其说是牧歌，不如说是山歌更好。牧歌是牧人的歌，而山歌则不限于牧场。花鼓戏里的山歌只有插秧歌和采茶歌，并未听说有牧歌。采茶和插秧都是春夏相交之际，那时的男女皆唱恋歌，互求慰藉。他们唱歌形成了一种新曲调，后又出现了戏剧组织，于是便有了花鼓戏，因此我们又称花鼓戏为"采茶戏"。这些花鼓戏多半是描写乡下人纯粹的恋爱、野合等事。不过乡下的女人喜欢听街上的声音，如"十打""十条手巾"等，那是街上的手艺人、听差等以自己的见闻广为荣，或者讲些城里的新鲜事来打动村里女人的心。表演时极富肉感、不惧粗俗、真挚痛快，有可取之趣。如"郎脱布衫姐垫背，姐攀竹叶郎遮阴"，这是何等艳丽的场景，又如"郎坐东来妹坐西，二人好像是夫妻唉……唯要是相好的！"这是在描述如果只是喜欢，不一定非要结为夫妻。诸如此类有很多值得采纳的恋歌。

采茶戏里没有任何历史人物。除《张三盘姐》《李四反情》《址笋》《采茶》外，还有一些取材于传说的，如《吴艳花》（此传说在浏阳乡间十分盛行，别处不闻）。《梁山伯与祝英台》《蓝桥汲水》之类的又是讲述男女相悦之事。此外，还有描写家庭琐事的《小姑贤》，其他还有诸如《瞎子闹店》《和尚化缘》等滑稽剧。

  浏阳的采茶戏和其他县的别无二致，腔调也几乎相同。我观赏过浏阳的采茶戏，但其他县的只是听过。该如何形容其腔调呢，我非常喜欢《阳雀歌》的锐气、《十匹绸》的柔慢。此外，《十条手巾》《十杯酒》《十送郎》等也都十分有趣。我小时候看过一次没明白又看了一遍，但随后官府严禁淫戏之后就看不了了。要想看就得深夜下乡，他们表演的地方也很隐秘，往往走数里路也不一定能看见。但乡下的农民却以此为无上的娱乐。特别是女人们像疯了一样，一边煮饭一边唱歌，或把油倒翻在饭锅里，还有人把自己的筷子扔向舞台的演员，劝他们不要唱采茶戏。此外，说到装扮，很多村里的女人都把自己的好衣服拿来借给演员穿。演员大半是农民，既没有正式的组合也没有师父。但表演时间久了就成立了组合，城里的绅士也经常秘密邀请他们去唱歌。一旦有人告密被官府查问，只有演员会遭殃，绅士却安然无恙。还记得我十几岁的时候，衙门里捉了一个唱花鼓戏的组合，当差的大怒，把一个演员鞭打了数十下，还剃了头、涂了脸、套上枷锁让他站在衙门前。我心想何必如此呢，要是能救他就好了。但后来那个演员受到大家的怜悯，随后成了名角，这难道不是一出悲喜剧吗？现在姑且不论这些，我想介绍一下湖北的花鼓戏。

  我们只听说二黄戏的发源地是黄陂、黄冈。但是花鼓戏也是黄陂的名产！虽然我们常说湖南的花鼓戏，但其却不及湖北的。湖南花鼓戏虽规模逐渐扩大，但仍未走出山歌的领域，没有成型。而湖北花鼓戏已有独立的风格，其不仅腔调与湖南的不同，音乐也不相同，湖南花鼓戏使用锣鼓和十二个胡类乐器，而湖北花鼓戏除锣鼓之外，完全不用其他乐器。其在唱时如高腔一般，一人高声唱到断气时，舞台上的人齐声唱出尾腔，而湖南花鼓戏完全不用帮腔。

  湖北花鼓戏的腔调分为四种，即"四平""纽绿""悲腔""迓腔"。这四种腔调有紧唱和慢唱之别。"四平"与二黄戏的四平调——又名"平板"不同，属两种不同类别。二黄的锣鼓中有名为"纽绿"的，且"探亲相骂"的曲名为《银纽绿》，但都不是花鼓戏中的"纽绿"，至于其在历史的命名上或在内容上有什么共通之处，我还没做具体研究。"悲腔"是完全模仿湖北女人的哭声，一天清晨，我听到一女子对着丈夫哭泣，那有条不紊的旋律完全如同花鼓戏的声音。至于"迓腔"，其来源甚古，自宋代便有所谓"迓腔戏"一说，曲牌中亦有"乡里迓鼓"一名，花鼓戏大概就是迓腔戏遗留下来的。"迓腔"一词可能让人联想到迓鼓，但因为并没有文献证明二者的关系，所以我们无从得知。很遗憾我没有时间去考据这些问题，打算等将来再做研究。湖北花鼓戏的题材与湖南的相同，多半是民间的传奇故事，此外还有若干传说和家庭琐事，从许多方面都可以了解到平民社会的生活和风俗。而二黄戏很早就脱离了民众，因此在这方面二黄戏远不及花鼓戏。此外，湖北花鼓戏的资料之丰富、组织之完善也是湖南花鼓戏所不及的。作品的某些地方内容十分详细，动作也栩栩如生（当然也有些地方令人啼笑皆非，特别是以小丑居多），所以人们多为之动容。至于唱的方面，其声音非常自然，特别是扮女人的演员会捏起嗓子唱，努力学着让自己完全像女人一样，所以其腔调也很适合女人唱。而且腔少，字字相连，词句通俗，每一句都是合情合理的白话，只要明白湖北话就知道台上唱的是什么，这比把双腔拉长，抑扬顿挫地唱要好很多。而且声韵也很风趣，有些声音非常有吸引力，理应充分发挥其魅力。

有段时间花鼓戏在湖北也被禁止演出，只有法租界允许开演。革命军进入汉口后，花鼓戏才得以在各游戏场所流行起来，值得纪念的是前年李之龙创办血花世界时，改编《思凡》献给花鼓戏班演唱一事。

近年来，花鼓戏又变了样。在内容方面，去掉了肉感的部分，甚至舍弃了情感丰富的地方，增加了许多复古式的劝忠尽孝和鼓励真节的内容。花鼓戏为了适应现在的社会而不得不这样做，因此也演过不伦不类的《屈原投江》和卖身葬父的董永的故事。且在很多方面开始学京剧里穿厚底靴、带髯口，有时还会持马鞭，做得非常正式。自以为是进步，结果暴殄天物、出卖灵魂，实在是惋惜。

如今花鼓戏在音乐方面也不再使用帮腔，而是用两支京胡伴奏。我赞成使用乐器，尤为赞成再增加些除锣鼓外的其他乐器。但京胡与其甚不协调，且即使使用乐器，也可继续采用帮腔，甚至在合唱时尤其不能欠缺。我认为废除过去的锣鼓，改用京剧中小腔尖音的班鼓，甚至使用苏锣小水钹给人感觉很不协调。

若以音乐和戏剧之秤衡量，湖北花鼓戏会比原来多出很多缺点。如今恰是在其转变之际，倘若有很好的专家指导，丰富其内容，美化其形式，去芜存菁地彻底改造一番，花鼓戏便值得一看。所以我若去汉口就一定会去看。我上个月去的时候全汉口的花鼓戏班自发集合起来，为我展示了一些戏剧供我研究，我非常感谢他们的心意，也非常钦佩他们的上进心。他们不安于现状，想做很多革命性的工作。研究戏剧的朋友们！这是件多难得的事啊！

只有老圃的西舞台一处有汉口的文明新戏。我一进去就看到了《咖啡店之一夜》《少奶奶的扇子》《父归》等招牌，这是艺术的招牌。不过我听说到目前为止，《少奶奶的扇子》只上演过一次，有人说："这些招牌和我们革命军的标语一样，华而不实。"原来如此，演文明新剧的都是下江人，说的都是湖北话，所以不被理解。至于正在上演的戏，则比笑舞台、民鸣社时代的新戏还要倒退很多。整首曲子都很奇怪，为什么会变成这样呢？真的甚是遗憾。

在汉口，历来没有外行的新剧团，但从去年起终于成立了"北辰剧团"。其中的演员多是在汉口有职业的青年，且尤以宁波籍居多。主任是某位女士，还有两名女职员，十几名男职员。据说他们演过歌德的《克拉威葛》，但我没读过这个剧本，上次他们在妇女慰劳会上再演时，我本想去看，但非常遗憾的是我自己有戏，刚好时间冲突不能去。随后听很多人说他们的演出非常成功，男女演员都表演得非常忠实，没有一丝缺陷。我听了人们对他们的评价，又看到他们众多职员坚定活泼的态度，听了他们精辟透彻的理论，心想这正是湖北戏剧界的新兴势力。他们只要坚持现在的努力，就一定会绽放出无限异彩。在寂寞干燥的汉口，也正应开此花。社会群众也须将其保护，剧团的发展亦是群众的利益！

怎样完成剧运？

——告广东剧艺实习班诸生[1]

亲爱的同学们！你们到这里来学演剧，你们是想做一个舞台艺术家，决不是只想做一个普通的戏子，做一个大老倌就算满足。

你们是要替民众喊叫，不是为自己的金钱喊叫。

你们是想完成戏剧运动来做革命者，不是为自己享乐好玩。

你们是不是抱定以上的宗旨来的？如果不是，你们就来错了；如果是，你们就要尊重以下的几个条件：

一、要有健全的身体——戏剧是身体的艺术，身体不好，戏也就演不好。所以凡属妨碍身体的习惯，要切实改正。嗜好，要绝对的禁止。

二、要有坚强的志行——无论甚么事都要立志，这是谁都知道的。可是"立志"不是讲空话。是在乎能认定一个目的，百折不挠地向着它走。我们既是做戏剧运动，就要百折不挠地去求完成这个运动。无论甚么苦难都不能阻止我们的进行。一切的引诱也不能使我们变节。这才显得我们是能立志。"志"是要"行"来证明的。

三、要能勤勉耐苦——戏剧和其他的学问是一样，并不如普通人所想的那样浅薄。学问无穷尽，戏剧也无穷尽。一知半解便自满足，这是自己的损失。一曝十寒，更决其无成功之望。一两次试演，人家原谅你是初学，往往给你捧捧场。有许多人以为这就是自己天才卓越一步登天的成功，以为演戏不过如此，这样误了终身的不知有多少！我见过许多青年演员因为懒惰而断送一生，实在可叹！一艺之成，都要煞费苦心，何况我们这种改革运动呢？

---

1 【题注】载于1929年9月27日《中央日报》。

四、要认清途径——学戏剧的人有好几种。第一种是职业的。不管所学的是甚么，只要赚得到饭吃就行。旧戏伶工都是如此。第二种是觉得演戏是一种时髦事。别的学问难于自见，就借演戏来作招牌。爱出风头的青年们多半如此。第三种就是拿演戏当精神的避难所。以为演戏是一种隐沦之事，借此可以避世绝俗，也可以笑骂佯狂，名士派的失意者如此。第四种是只求怡情适性，自己好玩。这当然不与戏剧有甚么相干。还有一种呢，就是烦闷青年，想借演剧宣达其抱忧之气，并不是对于戏剧有了解和决心，完全不过为自己。还有呢，就是很爱好戏剧，兴会所至偶然干一下，兴会不来就由它搁起。

以上几种干法，在戏剧运动的立场看起来，当然是根本错误的，我们要认清以下几点：

戏剧运动是革命运动。

戏剧运动者是革命者。

戏剧运动，是循着一定程序策略，去推翻旧时的戏剧，来建设适时代为民众的戏剧的事业。

所以，颓废软弱之辈，不配做戏剧运动；头脑腐旧者，不配做戏剧运动；没有牺牲精神的，不配做戏剧运动；性情享乐者，不配做戏剧运动！

做戏剧运动要认定最后的目的，有坚强的主张。要实现这个主张，就要有不断的努力。中途变节，不仅败事，而且是大耻！

戏剧运动要有稳固的团体，我们无论谁，都不过团体中一个小枝干。私心自用，是戏剧运动的大敌。

亲爱的同学们！你们不要懒洋洋地靠着枕头去咒骂环境。正因为环境不好，等待我们去攻破。正因为社会不洁，才用我们去使之净化。

我们希望脱除了人类重重的枷锁，我们放胆大声地喊叫，叫破这沉闷阴森的空气！

亲爱的同学们，你们的声音太微细，你们的气力太单弱，你们应当蓄积力量，力量充足时，方能发出洪亮的声音，方够得上替民众喊叫。

怎样蓄积力量？不外是自爱，爱艺术，爱团体。——自爱便能得到健康的身体，坚强的志行；爱艺术便能认定戏剧的神圣，不会当戏剧是游戏；爱团体便能采取一致行动，去实现我们的事业！

我们现在正是作预备功夫的时候，在这个时候，最要紧的就是要步调整齐。此时步调不整，将来必定凌乱不堪。

现在我们所做的功夫不过分两项：

一、研究。

二、实演。

根据我们的宗旨，循着预定的途径，一步一步往前走，光明就在前面！"临渊羡鱼不如退而结网"，正是这个时候。亲爱的同学们，打起精神向前罢！

广东戏剧研究所第一期的工作[1]

广东戏剧研究所是广东省政府设立的戏剧研究机关。

本所以研究的态度，谋戏剧上之新建设。

所谓戏剧上之新建设是甚么？就是：适时代为民众宣扬文化的戏剧。

目标既是定了，主张自然一贯。

新戏剧的建设：是整个的事业。求这个事业之促进，就应当有一个整个的运动。

现在运动已经开始。既经开始，就不会停止，只有一天一天增加动力，扩大范围。

社会上由因袭观念而来的阻力当然很多；各方面发生误会也自不少；麻木的环境，不容易引起反应，尤其是事实；但是无论如何，运动开始了，终有一日弹响了人们愁封恨里[2]的心弦！

现在要问怎样去研究？这不外分以下两次：

一、历史的。

二、比较的。

一方面从戏剧史上看清戏剧发达的线路，便知道现代戏剧应当怎样。

另一方面从各国民族的戏剧，加以比较观察，归纳起来，便知道我们的戏剧应当怎样。

研究的方法如此，运动的进行又当如何？

---

1 【题注】载于1929年10月31日《民国日报·广州》。
2 原文如此。——编者注

第一，集合专家——在中国，戏剧专家实在太少。有几个都分散在各处集合起来很不容易，或者因种种关系甚至不可能。不过所谓专家，不必求其万能，只要有专长偏好，最要紧是其集合之道，不纯因物质的报酬，而在精神的团结。

第二，养成演员——职业的旧剧演员，为职业所束缚，没有余裕来受新的训练，临时集合的演员，又难得专门素养。所以养成演员为要务之急。

第三，发行刊物——如杂志周刊之类：一是记录研究的过程；二是和社会通消息，而促其注意；三是以沟通世界戏剧界之声气。

第四，建筑剧场——戏剧是要有舞台才能实现的。没有舞台便好比鸟没有翅膀一样。现在所有的舞台全不适用。就便适用，不能自由支配，便和没有舞台一样，或者还更坏些，所以非赶紧建筑新剧场不可。

第五，奖励创作——介绍外国剧本以资观众，是第一步的要着。同时应奖励文学者多致力于剧本创作。

除以上五项之外，还有一件也是很紧要而尤其是很难的，就是改革音乐。这一层在这个短篇中不能详说。总之，中国音乐，古乐已亡，今乐不能成立，实在太惨了。非有新的建设，也可以说是事关荣辱。这不仅是戏剧中重要的事，而且是重要的国事。

以上所举的几件事，没有哪一件能够说先办或是后办的，非同时并进不可。

照目下的情形，我们的处境实在是很困难。不管它，一步一步撑持着前进！回想本年二月十六日行过成立礼，后因为修理房屋，招收学生，到四月一日才得开学，开学后不到一个月，就战事发生，奉令停办。到六月底恢复，可是经费比从前减少一半。物质方面，所受的限制当然更大，只能以更积极的精神来弥补这个缺陷。

停办以前的工作，因为停办的缘故，全部中断，不能算数，也难以照旧继续。恢复以后，一切都是重新做起。在最近三个月中，表演方面，计共演剧五次。

在中大礼堂一次；

露天一次；

在本所公演二次；

在本所私演一次。

出版方面，月刊《戏剧》已出三期，第四期即日出版。周刊已出十期，现已从事大加刷新。

学生方面，剧艺实习班三个月第一期授课期满。目下正恢复演剧学校，继续训练。以后想再办一个戏剧文学系，专授戏剧理论及编剧术。

音乐方面，不久当由马思聪先生来组织乐队。

我们预定的剧目，列表如下，以后当陆续公演。

话剧：

1.《金丝笼》（陈楚淮作）、《屏风后》（予倩作）

2.《茶花女》（小仲马作）

3. *Marih Magdalena*（《木匠的儿女》，赫伯尔作，予倩改译）

4.《新结婚的一对儿》（卜尔生作，春冰译）、《手套》（卜尔生作，如琳译）

5.《群鬼》（易卜生作）

6. *Liebelci*（Schnitzer 作，予倩译）

7. *The Trush*（Fitch 作，顾仲彝译）

8.《梅萝香》（Engshe Walter 作，顾仲彝改译）

9.《亚杰门王》（Dunsany 作，马彦祥译）、《失去的礼帽》（Dunsany 作）

10.《到底还是爱》（谷崎润一郎作，予倩译）

11.《有家室的人》（高斯华绥作，春冰译）

12.《死之跳舞》（斯特林伯作，予倩译）

13.《白姑娘；黄金炼；循环进攻》（予倩作）

14.《加雷市民》（Georg Kaiser 作，予倩译）

15.《虫之生活》（捷克加别作）

歌剧：

1.《香君却奁》（予倩作）

2.《杨贵妃》（予倩作）

3.《沙鱼税》（予倩作）

4.《刘三妹》（予倩作）

以上话剧十五单,预定在半年内演完,歌剧先实现四个。这四个演过之后,就比较容易办了。

在此后半年中可加演户外剧两次至三次。编纂股可于杂志周刊外,出丛书十种。

我们照着这个步骤做下去,一年以后,拟带领学生到外省旅行一次,回来之后,可拍一次电影。这是后话。至于剧场建筑,另有详细计划,暂不多及。有好消息,再行陆续报告罢。

敬谢不敏[1]

广东戏剧研究所是广东省政府设立的戏剧研究机关。为甚么要研究戏剧？戏剧有甚么可研究的价值？研究戏剧最后的目的在哪里？这是稍有近代文艺常识的人都知道的，用不着再加解释。

广东戏剧研究所，是和国立音乐院、国立艺术院同等的机关，不过其研究的对象专指戏剧罢了。

戏剧运动是革命运动，是文化运动，不是消闲运动。当然，戏剧研究机关，不是科班，不是票房，更不是消闲品制造机关。

戏剧运动没有两样的宗旨，戏剧研究所的同人自然应当有一贯的主张、一定的步骤，去建设适时代为民众的剧。

不妥协、不投降、不苟且，是革命的信条，也就是戏剧运动者的信条，拿戏剧运动去给人消闲，是最可耻的事。这一层至少智识阶级的先生应当了解。倘有其他团体对本所表同情，约本所同人去演剧，能够多演几次，多得些观众，那是再好不过的。不过叫本所去干那偶然高兴借资消闲的把戏，那只好敬谢不敏。

现代的戏剧，无非是民众的呼声，借民众的呼声以资消遣，不但侮辱了艺术，而且侮辱了民众。而在"遣兴"方面，也难免要失望罢！

亲爱的兄弟姊妹们，你们要扶持戏剧往光明的路上去！物质的建设大家有份，精神的建设大家尤其是都有份！

---

[1]【题注】载于1929年10月31日《民国日报·广州》。

《油漆未干》介绍[1]

《油漆未干》是说一个画家名叫克利斯宾的，住在一个乡下医生哈致家里，当时他穷得很，哈致家里人都看他不起，而且讨厌他的画。只有女仆关妮慧眼怜才，待他极好，他们便在私下秘密订了婚约。

克利斯宾因为太穷了，身上没有衣，房里没有火，又患了肺病，便短命死了。死后十年他的画忽然为人所推重，每张值三千镑，于是画商、批评家都挤到哈致家里来。他留在哈致家的画有两张，便在这个时候被人骗去。哈医生也渐渐知道了画的价值。

克氏的画遗留在哈致家里的本有十几张，除被骗去的两张外早就被哈致的妻子烧了，哈致既知道画是那样值钱，非常悔恨，他忽然记起克氏曾为关妮画像，便用尽方法想要从关妮手里骗出来拿去卖，后来他又发现他妻子所拿去烧的画全被关妮保存着，他更以雇主的威力逼她拿出来。

哈致素来尊重所谓道德，以不贪自命，而当大利所在，却也不能坚其操守。他说，为了妻子儿女不能不弄钱，为了妻子儿女贪钱也相当可恕。他是那样安慰自己的。

想不到他正在抢关妮许多画出卖的时候，关妮忽然说出和克氏的婚约。遗产是应当归妻子继承的，结果所有的画全数归了关妮。哈致白忙了一番，一无所得，而平日的名誉、人格和家庭一点消极的和平都给破坏了。

一个人因为做了家庭的奴隶，便不知不觉流于贪污。像剧中哈医生那样的人所在皆有，尤其是在中国。

---

[1]【题注】载于1935年《文艺电影》第3期。

何以一个人会做家庭的奴隶？何以妻子儿女也都变成附属品米蛀虫一般？这当然与这个时代的经济制度有密切的关系，这个戏直接讽刺哈致这种人，间接讽刺支持这种人的制度。

美术品必定要经过商人的手才能提高价格，引起兴趣，正因为整个社会在商人手里，批评家尽管装模作样，鼓吹着所谓高尚的见解，始终还是和商人混在一处，互相利用，只看哈医生在卖画的时候，高尚的批评家但文波也夹在里头讲价钱，便可明白这种情况。不过批评家但文波做买卖的手段，比直截了当做骗子造假画的罗逊和达仑更高明一点罢了。

克利斯宾的作品，什么《旧石桥》《红谷仓》一类的风景画都是过渡时代颓废的表现。其实不过没落的艺术至上主义的象征。它的忽然轰动一时是因为恰合了老爷们开倒车的情绪，所以商人们趋之若鹜，这也是现代的一种畸形的状态。

作者伏许洼[1]（Rene Fauchois）在法国并不算第一流的作家，可是这出戏经英人改译在伦敦上演颇为轰动，这作品严格地说来颇有可批评之处，不过在舞台上效果很好。

我在伦敦看过这个戏的上演，每天都是满堂，便宜的票买不着，所以是出七个先令坐在正厅看的。我从伦敦回到巴黎的时候遇见两个英国阿配拉女优，她们问我看过这个戏没有，我说看过。她们又问："看完了没有？"我说："看完了。"她们说："你真有本事！"接着又说："这种戏那样卖钱，可见英国的戏剧死了！"有一个在 *Drama* 写批评的马利赛东女士，她便很欢喜这个戏，她还想把它介绍给泰以洛夫。

我以为这个戏十分地郑重介绍也大可不必，总之用来作演喜剧的练习还是不错的。而且用人不过四个女角五个男角，容易凑得起来。

这一次暨大的剧团请应云卫先生排戏，应先生便把我的译本介绍给他们，现在为应本刊编者的要求，写这篇短文以为介绍。

---

1 现译作勒内·福舒瓦。——编注

关于王泊生先生剧院意见书的感想[1]

正在姚锦屏女变男身立志寻父的把戏宣传的时候，王泊生先生的剧院意见书又来一套；有钱有势的老爷们欢喜这个调调儿，自不妨更唱高一点迎上去。

话剧是不是艺术，话剧的路走得通走不通，这样幼稚的问题在目下拿来研究，似乎与国家与民族的体面都有点过不去，中国纵落后也似乎还不到这个程度。所以我不愿加以讨论。

王先生根据礼义廉耻来提倡所谓"新歌剧"，谁"敢"厚非？有些朋友从山东来，谈及那边戏剧之盛况，有的说："堂会一叫就到，礼也；因事制宜以答上意，义也；津贴颇丰，足以养廉也。"

平心而论，新歌剧是我们所需要的。怎样去建设新歌剧也是重要的问题。但是我不信对于艺术的见解那样幼稚可以谈新歌剧的建设。完了！

---

[1]【题注】载于1935年4月7日《中央日报》，署名：予倩。

剧本荒[1]

电影界一向闹着剧本荒，剧本何以会荒？第一，影片公司对于剧本素来没大注意，以为剧本只要凑凑就成，所以不想费大事找人去写，更不愿出多钱向人去买。就是公开征求也不免做了装点门面的广告。因此剧本的价格日低，而文艺作家们也就很少肯专心致志写剧本——有些热心文化运动的志士，他们很想借电影这个利器来提高中国新文化的水准，便从事于写作，只以技术不甚充分，每致失败，也是不可讳言的事。

电影剧本不过是文艺品中的一个部门，并不是任何作家都会写的。会写小说和会写戏剧的人要写电影剧本本宜乎相近，其中也还是隔着一层窗户纸，——大概默片近于小说，声片近于戏剧，而在分幕与对话的措置方面，电影剧本又自别具一格。环顾国中剧本作家实在太少，自有戏剧运动以来，创作的质量实在不免贫乏，而能专写电影剧本的人尤其不够，所以求量的增加、质的改善，便不免有相当的困难。

目下各公司尚在自由竞争的时候，彼此立场似各有不同，其实就片子的产量看起来，每个公司每年照现在增加一倍还是不敷分配，彼此相对立的利害关系还是甚少，希望于整个电影界产片的增加，的确是共同的迫切。

至于片子出得太少的原因，当然，一谈就会牵涉管理和导演的技术问题，可是剧本不够应用也实在是很大的阻碍。

大体的情形既如上述。然则怎样可以想法子救荒呢？提高作家的待遇以刺激写作的兴趣；要求文艺界的朋友们破例试写；公开登报征求；上述三者同

---

[1] 【题注】载于1936年《明星》第5卷第1期（一周纪念特大号），1936年4月16日出版。

时并进,想必有些效果。可是一般地看起来,写电影剧本这条路作家们还没有走熟,也可说路还没有打通罢,倘若没有更多的努力,当前的困难,恐怕一时不易克服。

明星公司本来就有编剧科,以前的办法不知道是怎么样的。自我接事以来,共总六个月,本公司同人自己编的和请朋(友)特约编撰的一共得十五篇。其中有三篇还没有送初审,有五篇初审不予通过,其余七篇,有的已经拍好,有的正在开拍,有的预备送会复审,大约没有什么问题。至于登报征求来的故事和剧本共有一百零二篇:其中有的题材很好,故事却不完整;有的命意不坏而文不对题;有的故事比较完整而内容腐败;有的写得似乎热闹而像一篇日记账,没有戏剧的色彩;有的便连文字都写不通顺,全篇不知所云;最可惜的是,题材好故事的处理也还过得去,但看上去不能得中央电影剧本审查会通过的,也只好割爱。

当此剧本荒的时候,我们真是像叫花子淘沙金一样,抱着无限的热忱,所以每一个剧本,除掉太不通的以外,个个都要经过仔细研究。我以为只要有一点可取,其余不妥当的部分都可以设法补救,所以考虑的工夫用得特别多。有时编剧科同人看过发生疑问,便送给导演科,请导演先生看一看,听取他们的意见做最后的决定。有时看了有一部分可采,便把意见附在后面,请作者自己改削,或者设法与作者见面,彼此讨论。像这样,在应征的一百零二篇当中,有一两篇故事可以采用;还有一两篇要和作者仔细研究改作。不过,有了故事,到分幕写对话的时候,恐不免还有些困难呢。

剧本最要紧的是要有完整的故事。同样一个思想可以写成论文,可以写成诗歌,可以写成随笔,也可以写成小说、写成剧本。剧本必要有故事,这在戏剧里是使思想形象化的第一步的手段,进一步分幕分段分节写出对话,人物便渐渐活跃起来,于是再经过声音和动作的表现,通过机器放映于银幕,由这样的过程把内容传达给观众。在制作的过程中,从提笔写故事起,到放映为止,每一阶段都要运用才能和技术,技术高明点的,你所要传达给观众的他们能接受,不然便不能接受。

诗歌和小说,一个人伏在桌子上可以完成,戏剧和电影是要集中许多人的精力搀成的。原始的剧本是演者许多人合作的。如今便由作家负了专责。

试想第一个运思造意着笔的人，便好比绘画设计的工程师，他的责任是如何重大！

希望应征的女士先生们不要灰心，希望文艺作家们多写电影剧本！——电影在文化事业上是如何重要的部门，谁都知道，我在提及半年来工作的时候，并不专为某家一个公司说话，只是对于中国的新文化有深切的企盼。

以前莫斯科艺术剧院希望当时的作家多写剧本，斯坦尼斯拉夫斯基也曾请高尔基多写剧本，我的才能技术和地位尽管比不上先进的前辈，我以文艺界一分子的资格，诚恳地发出希望和请求的呼声。

念年之别[1]

我到无锡大约是第六次了，从第一次到今天相隔二十多年，就是最后一次到如今也十年了，一眨眼似的。

观众先生居然还认得我就是二十几年前在无锡唱过戏的欧阳予倩，他因我又想起当时和我一块儿的许多朋友，有的不知分散到哪里去了，有的墓门之木已拱矣。

我还记得第一天登台，便被许多乱兵将台前的桌椅茶壶打个精光，以后经过好几度的疏通总算勉强演了几天。我那时候对于那种变故毫不在意，而且觉得那样的新经验非常有趣，在二十余年后的今日，座中有人仍旧在慨叹说照样有好几家戏院被兵士捣毁，便不由得有说不出的滋味兜上心，这是怎么一回事！

内地有面子的绅士们素来以进戏馆不买票为有面子，兵士们有的是实力又何必不争此面子？何况他们都很穷，难道偏要挖腰包让面子独给老爷少爷们占去？这不尽是法律问题，而是社会习惯问题。

这回来不为游览，不为卖艺，而是为开教育电影年会。我不过是个戏剧爱好者，对于电影是新进，对于教育尤其是门外汉，参加此会未免有滥竽之感，然而吃脆鳝饮村酒，在这风涛澎湃之秋，也未始不叹为难得，想起从前骑马下惠泉山，采野花满插帽上，沽饮大醉高歌过市上，旁若无人，今则旧时狂态已成过去，想再过卖艺生活，也不可能。抚今追昔，似不无惆怅？

当目下这样严重的时期，逃避现实未免太傻，无谓的感伤也没有益处，

---

[1]【题注】载于1936年5月10日《锡报》。

所以只好向前直闯，处紧张的生活中而能于山明水秀的地方，共旧时的朋友絮谈往事，正是刹那间适引起的回甘啦！

导演小言[1]

大导演说大话，阿拉小导演发小言，可是平均每日在火热的摄影场里工作十二小时之后，再被迫写文字，真是难煞我了。写文字最好能把自己的经验告诉别人，如是我也谈谈我最近所接触到的几个问题。

以前电影在无声时代，编剧是不甚重要的，完全以导演为中心，到现在好像还没有十分改变。实在声片剧本和戏剧台本除了体裁不同，编制所费的工夫并不比戏剧台本少，戏剧虽可读，到底不为给人读而写，声片意在银幕，也未必就决不可读，写得好的声片本子，演出银幕固好看，当剧本读读也不至于无趣吧。

因为能写声片剧本的太少，而剧本的需要甚多，所以往往只要编者写一故事，或大致分一分幕，写几段重要的对话，其余全由导演处理，还是导演中心。

可是导演而有文学修养的也不很多，如是编剧往往说导演没有把他的剧本处理好，而导演又说"这种剧本实在没有办法"。

既知没有办法何以又要拿去导演呢？正因为剧本不够分配所以有时只好将就，一旦可用的剧本多了，导演先生便要严格选择了，这在电影界是一种进步，所以近来渐渐注重剧本，更希重产量的增加，可是编剧者的修养和导演的修养一样，不是一天的功夫。

编舞台剧要多少有舞台经验，不必一定自己登台，看得多读得多写得多，是最要紧的。编声片剧本也是如此，这是就技术方面说，内容方面便须对整个

---

1 【题注】载于1936年8月30日《大公报·上海》。

社会能观察、能分析、能认识。这不仅编剧，做导演亦复如此。导演若对于社会没有观察分析与认识的力量，便无法了解剧本，——有些剧本根本无意义，或是处理错误，当然不在打算之列。

有人以为声片剧本主在对话，这是大大的错误。对话不能单独成立，必须有整个的组织、适宜的配置，还要与动作有密切的关联。每一个动作、每一句对话勾连起来，在整个的思想统一之下，适当地平均地发展，才成剧本；不然毫无意义。倘若称赞人家的对话而忽略他的全篇组织，那就等于说他编的戏不成立。

有人说分幕是最容易的，故事写成分幕就定了，据我看大不其然，譬如《孤星泪》《复活》之类的戏，故事总不能说不成立吧？可是就我们所见的影片的那种分幕，是不是能把握住原作的要点？是不是可以更进一步得到新的解释？这是一个很有兴味的问题呢！同一故事尽可有各种不同的方法处理□每一□小机构□[1]有很大的作用呢？所以有许多剧本，初看故事很不错，一个分幕不妥，便弄得全部推翻，这是常有的事，正因为编者的力量只到写一简短故事为止，这又归到技术的修养问题了。

---

[1] "□"代表原文看不清楚。——编者注

悼鲁迅先生[1]

在这一星期里面,文化界所发生的最大的变故,像一个晴空的霹雳,震撼着每一个中国人,乃至全世界的文化人的心,使他们震惊、悲悼、太息,并且深切地感受着像失去了什么似的空虚之感的,是鲁迅先生的溘逝。

这十几年来,中华民族所遭遇的是一个空前苦难的时代,到了今日,且已经来到生死存亡的最后关头。作为民族先觉的文化工作者,时代所给予他们的感觉特别敏锐,黑暗所加于他们的压迫也异常沉重。在今日与明日的战斗中,我们看到了许多渴慕光明的人吃苦、受难、被害;也看到了一些卑怯者的投降、屈节、出卖。鲁迅先生以英勇的战士的姿态在文坛上出现,以不屈不挠、始终如一的坚贞,执行着争取正义公道的任务,同一切传统的、封建的、黑暗的势力搏斗,直到停止呼吸。这种伟大的精神,实在是替文化斗士塑造了一个最美丽高洁的典型!

鲁迅先生的死所给予我们的,又岂止是失去了一位文学导师的悲戚呢?这损失是整个中华民族的,也是全世界被压迫人群的!

鲁迅先生和我们服役的文化部门不同,然而他的伟大坚韧的斗争精神,却应该是全人类的表率,对于从事于电影和戏剧的工作者,尤其是我们努力的最后的昭示。——民族危机是这样急迫了,而这位文化巨人的死去偏又在这种时候。现在我们戢棘地借了这篇短文来纪念鲁迅先生,我们的悲悼的心情,却不足以表达万一。但我们愿意借此自励,依着鲁迅先生的奋斗足迹,继续他未

---

[1] 【题注】本文载于1936年10月25日上海《大公报》,署名:胡萍、陈波儿、蓝苹、赵丹、郑君里、章泯、史东山、吴永刚、费穆、蔡楚生、贺孟斧、司徒慧敏、欧阳予倩、沈西苓、应云卫、柯灵、袁牧之、唐纳、施超、李清等。

完的任务。

"鲁迅先生不死，中华民族永存！"假如我们相信这挽语的铁一般的声音，那么，让我们祝福这一位苦斗了一生的战士的幽灵，静静地在地下安眠罢。

推荐《国家至上》[1]

这个戏是回教救国协会请老舍、宋之的两位先生编的，编好之后，又经过好几次的传观修改，才在重庆试演，受到无数观众热烈的拥护。这个戏写的是中国回教信徒和非回教信徒团结抗敌的英勇表现，令人感动的地方很多。

中国本来是信教自由的国家，任何宗教都能够丝毫不受限制自由传播。至于回汉之间，除西北两三省情形比较特殊外，其他各省却看不出什么界限。所以，照回教救国协会各位先生的意思，是希望能够把这个戏拿到西北去演，给回教人看，也给非回教人看。据他们说：要在各处地方多演几次多加研究，等到大家认为一点毛病没有，然后拿到陕、甘一带去演，这种诚恳谨慎的态度，是值得我们钦佩的。

关于写作方面，我觉得这个戏，大部分已经脱除了"公式"的拘束，颇能努力于客观的描写，尤其是角色的性格，写得相当地鲜明。谁说抗战戏剧不能作性格的描写？

戏中角色的性格，除了汉奸金四把一人外，每个人尽管都有各人的弱点却都很真纯，看得出他们至性的流露。李汉杰本是带着士气的少爷，言论行动都觉得肉麻，但是他相信团结才能发生力量，也并不假。"重然诺""轻生死""坚守信义""勇于改过"是中国英勇之士的美德，应当永远保存的；像张老师那样顾面任性，当然不足为训，但是他刚强勇毅——始终不屈，到老还能保持坦白率真的态度，真所谓北方之强。他那措施不当的地方，就有弊害，也是看得见的，只有那矫揉造作阴柔伪善之辈，流毒遗害，不容易看得见，为害

---

[1] 【题注】载于1940年10月4日《行都日报》，据《庆祝全国第三届戏剧节五剧团联合公演特辑》校。

更大。

团结，才能发生力量，团结，力量才能雄厚。这个戏痛切地指示出来，无论宗教派别门户政见有什么不同，在抗战建国信念之下，应当一致团结，为了民族国家的利益，无论有什么私见和私仇，都应当抛弃。存心摩擦的固然不对，最可恨的，是所谓吃摩擦饭的。吃摩擦饭是怎么一回事？不就是挑拨离间从中取利的行为吗？这种人即使不是受着敌人的指使，也和这个戏里面的金四把相去无几。

以前西北各省，因地方官吏措置的失当，回汉之间，虽然难免有些小小的纠纷，却没有什么大不了的事，不过经过敌人和汉奸的煽惑，问题就很有变成复杂的可能。在这个时候，写这种戏是很有意义的。但我以为，这个戏任何地方都可以演，因为精诚团结不是专对宗教的信徒和非信徒而说的，这个戏也不必专就一面看。

这个戏客观地描绘了许多人物，老年一辈当然以张老师为中心，青年一辈以赵县长为中心，他是个以身作则任劳任怨的典型人物，在现在的中国非有绝大的忍耐力是不能争取工作的效能的，积小胜为大胜，积小成为大成，是目前革命青年应有的觉悟，没有忍耐力行吗？受一点小刺激就跳，稍不痛快就跑，悲观地看着一切，高傲地估量着自己，越来越激昂，到处都感到空虚失望，又何能表现工作的效率，而达到任务呢？所以我在《流寇队长》里面意好政治指导员徐展如，在《国家至上》里就注意县长，他处境最难，一方面清除汉奸，疏散人口，破坏公路，督导作战；另一方面调和回汉的感情，促其合作，与此同时还要设法解除回民内部的矛盾。试设身处地想想，这是何等艰巨的工作？而他能够不发牢骚，不表厌倦，有决心，有办法，诚诚恳恳始终如一，不是很难能可贵吗？我在导演这个角色的时候，总觉得目前中国应当多有些这样的人，来矫正青年们急于想出风头的观念。

心的武装[1][2]

　　以前中国的艺术家，大半以疏狂自傲，不疏不狂的，也要养成一种所谓潇洒出尘。疏者不修边幅，意在脱离俗累；狂者不依规矩，意在解除束缚：这就是说，想要求精神的解放，要造成一个精神的自由天地，逃避现实的社会。

　　封建势力的压迫，礼教的节制，科举制度的桎梏，真让人连气都喘不过来。聪明敏感的青年们，感觉到说话、行动、思想，无一不要服服帖帖，在一条很容易的路上，跟着统治者——君主的意旨匍匐而行，这是多么烦闷而阴郁的人生啊！但无论如何逃不出那个牢笼，冲不破那个堤防，便也只好俯首帖耳；或者披发佯狂，或者纵情诗酒，或者歌哭自放，或者山林遁迹。所谓达人高士，有天子不得而臣之概。是不是天子真正不得而臣呢？最多不过是阿Q式的精神胜利吧。疏狂不过是一种逃避的姿态。

　　如今的艺术家便不同了，他们完全不取逃避的姿态，而代之以斗争的姿态。不仅是姿态，而且参加实际的斗争。他们都是反帝、反封建、反侵略的战士。他们挺直着胸脯向前迈进着。他们有的是坚强的武器和决心，守的是革命的纪律，疏狂的影子当然不存在了。可是传统的习惯似还有潜在的力量，恶习不无难除之处，希望从心的深处武装起来。

---

[1]【题注】载于1942年7月22日《中央日报·贵阳》。
[2] 予倩先生于百忙中寄来此文，据云：此文系为广西省立艺术馆成立三周年纪念而作，祈加声明，免有一稿两投之嫌云云。——原注

改革中国旧戏[1]

我从学习和实验中，研究出了一个改革旧戏的方案。这个方案在已经出版的文学创作《后台人语》里曾经大略提及，你不妨拿来参考一下，并盼能给我一点意见。

旧戏在抗战以后已不像从前那样被前进青年所唾弃，而且很多人已经在注意这个问题，广西有"戏剧改进会"，陕西近来也成立了一个"平剧研究院"，历史最长的有陕西的易俗社。不过我的方案和做法与易俗社以及以前山东实验剧院的都不同。

中国的旧戏是一种特殊的艺术形式，当然有它绝对的优点，譬如把声乐、器乐、文舞、武舞（古代文舞以昭德，武舞以象功）、土风舞、说书、表情、动作、说白、武术等掺杂在一处成为一个东西，一种特殊的表现形式，别国没有。旧戏处理时和它的自由，别种戏里没有。——这是优点，但为机械的写实主义者所讪笑。乱弹虽然打破了昆腔戏十行角色的束缚，但是本身的编制始终没有完全，不过有其片段的完整，所以出头戏大半可看，整本戏便看不得。

关于内容，我在此不谈，只谈形式和技术。我想从编剧方面使它故事的排列、情节的布置、人物个性的描写（旧戏里没有）、场面的安排，弄得妥帖，成为整个的作品，表现一个整个的思想、一贯的情绪。

我想改去它呆板的舞台面，而代以生动的画面，利用色彩、线条和适当的背景——平面或立体——衬托出浮雕似的单像或群像。这种背景，如果运用得好，其功用并不止于衬托，它也可以跟着生动的人物、生动的场面而成为

---

[1]【题注】载于1945年7月《歌剧艺术》第1期。

有生命的，并不是几条布几张图案画。这一层因为物质不充分，我还没有完全办到。（没有完全办到就等于没有办到。）

"戏剧的"部分，要整理，要加强。

歌舞的部分要有新的组织——如武戏能从新组织，可以使之成为东方舞踊戏。

最近旧戏界受了从前的影响，编出些话剧化的二黄戏，把对白加多，歌舞减少，或者就生硬地加上几段唱，我都不赞成。

音乐部分问题最大，声乐和器乐都有问题。此时我来不及详细分析，倘若他日有机会，不妨见面谈一谈，最好先打个电话约一约，我的电话是二九七八。

至于话剧和旧戏是两样不同的东西，没有甚么可以相强的。而且就是话剧也有种种不同的演出法，并非机械的写实主义所能概括。但是旧戏有些地方可以向话剧学习，例如人物个性的处理、对话的处理、场面的处理等。不过所谓学习不是生吞活剥的抄袭，如果旧戏也照话剧那样每个人说一长篇那就糟了。

词句的改良是极小的问题。

古装与时装的问题值得研究，但我不说时装绝对不能搬上旧戏舞台，小花脸和花旦的装束就与水袖的古装不同，有些完全是清朝的时装，而且当时跟着流行的服装变样子。问题是西装能否用得，我以为古装有古装的美，时装要配置得好也未尝不能造成另一种美，着时装也未尝不可以造成另一种舞姿，但说旧戏的形式比较宜于历史的古装戏是不错的。你以为怎么样？

这封信就此收束，下次再谈吧，匆匆不尽。

敬祝

康健

论平剧的表演术[1]

批评旧戏的人们，大半都认开门和上马一类的动作为不合理而加以非难。本来，根据写实的方法来说，两手一分，怎么就好算开门？挥动一根鞭子，怎么好算是骑了马呢？可是中国戏的表演形式是特殊的，在全世界独一无二；除了日本的歌舞伎和它有类似之点外，别国的戏都没有哪一种和它相像的。

旧戏的动作由舞与傀儡戏的动作相合而成，其组织是类型的，有很鲜明的节奏；譬如怎样笑，怎样哭，怎样生气，怎样骑马，等等，全有一定的方式。无论表演什么戏，所有固定的方式是永远不变的，不过看戏中情节和角色性格的不同而有强弱之分罢了。只要看，大笑总是三声："哈哈，哈哈，啊哈哈"；大哭总是举手，跺脚；睡觉便用一只手支头；醒时便搓搓手，擦擦眼睛。诸如此类，都有一定。至于武戏更是规律谨严，不易逾越。以前因为舞台的大小差不多一定，所以连出台的步数都差不多是固定的，近来却自由多了。

这种动作与表演法，是决不能用写实主义来批评的。它的好处是简单明了，夸张有力，颇宜于能容多数观众的大剧场；剧场大了，台面也自然会宽，演员与观众的距离也较远，于是面部的微细表情不容易引起注意，所以用得着夸张的动作。

大凡批评一种戏剧，最要紧的是要研究舞台的建筑和观众的情况。试到乡下去看看庙台戏，便会觉得中国的旧戏是适合于那种环境的。到了现在，舞台的建筑变了，镜框的舞台是不适宜旧戏的，再加上布景是不是还用得着那样类型的动作，这是很重要的问题。

---

[1]【题注】载于1946年8月21日《民国日报》。上世纪20—40年代，"北京"改称"北平"期间，京剧也随之更名为"平剧"。此文所指"平剧"为"京剧"。——编者注

试看上海的旧戏舞台，虽然用的是镜框式前面都伸出半圆形的一块，这也是一种调和的办法。旧戏原来是不择表演的地方的，庙台上可以演，人家客堂里也可以演，镜框式的舞台上自然也可以演。目下所要研究的是如何能使旧戏顺应现在的环境，充分应用现代的舞台技术和物质的设备，而有新的生命。我以为不妨将舞台前面的一块更伸出点，两边有路上场下场，如日本剧场的新式花道一样，使观众能从一面看也能从三面看，这样便能有极灵活的运动。这是颇为专门的问题，非有图说详细的举例不易明了，姑且只说到这里。

至于类型的动作，那是旧戏的灵魂，去掉了就没有了旧戏，而且旧戏的最好处不是唱工而是动作，这种动作适于三方面看的、没有布景的舞台，自不用说。就是换了新式舞台也可以用，只是那传统的舞台面太呆板了，应当把"品"字形的排列、正中和两旁的平均排列的习惯打破，然后舞台面可以活泼。

我们可以在应用阶段，使排列有高下，参差而成章致，也可应用各种幔帐，使舞踊的动作和亮相变成浮雕的形象。

还有就是旧戏传统的动作，并不是应有尽有地要保存。有些不必要的尽可删去，例如"走花梆子"不是早已没有人走了吗？一方面也还可以增加新的动作，但所谓新的动作决不是把话剧里的写实动作加进去，不过是使动作易于接近现代的观众而使之了解，例如《讨渔税》里的摇船和上船下船，一见就能明白。起霸的动作便不甚了解，这因为摇船和上下船的动作比较有永久性，所以容易明白，起霸本是模仿穿盔甲的动作，现代人不明白盔甲，自然也不会明白穿的动作。所以要使旧戏在现在有新的生命，除了有新意义适合现代精神的剧本、适当的演出法外，还要从表演法上加以深切的注意。

动作与台上人物的排列有关系，所以上面特别提出舞台面的研究。讲到舞台面，自然又与布景有关。我在前面也略为谈到应用于旧戏的布景决不宜写实；换句话说就是，不求其像真，只求其像画。尤其是幔帐的应用，最适宜于那种特殊的动作，还有平面或者立体的图案，也有时适用。

旧戏的动作与衣装，也极有关系。例如抖袖，如果没有长袖便如何抖？没有盔甲便无从起霸。还有就是化妆，如果不用长髯须，便有许多动作没有用处，只如架子花脸，如果戴上黑三，他的姿势便都没有了。不过我以为传统的脸谱，除适用于纯粹旧戏外，对于新编的戏没有多大的意义，所以主张在新编的戏里化妆固然不妨夸张，不过至少要有几分像人。至于目下越来越奇的花脸，是毫无道理的。

旧戏从来都以古装为主，题材也是历史的占百分之九十五强。有人提出用旧戏的方法表演时装戏是否可能的问题，原则上我以为可以，不过怎样的剧本、怎样的演出法和表演法为最适当，我想必须做一两次实际的实验，才能有具体的结论。倘如以前《阎瑞生》一类的演法，我认为是不适当的，那不过是加唱的文明戏了。

推进农村戏剧教育的商讨[1]

抗战胜利了，不平等条约废除了。这是自中国有史以来划时代的一页，这些光荣伟大的成就，是全国人民用血汗和眼泪争取来的。戏剧工作者在这当中也尽过相当的力量，从今民主进步的建设，和平永久的保障，戏剧工作者还有很重大的责任。因此有几个问题想提出来讨论。现在且谈谈农村的剧运。

抗战以前，戏剧运动集中在沿海的几个大城市，尤其是上海自抗战开始，戏剧工作者从都市分散出去，到前线、去农村、到兵营当中。尽管处在穷困和半饥饿状态之中，受着种种压迫，他们的工作并没有停顿，可是究竟限制很多，没有深入农村。建立农村戏剧教育的企图，也就始终难以实现。乡间没有舞台、交通不便、旅费和给养不足，不能说不是重要的原因；政治低潮，给予的阴影、威胁又实在重大，而适宜的剧本太少，演出方法的固执，也阻碍着工作的进展。

强调乡村工作的说：都市无须乎戏剧教育，因为戏剧在都市只是供娱乐和消遣，那是绝大的错误。但是如果像抗战以前，大家又仍然集中到上海，那实在更不好。

如果把都市当前的剧运当作阵地战来看，便不妨把当前农村剧运当作游击战。阵地战当然有必要的条件，游击战也并不是可以马马虎虎的。我们必须将都市和农村的剧运并重，但是中国农村以后的情形往往出乎我们意料之外。

---

[1] 【题注】原载1947年6月9日长沙《国民日报·民众艺术》，本文据1995年湖南省文化厅革命文化史料征编领导小组编《在第二条战线上——三湘革命文化史料荟萃》一书进行收录。

要把中国农民从封建的桎梏和落后的状态中挽救出来，提高他们的文化水准，自不单独是戏剧工作者的任务，而且当农村受着过分的榨取和剥削陷入破产状态的时候，戏剧教育也实在不容易扩展。不过戏剧工作者对农村发出的宏愿，必须以大的毅力和忍耐彻底达到。

替老百姓说话，真实地描写大众的生活状态和动态，教导他们，使他们明了，并实际参加民主政治；用潜移默化的方法，改革传播的不良习惯，这些都是可能圆满办到的。但必须有计划、有步骤，还要不避艰苦，用一贯的精神、一个长的时期支持下去，才能办得到。

以前，这种企图因为种种的限制，是不可能实现的。现在枷锁已经打破，人民已得到基本的自由，创作上的限制也已减少，工作者更把握着自己的责任，可加紧步骤，以达到预期的任务。

都市的工人和市民，当然是比较进步、文化水准比较高的，可是农村虽然落后，农民们求知识的进步，求将生活改善的心确是十分迫切，这种情形，到乡间去的知识分子都能证明。所以如果能切实工作，必然受到热烈的欢迎。不过以前"文章下乡"都不过是偶然的尝试，有的甚至只点缀而止。今后若想建立乡村工作，便一定要有确定的计划、充分的准备、切实的措施才行。临时打主意是会遭意外困难的。

平常我们爱说"从工作中学习"，不错，这是很好的；不过如果在从事工作之先，没有留意工作基本的知识和技术，等到工作开始后才学习，那是要走许多冤枉路，碰许多不必要的钉子的。

中国的农村对于戏剧运动的开展，条件贫弱一点是事实，所以颇难建立经常的工作。而戏剧工作者质和量又都还不够，也无可讳言。加紧学习，加紧训练，确有必要。若以为落后的民众可以随便一点，那是绝大的错误。如何能在民众当中建立信仰，如何能把所要传达的东西充分传达给民众，而使他们愉快地接受，是曾经绞尽了不少艺术家脑汁的问题。

人们曾经提出大众教育电化的问题，把教育传托播音机和电影机，这是再好没有的。电影比戏剧更容易普及。

电影政策献议[1]

电影是一种具有较优越性的文教工具，它的表现力强大，传播力广泛。由于它的优越性强，它能更有效地服务于人民。社会主义的苏联早已把电影作为了国营的重要事业之一。东欧的新民主主义国家，像捷克、南斯拉夫等，也逐步走上了这一条正确的道路。

电影又是一种重要的企业，在资本主义国家，这种企业被视为和钢铁石油等行业同等重要的环节。以美国帝国主义为例，每年由电影这一商品向殖民地和半殖民地以及生产较落后的其他国家吸吮了巨额的利润。

正像一切工商业一样，中国的电影事业长期处于半殖民地半封建的被压迫地位。原料和机器等生产工具绝大部分仰给于外国的，尤其是美帝国主义的供应。影片市场，国际的根本没有开拓，国内的百分之九十被控制在美国帝国主义手里。就制作方面说，四大家族不仅垄断了所谓"国营"的制片厂，并伸其魔手扼杀了脆弱的民营制片厂。

代表四大家族利益的反动国民党政府，不仅把电影作为榨取利润的对象，更把电影用作反动宣传的工具。由于大部分电影工作者坚贞不屈，不为利用，反动政府这一个企图落空了。但进步影片之不能抬头，粗劣与毒素影片之猖狂肆虐，客观上是反动政策的直接结果。

当人民解放战争即将彻底和完全胜利的现在，我们——一群电影工作者，首先诚挚地表示，我们愿以至大至善的努力，来建立和发展新民主主义的中国

---

[1] 【题注】选自文化部存档资料，载于吴迪编，文化艺术出版社2006年出版《中国电影研究资料：1949—1979（上）》，此文由欧阳予倩、蔡楚生、史东山、阳翰笙、吴祖光、司马文森、瞿白音、苏怡、洪道、梅朵、章泯、顾仲彝、夏衍、王为一、张骏祥、柯灵等16人签名。

电影事业。其次，我们愿以实际工作中得来的经验和身受的痛苦，提出如下建议以供今后拟定电影政策的参考。

（一）无条件没收并接受国民党反动政府的"国营"电影制作机构。

（二）彻查私营制片厂之有官僚资本者，没收其"官服"并予以适当之改组。

（三）整肃电影从业人员队伍，凡在抗战时期附敌，或在人民解放战争时期参加"戡乱"工作者，应一律根据"首恶者必办，胁从者免究，立功者受奖"之原则，分别予以查究处理。

（四）彻查国民党反动政府在抗日战争胜利后之电影"接收"工作，凡接收时贪污舞弊之人员，予以应得之处分。

（五）凡外国电影必须内容纯正、技术优良，始准输入，由政府之贸易机关取得放映权，统筹办理。

（六）整理并扩充国营制片机构，除在适当地点建立中心外，按地方情形之需要在全国各地设立分厂。

（七）一切私营制片公司，凡致力于进步影片具有成绩之摄制者，应予以积极之扶助。

（八）鼓励并扶助优良之电影工作者，组织合作社性质之制片机构，政府对之应酌予放贷资本，或配给器材。

（九）积极筹办电影机器及材料制造厂，以杜漏卮，而利生产。

（十）广泛设立公营戏院，先在每一省会、每一特别市着手，然后推及第一县域以至较大之村镇，此等公营戏院，平时取费低廉，并定期免费放映。

（十一）广设流动放映队，选择有文化教育意义之影片，到农村、工矿区及军队中放映。

（十二）限令全国电影院每月均须放映一定数量之国产影片。

（十三）积极、广泛、迅速培养艺术及技术人员，以应开展工作之需要，下列办法可分别进行之：

（甲）设立电影艺术专门学校。

（乙）派遣优秀人员出国学习。

（丙）派遣机工化工等人员出国学习机械及材料制造方法。

（丁）聘请外国技术专家来华，协助制造及训练工作。

（戊）确立实习制度，使新人从实际工作中学习。除国营制片厂应尽先实行外，并可资遣学习至各合营厂实习。

（十四）积极筹设国营特种制片厂，专门制作国防教育、科学教育、生产教育、儿童教育及一切教育上应用之影片。

（十五）建立全国性的电影工作者（包括艺术部门与技术部门之工作者）工会组织，协助政府，推行政策，并保障工作者之一切权益。

（十六）政府应颁布电影公司之统一组织法规，依据电影工作之特殊性，加强其集体力量之发挥。

（十七）废除国民党反动政府之电影检查制度。

（十八）为保卫新民主主义之人民政权，防止落后腐化反动思想之余烬起见，影片之评审，实行群众性的自我检肃制度。无论国营或私营制片机构所摄制之影片，应先经由各该机构自身组织之工厂委员会还是类似之组织，作民主讨论，然后送交全国电影之工作者工会性组织之专门委员会评审，取得证明，始得公开放映。

（十九）政府之文化工作指导委员会或类似之机关，应鼓励人民对不良影片实行检举，对于各地解放以前摄制国产影片及输入之外国影片应一律举列清检，有毒害人民及人民利益者，应禁绝之。

（二十）减低娱乐扣税并在顾全合法利润之条件下，普遍减低电影票价，以利电教之普及。

粤剧浅识[1]

粤剧和桂戏是一对双生姊妹,都是由湘南的祁阳剧嬗变而来的。桂戏直到现在还有许多演员是祁阳人,除了唱与说白用桂林话之外,戏的样子完全没变,所以祁阳的演员只要会说点桂林话就可以在桂林搭班。至于广东戏,最初也是祁阳人唱,广州八和会馆最老的碑上刻的都是些祁阳人的名字。

祁阳戏也就是汉调的支流,汉调和平剧不论哪一个是老大哥,总是一母所生。所以说中国各地方有的乱弹,戏都是同出一源,是一样的东西,尽管年深月久,因地方色彩和语言的各异有了显著的不同,仔细看起来,骨子里还不过是大同小异。

一个听惯了平剧的人去听粤剧,一定不明白是在唱些什么,可是粤剧唱的也不过是二黄、西皮、反二黄、四平调,板路也还是慢板、原板、倒板、摇板一套,名称不同罢了——例如"西皮"叫作"梆子"(西皮意谓山西的唱曲,梆子便直是山西梆子的简称),"倒板"叫"首板",桂戏里有种叫"吊板"的,广东戏里叫"金线吊芙蓉","踩板"叫"数白榄"之类,略举一二例,不暇详说。只要耐心去听,尽管方音不同,腔口不同,组织和节奏并无二致。

最初粤剧所用的剧本完全就是汉调的剧本(平剧、湘戏、桂戏,原来的剧本都是一样),《三娘教子》《六国封相》《刘金定杀四门》,甚么都好,都照的是老本子。唱起来也总是"……把话讲""……听端详"的一套,用的并不是广东土语,而是用广东官话。表演的动作如骑马、开门、上楼、起霸(广东话叫"跳架")等都是守着一切地方戏同样的规矩。

---

[1] 【题注】载于1949年2月15日香港《大公报》。此文所指"平剧"指"京剧"。——编者注

可是现在的广东戏却大不同了。第一剧本有了变化——原来乱弹戏打破了昆曲戏十行角色那种编戏的规律，本身并没有建立一个完整的格局，像《四进士》那样的戏是很少的。其他许多戏，大半都是片段的一出一出。把许多片段连起来并不能成为完整的一本戏。例如把王宝钏的八出戏连演，总称为《红鬃烈马》是不行的，尽管有人那样办。广东戏在辛亥革命前后受了从日本输入的欧式新剧的影响，一直到现在有许多新编的剧本产生。这些剧本，不管是民间故事也好，历史故事也好，外国戏的翻译改编也好，从美国电影套取来的也好，都是有一个完整的故事，从头到尾，有起有结，一夜演完的（当然有例外）。

这些戏不用说是属于闹剧 Melo drama 型。好像日本默阿弥编的那些歌舞伎剧本一样情节异常曲折离奇——大半是一个情节引起另一个情节，反复勾连，向结局发展。每一个戏都有几场有做有唱的重戏，再加些即兴式的喜剧或笑剧的场面。在唱白当中尽可能加入广东土语，于是格外通俗，大受一般民众的欢迎。大体说来，这些戏多半是无原则，无主题，有些地方不免于庸俗，更谈不上什么思想理论的根据，只是殖民地经济背景之下的商业的产品。但是在编剧方面比较旧时大有进步。

还有一个最大的改革，就为运用土语而变更唱法。原来的唱法只能用官话唱，不适宜于用土语，因此把调门改低两个字，造出一种新的唱法，名字叫"平喉"。这种平喉，较之旧时湘南戏传统的唱法似乎少了些鲜明的抑扬顿挫，可是就广东土语的运用说却是异常适宜。最初当然不免于平板，久而久之也唱出了些新的韵致。看惯旧戏的老先生们有些很讨厌这种平喉，以为是粤剧的堕落形态，但是我却以为这是进步的形态。

跟着时代的进展，又受了外国音乐和有声电影的刺激，粤剧的演员们不甘于墨守成规，老倌们争奇斗胜，采用了好多种西洋乐器，歌唱方面便把广东说书的弹词调如《南音》、如《木鱼歌》都采用了。民歌如《龙舟歌》如《粤讴》，也在戏里唱起来，又摘取了《昭君怨》《卧马摇铃》之类的曲子，甚至连《十八摸》《毛毛雨》《义勇军进行曲》，都随便拿过来，改几句词就随便用上。本来旧戏七字句、十字句的二二三和三三四的唱法不免单调而难于表情，要求打破这种格律，要求有新的作曲是完全对的。像粤剧那样采用各种曲调，一方面可以说日趋丰富，但是另一方面无原则、不经消化的凑合，是不是会令人有杂乱之感呢？在变更的过程中，这种杂乱的现象，是不是必经的阶段呢？

有人说粤剧是无从改革，也不能改革的，其实它本身已经改了很多，正自然发展地在变。自从有了一张幕，又加上布景，它就开始在变。不管这幕布与布景和戏是不是有机地配合着，形式的变动确是很显然的。就是表演和音乐也很快地在变。不过自然的演变可能很好，也可能很坏。所以不能让它无原则、无条件、无计划地变。必须根据正确的原则，使之朝正确的方向进展。改革的意义就在这里。

旧戏经过封建社会百余年的孕育淘融，早成为一座封建的堡垒。遗留下好些渣滓，放射出毒素。但是它偏披着绣花的外衣，拥有大多数的观众。这正是必须改革的重要理由。

今后粤剧应当根据反封建、反帝国主义，建立民主的、进步的心理和道德的原则，注意剧本的内容，技术方面也根据这个原则以求配合。尤其音乐方面，希望有精通粤剧又懂得新音乐理论的音乐家努力加以改造。

广东是革命策源地，有许多的革命先进。粤剧界的诸位曾经大胆地把旧时粤剧的格律打破了一些，新的尝试又复逐日不断，实为平剧界所不及，我以为新歌剧的创造和旧戏的改革不妨同时齐举。如果我们能够认定并把握新的进步的内容，朝着大多数人民进步的方向迈进，粤剧改革成为能应大多数人民需要的特殊形式的新歌剧，似乎比平剧还要容易获得成就。只要改革的方向和方法不错，并不怕有人嗤为幼稚。当初昆剧盛行的时候，乱弹不是被人视为不值一顾吗？何况是大时代有计划的革新事业呢！

粤剧现在也和平剧一样，有些颓唐之气，市面也不大好。中国社会正在向着进步的路上急剧变化之中，戏剧艺术将开展新的面目，粤剧的改革是当前粤剧工作者重要的课题。

开展中的中国电影事业 [1]

中国电影历史并不长。因为技术没落，不能和外国影片竞争。就是在本国，也没有建立足以自给的市场，制片者始终没当电影是企业，只想以小本博大利，发行机构又不健全，唯一的捷径就是希望南洋片商来买拷贝，于是每被片商挟持，不能自拔。

近年来，中国电影大有进步，国人对于本国出品渐具信心，本可获得长足发展，但因市场小，许多公司都弄到岌岌不能自存，资本比较大的公司也在闹紧缩，小型公司便极力减少制片预算，缩短摄制时日，演职员也就多半受着失业的威胁，一切迁就，这的确是一个危难的时期。而南洋片商仍旧把握住传统的权威！

其实，在这块广大的土地上，有着广大的观众群；有好些个摄影场在空着，等着电影工作者去填满。整个的□□[2]技术人员只嫌不够；只怕我们认识不够，技术不够。市场网的建立是一个很大的问题，当初日本的松竹映画会社，直营的电影院就有五百几十家，在中国，独占资本的成立不可能，也不许可，将来国营的市场，必求其普遍。如果像现在这样，少数的剧场把握在少数人的手里，电影也不容易发达的。

电影不仅是最伟大的企业，而且是伟大的事业。我们目前虽只是在穷凑，这不过是在现阶段中一个最短的现象，我想每一个有思想有头脑的电影工作者，都在辛苦挣扎之中等待新的召唤！

---

1 【题注】载于1949年7月6日上海《大公报》。
2 原文看不清，以"□"代替。后面不再一一标注。——编者注

当前的电影公司实在是贫弱得很，拍几个故事片都很吃力，将来政治获得安定，生活也就安定，教育片必需大量生产。除了一般的社会教育普及的电影，各学校都要用电影教学。教室用的影片必然会按照人口、学校之多寡，分配供给。这是国家经营的事，也可以由政府委托私营的公司代制，编制这种教材和拍摄这种影片的人才，只嫌其少。可是，过去在国民党反动腐败政府的腐败政治之下，少得可怜的人才也只有被弃置、被压迫、被人利用。广大的电影市场摆在我们面前，广大的观众群在盼望着，而我们是一筹莫展！中国电影界除了最少数醉生梦死和投机取巧者外，大多数都是从战斗中长成的。解放后的中国的电影事业正待伟大地展开，前途光明蓬勃，我们应当伸出康健的双手迎上前去。

序幕致辞[1]

中央戏剧学院是新建立的，它继承了鲁艺和华大三部的光荣传统，南京剧专又来，归并在一处，基础尚好。我们要从这个基础上更进一步，正规地建立一个新的学校，培植优秀的戏剧干部，在与全国戏剧工作者的共同努力下，来推广全国的戏剧运动，把中国的戏剧艺术从目前的基础上逐步提高，以求更有力、更广大的普及，以从事新民主主义文化的建设。

这个学校的组织分教学、研究、演出、行政四个部门。教学部门设普通科和本科。本科分话剧、歌剧、戏剧文学和舞台美术等系，另外附设一个图书馆。研究部门设有研究部，内分戏剧室、音乐室、创作室等三个室，还有一个联络科。演出部门便有话剧团、歌剧团和舞蹈团等三个文工团。

我们的工作不仅在于施行戏剧教育，也要推广戏剧教育；演出意在实验，也以示范。辅导工作有计划有步骤地经常帮助工厂、学校的文娱活动，话剧、歌剧、舞蹈分途进行。研究部主要的任务是指导普及，在普及的基础上提高。所以必须努力以求理论与实际结合、研究与运动结合。一方面要尽量发挥创造；另一方面要接受遗产，整理遗产，推陈出新。

我们的学校一九四九年十二月正式开办，到现在，普通科完成了第一阶段的教学任务，同学们利用春节余间，下乡一个月，参加了郊区的土改工作。各文工团经过三个月的整训，在整训期中，辅导工作和晚会演出并没有间断，春节的演出持续了三星期。新插班的同学也参加了《祖国胜利大歌舞》。创作室的同志们从工厂农村中被调回来，加紧学习了一个半月，便开始写作，三月

---

1 【题注】载于1950年4月2日《戏剧通讯》(创刊特大号)。

一日为止，已完成了第一期的创作计划。正在加紧第二期的写作。

　　我们的干部一面工作，一面学习，为着责任之重大，尽管随时警惕，兢兢业业以从事，错误与偏差在所难免。唯有紧紧把握批评与自我批评这个武器以相勉励，同时希望我们的兄弟团体，和关心我们的朋友们多给我们指示。我们愿意把教学的情况、研究的心得、创作的收获、演出的总结和在工作中的一切经验教训，随时报道以求教益。朋友们有宝贵的经验，努力的成就，不断的新创造，希望随时随地多多地告诉我们，互相观摩学习；这一个小小刊物当专力为此服务。篇幅有限，未见得能担负全面的任务，倘能精编，也未尝不可能部分地解决问题。至于长篇巨制，如多幕创作，或专题研究报告之类，则或出专书，或归于季刊，或由院外的专门刊物发表，以求彼此配合。诚恳地希望院内外的同志们给予充分的支持。

为本院第一届本科毕业公演致祝 [1]

本科绝大多数的同学曾经长时期参加革命，从事戏剧运动，有丰富的战斗经验，这是很可宝贵的。他们大半是做组织和宣传鼓励工作，或戏剧导演；有时可以搞装置；也做合唱的指挥；他们有的也曾拿起枪来作战。革命的热情使他们从事多方面的活动，在革命的进程中也多方面需要他们。战争时期他们不可能系统地学习理论和技术。他们到了中央戏剧学院，安定下来，按时上课（政治课和艺术课），听各种报告、观摩、实习、讨论、研究，两年以来进行了一系列比较有系统的学习。学到的一些东西，能否顶事，能否运用，这是要在今后工作中来证明的。得到证明的东西将会不断地给予本院教学工作以启发和帮助。

这一次的毕业演出，为的是练习如何把一个文学剧本转变成为生动的舞台形象。他们——剧作者、作曲者、导演、演员、舞台美术工作者从桌子上的研究开始，经过体验生活，到实际演出，进行了一系列的创作实践，这是必要的。为着每一个同学都能得到实验的机会，导演是集体进行的，演员是A、B、C制，差不多每一场都更换演员；舞台美术设计也是集体创作；这样的演出，作为毕业考试有特殊的意义，但作为一个完整艺术品来要求，那当然不够，只可以当作一个学习过程的记录。加之排练的时间十分短促，从开始研究剧本到上演，连体验生活不到三个月，可能粗糙一点，既是练习，也就毋庸苛求，只要主题思想掌握得不错就行了。

---

1 【题注】载于1953年1月中央戏剧学院第一届本科同学毕业公演《战斗里成长》《小二黑结婚》剧目演出说明书。

无论是学习导演、演员、舞台美术，必须经过长期的勤修苦练，才能获得一定的成就，学校所能教的究竟有限，广大人民群众的斗争生活，才是真正无穷无尽的源泉。学到的方法也必须在实践当中反复运用，才能做到熟能生巧，灵活自如。两年的课程今天结束，新的课程正从今天开始，人民的艺术建设事业是无止境的。祝各位同学努力不倦，从一个成就达到更大的成就，从一个胜利走向更大的胜利！

关于广西省立艺术馆的一些情况[1]

力新同志：

　　有些材料问广西省立艺术馆是怎样的组织，我无暇一一作答（我已答复过三次），因此我写了这样一篇谈该馆情况的东西，以后再有同样来问的，请你们设法选抄作答。

　　我不再详谈了。你以为如何？（或者打印一下，如果有必要的话）

敬礼

欧阳予倩
三月十六日

　　广西省立艺术馆，底子是徐悲鸿（故）在桂林所筹划的美术院。徐离桂林后在重庆成立了美术院，桂林的就停顿了。一九三九年秋，欧阳予倩到桂林，伪广西省政府就让欧阳接办，因省立不能称"院"，所以改名为广西省立艺术馆。由欧阳予倩任馆长，于一九四〇年春成立。馆内分音乐、美术、戏剧三个部分。戏剧部为重点，其次为美术部，音乐部最弱。戏剧部主任由欧阳予倩兼任，演的是话剧，所演的都是比较进步的剧本，从来没上演过反动的如《野玫瑰》一类的剧本。美术部由徐悲鸿的学生张安治主持，他是个艺术至上主义者。这个部除有时开一般的绘画展览会外，没有甚么积极的进步的活动，但也没有做反动的宣传。桂林疏散，张安治去重庆，此后美术部有进步分子参加，因此有进步的表现。音乐部的人员经常变动，有时搞搞合唱，有时也有器

---

[1] 【题注】据欧阳予倩手稿整理。

乐演奏，有时就走得只剩很少几个人。那时在桂林的音乐家工作最少，意见最多，所以艺术馆的音乐部总没有好好搞起来。只有戏剧部工作比较正常，曾演出过《心防》《愁城记》《长夜行》《国家至上》《忠王李秀成》《天国春秋》《日出》《草木皆兵》等剧。

艺术馆的成员都是临时凑集的。汉口、广州沦陷以后，从各方面集中到桂林的人很多，其中搞文艺的不少，凑成个剧团并不甚难，但是流动性很大，高兴就参加，不高兴就话也不说一句走了。当时艺术馆是给薪水的，但是人员的流动性仍然相当大。在抗战时期当那样的环境像艺术馆那样的机关也就只可能那样。甚至有的人本来到重庆、昆明或广东曲江去，路过桂林，因为缺乏旅费或其他原因不能不暂时留下，他便多方托人介绍进艺术馆当演员，过了一个时候，他能走得动了便假借种种理由告假，一去便不复返。有的人我记得他（或她）的名字，有的连名字也不记得。更难说出是谁介绍的，几时到的，几时离开。除非最熟而又相处比较久的，否则很难谈其社会关系和政治面貌。十几年前的事全凭记忆，有的可以肯定，有的不能肯定，也是很自然的。

抗战时期的桂林是个比较特殊的地方。进步人士在那里有些活动，是利用桂蒋间的某些矛盾，这是相当微妙的。艺术馆在抗战时期可以办，而在胜利后欧阳予倩就不能不走，艺术馆不久也被停办，这都是很自然的。

艺术馆[1]的成员是比较复杂的：有的是进步分子（还曾掩护地下党员），大多数是一般的比较爱好艺术的，还有特务分子混在里面。最初发现的特务是毛露，因为他经常捣乱，又暗地联络欧阳予倩住所的房东姑娘监视欧阳。以后他走了，在重庆经常盯进步人士的梢。以后有人告诉欧阳，王光乃、陈光、王洪波是特务。吴剑岚据说在庐山受过训（他自己承认，但说是一般的受训），他显然是特务，此外就不知道了。

---

[1] 原文缺"馆"字。——编者注。

感谢与希望[1]

中国在社会主义建设的过程中,苏联所给予无私的、无微不至的帮助是说不尽的,这是两国人民伟大友谊的表现,我们真想不出适当的言语,来表达我们的衷心感谢之情。我们只有全心全意向老大哥学习,学到多少算多少;把学到的东西在我们的工作实践中去深刻体验,使其在我们的土壤上开花结果,这样来做一个好学生。

感谢苏联政府为中央戏剧学院前后派来了四位专家,把苏联办戏剧学院的经验成套地教给了我们。关于导演、表演、舞台美术各部门的教学方法,从理论到实践,给了我们系统的教导,使我们在以前没有的有了,不懂的有些懂了,不会的也有些会了。这就为我们学院奠定了正规化的基础。专家们忘我的、大公无私的共产主义的劳动热情给了我们全院师生和工作人员以精神上的感召。

在专家指导之下,我们学院毕业了两个班——导演干部训练班和表演干部训练班,毕业生在全国各处有很大很好的影响。现在导演师资进修班经过两年的学习,又快要毕业了。古里叶夫专家在我们的导演艺术和表演艺术的教学上,给予了系统的理论指导,在生动的实践中教给了我们科学的教学法,同时帮助我们加强了对导演表演、音乐形体动作训练、台词等的学术研究,在这些方面苏联专家所教给我们的东西,真是丰富、无不精当,提高了教学质量。当然,要把苏联四十年的经验在短时期内全部学会是不可能的,正所谓"师父领进门,修行在个人",我们还要尽很大的努力把学到的东西消化成为自己的东

---

[1] 【题注】载于中央戏剧学院导演师资进修班《女店主》《远方》演出说明书。

西，与我们的实践相结合而加以发展。但师父的循循善诱就使我们缩短了摸索的过程，加快了学习的速度，增强了信心。苏联专家们所给予我们的教导和帮助，这是永不能忘的。

这一次导演师资进修班在专家指导之下演出了两个戏：一个是《女店主》，一个是《远方》。《女店主》是为纪念哥尔多尼排的。哥尔多尼的喜剧的确可爱，尤其是经过莫斯科艺术剧院的演出，格外增加了光彩。列斯里专家在导演干部训练班为我们排演了《一仆二主》，现在古里叶夫专家又为我们排练《女店主》，这两次的学习使我们对于如何排演这样的喜剧得到一些门路。中外古今有多少不同风格的喜剧和悲剧，我们真希望苏联专家和我们在一起的时候能够长些，多教给我们一些处理的方法。

《远方》是阿费阿盖诺夫一九三五年的作品，它说的是一个远东地区大森林中的一个偏僻的小车站，在那儿人们虽然都是勤恳地工作着，甚至有的人创造了新型的收音机，然而他们没有勇气正视自己的理想，自卑地认为自己的工作是渺小的、不足道的，其中也有的人因此而不安心工作，一心想到莫斯科出头露面。在这里有一个搬道员，是个自私自利、仇恨一切的莫罗勘教徒。他打击勤恳工作的人，挑拨不安心工作的人，散播着这种腐朽的思想，毒害着人们的心灵。一个偶然的机会，有个患了严重的不治之病的苏联远东军军长玛特伟经过这里，因为车轮损坏在车站上停留了一昼夜，他非常高兴和这些诚朴的工作人员和他们的家属相遇，短短的共同生活中他不仅和他们建立了深厚的友谊，而且考察了他们的工作，帮他们研究了一些问题，为他们计划开辟养兽场，开采金矿，并告诉他们接近国境要巩固国防，等等。他给了他们勇气，使他们发现了这个小地方原来有这么多重要的事情可做，认识到这个小车站也是祖国建设事业的不可缺少的一部分，同时他以自己坚定乐观的共产主义思想，彻底击溃了反动的莫罗勘教徒，正像今天我们用活生生的事实粉碎了右派分子的猖狂进攻一样。在这短短的生活和思想斗争中，那个不安心工作的人也决定留下来，决心努力在这儿做自己应该去做的事。当我们干部下放，知识分子下乡下厂以及反右派斗争正在高潮的今天，这个戏对我们有很好的教育作用。

戏由古里叶夫专家导演并指导演出，舞台美术设计由雷科夫专家指导。我们为了舞台美术教学，费了不少力，在设备方面也花了不少钱。国务院批准我们聘请专家，苏联政府就为我们派来了雷科夫同志。解放以来各个剧院培养舞台美术人员费过不少人力财力，也得到苏联专家的帮助，多方配合，就使得我们的舞台美术这几年有很大的进步，像这样的事过去几时有过？我们对政府、对党、对苏联的帮助真是感激都来不及，而右派分子偏说"领导不重视舞台美术"，这是任何人都不能不感到愤慨的。

我们一切都在学习过程中，缺点在所难免，我们决不敢有丝毫自满，希望亲爱的观众们为我们提出宝贵的意见，我们要永远和你们一起，把戏剧艺术向前推进，使其为社会主义建设服务得更好。

一言致意[1]

　　《桃花扇》京剧本的初稿是在抗战初期，上海沦陷的时候写的。那时上海所有的剧场都停演了，勉强凑了几个钱借一家戏馆凑合演出了。当时只为借题发挥：一面抗议日寇的侵略，一面对蒋介石的假意抗战实行不抵抗给予了严正的揭露。我最恨那些只想两不得罪、毫无立场的知识分子，而在国难时期有许多经不起考验的就现了原形，不能不予以无情的讽刺；反而平日被视为贱民的如李香君、柳敬亭等却表现出凛然的气节，对他们不能不予以高度的表扬。

　　这个戏曾经一度修改以桂戏的形式演于桂林，最后被国民党的审查机关禁演。1946年冬，我同新中国剧社到台湾，把它改成话剧，删除了一些对外的部分，加强了对国民党反动派腐朽统治的讽刺，只演两场就停止了。1947年夏在上海重演，后因剧社被迫害停演。

　　解放后这个戏的话剧本收在《予倩剧作选》内，于1953年出版。现应中国京剧院的要求重新整理成京剧本。关于这个戏的人物处理，我曾经在话剧本的单行本的序言里写下了我的看法，这里不多说。到现在为止，我还是觉得李香君、柳敬亭、苏昆生、郑妥娘这些爱国艺人是可爱的。有些人，像杨文骢，尽管会画，侯朝宗尽管会写古文，我却不欢喜。当然我们不能以今天的标准去衡量古人，但即使以中国传统的政治道德看他们，也不能不为他们惋惜。

　　这个戏作为旧节目演演我想也还可以，作为今天所要求的历史戏就显得很不够。但这次的演出无论导演、表演、音乐等都令人满意，也的确发挥了集

1　【题注】载于1959年中国京剧院《桃花扇》演出说明书。

体的力量。各位观众也不必费大事去对证古本，希望把看了戏之后的感想告诉我们，这就是对我们——演员、导演、舞台工作者——亲切的帮助和指教，我们当表示感谢。

盛大的阵容　精彩的艺术
——欢迎日本话剧团[1]

日本人民为反对日美军事同盟条约，争取独立民主，团结起来进行了波澜壮阔的反美爱国斗争，采取了二十二次的全国统一行动，取得了巨大的胜利。这个斗争还在继续进行。中国人民始终站在日本人民一边，坚决支持日本人民的正义斗争。日本的戏剧界投身在反美爱国斗争当中，而且站在斗争的前列，他们曾经发出义正词严的反美爱国宣言。这一次来我国访问演出的日本话剧团的朋友们，都是从火热的斗争中来的，其中有好多位在示威游行中受了伤。他们到达北京的头一天，就高举着在东京示威游行时的旗帜，从车站步行到旅馆。中国文艺界对他们表示了热烈的欢迎。

日本话剧团是由东京久负盛名的五个话剧团体专为来我国演出而共同组成的。成员是些名演员、名导演、名剧作家和优秀的舞台美术家。

这五个剧团是：文学座、俳优座、民艺剧团、葡萄会、东京艺术座（"座"就是剧团的意思，"一座"也就是说一团），它们各有其艺术成就。

日本的话剧运动经历着曲折的道路，许多剧团聚散无常，现在存在的剧团大都经过好几次的分合变迁。

东京艺术座是由新协剧团和中央艺术剧场合并而成的。当初新协剧团是为抗议日本政府迫害左翼剧团，由秋田雨雀、村山知义（此次日本话剧团团长）集合一些青年戏剧家组织起来的。一九四〇年被迫解散。第二次世界大战结束，由村山知义重新组织，于一九四六年再度成立剧团。演过德永直的《没

---

[1] 【题注】载于1960年9月26日《北京日报》，本文副标题与作者发表在《光明日报》1960年9月17日的标题一致，但内容不同。

有太阳的街》，高尔基的《底层》《仇敌》，契诃夫的《樱桃园》等；前两年还上演过曹禺的《蜕变》和《明朗的天》。近来才和中央艺术剧场合并，改称今名，仍由村山知义领导。

民艺剧团由泷泽修（日本话剧团副团长）、宇野重吉领导，曾经和村山知义领导的新协剧团合作过。一九四九年一度被解散。这个剧团在一九五○年重新建立起来，着重以戏剧艺术为中心，有名导演冈仓士朗（已故）、名女演员山田五十铃参加，演出过契诃夫的《海鸥》和现代题材的《日本的气象》等剧。

俳优座是由千田是也（日本话剧团副团长）、岸辉子等十人为骨干组成。千田是也曾经在德国留学，是一个很有名的导演。这个剧团着重于表、导演艺术的提高工作。他们设有演员养成所。所演的戏有《奥赛罗》《夫人学堂》《钦差大臣》《樱桃园》《三姐妹》等，也有日本作家的创作，此外还和其他剧团合作演出过田汉的《关汉卿》。

葡萄会是一九四五年成立的，由名演员山本安英（日本话剧团副团长）领导，名作家木下顺二、名导演冈仓士朗都是这个团的骨干；以演出木下顺二所作民间传说剧《夕鹤》而享盛名，因此人们都以为葡萄会专以演民间传说剧见长。这一次日本话剧界反对日美军事同盟条约的宣言，就是由山本安英宣读的。

文学座的前身是筑地座。筑地座是过去从筑地小剧场退出来的一部分人组成的，在久保田万太郎、岸田国士指导之下，以研究"心理剧"著称。一九三六年改组为文学座，由名演员杉村春子（日本话剧团副团长）、宫口精二等主持。他们演出过不少像《万尼亚舅舅》、《野鸭》（易卜生作）之类的欧洲近代剧。在创作剧当中，《女人的一生》受到很大的欢迎。

从以上简短的叙述来看，日本的话剧运动几十年来受着严重的反动迫害，这一次各话剧团体为了反对日美军事同盟条约、争取独立民主、保卫亚洲和世界和平，团结起来了，参加了广大人民群众的行列，表示了鲜明的政治态度。这是日本戏剧史上新的一页，也是光荣的一页。

日本话剧团体因为专门演戏不易维持，许多演员都兼演电影，所以和电影界的关系十分密切。同时为着团结合作，也往往采取联合演出的方式，例如好几个团体联合演出《关汉卿》，效果就很好。这次五个团体合作来我国访问演出，标志着日本话剧界的进一步的团结。中国和日本的戏剧工作者也将由此而更加紧密地握起手来，使两国的话剧艺术这一武器发挥更大的作用，在反对美帝国主义的斗争中作出更多的贡献。

杂文

双十先生的话[1]

我跟诸位是辛亥年才相识的，论交情有十四年了。我奉了进化大神的命每年与诸位相见一次，也无非是带些礼物来，奉送诸位。礼物是甚么呢？就是诸位所希求的"幸福"！但是我每回虽带了极多的幸福来奉送，诸位始终不肯承受，或者只承受一小部分，这是为甚么呢？恐怕诸位还没有认清幸福的所在，更没有认清我的面目呵！试问你们每年照例的庆贺是为甚么呢？你们自以为庆贺"双十节"是甚么意义呢？你们忽略了我，就是忽略了你们自己的幸福呵！我是个有名字的人，你们都这样忽略我，冷淡我，我还有三百六十个弟兄，轮流着来问候你们，你们何尝知道他们都带了无量的幸福从你们面前经过，只因你们没有承受这幸福的决心，所以被有决心的从旁夺了去了。看了金银和珠宝谁不拼命去争？争着了还要拿来藏在铁箱里时时守着；可是强国的恶魔同横暴的民贼用种种方法将你们用血汗得来的金钱宝货大量地蚕食了去，你们何以毫不在意呢？这也就难怪你们对于我带来的幸福不甚注意了！近来你们也明知恶魔的厉害将要吸空你们骨髓，可怜睡久了的人，没有气力撑持着立起身来与人抵抗。这也就难怪你们没有勇气来承受我所带来的幸福，这回"五卅事件"是你们伤心的纪念，是你们中华一族生死荣枯的大关头。罢工是你们一种无可奈何的表示，你们有无可奈何的罢工，接着又有无可奈何的复工，罢工时的困难，哪里抵得复工时的凄惨！罢工出于愤恨，复工出于屈辱，报纸上偏偏登出大字说"复工之盛况"！工人也放着鞭炮，吹着军乐，欢欣鼓舞地上工去。是自己哄自己呢，还是容易满足呢？低着头含着泪咬着牙前去上工才对

---

1 【题注】载于1925年《时事新报》双十增刊第二版。

呵！你们若事事如此容易满足，也就无怪要忽略我的来去了。我跟你们相识的那年，正是你们革命的时候。革命是进化的枢纽，革命是幸福的源泉，革命事业，只可就时代略分段落，并没有成功失败的悲喜。世界因为受了进化大神的支配，所以时时刻刻都在转变，人类若不顺应它的法则，祸患立作。顺应的方法，只有革命，革命运动一旦停止，就好比我们的血液，殃其循环。试看古今多少惨变，无非是停止革命所致，就是那些借维持现状、维持秩序的名目来压抑革命运动的人，都不过是自图苟安将许多祸根种得深深的使它积发于一朝，这种只顾目前不顾将来的举动，不过是人类自私自利劣根性的表示，实为人类幸福的大障碍。若是能够时时刻刻不忘记革命的精神，时时刻刻朝着进化的路上走去，那便能将惨变的苦痛分配到每时每刻，使身受之而不觉，或觉之而能忍，世界永远和平的基础，就建立在这个念头上。但是革命的精神在哪里呢？明白告诉你们罢："不自屈""不自满"就是你们的福音。千万不要赖在床上舒服一时是一时，耗子咬碎了你们的宝物，豺狼盗吃了你们的牲畜啊！千万不要图强者的怜护。奴隶的骨血是轻贱的啊！千万不要信维持现状的谰言，这是罪恶的口号啊！千万不要将就妥协。这是受侮的根源啊！你们如今寻求幸福有如饥渴，你们应当振作精神医治颓废，知足不辱等的麻醉剂不适于今日的病症。我奉赠一付仙丹罢，就是你们本身：

鲜红的血；

坚强的爱。

我希望明年今日我来时，你们换一副精神庆贺，并且希望十分明白庆贺的真意。

五卅日的价值[1]

五卅日有甚么可以纪念？不过是英国人在南京路杀了几个中国市民罢了。自从鸦片战争到今日，中国人受了英帝国主义者的压迫，无时不在痛苦呻吟之中，而英国人的狂妄跋扈，也一天一天地越来越不像样。他以为对待次殖民地，可以为所欲为，但是妖怪吸人的精血，一定要假装着和蔼长者的模样。英国人的口头禅，说是要帮助中国发展，其实是变本加厉的吸血主义，逼得我们差不多到了油尽灯枯的地步。英国人自居为盟主，勾结了许多其他的帝国主义国家，扼住了我们的咽喉，束缚住了我们的四肢百体，更不许我们稍有昭苏之望。他们还以为未足，于是仰用着从我们身上取来的金钱来贿买我万恶军阀，以增长我们的内乱，弄得我们百姓，痹癃残疾，我们的国家，四分五裂，他便从旁挑拨着，看热闹，冷笑着，说着风凉话，甚么对华新经济政策，无非戴着假面，趁火打劫的伎俩。总而言之，英帝国主义好比痨虫，繁殖在我们肺管里面了。"五卅事件"，不过偶然的毒性流露，偶然吐血，还有那不断的咳嗽，每晚的盗汗，无时无刻不在那里消灭我们的元气，所以英帝国主义加诸我们的恐怖悲哀，无时无刻不盘旋在我们的心底，我们所受的慢性折磨，积累的压迫，几乎使我们窒息而死。算起总账来，"五卅事件"不过是账簿中的一条，有什么可以特别纪念的价值？但是"五卅事件"在英帝国主义侵略史上看起来，似乎不过是普通的一条，若就中国民族解放运动史上看起来，这"五卅事件"，实在是应当大书特书，而我国国民应当铭心刻骨永远不能忘记，因为这是我们民众觉悟后第一次积极的表示，也就是我们民众反抗英帝国主义第一次的流

---

[1] 【题注】载于1927年5月30日《民国日报》。

血，更可以说是英帝国主义崩坏的预告。

当顾正红被内外纱厂厂主杀死的时候，全体工人，同盟罢工，英捕房派人去捉拿镇压，将拿到了的工人，一个个戴上手铐，用绳子穿成一串。可巧其中有一个十几岁的童工，他手小不能戴刑具，那英捕便将刑具戴在他手膀子的上半段，谁知膀子粗手铐又太小，那英捕不管三七廿一，用力只一捏，那手铐便陷在肉内去了，鲜血直流，当时那童子痛得哭喊起来。许多工头，看见不忍，大家哀求那英捕与他除了，说是他一个小孩子，无论如何跑不了的，尽管卸了刑具也不要紧。谁知那英捕毫不为所动，只拿着木棒□着众人前行，可是那童工痛得十分厉害，便哭得格外可怜，那些工头不得已再去哀求那英捕。英捕大怒，便拿起那童工的手往下一褪，连皮带肉撕开好几寸长，小孩子家，哪里禁得起？哇呀一声，往后便倒了。恰巧那时有几个学生走过，看见此情形引起了义愤。当时便有吊祭顾正红及发传单等事，顾正红是革命的牺牲者，吊祭他是当然的事，发传单是唤醒民众的一种手段，不过在帝国主义者的眼中看来，何等可怕？但是他们应付民众的方法，除了监牢和私刑，便只有枪炮，他们不过是抄袭了欧洲古来暴君的苛政来凌虐我们中国人罢了。可是无论他们如何残暴，始终禁不住民众的觉悟。第一批发传单的拿进了巡捕房，第二批的传单又在街上发现了；发第二批传单的再被巡捕房捉了去，不多时第三批的传单又到了行路人的手里。不过传单尽管再接再厉，狱中的同志也不能不想主意救他们出来，于是乎一面呈请交涉员设法，一面请求舆论界帮忙。要知道那时候的报纸，在压迫之下，除了替大人先生作起居注，与乎替帝国主义者宣传一些消息而外，丝毫不敢留意到民众方面。尽管社会上起了绝大的风潮，他们尽管沉睡着，有气没力地不以为意。那时的学生和工人知道报馆先生，除了信口敷衍而外，决没有同情到他们，连登一段小小的新闻都做不到；至于那交涉员本来只是替军阀敷衍洋人的，与洋奴相差不远，态度更为冷淡。到了这个地步，那学生工人们，不用说是越发愤恨，在这愤恨之中，便有了新觉悟，晓得到处求援是没有用的，凡事非挺身出力的自己去干不可。他们的心火燃烧着，他们的血，便到了沸点以上，他们各自抱着传单，堂堂正正地到南京路上去发。南京路是什么地方？岂容你去发传单？可是他们居然就这样做。果然人类是感情的动物，他们勇往直前之气，义愤忘身之概，居然感动了一般民众。大众奋兴起来，第一受感动的就是印度巡捕，有几个印捕走近学生们，极诚恳地劝导着说："先生们你们是对的，但是很危险，请回去吧。"还有些包探捕头之类，起初未尝不想显得辣手，以报豢养之恩，及见了印度人的态度，便也软了，加之民众如潮水一般，群集起来，一个个义形于色。我们中国人受了英国人八十多年的压迫，到了今日，积累着八十多年的怨恨，从来没有人敢说一句公平话。天字第一号的强国，大不列颠，是神圣不可侵犯的，它压迫我们，我们除了忍受没有别法，何以几个小小学生竟敢向这怪物说话，竟敢在这如狼似虎的巡捕大人面前，替那狱中的冤屈者请命。街上的群众惊奇的眼睛看着，同把他们平日所见外人压迫我们的不平事，一一地从心坎里勾引起外，不知不觉地捏紧着拳头，身上发着微微抖战，一步一步地跟上前去。巡捕房开始积极地干涉了，群众也就有了他们最后的决心，他们经过了一阵的沉默，不由得发出一两声的喊叫，八十多年的压迫，好容易才公然地听见这求解放的呼声。巡捕房下令放枪了，印度人的枪朝着天放了一排，群众这时候的心里觉得有比死还难过的一出事，就是已经觉悟了仍然要乖乖地回去，做那糊里糊涂的奴隶，他们觉得后面重重的黑暗，前途一线的光明，把他们退后的念头打消了。最可怕的死神，忽然便变了胜利的天使，何况万万想不到徒手请愿的民众，会受那残酷的死刑。一阵枪响之后，南京路上被群众的血染成深红。自由的钟声响了，中国的民众醒了，各处的反英运动相继而起了。到了目下，国民革命军节节胜利，更足以寒帝国主义之胆。可是要知道，国民革命军的胜利，不是偶然的，是积累来的，换句话说，是民众大家的觉悟所促成的，南京路上的死者，真是我们中华民族的大恩人呢！

在"五卅事件"发生以后，我很听见许多风凉话，有的说学生胡闹的，有的说是俄国人买出来的，这自然是军阀土豪买办之流所造的谣言，不值一哂。革命的先进，岂是加以恶名便足以使它自馁的吗？不过可见那些军阀土豪买办之流，始终帮着帝国主义者说话，无论如何天翻地覆，他们的劣根性是不能除掉的。我于此曾参看过世界各国的革命史，以为帝国主义者不到根本被推翻的时候，绝对不会觉悟，因为他们的优越欲和自利心，支使得他们糊里糊涂，连他们自己，有时对他们所有的主义，都有些莫名其妙。譬如英帝国主义，在种种方面都可以证明其必趋于崩溃，但是许多政治家，以及学者之流，为一时的功利，便完全变成愚人，除了残酷欺诈而外，没有一些可以称述。至于人类的远图，他们只有置之脑后，所以我们对于这种不具的思想、愚民的政策、残忍的设施，只有以不妥协的精神将他打倒，千万不要被假慈悲的面目瞒过。前年五卅运动，不过是义愤的请愿，并不是有组织的革命，但也是革命必由的过程。此后我们的工作，当然是依照中山先生的遗嘱，求整个的解决，尤其我们民众要格外看重自己。因为中国前途的光明，全靠彻底的革命，革命只系于民众自身，不容假借，团结坚忍和不断地奋斗，是我们民族独立的基础，民族坚强独立，然后才有联络世界上其他民族的力量，才能够一举而收最后的成功，安慰先烈于地下。

开国周年志感[1]

政治协商会议闭幕,中华人民共和国诞生。接着就是除台湾、西藏外残敌全部肃清;把帝国主义者赶出了中国;全国铁道畅通;财经统一,物价稳定;组织灾民生产自救,并战胜了水旱虫灾;积极防汛开通水利,工业逐渐恢复,土地法公布,生产增加;城乡物资交流,贸易日见活泼,经济一天天趋于好转。这是震惊世界的大事。

中苏友好条约签订,中苏贸易协定、新疆石油公司合同等随之签定。东西两大国携手,七万万进步人民坚强团结,奠定了世界和平的基础,使帝国主义者仓皇失措,喘息彷徨,使我们的兄弟国家、兄弟民族,欢欣鼓舞;各殖民地国家的受难人民,慷慨振奋,格外发挥了智勇,坚强了信心。这又是世界史上空前的辉煌伟绩。

世界和平会中国分会成立,和平签名人数已超过了一万万,正向着二万万人的数目开展。

文艺界在全国文代会会师之后,各地方文联相继成立,为工农兵的文艺方针更明确地执行,新的文艺运动蓬勃开展,确有信心地准备在经济建设高潮之后,迎接文化的高潮。

这一切,都说明了在中国共产党领导之下,四万万七千五百万人站起来了,正向着光明昌盛的路上迈进。中国已经不再是落后的国家,谁也不再敢把中国人民看成落后的人民。用我们的双手保证把中国建设成一个自由康乐富强的国家。我们每一个人,从灵魂深处,生长出欢悦、感激、兴奋与向上之心。

---

[1] 【题注】原文载于1950年《胜利一周年——庆祝中华人民共和国开国一周年联合特刊》。

我想唱一首赞颂的歌，没有雄健优美的声音；我想写一篇诗，掌握不了那种壮美的韵律；我想编一个戏，无从表达那样伟大而丰富的主题；我想画一幅画，无从描绘那样鲜美而多样的色彩；写篇文章吧，又缺乏确切的词汇！

小孩子在母亲甜蜜的怀抱里是没有那么多话的，在祖国的怀抱里何尝不是一样的心情？

只要能在热烈的斗争中爆一个火花，在革命的洪流中有点滴的贡献，也就心满意足了！还有比报效祖国更光荣的事吗？

目前的一切，处处都足以证明领导的正确。人民业绩的伟大为亘古所未有。更光明的前途，已在展望之中，为甚么也还有些人怀着疑虑呢？

天遭干旱，忽然倾盆大雨，半枯的禾苗又活了，农民得救了。可是因为这场雨，可能就有身体虚弱的人生了病，可能就有年久失修的房子倒塌；能够为了这些就不要这场雨吗？

长年积累的垃圾堆，要清除它。当翻动的时候，可能很臭，可能翻出许多腐朽霉烂的脏东西。现有一个几千年的垃圾堆，能够为了怕脏怕臭就不加清除吗？

祖宗传给我们祖屋，经过强盗抢，经过不孝子弟的懒惰放任，又加之以拆卖毁坏，早就是屋穿墙倒，门破园荒，幸亏有争气的儿女，赶走了强盗，把祖屋接过来，一面修补，一面重新建造，他们日夜辛劳，省吃俭用，实事求是，兴家立业。荒芜的田园耕种起来了，失学的儿童能得读书，伤病的得到疗养，这还不是很显明的事吗？那些不孝子弟率性跟着强盗入伙，自不能容他们逍遥法外，但是还有些人不仅在艰难建设之中不帮着来挑一担土，运一块砖，只是袖手旁观，随便冷言冷语说怪话，有些便不着边际胡乱说些恭维的话，这都是很糟糕的。照我所了解的，都市方面这样的人相当多，而特工余孽，生事造谣，往往以摇摆分子为对象，暗中运用。在我们提高警惕加紧防范之下，这些人不可能怎么大的兴风作浪，但对于一般市民，对于旧知识分子，对出身富裕家庭的子弟们多方面地加强思想教育还是很必要的。

还有些"好心肠"的先生，常说辛亥革命以来样样都是越搞越糟，担心今后要是再搞不好就真不得了了。这样的担心是多余的。只要能从多方面体察人民伟大的力量，就不会有这样的担心。人民由于共产党的领导能够赶走帝国主义者，推翻反动统治，也就能在任何艰苦的条件下建设自己新的国家。何况目前许多条件都是于我们有利的呢！我想告诉那些"好心肠"的先生：你们还是多从正面认清人民的伟大，认清无产阶级的党，也就是人民的党的正确领导，全心全意为人民工作，自然就会安稳愉快，不至于有不必要的担心。如果你们在思想上多转一个弯，你们就会多几年的落伍。

我们的国家经过八年抗日战争，三年解放战争，的确是受了很重的创伤。人民正要休养生息，要生产建设，决不要战争。但是帝国主义者万一有一天真发了疯胆敢向我们挑衅，我们也就会毫不犹豫，狠狠地回敬一拳。我们不要战争，但是战争丝毫威胁不了我们。帝国主义者所能利用的只是极少数的败类，在伟大的中国人民面前，他们不能不低下头来。

我个人从五四以来就渐渐地信仰共产主义，由蒙眬的信念逐步趋于明确。但于实际斗争，所尽的力量真是微乎其微。这一年来学习了不少东西，也读了一些文件，但好像小学生上大学，功课太重，消化不了，赶不上班。因此感觉到过去走了不少弯路，浪费了不少时间，不会把全部身心投进火热的斗争中去，不会绝对坚定工农兵的立场，以致今天还不能放下小资产阶级的包袱。我是个自由职业者，生平以演戏、编戏、导演戏自活，自从接受了革命的号召，——尤其是这一年来，参加了些实际工作，一篇伟大的革命的史诗的每一个字、每一个旋律、每一个节奏，都深深地印在心上，不知不觉忘了自己的年龄，想进一步要求自己，希望朋友们多给我策励！

不能听任不合理的事情继续下去![1]

一、我是院长,应当全面地以全力领导学院的工作。但以老病之故,又以社会活动较多,疏忽了本院的工作,尤其最近半年多以来,一直休养,甚么事都没管,而薪水照拿,这是很不合理,很不应该的事。必须改正:1. 按照退休条例减发薪金若干成;2. 按照病假条例减发薪金百分之几十;3. 按照请创作假办理。以上三者必居其一,或者另作处理,以求合理。

二、为我个人专设一秘书可以不必,应省去,使其为全院工作,方能更多发挥她的才力,有更多成绩。

---

[1]【题记】本文写于1958年3月5日,编者据欧阳予倩手稿整理,手稿藏于中央戏剧学院。

闲事闲谈[1]

似序非序

常言道得好:"闲话少说,言归正传。"《闲事闲谈》也不过是一派闲话,似乎应当归于少说之列。不过闲话的种类不一,说法也不同,有时明知少说为佳,却又不免于一说。

茶余酒后的闲话,不一定是闲事;会议场中的议论,不一定是正事。

正事无可谈,不妨谈谈闲事;闲事谈得得体,比歪曲了的正事或者毛病还少一点。

有些人最怕管闲事,就将一切无关自己直接利害的事屏而不谈;有些人专爱管闲事,就甚么事情都不负责任地乱说一气。

一石落水,一波动而万波随,倘他方另投一石,就会有万波从另一方来汇。间接的利害往往比直接的利害来得严重。不负责任地投石兴波以为戏自然不妥;万事不关心,自守庭户,在现代这样复杂的世界尤其不许。

有事做事,有话说话,岂不痛快?可是如意算盘打不通,便也没有办法。然而谁都不能见事而无动于衷,动于中而不成有系统的理论,便发而为闲话。所感之事其情不一,或大或小,或深或浅,或远或近,或暂或久,或专或从,或属于现在,或属于过去,或属于未来,随心所至,不拘一格,不妨都说是闲事;出之于口,或记在纸上,便是闲谈。庄论不妨与谐语相并,雅意不妨与猥谈交杂。也可以说是言之有物,也可以说是不着边际,想到哪里说到哪里,似乎不必负甚么言责,若以为言必有责,便也无须乎推诿。

---

[1] 【题注】1942年3月,桂林大千书屋出版,共收杂文32篇,正文前有《似序非序》一文。

我是个著名的无事忙。自到广西以来，更是忙得个焦头烂额。所忙的事，又不尽是本身的任务，副带的手续问题和人事问题所费的精力往往超过本身问题几倍，以至从早晨七点钟到晚上十一点钟没有喘气的余裕，不知道究竟做了甚么。在这种情形之下而来想闲事作闲谈，实在是滑天下之大稽。不过人生是矛盾的，时局在动荡中，矛盾的情形越多且大，忙中闲谈毫不为怪；但闲事也不免就是忙事，闲谈变了忙谈。最初兴之所致，出于偶然，想不到竟被读者催促写成了薄薄的一小册，自笑空虚无聊，却又被灾梨祸枣一番，难道这也是应有的矛盾现象吗？

一 中国人的涵养

以前有一个外国人，初到上海，见一个推小车的把一车砖翻在马路上没有人管，因此怀疑到中国人的国民道德和同情心。其实这是很平常的事，人力车滑了脚，一个女客从车上翻落在泥泞的路上爬不起来，或者是一个挑鸡蛋的箩索断了，鸡蛋打碎，照例街上的人是会用欣赏喜剧的情绪，拍手大笑，就很少有人肯出力帮忙去把车子扶起，或把鸡蛋拾起来。就是去年，浮桥被大水冲断，有个船夫落在水里抱着一根桥桩求救，虽然他终于被人救了起来，当时那个船夫载沉载浮的情景，和他着急求救的手势，的确会引起岸上聚观的群众的笑声。大约中国人富于戏剧性，看着甚么都是戏。官场自可看作戏场；人生的悲欢离合，无一非戏；而高人雅士更常以游戏人间表其潇洒出尘之致；而一般民众，经过历史的长期淘养，也都相信"事不干己，其心不乱"，"各人自扫门前雪，少管闲事"，不要说是马路上翻了车子，就是再大一点的事也没人管。——隔壁人家遭了盗劫，邻居很少人帮着去追，见人家虐待奴隶过了头，也没有人肯说句公道话。因为事不干己就不妨当戏看：看火烧房子，看出丧，看枪毙囚犯，只不过像是欣赏一幕小悲剧，可以无动于衷。这或者不是中国人缺乏同情心，而是中国人富于涵养。

二 天才者的享受

某家请客，一桌菜花了百多块，宾主尽欢。在酒席筵前有人说："中国真是地大物博，打了四年仗，我们还能吃这样的好菜，而在英国连皇后都要领面包票，若在德国那食粮限制就更严，可见欧洲各国，始终不如中国。"另一人说："因为中国是农业国，农业国的长处不是工业国所能比的。"是吗？后方的老爷少爷小姐们，知不知道前方的兵士吃的是甚么呢？倘若我们也照外国那样把食粮平均分配，那分到我们名下，到底有多少？是不是还可能带着爱人去上上馆子呢？然而后方有许多青年一天到晚为了物质享受而烦闷。钱不够花也是真的，但这就是告诉你这是战时。抗战开始的头两年，大家总算奋斗了一下。最近两年有些人躲在比较安全的后方都会中，如果不是警报叫一叫，早以为这是太平盛世了。物价的高涨，生活的困难，没有被认为抗战到了艰苦的阶段，应当加倍忍耐，加倍努力，而一心称羡发国难财的奸商，想追求他们的享受。

这种时候却真苦了所谓的"艺术家"。"前进"的招牌不能取掉，《雾重庆》中沙大千的思想又无从克服，叫出"全部商业化"好像多少有点不好意思，而旧剧名角的巨额包银又似狐仙一般在向自己招手，如之奈何？——甚么是运动？甚么是使命？甚么是抗战建国？一个天才者的享受不如一个普通商人，岂不难过也哉？

三 语言的艺术

戏班子里的要角，看准了一个紧要关头，向老板提出加薪的要求，不加便辞班不干，这种举动叫作"拿乔"，所以在班子里常常会听见"拿他一拿""你别拿乔""拿得我够受的"一类的话，老板最怕角色拿乔，主角又最怕配角拿乔，有时一个配熟了戏的配角，分明只值一百块的，他可以要求增加好几倍，他情愿到别处去赚一百块，对他合作的主角非拿乔不可。他的算盘是只要拿一拿乔增加了三倍的钱，就是因为得罪了主角而被辞退他也可以不吃亏，而每一个名角都不愿意合手的配角离开的。

目下上海的各戏院，所有的角色全由老板雇聘，所以配角与主角同为受雇，都是直接和老板交涉。有的角色自己带几个配角进班，老板也有权控制。而且现在的老板，都是"闻人"，角色如果调皮，他们可以使他长期失业；因此上海各剧院，角色的变动很少。

话剧界因为还没有商业化，参加剧团的青年们，多半都还是为着戏剧运动。自从"争取观众"的口号被曲解以后，情形也就渐渐变了。照有几处大都会的情形，团与团之间渐渐有挖聘角色的干法，而角色拿乔的风气，也就一步一步展开。不过话剧演员的拿乔，跟旧戏演员的拿乔形式大不相同，旧戏演员只会说"某处出多少钱邀我，某处又肯加我多少钱，你如果要我，就总得给我点面子……"诸如此类的话。话剧的角色就嫌这种说法太直率，太原始，不够艺术。话剧的人员要到拿乔的时候，一定先提出许多与钱无关的理由。譬如说，工作环境不适合；同事们的思想有距离；工作的方式太机械，或者说太散漫缺乏纪律；忙一点就可说修养的时间不够；闲一点就又说表现的机会太少——诸如此类，因时制宜，因地制宜，因事制宜，因人制宜，配合着每人的个性一套一套端出来，弄得你费了许多唇舌，如堕五里雾中，结果绕来绕去，画龙点睛；啊，原来如此！

凡属干戏院的，都有对付角色拿乔的几副手段，干话剧团的，似乎不能改变文化人的面目，而且组织尽管简单，内部却比旧戏班子复杂得多，所以往往因少数人甚至一二人的关系就把一个剧团搅散了。团体解散的原因不一：或因经济困难，或因思想冲突，或因小组对立，或因外力压迫，或因挑拨离间，或因恋爱纠纷，或因一种特殊的分化，而明星中心制的坏处我已经由三四次组织剧团的经验痛切地感受到。因此不能不佩服莫斯科艺术剧院的精神，他们有三百多个演员，个个的技术都很不错，而个个能爱护团体，始终保持其系统而不变。更不能不佩服苏联当局，他们并不因艺术剧院是帝俄时代遗留下的团体而加以歧视，而且国立戏剧学校完全采用斯坦尼斯拉夫斯基的体系。

要演好戏是必要有好演员的，没有一个好导演不爱惜演员，也没有一个真正的好演员不爱惜好导演。真有希望的演员，一定受得起捧，器小易盈的演员无论怎样的天才，总是令人可怕。

中国的话剧运动，的确有进步。但是在进步的路上新的困难与新的危机接连着出现，原因有的是社会的，有的是政治的，也有的是经济的，直接间接交织而成种种现象，恕不能加以详细的分析。

四　难医的老毛病

某公共场所，因为楼上没有茅厕，有一个女客，趁着四顾无人就在应接室的地板上撒一泡尿。恰好被女用人看见了，就去告诉她隔壁房里有马桶，据说她蹲惯了坑不惯坐马桶，她要发挥习惯性的伟大。而且她的举动，不能谓之野蛮，这叫作"求达目的，不择手段"，是再时髦没有的。

人家的小孩子，从小他们的父母就教给他们在屋檐下，在厅堂当中，在过道里，蹲着地下大便。并且教给他们屙一点移一个地方，好像下象棋似的，把屎橛子顺着次序排列起来。回头把灰一盖，或者马上扫了去；或者就听凭来往的人，分配在每一个鞋底子上带到别处去。这种简单明了的办法，若由辜鸿铭一类的国粹保存家看来，恐怕也会当作民族形式而予以尊重。我曾经听见一个颇有教养的先生称赞他的儿子，他说："我的小孩子就是这样好，他拉屎一定认定厅堂里的某几块砖，从来不会乱来。"普遍地这般如此，又何怪那女客在应接室的地板上小便呢？又何怪那些随地吐痰的朋友？

五　可笑的夸耀

某小学的导师王先生，教了一世的书，还是没有法子应付一班小将。口也说干了，小将们还是不听话。他一面咳嗽一面作最后的恳求："我也没有气力说你们，饿了吃不饱，病了没药医，死了你们不过替我开个追悼会，我还有甚么希望呢？"

当晚他在植物油灯底下改了一晚上卷子，第二天又发起激热来。他匆匆上完课，拖着一双几十磅重的脚，从学校里走出来。到了马路边想吃一点甚么，摸摸口袋，算了。想坐车回家，想想不配。忽然一辆汽车冲过来，几乎把他撞倒，车一停一位漂亮的司机,从车上跳下来。他一看,原来是他许久不见的表弟。

他叫了一声,那表弟回头对他一看,免不了彼此寒暄一番。——原来王先生从来不大看得起这位表弟,不想今日一见,居然仪表堂堂,从上到下,没有一点不够一个技术家的风采:飞机头,雪白的衬衫,证章,银手表,黄色短裤,条子长筒袜,可以当镜子用的皮鞋……他挺直胸脯,显出神气十足。他使用着那运输的工具,据说他是许多时髦小姐时髦先生的救星。

他一把拉他表哥走进一间新开的酒馆,可惜王先生的胃口不好,白费了他点的许多酒菜。单只一样狗鱼就去了王先生半个月的收入。

他买了四百多元的礼物,说孝敬姨母。他又坚持用车子送表哥回家。一路上风驰电掣得意无比,这分明是一种示威。

忽然见一个女学生踏着一架单车,他故意向她旁边呼的一声擦过,吓得她跌下车来。一会儿又见一个时髦女子走过马路,他又故意一挤,那女子一惊一脚踏在泥里,污水溅得满身。尽管尖锐的骂声老远还能听见,他却望着表哥开心地一笑。

王先生摇摇头不以为意。他便说道:"表哥,怪不得你不发财,你胆子太小,不合潮流,跟我去,包你有办法。"王先生觉得是有点报复性的侮辱,可是半天想不出一句话来回答。

米价又涨了,房钱骤然增加两三倍,房东要把房子收回去改建公寓,看着就要没有地方住。隔壁的钟敲着十二点,他还没有入睡,他想起那表弟,跟他去真有点办法。他又想到那班顽皮的孩子,他们是下一代的负责者,谁舍得抛弃他们?愤怒、悲愁、病苦和责任心一齐向他攻击。他踱出房门,吹了一阵凉风;再回头去,多拨上一根灯草,撑起他发热的头,又把卷子拿出来批改。耗子不知道在吃些甚么,蚊子不断地向他侵扰,忽然不知从哪里传来了一两声汽车喇叭,似乎他那表弟又向他示威来了。

六 Q先生的路

有一位Q先生,赚的薪水很有限。他忽然闹起恋爱来,据说是哪位女士追求他。朋友们劝他在国难时期最好还是简单一点，一旦增加了负担，恐怕有些难办。可是他说他的爱人，异常勤谨而且是个节约专家，她本人原有职业，生活不成问题。

吃了几次馆子，看了几次电影，文章便构成了腹稿，终不能不急于发表。于是照例发发帖子，朋友们也照例吃一顿喝几杯，恭贺一番，他把送的份子计算一下，还亏空了一百多块；只好借薪水。

太太忽然腰酸懒动，作闷想呕，幸善当归蒸鸡，倒也还吃得下。头一个多少有点害怕。补品却也少不得。休养尤为必要，工作便因此停顿。——有了丈夫还要自己去谋事，似乎不值得，而且有碍丈夫的面子。又听说同事中有人以为她嫁了，反来追求她。Q先生一气也就不再让她出去谋食。丈夫有丈夫的义务，只要借得着，也就管不了许多了。

作品发表了，女家的亲戚来了一大群，热闹一番，免不得大吃一顿。医院的账单，厨子的账单，裁缝的账单，放在桌子上，主人在一片恭喜声中含着前途茫茫的苦笑。

这不是个简单的例子，可是有不少的中等学生也跟着这位Q先生的路在开快车，万一……怎么得了？十岁二十岁的小伙子们一切不顾，自行其是，有时候功课倒变成了身外之物，战事到了怎样严重的阶段，似乎也毫无关系。这是教育问题，还是社会问题？

七　中学校演戏的小问题

戏剧教育，现在颇为发达，各中学都有剧团的组织，课余演习本来也没有甚么妨碍。不过中学生们演一次戏，筹备和排练的时间往往花到两个多月，耽误功课实在不少，而且有时因为经费和从校外请人帮忙的缘故，不能不限期演出，便逼得日夜赶排，更弄得非把功课放下不可。我是个戏迷，几十年来，没有停过；但是我有一个迂腐的见解，以为中学生花太多的时间去演戏，总得不偿失。中学校的功课已经够重的了。

八　种毒太深了

有人告诉我，说是一个做"主管人"的一定要有几套做功；第一要会花钱，不管你花的时候怎样心痛，外面一定要装成毫不在乎，千金一掷无吝色。只看江湖上的头脑哪一个不是这样？

既要花钱，就要会弄钱，只要不出大乱子，就不妨用任何方式弄钱——不妨开赌场，不妨放重利，不妨营私舞弊，不妨卖朋友，不妨……甚至可以反过来说：只要弄得着钱，就不妨闹大乱子。杀个几百几千几万人都不在乎，就是自己被杀也是活该。这就叫"成则为王，败则为寇"。其实这两句话，本意是说草莽英雄，成了功的，就是宗旨不正人家也尊之为王，败了的就是宗旨纯正，也会被称为寇。拿来解为"不留芳百世，便遗臭万年"，那就是另一种意思，而有另一种作用，充其量就可以做汉奸。

这种见解尽管误谬，中国数千年来却有大多数的人被这种见解所支配。流氓头、军阀，自不必说，就是一个小官小司事都存着一种天经地义的信念："千里为官只为财。"清朝时各衙门分陋规是公开的；就是现在，运输货品，包建工程，公私请托，许多许多的事，使用黑钱，也成了公开的秘密。个人的享受素来就被看作生活的中心，贪污的习惯不是一天养成的。

除了贪污的哲学，还有奴隶的哲学。做部下的，不谈公义，只顾私恩，所谓"得人钱财，与人消灾"的话，也成了普遍的见解。历来专制帝王，以威逼利诱的手段，成了大业，他们的臣子就以卖身求荣之心去帮助那些凶狠之辈，身登大宝。

那班东西做了皇帝，便纵容他们的部下去搜刮一些钱以为酬劳。"大虫吃细虫，细虫吃毛虫"，一路吃下去，做首领的明知故昧，只要敷衍得过去，也就万事不问。于是得了"不痴不聋，不做阿姑阿翁"的结论。

皇帝说："朕即国家"，国家即所以养家奴，所以到了人民反叛的时候，皇帝也可以说出"宁与外人，不与家奴"的话，那些臣子也认为皇帝就是国家。所以明朝末年有人说："国家待我太薄，我与国家无关。"

如今当然进步多了。然而还有许多人，以为"主管人就是机关"，一天到晚做着"一人得道，鸡犬升天"的梦。而一帮喽啰有的尽管一天到晚嚷着"工作"服务"公仆"一类的话，可是下意识地还希望着攀龙附凤。这就是几千年传统的习惯在暗中作怪。

就是戏班子也何尝不是一样？你尽对他们说戏剧运动、戏剧改良，真正能接受的还是很少。他们多数还是认老板，看老板给他们的待遇怎样，来决定态度。而所谓待遇当然不是以戏剧的中心思想为标准的。可见从政治至社会的每一个角落里中毒都已经很深，而从事于教育和社会运动的人士，常常会感到艰苦和悲哀。

现在是大事改革的时候，思想、组织和日常生活都在推陈布新，政治渐渐趋于清明，法治精神，也渐渐建立。以前帝王的愚民政策所遗留下来的粪草堆，革命以来即从事清除，经过这次战争的火，总可以扫掉十分之七八吧。心理的建设还要尽很大的力呢。

九　英　雄

有人对我说，一个"管总的人"，必定要把他的部下造成两派，或者是利用部下间的矛盾，使之逐渐尖锐地对立，自己便调停运动于两者之间，使双方都来争取"头脑"。这样一来部下不容易反叛，更不容易联同一气，反对头脑。这就叫"互相牵制"之法。我想这也有些事实可以为证，不过独裁者的办法却不如这样曲折，他是要造成一班死党，逐渐清除异己。怀柔牵制的办法，不过一时，暴力才是真正的手段。所谓"药石无效，就用刀剑，刀剑无效，便用猛火"，用以控制人的，不是同情，不是诚意，不是信仰，只是威力。

这些在我们这种迂腐书生，也只好在茶余酒后谈谈讲讲，真到了白刀子进去冒紫血的时候，你也会手软下来。我们决不信人类正义能在暴力底下存在，暴力在正义面前必定消灭。正义的力量，始终超过一切。暴力是一时的，正义是永远的；暴力是部分的，正义是整个的。中国人胜利的时候，正是正义伸张的表现。至于以挑拨利用牵制欺骗，来取得个人的地位，那是自私之见，比使用暴力更坏。个人英雄主义已经遭驱逐了，我们要英雄，尤其要正义。扶持正义、服从正义的才是真英雄。

十　丑　角

　　墨索里尼平日喜欢玩小提琴，似乎有点音乐家的气息，却谁也没想到他是小丑。他在政治舞台上很注意灯光布景。中国旧戏的海派名角出台的时候，照例先打一套最响的锣鼓，再把电灯暗一暗，门帘一揭，走出台来，电灯就一亮，台下跟着叫一声好。——这些叫好的照例预先要埋伏在观众里头。这一套完全被墨索里尼学会了。

　　墨索里尼召集民众训话，大约总在下午六点钟。几万人如时齐集在他官邸前面的广场上。一直等到七点多天黑了，那位黑衫宰相还不会出来。直到场上暗得一丝光线没有，只看见官邸里面电灯开得雪亮，许多人在里面办公，来来往往显得十分忙碌。

　　场上并不见一个警察和卫士，而群众静得几乎连呼吸都听得清楚，因为有几千个暗探，杂在群众里面，用武器严密地监视着他们。

　　忽然场上四周围的灯，和官邸阳台上最强烈的射灯，出其不意地一齐开了，墨大哥便不知道几时鬼怪一般出现在阳台之上。暗探们立刻发出暗号，惊呼之声便从疲倦的群众唇边激烈地爆出，几万只手就像机器一般举起来了。

　　这样把他架弄成一个名角，尽管他在希腊前线表演大败，尽管他的班子，已经发不出包银，直到现在为止，倒彩还只是藏在意大利人的心里。

　　墨索里尼的这一套做功，据明眼人看起来，在戏馆里用来博观众一笑，倒也不错，如果运用到政治舞台上，就显得幼稚无聊。还有一回，墨索里尼忽然坐一架飞机降落在某一个城市，他走进动物园，开了虎槛的铁门，把睡着的老虎拍了几下，当时还有人替他照了个相，发表在杂志上。原来那老虎是预先用麻醉剂注射过的。这不是小丑的滑稽戏吗？

　　事情尽管无聊，做功尽管滑稽，有某一类人却认为这是英雄的运用。明知没有道理，当其欺世愚民之际，便以为绝对必要。昔时商鞅，放根木头在东门，说哪个敢搬到西门去的赏千金。有个大胆的居然把它搬到西门去，居然就赏千金，于是政令大行，这也是同一样做法。斩蛇起义之类又何尝不是？总之欺世取荣的人们，便会捧一个滑稽的首领，等到人对他那滑稽幼稚的行动不敢不附和、不敢不尊重的时候，他就以为大成功了。现代的中国有的只是真实与正义，所以精诚团结，用不着专制君主的做功，再捧出一个丑角来。

十一　法治啊法治！

以前上海南京路有一座楼外楼，上面是屋顶花园，下面是天蟾舞台，照租界的章程，剧场开业，先要从巡捕房取得营业执照，当天蟾的执照还差一年满期的时候，忽然接到工部局的通知，说楼外楼的建筑不坚固，要拆除改建，命令天蟾停业，天蟾不服，就请律师向法院告上海工部局。理由是：巡捕房属于工部局的，既晓得房子要改造为甚么又发营业执照？既发了营业执照就不应该中途命令停业。工部局也持有相当理由，意思说：市政当局既发现了房子有危险，为安全计，不能不防患未然，万一倒了，天蟾是否负责？天蟾方面便说一年的营业计划中途停止损失不赀：房子可以拆，所有的损失非由工部局负担不可。这件事，结果工部局赔了天蟾舞台二十万元，把房子拆了，其实那时候工部局要强制执行，天蟾舞台也无力抵抗，然而工部局丝毫没有蛮干，竟以被告败诉而赔款，据说那是根据法治的精神。倘若在以前军阀的治下，就绝对用不着那样麻烦，不要说持有正当理由去拆一所逾龄的老房子，就是他们为了自己的私宅要拆掉百姓一所新房子，只要暗中示意，就没有哪个敢说不肯，如果你说不肯，纵不被枪杆子直接压迫，间接地诬陷，也可以叫你死而无怨。

工部局是外国人统治殖民地的执行机关，立法自然不免较苛，而守法的精神，的确还是法治国民的态度，小而言之，在马路上没有哪个有势力的汽车能够冲过红灯；比较大一点的事，就是市政当局也肯在法律面前，对被治者赔偿损失；就是一个戏院也不被歧视。

在军阀的治下那就不然了。他们常常会以个人的喜怒好恶，个人的利害，随意变更法律。喜欢的时候，便给亲信者以特权，不高兴起来，便可以加人民以苛例，过去有一个国际劳工局的局长，在香港发表一段谈话，他说：中国的军阀政府统治人民的方法完全是从殖民地学来的，他们把本国的人民当作殖民地的奴隶，但是随意以命令破坏法律，比殖民地的统治者还要糟，这是实情。

许多事实，还印在我们的脑子里。

过去的终究是过去了，新的建立，谁也在愉快地接受着。政府领导人民向着法治走，人民也热望法治的实行，政府立法可谓尽善尽美，大家都公认中国的法律是最完善的。为甚么过去的余痛还在下意识里浮泛出来？难道守法的精神不够吗？

十二 梦 话

我有一个朋友，逃难到了一个城市。在文章卖不出钱的今日，他是穷得无路可走了。有一天他没有吃夜饭，很早就睡了。蒙眬中似乎到了一间大学里，那大学似乎正在闹风潮，甲派的首领要打倒乙派；乙派的首领要推翻甲派；丙派的首领设计赶走甲、乙两派；又有丁派的首领要想利用强有力之后盾，把前三派同时驱逐。彼中斗争之间，大家都用尽方法拉拢学生，除了请客和游说之外，还大量使用金钱。以津贴为名收买学生：最低五十元，最高一千元，中等的一百二百三四五百不等。学生就分出做手和打手两种；就能力的强弱，定价格的高低。

大家兴高采烈，闹得天翻地覆，好像电影一般，忽而"溶明"，忽而"溶暗"，忽而"化出"，忽而"化入"，一场一场，变化莫测。

他正在欣赏画面的时候，忽然有一双手拍在他的肩头，似乎是一个女子。他回头一看果然是一个美丽的女同学。他伸过手去与她握手，她顺便就递给他一个纸卷。他打开一看，原来是一百元一张的钞票十张，他肚子正饿了，高兴得甚么似的。他接着钱，正想和那女同学去上馆子，不料被旁边人看见了，一个大汉跳过来指着他骂："你敢受贿赂吗！"说着就是一巴掌，他一着急就醒了。原来还睡在一张竹床上，蚊子叮了他的脸，他自己打了一个嘴巴。

他坐起来，揉了一揉眼睛，用冷手巾抹了一抹脸。他想，天底下绝没有这样的事。任何国家的最高学府都是有尊严的。绝没有买收学生和学生被买收的事。然而他穷疯了居然做出这样无聊的梦……

十三　秩序与礼貌

在欧美或者日本的剧场里，台上的剧开场以后，决没有人高声谈笑，没有扰乱台词的或是喝采或是拍手，戏演到一半，总约有三十分钟休息，观众便走出去散一散步，或者抽支烟或者到贩卖部去喝点汽水，吃一点点心，秩序都是异常整齐。尤其在苏联很奇怪，观众在大厅里散步，都是挨着秩序自然排成一长条队伍，朝着一个方向，说着笑着包着大厅转着，成一个圆环，我们看着那种样子，也自然不好意思到中间去乱挤。

外国的剧场，很少有在座位里吃东西的，而且讲究一点的连抽烟都有一定的地方，买票的时候，当然要按着先后次序站成一排，尤其英国人的耐性，真不可及，买二、三等位的观众，几百人在行人道上整整齐齐列着，一等就是一两个钟头，悠然自得。戏在开演十几二十分钟以前也决不开门。大家都静静地等着，门一开就按着次序鱼贯入场，看戏如此，其他可知。所以说守秩序就是礼貌，讲公德也是礼貌，我们把"礼貌"两个字专当客气解似乎不对，有时过分的客气，反于礼貌不合。

英国以前有一个船触了礁，船快沉了，而救生艇不够，于是船主下令，先把女人和小孩子送下船去，等他们都上了小艇，船已经渐渐下沉，全体船员都站在甲板上，举手为小艇上的人祝福，祝他们平安抵岸，船员们以为以身殉船是分内的任务，他们含着微笑，随船沉了下去，毫无嘈杂的呼唤，也没有慌乱的动作。

当我们进防空洞的时候，何以会吵得那样厉害？一挤起来就不管老太婆也好小孩子也好，跌在地下就没有人管。两个人站在一处，说起话来就像双方都是聋子，拼命大叫。而且非常容易相骂，尽管是些微的小事，也决不放过，这是甚么道理？——有一天我见有一个女子踩了另外一个女子的脚，被踩的说："你留神点，踩了我的脚。"那女子非但不道歉，她马上回头厉声说："你的脚不会放进点吗？"马上就吵起来。诸如此类的事多得很，这在别国人看起来，会作怎样的感想呢？

十四　适当的措置

我有个朋友,他是个好胜而多少有点古板的人。他有好几个儿子,据说都干着事,都有出息。他们有一件事——听说只有一件——却不被人们了解,就是都有点欢喜打牌。有些老辈子不以为然,就以朋友亲戚的资格劝他们的父亲,设法禁止。老头子一生气就把几个儿子叫到面前训斥一顿,命他们立刻停止活动,把那些中风白板八索九丘一齐封存起来束之高阁。儿子们岂敢不听老子的话?就马上偃旗息鼓,把公开的活动,转变成为地下工作。

牌友们受了限制,自然多少有些不满。他们说:"抗建贤劳,偶然消遣,有何不可呢?婚丧喜庆,逢场作戏,有何不可呢?知己过从,聊助清兴,有何不可呢?"然而老头子态度坚决,毫不为动。

过了几天,他们家里的活钱就有些不够周转,老太爷开饭的菜也减少了鸡鸭。原来几位少爷精得很,牌局每天都可抽一些头钱。添酒添菜都是从"头"上出,并不动老本,所以周转灵活。这个关键渐渐被老太爷发现,便有老太太从中转圜,借老太爷生日的机会,将牌局恢复原状。

老太爷说,偶然消遣这本无所谓,只不要太公开了;也不要玩得太过分,引起人家的误会。少爷们谨遵严命,相安无事。据说这是根据实利,有张有弛,适当的措置,颇合中庸之道。并不能视为朝令而夕改。至于打牌是否必须禁绝,据说那是另外一个问题。

十五　诉苦无用

最近随时有人诉苦,第一是事业的苦,其次是生活的苦。这两种苦处,随便哪一个青年,恐怕都会感到。就前者而言,只要你有一定的主张,一定的目的,那你就必然会遭遇种种的困难。在抗战中不必说,即使战事马上结束,被侵略者搅得千疮百孔的中国全靠青年们全力从事于生产建设,恐怕艰苦更不亚于抗战。如果事业会像中彩那样可以侥幸得之,或者像伸手折树枝那样容易,那事业也就太无价值。事业之成就,必定要有主张、有路线、有计划、有步骤。而在艰苦的过程中，非有韧性的忍耐力是挨不过的。到了要苦挨的时候，只有硬挨。其中没有丝毫的巧妙。如果想避重就轻，捷径取巧，必然会弄到聪明反被聪明误的下场。

至于生活的困难是普遍的现象。为甚么会这样呢？因为物价的突然高涨。物价之所以高涨，因为运输苦难，因为海口被敌人封锁。还有一件决不能忘记的事，就是我们倾全国之力和侵略者做生死的斗争已经四年多了。第一次世界大战打到将近四年的时候，德国和俄国的情形是怎么样的？就是西半球的美国也节约到人民没有糖吃。现在不是英国皇后都领面包票吗？她不是把宫里一切的开支减低了吗？我们如今打了四年，有许多人在后方的城市中吃饱着白米饭，还有甚么可埋怨的呢？可是战争的威胁，的确通过了生活到了每一个人身上。战争是侵略者引起的，这完全是敌寇的罪恶。

我们不妨试发一问——当日寇蓄意并吞中国，挑起寡端的时候，你是主张抵抗呢，还是主张屈服？如果主张屈服，那就准备做奴隶；准备抗战，那就要置生死于度外。

我们不妨再发一问——如今打了四年多，你是主张中途妥协呢，还是主张坚持到底争取最后的胜利呢？如果主张中途妥协，那就跟随着汉奸去做尾巴；若要争取最后的胜利，那就此后艰苦的程度怕不免要逐日增加，一定要拿出决心来忍受。一天到晚哼哼唧唧怪这个怪那个是没有意义的。

现今我们遭遇这样伟大的时代，立志立身立业正是这个时候，有为的青年决不会因着生活和享受而忘掉自己的使命。

十六　变　态

我在香港的时候，听说如今有些时髦小姐，想嫁年纪大一点的。哪怕五六十岁都不要紧，算盘的确也打得不错：一来，年纪大一点，多半已经有了相当的社会地位，不要再去"拼命"；二来，年纪大的娶了个年纪轻的，容易满足，不会像小伙子那样五心不定；三来，老头子既然有本事娶年轻的，总会有点财产，本人一死，财产就归新夫人承继。这才真一举而三善备焉。虽然也有例外，大体看来，的确有多少真理。而且还有许多实例可资证明。谈到条件当然以地位与财产为最重要，其次风度和趣味方面也不妨顾及一下。至于做第几房倒不必深究，后来者尽管未必居上，凑个热闹新鲜，也可以聊且快意。夫荣妻自贵，只要得宠，走出去决没有人看不起。何况离合之间也决不是没有代价的；就退一步说，也还是合算。不过玩着一套冒险的小姐一定要有点政治家的手腕和政治家的忍耐，要不然，感情冲动，或者自己估计太高，就会上当，——这在老头子们听着，应当是怎样的感想？高兴呢，难过呢，还是肉麻当有趣呢？反正不管怎么说，不过是买卖，自从□□[1]革命以来，婚姻的买卖制度逐渐被多数人反对，可是也还有些人尽力把持，以为是古香古色，深合乎"国粹美"的条件。一夫多妻的传统观念，还黏在脑膜深处，女子始终还是没有地位。谁也不敢挺直胸脯说："我不依附男子。"于是婚姻或多或少总还带着些买卖的性质。

夫妇因买卖关系而结成，至少总有一方面是悲痛，封建时代的"罗曼斯"成了过去，现今的买卖方式变了，资本主义化了的婚姻，本质已经不同。看上去似乎更鲜明、更干脆。但有一点的确进步了。以前的女子多半是被卖，如今的女子，已经取得了自卖权，或者便以自卖的方式被卖。

买卖不但行于夫妇之间，而且朋友之间也不能免。在目下似乎卖个把朋友不算甚么事。正因为派别的斗争日渐激烈，生活的压迫加重，朋友之间似乎只有买卖可谈。甚么信义交情一套，早成了迂腐之谈。

尤其近来像希特勒之徒，在国际闹出许多抢夺诈骗的把戏，致令一班浅薄的英雄崇拜者，以为非此不足以自存于今之世，要想把人类积累下来的美德一扫而光，代之以凶狠毒辣的魔道。并未有想到这是资本主义崩溃前一种狂乱的变态。

大同之世必然会跳过民主政治而逐渐实现。真正的自由平等到那时才能获得。我们应当把许多不正当的怪想头赶走，把时代推得更快一些向前进展。不过一个老大的国家，从历史上积累下许多光荣，也从历史上沉淀下许多渣滓。这回战争的教训，使我们看得更明白。我们不应该怕烦杂，要下一番淘洗

---

[1] 原文即为此。——编者注

的功夫，而且不仅是自己积累的渣滓，帝国主义所倒给我们的许多垃圾，尤其是难以清理的。谈及婚姻的新买卖方式和朋友的新买卖方式，不过是取一滴污水，验一验微菌有多少罢了。

十七　私　德

我有个总角之交的朋友，他的祖父是个崇尚道德的儒者，他的父亲是个襟怀磊落的革命家。当他父亲就义的时候，他还不过十三四岁，多亏他父亲许多朋友极力帮助，他受了高等教育。政局变了，他以烈士之裔备受社会的崇敬，以为他对于国家社会必有绝大的贡献。他也就一跃而获得军政界相当高的位置，居然独当一面统治许多地方。

他天资本高，从小就被人恭维，又以特殊关系，少年得意，一反掌间就飞黄腾达，他便目空一切，以为功成名就，行乐正宜及时。如是他就纵情声色，嫖、赌、鸦片无一不来。他所任的是军事要职，弄的钱也着实不少，但是禁不起乱用，一交卸下来就弄到穷得房钱都常常付不出。

吃过了肥缺的人，普通的职务，无论位置怎样高也不开胃。但是挥霍惯了，无论如何也紧缩不来。家里几个姨太太，又互相争奇斗胜，决不让他平平淡淡过去。如是他非用种种方法弄钱不可。常言道得好："马无夜草不肥，人无横财不富。"所以他一天到晚只想发横财——利用一些流氓做间谍工作，却并不是真为国家探取情报，只是打听人家的隐私，预备敲竹杠。还有就是利用种种关系，推荐"朋友"去做官；县长也好，甚么也好，只等上了任，就替他出许多刮地皮的主意，他只要睡在鸦片烟铺上，安稳分肥；或者就是帮人买缺，赚些过手。

抗战开始后这些都没有办法了。如是他为着他自己的收入，不能不极力对抗战加以诅咒。他虽然并没有留职停薪，正当的薪水，决不能维持他奢侈舒适的生活。要他去带兵，他又舍不得那享乐的家庭，更舍不得牺牲他那高贵的性命。于是他就想利用日寇的势力弄个上海市长做。

日寇正在要制造傀儡的时候，见他这样的宝贝岂有不收之理，他就马上到了沦陷后的北平。上海市长始终没有争着，卖身卖友卖国的钱的确分到一些。不过离他预期的数目还远，他就又发出老汪必败的牢骚……

目下像他这样的人实在不少；要不然伪组织怎么能够开张？而一班抱着享乐主义的自私自利之徒，就从旁附和。还要造出许多甚么"维持地方，意好和平，救护百姓……"的汉奸理论来掩饰自己的罪恶……以前有人对我说，公德和私德可截然分为两事。个人不健全，集体是否能健全？私德过于不检点是否能顾到公德？我不能无疑。生活的方式，决定一个人的行动，过着糜烂生活的人，讲究享受的人，娇生惯养吃不了苦的人，当此非常时期，至少对国家不会有丝毫贡献。

抗战四年多了，有些人似乎忘了现在是甚么时候，一切都还是以战前为标准。譬如衣、食、住、娱乐和游戏，如果不是有计划的节约，就不能生存，如果不认清这是争取胜利必经的过程，那就会因生活上的烦闷，影响抗战的情绪。我常听见有人说，上海比以前更热闹，广州也没有甚么；信心不坚的人就不问那种"热闹"是怎样一回事，不问所谓"没有甚么"是怎样解释，以为做顺民也自不妨，那岂不糟了吗？

十八　不是问题

杭州有一位姓夏的太太买了一个丫头。那位太太脾气并不坏，可是对丫头异常残酷。那丫头已经大了，她还不让她出嫁，每天一顿打，弄得邻居都为之愤愤不平。

忽然她家里狐仙作怪，整箱衣裳会自己着火，被窝也莫名其妙会烧起来。请过了道士和尚都没有用处，以后被一个亲戚发现了，原来就是那丫头用酒精注射在各种器物上放火。仔细盘查才知道是由一个机械工人秘密指示她的报复之法。这事被发觉之后，许多机械工人都出来替他们那个伙伴说话，那位太太不敢把事情扩大，就将那丫头嫁给那个工人。可是丫头嫁过去没有多久就患痨病死了。

最近又听见有一户人家，也是一位太太，她常常叫她的丫头去偷人家的东西。如果被人家发现了,她就当了那个失主的面痛打她的丫头。除此之外,平常日子那丫头所受的苦处,也就不言而喻。有一天正当警报响了,她叫丫头抱着她的儿子跟她去躲避,经过河边,那丫头纵身向河里一跳,顿时不见。正当涨水,河流异常之急,直到第三天下午,才找到了她儿子的尸首。

这两件事是比较特殊的,老头子们听见说,便摇头叹道:"怨毒之于人也甚矣哉!"可是那两位太太总算倒霉,偏偏遇见那样的两个没有灵性的东西,性情会那样强。照我们的经验,在我们眼前被折磨死的丫头,何可胜计!每天在街上都看见那些买卖人口的老太婆,带着小女孩行东家走西家。这些女孩子十分之八九是从乡下来的,农民的女儿。

哪里会有那样多的农民卖女儿!这个问题,谈不得。一谈就不是闲事闲谈了。所以也只好遵守中国人的哲学守着闲事闲谈的范围,以马马虎虎、糊里糊涂了之。

用丫头是最合算的:出一次钱可以用十几年,比老妈子经济多了。而且可以骂,可以打,可以无限制地驱使,长大了还可以拿去照原价加倍卖出钱来。所以把丫头折磨死是比较不会打算盘的。虐待照例不妨事,只是不要让她死。死了没有人做事,而且没有人要买死尸。

就一般人看来,买卖丫头并没有甚么了不得,人待人反正不过那么回事。有人生的是奴才命,也是前生注定。被虐待的都持是前生造了孽,这是宿命问题,不是社会问题,所以大政治家不管,大慈善家不管。丫头逃走了,警察将她拿获,不问情由送交她的主人,也很省事。可是有些吃教的洋人欢喜管管闲事,香港却有禁止蓄婢的法令。但是高等华人,可以不蓄婢而蓄所谓"养女"。——在许多小孩子要限制食粮的时候,这不过是闲事闲谈。

十九　奇妙的广告

汉口有间药房叫作叶开泰,他们那里卖的鹿茸丸是最有名的。可是你买的时候不能打开看,一看他就马上把药收回,退还钱不卖给你。这种作风正所以表示他们的药是绝对可靠的,更可以加强他们的信用。

四川有一家饭馆，从来不放酱油，意思是说他们的菜咸淡得宜，用不着加酱油，如果你问他要酱油，他马上就把菜端回去，不让你吃。还有一家面馆，每天在一定的时候开市，每人只许吃两碗。这些在一班顾客谈起来，都当作是一种风趣。也没有人发生甚么反感，那种店家的作风也就收到了广告的效果。到了现在，那种广告术已经不适用了，可是内地做生意的却有许多地方很妙。

有一天我向一家水果摊上去买黄皮果。问价是六毛一斤，我就还价四毛。有一个十六七岁的姑娘冲过来，一把就把我正在提起来看一看的一串黄皮果从我手里抢了过去，皱起眉头骂道："你要死了，四毛钱想买黄皮果！"

还有一次去买香肠，因为还了一句价，那掌柜的就气冲冲地骂道："这个价钱想买腊肠，清晨清早，你真见了鬼，买不起，就莫买。"我当时很觉得奇怪，为甚么他的火气会那样大呢？因为有买黄皮果的经验，所以尽管骂人的不是小姑娘，也只好运用中国人的涵养，当一种风趣，一笑置之。——内地许多商店，自抗战以来，外江佬来多了之后，似乎颇受影响，做生意的方法和推销的手段新一点是真的，而招呼顾客的态度也自不无关系，至少他们不用骂人做广告，使许多不懂风趣的顾客比较舒服一点。

以前香港有些银行架子非常大，无论存钱取钱都烦难得很，动不动故意让顾客等很长的时间，自从上海许多银行在那里开了分行，对顾客殷勤招待，手续做得异常简便灵敏，不良的现象也就跟着改了。不过内地还有少数的官办银行，动辄叫办款的人等到三个钟头以上，这种派头和一般政府机关积压公事的习惯，似乎都应当和骂人为广告的广告术同时修改一下。

二十　请说话

尽管不相干，常常会被邀着去到种种性质不同的会，一个稍微有点社会地位，或者常常露面的人，就得参加种种的会，参加一个会，就往往被请说话。有些喜欢说话的人，在每次到会之先，就预备说话，腹稿早已打好，足以应付裕如；还有些最惯于作应酬演说的人，似乎不假思索，临时就能来一套左右逢源的词句，那也是颇可羡慕的技术。最怕的是不爱说话、不会说话的人，被拉着非说不可。就是会说话的，有时不想说，而弄到不能不说，也十分难过。

有些会与自己有点关系，说说话还没有甚么，有些会可真不知说甚么好，一见人家在发着议论，就生怕轮到自己。只好一面吃着茶点，一面暗中盘算，如何推辞一番；万一推不了，又讲些甚么。——文章总是从"今天"两字做起，下面大约是刚才听见某某先生如何如何，顺便恭维一番那些说话的，然后补充两三点意见，归到本题，表示一点似鼓励又似恭维的希望就完了。可是这一类的公式，也颇不易应用，有时自己也似乎非搜索枯肠，挤出一点似乎新颖的意思不可，那就更苦了。

其实开会越简单越好，最好不随便约人，也不随便请人说话。一定非说话不可的人便预先说明，说话的长短也好有个预计。不然便不免有费了许多宝贵时间讲废话、听废话之感。

还有就是，会的主要目的在哪里要弄清楚。绝不宜把演说和游艺并重。目下有个最时髦的做法，就是无论甚么会都要加游艺。于是一些有艺术性的团体，变了拉夫的对象；同时还要拉说话的夫。当然会的本身一定是有个目的的。——可毫无意义的游艺与演说，完全是一种浪费。

有些人不大愿意在公共场所或在集会的时候说不相干的话，可是也有许多人最欢喜借机会大发议论。不管文章对题不对题，尽管长篇大套地说下去。有好几次我去吃喜酒，主人因为怕得罪人就四方八面拉朋友说话，于是教育家说胎教，道德家说家庭组织，政治家说人口问题，军事家说生育与兵役的关系。诸如此类，把一个结婚礼堂变成一个和演说比赛会一般。新娘新郎罚站在那里听训话，滋味如何不得而知。许多来宾都觉得天昏地暗，台上在说甚么，并没有听明白，只等着拍手一番，皇恩大赦，而另外一位先生忽然走上台去，大谈其农村生产！

听说有人一天要开三四次的会，颇感兴趣，据说一切工作都寄托在开会之中，开会时不要太兴奋，坐在那里不妨当是休息养神，开过会就不要再想会中诸事……真是不胜佩服之至。

二一　帽子难戴

帽子在历史上是件重要的东西，当君主时代它象征着上下纲纪，革命以来，它也表示出诸色人等的类别和阶级。历来还有许多文人雅士，留下许多帽子的佳话，这且按下不表。只有几种特殊的帽子想提出来谈一谈。

一种是高帽子，又名炭篓子。高帽子的作用是人人知道的。以前有一个外放的京官，走到他老师那里去辞行。老师问他到任后有甚么措施，他说预备了一百顶高帽子送人。老师勃然变色，几乎要说："非吾徒也，小子鸣鼓而攻之。"他便说："如今人心不古，风俗硗薄，没有高帽子，办事不通。像老师德高望重，矜视群伦，不必有人奉承，人也不敢奉承。不过对流俗之人，因势利导，也或者不失为外圆内方之道，老师庶几哀其志而许之为不得已。"老师听了他的话，连连点头无语。他临走的时候，说他所预备好的高帽子只剩了九十九顶，那一顶送了他的老师。这虽然是一个笑话，却有至理，哪个又不喜欢人恭维，就是有些作品或演出的批评和座谈等类的会，也多半是请人恭维一番。不过有时帽子不合头，未免戴得周身不自在，甚至肉麻到哭笑不得。然而有些人本来自己就莫名其妙，没有戴着高帽子，垂头丧气，给一个炭篓子套上马上就趾高气扬。这类浅薄的人很多，所以策略家就用高帽子组织自己的群众。文艺界总说是要建立批评，在帽子政策流行的时候恐怕多少会有点妨碍。还有一点，高帽子后面，往往隐着一顿臭骂；骂与捧是相互为用的。

还有就是大帽子。大帽子的解释有两种：一就是被引用的某种势力；一就是某种大题目。目下用大帽子压人的事异常之多，不必细说，人人都会感觉到，这都不是法治国和民主国应有的。尤其是利用大帽子来假公济私，最使老百姓头痛。

还有一种是烂帽子。凡属给一件麻烦事加在人的头上，湖南话就叫给人烂帽子戴。这种做法现在似乎时髦，无论甚么事只要是预计有麻烦的就想法子推一个人出头，自己站在第三者的位置，从中运用，有了利益拉归自己，有了麻烦就向出头的人头上一推，自己站在一旁说风凉话，这是最聪明的办法。有些精明人自然不肯戴烂帽子，可是有些人因为也想利用人，或者想达到某种目的，就明知是一顶烂帽子拿来了戴在自己的头上。至于惯把烂帽子给人戴的人，也有种种方法利用人家的弱点，哄得人不知不觉上他的圈套，大约先用高帽子，再用大帽子，然后把烂帽子的外面加一种装饰，等你戴在头上，他便尽力恭维你，说你美丽而勇敢，及至臭虫蠹子从帽子的夹层里走出来咬得你头晕脑涨，取下来已经迟了，有时候你把烂帽当着许多人戴上，又不便当着许多人马上取下来，那是再难过没有的事。

我们在社会上混，不免种种帽子都要戴一戴，何况有许多人拿着帽子随时在等着你呢？

二二　起不了作用

有一个人想加入一个团体，他的朋友对他说："那个团体里人很多，而且相当紧，你去起不了作用，有甚么意思？"当时那朋友所说的"起作用"是作怎样的解释，颇难明白，照常识来判断，有种种不同的讲法：所谓起作用或者是对于哪个团体有帮助；或者是对于自己有表现的机会；要不然就是抓权或造成举足轻重的地位。

对于某种可以发生政治作用的团体，如果负着一种政治的使命参加进去，有的借哪个团体为掩护便极力维持那团体的存在；有的用那团体作工具，便极力争取可能运用的地位；有的要想方设法使团体变质。凡属这些，本无所碍于团体的本身，为了政治斗争不择手段也自有其理由。但是也有人并不负甚么政治斗争的直接责任，他只为了自己的地位，运用种种策略，争取便利。当社会一切事业还没有上轨道的时候，在混乱当中，这类人未尝没有志得意满于一时的。如是有些急于自见的青年引以为例，以为策略万能：学术不必有造诣，艺术不必有修养，技术不必有训练。只要满口胡吹，变诈百出，便能引起社会的注意而取得优越的地位。这类人每加入一个团体，首先就看怎样拉拢和自己接近的人，其次就想怎样排斥和自己相远的人。团体的主持者强一点便极力奉承，弱一点便对他造成一种威胁。这种情形往往害了团体，也害了自己。弄得人人见他害怕，敬而远之（这是中国人最高妙的方法），他也就会弄得一败涂地。

其实真有本事，拿得出货色，并不要弄鬼就能把自己建立起来。没有真本事，拿不出真货色，越弄鬼越会没办法。而且要建立自己，先要打稳事业的基础，要打稳事业的基础，一定要有集体的组织。一个人总不能离世独立，加入一个组织总有必要。但是出处之间必须慎重，在加入一个团体或一个机关事先前应当仔细地考虑一番。常常变动，对于团体、对于个人都是损失。现在有许多青年从后方走到前方，又从前方回到后方；从桂林走到湖南，走到香港，又再走回来，总觉得没有表现，不能独当一面，颇为烦闷。这些情形从政治的社会的经济的各方面看来，当然很复杂。但是一个连中学教育都没有受完的青年，就急于想马上成功立业，似乎也未免是幻想，是不是应该做比较长远专门的打算呢？

二三　莫名其妙

九月一日，桂林全市新闻记者为了纪念记者节借启明戏院开晚会，发了许多请柬，招待各界。那天晚上参加的人真是跻跻跄跄极一时之盛，其中明白记者节的意义的当然很多，专去凑热闹欣赏欣赏游艺节目的自然也不在少数。但是，我想，至少每个人总应当明白那不是出钱去看戏，而是被人家发帖子请去参加晚会的。就不谈公共秩序，至少照中国人传统的习惯来说，做客总应该懂得一点客气。太令主人难堪也就说不过去吧？

然而嘈杂喧闹毫无节制——拍手的，作嗤嗤声的，大笑的，乱叫的，把整个会场弄得乌烟瘴气，当主席致简短的开会词时，几乎闹得使他的话不能讲完。有些表演他们看不懂，听不清的，台下也报之嗤声和拍手逼他下台，这样的闹法一直闹到散会。

我们坐在那里，实在难过。幸喜没有欧美人来看见，不然真会误认中国人是野人，新生活运动行了这么多年，仍然毫不长进。可见中国人还没有处公共场所的习惯，也就是没有公德。我们从小读书，只晓得先生教我们怎样对父母恭顺，对长辈有礼，见面就要站起来叫一声老人家之类。说到待朋友也只论到个人对个人，很少听见到人多的地方应当怎样。这的确是一个重要的问题,那大晚上本来小孩子也多一些,如果全是大人当然情形会好得多,不过在家庭和学校里随时应当把公共秩序的道理多说给小孩听,养成他们的良好习惯,不要以为剧场是娱乐场所就可以随便乱来,到剧场去就可以看得出一个国家的文化程度。苏联的儿童剧场,秩序何以那样整齐,我们不当反省一下吗?

最近国防艺术社演《明末遗恨》,群众甚为踊跃,演得好的时候全场拍手,听了激昂慷慨的词句也拍手,这是不错的,但是有许多人听到郑芝龙如蘅等汉奸的理论也大拍其手,弄得大家都觉得奇怪。大约那是对于剧中意义的拍手和对于表演技术的拍手,还有对于反面的讽刺词句的幽默感的拍手合起来的结果吧。然而觉得太天真,太没有分别。群众心理往往比较幼稚,这也是对没有训练的群众说的。如果一个国家的群众心理,永远停滞在幼稚的阶段,那就真有些难办。这也有关于平日的教养。

英国的公园里常常有保守党、共产党和天主教徒同时在一片草地上演讲,听众静静地听着,自然形成几个群集,大家非但没有喧闹,而且大声说一句话的都没有。警察远远地站着含着微笑,只要没有暴动决不干涉。群众也秩序井然,好像学生上讲堂一样,偶然也有辩论,但词句异常简短,态度又十分冷静,从无揎拳愤争的事。这虽然表现英国民族性的特殊,却不妨拿来作一个参考。中国并不必模仿英国人那样冷静,不过在群众当中我们应当怎样,确有自觉的必要,无论参加一个甚么群众团体,应该把头脑打扫得明晰一点,把是非曲直弄清楚一点,就不会过于幼稚。就以上两次集会的情形为例,似乎不免有莫名其妙之感。

二四　灵宝大师

以前坪内逍遥改编过一个喜剧,叫作《灵宝大师》,写的是一对老夫妻,他们穷得很,眼睛又都是瞎了,全靠乞食度日,可是夫妻之间,感情很好,彼此相扶相助,相爱相怜,相依为命。人家顾念他们穷困,怜惜他们残疾,尤其是羡慕他们的伉俪情深,以为可作一般配偶的模范,便都肯周济他们。

忽然,圣僧灵宝大师到了那村里,用神水治愈了许多残疾的人,这对老夫妻也就去求了一杯神水，一洗果然眼睛就光了，皆大欢喜。

老头子睁开眼一看老太婆，生平没有想到她会那样丑；老太婆睁眼一看老头子，生平也没有想到他会这样怪。惊骇之余，万分失望，彼此这一对标准夫妻就时时吵架，人家也就不愿再周济他们。

这个寓言很合东方人的胃口，所谓"家丑不可外扬"，"父为子隐，子为父隐"，"隐恶而扬善"，本来都是美德，然而稍为歪曲一点便弄到互相隐瞒互相敷衍互相蒙蔽，久而久之便成习惯，所以中国人不大欢喜暴露丑恶的作品。近来因为各种的刺激，风气有点转变，但是传统的习惯已经深入人心，随时随地会反映出来。尽管不见得家家厅堂里挂一幅"难得糊涂"的横额，糊涂一点，的确是中国处世哲学当中颇为精微的一点。——"何必认真呢？得马虎点就马虎点吧！""世界上的事就是那样，你只能睁一只眼闭一只眼。"这类的话不是常常听见吗？如果能够把两只眼睛闭起来，岂不更好？闭了一只眼那一只眼不能闭，所以有"难得糊涂"之感。

从"难得糊涂"遗传而来的血统，求其科学发达当然很难。有些国学专家，把自然科学统属于易，把社会科学统属于春秋；还有政治大家，以为消弭阶级斗争思想只要提倡读《孝经》；这些在中国都可以毫不为异。耶稣教也好，佛教也好，回教也好，在中国人看来都不过大同小异，没有仔细分别的必要，甚么主义都好，看来都差不甚多。"好读书不求甚解"本是中国学术界最高雅的表现，又何怪一般人觉得"眼不见为净"便"蒙着眼睛哄自己"呢？

蒙着眼睛哄自己，本来是笑话，然而只要哄得过，也未尝不可萧然自得。《阿Q正传》是把"蒙着眼睛哄自己"的哲学形象化了的作品。

所以"彻底"这两个字，在中国人看起来没有那么回事。既以为彻底不可能，也就不必求其彻底。明知是丑恶最好遮盖一下就过去了，不必有所暴露。"水至清则无鱼，人至察则无徒"，察察为明，在中国的处世哲学是最犯忌的。求其有徒，便不能至察，或者还要明知故昧。以前张宗昌、韩复榘之流，他的部下尽管欺侮百姓，铲刮地皮，犯了弥天大罪，只要对他个人表示服从，他就不问。任凭人民怎样呼吁，绅商怎样控告，他可以假装不知道，因此也就有些人乐意跟他。

最近有人说起，贪污的人也不妨让他去。钱弄饱了，他就会好名。或者拿出点钱来办办学校，或者捐点军饷，做点慈善事业，还是于社会有益。不过有两点值得注意：譬如一个人弄了一千万拿出五十万来捐助军饷，也可算得慷慨大方，可是百姓们用九百五十万的血汗钱去为国家从私人手里换取五十万是不是合算？就国家的纲纪而论是不是许可这样做？如果贪污者不好大名而好小名，盗取一千万，拿出一两万甚至一两千来做做人情，又怎么办？如果一个人弄钱弄饱了，而他的亲戚朋友以及与他同类的人都还没有饱，都要继续贪污，又这么办？贪污惯了便永远要贪污又怎么样？是不是要彻底清算一下？是不是能够彻底清算一下？——杀一只鸡给猴子看，杀的是鸡，猴子还是猴子。几千年积累下来的传统习惯，似乎不易打破。种种罪过还在这传统的掩护下进展着。

常言道得好："屎不臭，不要搅起臭。"意思是说，屎本来是又臭又脏，经过一个时期的发散，臭气也会减少。但是一经搅动，蕴藏着的臭气，又会出来，所以不赞成搅。但如果要清除旧秽，打扫垃圾，就不能怕一时的臭气，而要求得永远的清洁。

如今遍地都是粪秽和垃圾，若要相安无事，除非把眼睛和鼻子一齐蒙了起来，所以灵宝大师最为可恨，非遭驱逐不可。但是几年来的炮火却把大部分人的酣睡惊醒了，他们的眼睛也在烽火之光中睁开四望。这一帮伸伸腰睁开眼睛的伙计，对前途发出了呼声。许多蒙着眼睛哄自己的先生无怪其有惊慌失措之感。

二五　文艺家的地位

文艺家的地位是建筑在作品上的；不在官阶，不在名誉，不在金钱，不在政治家式的手段。

有人想用官阶、名誉、金钱或手段去羁縻、去限制文艺家是不可能的；反之，文艺家[1]要从他的作品之外，不择手段去建立自己的地位也是愚蠢的。

李杜一生，可谓潦倒；易卜生遭人驱逐，曾无损于其本人之毫发。再说

---

[1] 原文缺"家"字。——编者注

大一点，耶稣被人钉死，释迦被人肢解，其教化历数千年还很昌盛。即使有严刑酷制，对于一个文艺家，永远的生命是无从限制的。

文艺作品经过书商的交易，在与货币互换的一点看是一种商业行为，但作品的目的不是交易，而作品的价值不在乎货币的数量而在其本身的意义和其传播的技术，作家所得稿费和版税，不过是劳作的报酬，并不能说那就是作品的"商业化"。

文艺是武器，便有人以为作品的买卖就同于枪炮的买卖，这是错误。枪炮是无生命的，拿在志士手里可以杀汉奸，拿在汉奸手里也可以杀志士；在暴君手里便可以屠戮平民。枪炮决不会对着汉奸着火，对着志士便不着火。作品就不然，反侵略的作品决无从为侵略者所利用。因此，只要是一个作品，便不能看同一般的商品。文艺家究竟不是商人。

文艺家是思想的劳动者，往往处在被剥削的地位。所得的稿费和版税往往不能维持最低的生活，清苦自不待言。不过有人以为做文艺家的先要学穷愁，似乎也大可不必。

政治家讲的是策略，法律家讲的是条文，经济家讲的是数字，文艺家讲的却是情感。情感是容易闯祸的东西：和思想配合起来所做成的精神养料，往往会被人看成毒药。文艺品往往是在种种的矛盾和限制中挣扎着，于是文艺家便也就不免于穷愁。如果作品的战斗性过于强烈，那就更难与世相容。

文艺家的观察力往往比一般人更为锐敏，往往因其所见到的和传统的见解不同，便引起误解和非议。加之思想和情感配合而造成的武器往往会有一种不可思议的作用，而使传统的生活习惯发生动摇，尤其是对于盲目的信仰与服从往往会起疑问。醉梦中的人会站起来，这也是容易讨某种人厌的。

文艺家往往不免于疏狂。疏，大约是不拘形迹。狂，大约是感觉到独立无俦。有好几个文艺界的朋友都有纷纷眼底无余子之感而被人讪消。其实只要作品写得好，疏狂也不妨看作感情奔放时失望的表现。再进一步，或者就不免于一时的颓废，这不妨看作火山爆裂后熔岩的凝结，也用不着过于诧异。杜甫赠李白诗云："世人皆欲杀，幸我独怜才。"[1]世人尽皆欲杀，而天才的作家依然

---

[1] 应为"世人皆欲杀，吾意独怜才"。——编者注

是彪炳千秋：这又岂是浅陋者所预料的结果？隋炀帝杀了薛道衡，对着他的头说道："还能作空梁落燕泥否？"然而杨度始终写不出"空梁落燕泥"，而那一句诗人人知道是薛道衡作。然则对文艺家的嫉妒与限制，不过是一时的笑话而已。何况文艺家大都是越磨折越坚强，作品也就越精练，而垂久之力也就越长呢！

二六　和尚也不容易做

有朋友说他想做和尚。不管他是真心也好，偶然说说也好，总而言之，他是以为和尚比较可远离尘浊，无挂无碍，哪怕是暂时也好，剃了头发，穿上袈裟，隐居到山林深处，也好休养一下那被刺激而衰弱的神经；多少可以腾点工夫出来，抚摸一下心上的创痕，也未始不是修养之道。以前做和尚，在山里可以樵苏自给；如果有点寺田，便可以自耕自食；更好的是有一座丛林，即使不做住持，也可以每天做点功课，衣食不缺。还有那些行脚僧，云游四方，随处挂单，随处募化，也可以与世相忘，可是就当那种时候，和尚也有和尚的烦恼和悲哀。如果不是强调精神胜利，淡忘一切，青灯古佛旁，恐怕仍不免有时会夜深绕室，搓手向天。那么，如今的和尚往哪里去？倘若不募化，不开素菜馆，又怎么生活？倘若有人抢生意，是不是也会引起摩擦？

做和尚本是禁欲的生活：不吃肉，不娶老婆，不通庆吊，不接近一切繁华，意在与世隔绝，把自己作为槁木死灰一样，只从虚无缥缈中寄托心灵，这就是所谓出家人的道理。

但是如今新佛教运动的新和尚们的见解可又不同了。不管他们出家的动机是怎么样——或者为失势而出家，或者为失恋而出家，或者为亲族的死亡而出家，或者为环境的惨痛而出家，或者为独特的见解独特的性格所驱使而出家——目下他们似乎都很愉快地在工作着。他们似乎不是消极的逃避，不是自了的自度，不是以迷信作劝导，而是从积极方面，以怜悯之心传播佛道思想，慈悲救世。而且他们不甚注意空虚的理论，而多从事于实际的表现：譬如组织慰劳队，救护队，甚至扛着枪上前线，他们是直接参加全民族解放战争，参加了为消弭战争建立世界永远和平的战争。同时在后方他们又从事于种种社会事业，如组织食堂，发行刊物，办救济院，参加各种集会，等等，无非与社会俗众取得密切的联系，以发展各种事业，阐扬教义，他们的态度颇积极，而方法颇圆通。前人出家多半为了却烦恼，今人出家便把烦恼担负起来与众生求同度，所不同的就是置身于烦恼之中而不为烦恼所缠，置身于色相之中而不为色相所囿，一行精严，虽辟易，求生不苟，遇死不避，成不自骄，败不自馁，荣无以加，辱无以挫，然后可为人类说永生之方法，共致世界于大同。我完全不懂佛教，只是胡说；不过我想，万一以上所说有多少真实，那么，做和尚与不做和尚又有甚么关系？我想巨[1]赞大师必能教我。

二七　我不明白

当我做小孩子的时候，有一天，厨房后面起了火，可是没有烧起来，我并没有觉得怎么恐怖，望着房檐上飞着一星一星的小火觉得颇为美丽。还有一次，下大雨，阴沟淤塞了，水漫得很高，家里人都慌起来，赶忙开通水路；但是我想如果水再涨大一点，便可以坐一个木盆划到隔壁去。小孩子不知天高地厚，胡思乱想，当然可笑，然而一到了战争的时候，放火烧村庄，决水灌城市，便成了功绩的表现。人类的确有时会以毁灭为愉快。枯万骨毁万家以成一人之功，自古以来，英雄豪杰们，莫不以此为壮举而踌躇满志。

侵略的野心家，往往买取一群饥饿者驱使之对另一群被驱使者作战。他们不肯把积聚的财富分配给大众，只拿出其中的一部分来收买他的服从者以造成个人的势力。所以他们需要战争。野心小一点的吞并邻国，野心大的便想征服世界，他们无论如何诡辩，如何造成所谓理论，无论戴上甚么样的面具，到了图穷匕见的时候，也就会老实不客气地对侵略对象说出无理的话："快把粮食献给我！快把产业让给我！快来无条件替我做工！如若不然就烧你们的房子，杀你们的儿女。"如果乖乖地听从，那就准备做奴隶，要反抗便只有对杀一番，世

---

[1] 原文为"◇"，实为"巨"。——编者注

界便无宁日。这就叫以屠杀应付屠杀，以毁灭答复毁灭，以战争消灭战争。

以战争消灭战争是不是最好的办法，还是不得已的办法呢？以战争消灭战争，是不是仇恨上再增加仇恨呢？

从人类的史迹看来，所谓教育是一面教人建设，一面教人毁灭。跟着科学的进步，建设的速度增加，毁灭的速度也增加。用血汗来建设，又用血汗来将之毁灭，到底所为何事呢？

人类何以不能用会议来消灭战争？生产工具进步，生产的方式改善了，生产自然增加，何以不能够全世界的人平均分配？

一个国家，一种民族，以征服世界的形式来统一世界是不可能的，这不过是野心家的妄想，何以不能用全人类的共同努力来统一世界呢？

这一次世界大战，民主集团就说是要用战争来消灭战争，这次战争之后是不是可能永远使战争消灭呢？如果每一个国家民族的偏见与自私不能克服，那这次战争又将会是下次战争的种子。

这种问题太大了，不应当付诸闲事闲谈之列，不过全世界在战争气氛狂的时候，也不过是闲事闲谈。我所不信的就是一班所谓英雄崇拜的人。生番用颈上所悬骷髅骨的多少来评人格，他们爱用这种方法去崇拜那威力最猛、杀戮最多的英雄。

如果是侵略国的人崇拜希特勒，那还说为了纳粹祖国，尚能勉强自圆其说。被侵略国的国民崇拜希特勒又作何解？

封建余孽想捧希特勒做皇帝，独占的资本家想捧希特勒做盟主，自属别有用心，有一些被侵略国中间性的知识分子也有人在捧希特勒，那又是为甚么？

跟着希特勒走的国家得到的是怎样的报酬，还不是很明显的吗？不管纳粹侵略者是怎样杀戮他的父母、奴役他的兄弟，他还是崇拜英雄希特勒，而太息乎其攻莫斯科之功亏一篑，这是何意呢？

最可怜的是一面高呼打倒帝国主义称道民主集团，一面又在崇拜希特勒。这当然有一方面是假的，有的便真正莫名其妙，隔岸观火，看人家的灾难以为愉快而忘了火星飞到自己家里来。非但如此，还有人把别省的战争视同秦越，胜败之事，也不过成为茶余酒后之谈资，这就更不知道是在干甚么了。

二八　学习德国的精神

　　日本学生一套制服总是穿好几年，学校制服制帽无论破旧得怎样总不换的。吃的东西非常简单，日本人吃的饭菜，中国学生觉得又少又坏，可是在米贵的时候，一般的日本人都提倡废止朝食。

　　德国人普通一年四季只穿一套衣服。吃饭有时就只有马铃薯，以此类推其刻苦的情形可想。省了牛油换大炮，自不用说。

　　苏联在革命以后，物资的缺乏，使人民感到很大的痛苦。然而他们还要省出物资来从事于建设。政府把粮食和各种产物，包括原料、半制品、精制品等一齐统制起来，除掉人民必需的数量之外，全数运销到外国去，换取外汇购买机器，最初因为人民仅仅免于冻馁，而眼睁看着政府把他们辛辛苦苦种出来、造出来的东西屯积起来，运到外国去，使他得不到丝毫的享受，就未免有些怨怼。可是到了第二个五年计划开始的时候，国家的重工业计划渐渐完成，轻工业很快地就建立起来，产业超速度地增加，国防渐趋强固，人民的消费也逐渐提高，然后大家才明白了当局省衣节食，先以全力建立重工业的策略是丝毫不错的。一九三三年的夏天，领面包的人的长队，已经很短，到了秋收以后食物便更丰富，不必受甚么限制了。栏仓里摆着装饰品和水果，农民的存折上，记上相当的存款，可是就在那个时候，他们外交部对内用的信封，往往还是再翻用一次，或者贴上一张纸用上三次，铺子里包东西，从没有见过像样的纸。饼干只卖给外国人去换外汇，好点的香烟也是这样。可见得他们的统制和节约实在彻底，政策又实在能公平兑现。受苦的时候大家苦，弄好了大家也平均享受。

　　德国技术之精可称世界第一，日本人学它，苏联也学它。苏联的学校里，正和我们学英文一样，德文是必修科。

　　德国的精神是在坚忍和专一。持续的刻苦耐劳是"坚忍"的表现；对学术钻研的深邃是"专一"的结果。还有一个优点就是纪律严明，日本亦步亦趋模仿德国，苏联极力吸收德国的优点正是强大的根基。

　　中国人以聪明闻于世界，我们的祖先刻苦耐劳建立了一份远大的基业，以切实和节俭昭示子孙，可是子孙的虚浮萎靡，成了积弱之源。尤其是资本主义侵入以后，既不能向现代文明直追，又不能充分接受科学的组织。虚骄散漫的习惯，打了四年仗，纠正过的部分，还是嫌少。在这个时候，苏联如何接受资本主义的遗产，和德国的技术，是我们当前的课程。我们反纳粹，反希特勒，反侵略，但是要多多向德国学习。日本所以强盛的道理，也可以给我们有力的参考。

二九　半夜虚惊

　　有所谓"特种户籍"的，就是指私娼、赌窟，或者有嫌疑的人家而言。前几天，有个朋友刘君从外江来，他在口[1]城办事，夫妻二人租了间房住在那里。有一晚，正是半夜三点钟，忽然有人叫门，原来是宪警抽查户口来了。所谓"抽查"就是指定查特种户籍的意思。

　　同住的房东被喊起来了，查不出所以然，于是把他两夫妻相继喊起来。起初他的太太不肯起床，引起了那军爷的误会，便不承认他们是夫妇，虽费尽唇舌，无法证明。彼此言来语去，疑虑又进了一步，军爷们便更不肯放松。于是刘君对他们说："你们知道这家人家一共住了多少人？一个一个喊起来，你们又如何分得出哪个是哪个？何不拿户口册出来对过再说呢？"这话提醒了军爷，马上去找户口册。同来的警察奉命奔出去，等了许久，居然拿了一本册子回来。军爷打开一看，勃然变色，原来册子上没有刘君夫妇的名字！这证明了刘君没有报户口。在理可以被提去审问。

　　刘君是个精细人。他明明报过户口，何以会册上无名？他一手夺过那户口册，刚翻第一页，不觉得啼笑皆非。那册上是四年以前的，那时他还在香港！

　　那军爷无可奈何，便打电话报告他的官长。他自然不便实说："……这家人家，房间太多，情形异常复杂，无从查究……"幸喜跟去的警察颇为机警，他从街长处找到了一份最近的户口登记底稿，这才证明了刘君的身份。刘君谈及此事，大笑不止。

　　刘君是有相当地位的人，这类事情如果出在小户人家，何堪设想？那种

---

[1] 原文即为此。——编者注

查法，若真有不法之徒，预先把应有的手续办得清清楚楚，又何从查得？

政府正在注意清查户口，倘若行政的技术那样低劣，执行的人又那样糊涂，任务如何达到，确成问题。幸喜口[1]城是个僻野小县，无关大体，不要说像桂林这样的大都市，绝对不会有那样的情形，就是再小一点的城市也不会有刘君所述，不过是很偶然的误会，而……

三十　用工作打开烦闷

我们到底在干些甚么？一天到晚，忙个不了，到底为了甚么？为了自己参加的某种运动吗？为了对国家民族和社会有点贡献吗？是的。是不是也为着自己的生活？当然也是的。

我们应当有认清的路，可是有许多力量把我们一推一拉，想把我们推到横里[2]，拉向后头。正当烦闷的时候，我们会替自己解嘲说："中国的革命应当是曲线的呵！"曲到甚么程度那就不得而知了。只希望如螺旋一般，尽管转来转去，方向始终不变。

有一班暴客式的绅士，曾经占了我们家里许多间房子，久而久之也就似乎苟且相安无事。如今有强盗来了，要把我们全家的财产全盘端过去。我们弟兄，怕干不过那强盗，便不能不请那绅士们帮忙。因此很客气的对他们说："你们不帮忙，强盗来了会侵占你们各位的利益。替你们着想，千万不要袖手旁观啊！"这是何等可怜的语调？

那绅士们拍拍胸膛，似乎十分侠义。可是一转眼他们又做出半推半就一伸一缩的姿态，借此确定将来的报酬；想同时两面讨好，用所谓"一石二鸟"的方法，一面讲些似是而非的公道话，一面想和强盗妥协，平分春色。他们也怕真正帮我们把强盗赶走了，我们又会赶他们，因此想利用双方互相牵制，以便从中取利。

1　原文即为此。——编者注
2　原文即为此，似为苏州话。——编者注

我们看得很清，也从没有妄自菲薄，只是对他们又不得不说："各位真是好朋友。"

强盗看透了绅士们的心理，趁他们举棋不定的时候，打他们个落花流水。原来绅士干不过流氓，依附绅士对他们存着幻想的人们自不免有幻灭之感。可是流氓干不过穿草鞋的，他们就不知道，在绅士们看起来，宁愿和强盗拉手，决不愿让穿草鞋的得势；因此我们就更苦了。

我想放声高叫，或者是我的嗓子不够洪亮，也或者有叫不出的苦衷，声音咽到肚里去了？恨我才疏学浅，无从写成堂堂正正有系统的理论；又不能专心于创作，只剩下零星片段的感想，作为闲事闲谈之类——前人有诗云："炉烟如我瘦，辛苦未成灰"，真不免雪窖冰天，炉中星火之感，惭愧之至。

抗战延长是不成问题的。我曾经生过重病，也服侍过病人，望好的心情是最深刻而烦闷的。然而必经的阶段和时日，无法避免。只有以高度的忍耐，撑持过去。

一个人生了病，周身的细胞都不自在，何况国家正在强敌当前做生死斗争的时候？好在对试药郎中的幻想已经逐次打破了。以后只要加强每一个细胞的抵抗力，守方到底。

经过这一次的大病，全身各部虚弱之点都显露出来，只要主要的症候治好了，其他次要的病状也会跟着减退。贤明的医士必定欢喜详细听取病状的变化，考察症结之所在，决不会奖励人家讳瞒疾病。所以不管是长言短句，只要切实，讲出来总比不讲好。

我们心里的火，无论经如何的打扑，始终不会熄灭，要随时吹着扇着，使其燃烧起来。用热力把全身的毒菌杀死，把传统的幻想毁掉，方能得到再生。

啊！用工作打开烦闷吧！也只有加紧工作，才打得开目前深度的烦闷！

三一 芳邻欢宴图

有一位太太，长得相当不错。她打扮起来，总怕没人看见，想方法要把自己充分表现一番。因此画了一幅《芳邻欢宴图》,这也是方法之一。

有一天,她把许多邻居请到家里吃饭,就把那幅画悬挂起来。大家一看,图中那位太太坐在当中,画得花枝般美丽,许多邻居环坐四围,个个都是丑怪。大家窃窃私语,既不能不恭维几句,又不好怎样措辞,真是难以形容。

那位太太从来都相当和气,似乎没听见她和人家吵过架,不过她的小孩子和丫头常是和人相骂,他们都学好了一套词句,不管理由对不对,总是照那一套骂下去。人家理他们,他们更出恶言,自鸣得意;人家不理,他们便大吹胜利之牛;如果骂出问题来了,他们的主人,就是那位太太,便出来把小孩子或是丫头叱退,圆一圆面子,表示她的态度究竟很好。

至于那幅图画,不管她是不是真美,邻居们是不是真丑,挂起来也可聊且快意。至少外来的人、后世的子孙一定会相信她几分。

据说这些都是很时髦而聪明的想头,然而……

三二　养着老虎咬自己

有些政治的措施,利现在也利将来,那是最好的,现在不见其利,利在将来也好。最不好的是有害于现在,又有害于将来。

侵略的强盗为要劫夺权利,一切不择手段。对人对事,只以威逼利诱、机械变诈为主。他们奖励残酷,奖励自私,奖励奴性的服从,奖励公开的欺骗。尽管假定他们军事上得到胜利,他们的国民道德早已破产,何况军事上的胜利也并不可恃呢!所有"和平""正义"一类的名词,虽然也常挂在他们的嘴上,只当作欺骗的工具。

有些志行薄弱的青年,看见希特勒之流的人耀武扬威,也就只想抓住了财权,收养些打手,买人捧场。一天到晚学习说假话,学习投机,学习害人。无论谈政治,谈主义,谈社会,谈学问,都只不过是利己的工具,最低限度的仁爱信义,都变成狗彘不如。上以骄凌下,下以媚事上,充其量,等到个人的地位造成,天下的廉耻送丧。然而也还有不少的人讴歌颂扬,这真是万劫不复的伤心事。

当此战争延长,生活日益苦难之际,自信心的摇动是最可怕的危机,上海、香港沦陷,听说敌人并没有十分屠杀,便不免也有人对敌人存着幻想。可是有无数的人不甘做顺民纷纷走来内地,有的就努力于敌后工作,这就是中华民族的力量,永远不会被征服的力量。

有些盲目的英雄崇拜者,总说是中国何以不出希特勒。正因为中国是仁义之邦,无论在怎样困苦的情况中,我们都不会牺牲人类的正义。

世界大同是中国数千年来不变的思想,我们以平等博爱之心,建立世界大同的基础,所以我们能独力为世界和平而战。我们所要的是群策群力的集体表现,不要希特勒那样的个人英雄主义。在中国社会中也就不容易产生希特勒。换句话说,暴力不容易在中国存在。

讲演及座谈

关于日本演剧我的感想[1][2]

我来到东京，只有十来天。在这几天里，曾有了三次看戏的机会；这三次所见的是《忠义》、《玛雅》和《从月中来之天使》。

《忠义》这剧，好像与《樱音头》相似似的，是一种流行货，从它的题名上，就显示了整体的内容。

这个戏曲，自一九二八年从筑地小剧场分裂以来，使无互相共演机会的人们，又重聚一齐登台，是很可纪念的事。然而依着这使同志重聚一起之事，则在这戏曲以外，难道无其他之重大的意义与任务吗？

山田耕筰氏，在这戏曲里，强调了音乐舞蹈的要素与科白之美，这是我十分有同感的。并且山田氏是个当代的大音乐家，极端地采用"剧主乐从"的态度，为着附属于剧中的音乐而尽力，并无其他专门家的偏见，这实是可佩服的。

《忠义》（忠臣藏）是英国人作的日本剧，所以山田氏关于这剧的上演，无论演出与作曲，都采取了半东半西的形式。山田氏在用这种方法演出之时，可以说是像狮子在搏兔时那样尽了全部的力量。虽让人看到了这种努力的真

---

1 【题注】载于 1934 年 6 月 28 日、29 日《庸报》，欧阳予倩原作，金波宇记录，香山译自日文。
2 译者附言：下面这篇东西，是欧阳予倩先生在日本回答一个杂志记者的谈话，原文是日文。欧阳先生因为不懂日文（或者不能用日文写东西）【译者此言有误，欧阳予倩本人留学日本，精通日文。——编者注】，所以是由一个朝鲜的导演金波宇先生记成日文；现在又把它记成中文，在文责方面，当然记者不负，由金君担责。至于文中所说的新派剧，谅国内人多不易明其为何种剧团，其实新剧派可以说近乎中国的文明戏；不过文明戏是下流的，而新派剧则否。新剧派利用一切现代的戏剧要素，而且脚本也选文学作品，只不过未曾完全脱离封建的歌舞伎之形态，所以成了新剧派。我前面把它比拟为文明剧，也不很妥当，虽然在某点上有近乎文明戏之点。欧阳先生在文前说看了三次戏，第三次的《从月中来之天使》，即指东京剧场的新剧派上演之戏，因文后未提起，恐起疑虑，故特附注。因了这篇是谈话性质，所以次序当不能像做文章那么有系统。

相，但那相当浓厚的个人趣味，亦在观众面前展呈开来。

梅斯菲尔德写这脚本时，不用说，从各方面看来，都存在着意义。日本的艺术家利用这点，为着维持家来们（日本的臣属）对于主人的道德，可以做有力的宣传。但山田氏却只是把音乐与舞蹈的要素，加入剧中。

在说明书上这样写着："外国人是怎样地理解日本人的心呢？作为日本人的最高之道义的主从关系，是怎样地反映在他们的心里呢？这实是有兴味的事件。"实在，山田氏是持有着深切的感触与兴味的。如此说来，则这剧曲是具有重大的宣传使命的了。然而在山田氏指导下的半东半西的演出，是能够加强宣传的吗？

例如，黄色头发的西洋式之两个舞女，出来跳和捧菜来时，与剧的中心思想究有何种关系呢？又在亚萨诺家臣等向着凯拉侯家邸出发时，库拉诺在前面叫道："喂，奏乐前进！"使紧张中的观众陡地豪笑起来，在全剧最严肃地进行着的地方，突然用了这种手法，到底是为了什么呢？这是颇使我苦于理解的。

还有一件也是在库拉诺夜袭凯拉侯邸的场面，凯拉一个人被某种不安所包围时，突然从窗外飞进一封信来，听到了一人的高叱声，但一会儿就听到了热闹的行进之歌声。这颇使人有突拍子之感。这时我想起在莫斯科艺术座[1]的《装甲列车》与华甫大哥夫剧场[2]的《布雷曹夫》的行进曲。这很与彼相似，但不相同，后两者是写实的，前者则是象征的。

以上的话，是希望山田先生指教的。

《玛雅》这剧有些有趣的地方，然而从颓废的消极的点上来看剧的进行，也是妥当的。如果由法国人演出，是能更畅朗的吧。我看这剧，全体过于沉郁与动作缺少（静的），各场面的变化很少，而是平直地进行的，所以不能不忍耐无聊无味之处。

装置极佳，尤其是取消房顶，使之可以见到屋外僻巷的情形，这是最适当的方法。俄国泰依洛夫演《马敏那尔》亦用这方法，但应用点颇有些不同。

---

1 现通译为：莫斯科艺术剧院。——编者注
2 现通译为：瓦赫坦戈夫剧院。——编者注

女演员们都很努力地扮演娼妓，这使我非常佩服。非职业剧团的女演员不用说，甚至连职业的演员不都是想扮动人注目的主角么？当我在中国导演时，女演员都不愿演下等娼妓妇人而致拆台。因此我对于这次艺术座出演的女演员，表示敬意。

我对于金曜会与艺术座的二剧团之剧的感想，大约尽于此了，但我希望能慢慢地观察研究。他们的用苦心之精神，实表现了非常集中的力量。现在他们都从各方面努力，如果到了某时代，使他们得以自由地伸缩手脚，则那时定能得到比现在努力更大的价值。

五月二日，我曾与村松梢风君到东京剧场去看艺术座的演习，这时村松君曾说："他们的技术真成熟。"实在新剧派的俳优们对于舞台的应用颇为熟练。他们有经验，而且持有一定的典型，置有如何能惹起观客的注意，挑拨观众的感情之念头，并且持有种种惯用的方法。因此他们虽不十分地演习，但在舞台上，也不会有大困难的，这是好处，同时也是坏处。

新派对于任何剧本的故事之配列，大致相同，仅注重特殊之点，而在舞台上也仅把特殊点夸张起来。无论何时，无论何地，都以一时的效果为重，则结局却是个弱点。

他们工作的时间过长，平日午后四时到十一时半，祭日星期都从正午到夜十一时半。因此据水谷竹紫说：他们的演习，只有两三天余裕，因此他们所惯用的各种方法，亦由此而产生；因此戏剧也只见到了断片的美，很难见到集中的力量。

目下新派剧已部分地有了电影化，这实是一个该讨论的问题吧！

以上只是叙述一个观客的感想而已，绝不是把剧本详细地分析过的总结论。我尽量地多看戏，多收集资料，将来写一篇日本的新剧运动，提供给中国的同志们。

演剧与导演
——在国立戏剧学校讲演[1]

我不喜欢站在讲台上讲话,更不喜欢站在讲台上拿着粉条子讲话,平常因为我"演戏""导演""写剧"的时候,人家问我有什么理由没有,我也说不出"什么"的理由来,所以不愿意讲话。不过我很喜欢和同行讲话,虽然是各位刚刚进了学校,我们很认为是同行,所以今天我很愿意和诸位谈谈,并且是谈些行话。

现在我们从戏剧的本身上讲起。

戏剧在以前,不但是外行人轻视,认为是毫无价值,而且是连干戏剧的自己人,亦有一句行话叫作"戏者戏也"[2],戏剧并不是那样的无用,倘若真的如此,戏剧的作用不能表现出它的力量来,那我们也就不必在这种声音之下来谈戏剧了。

现在我们先谈一下目前最值得注意的问题,就是它的演进问题。戏剧在封建时代,因为有科举和裹小脚的限制,人民在这种范围里,皇帝为了维持他的地位,提倡八股文章,束缚人民的思想,人民为了自己的荣华富贵,亦在无形中被阻止,于是"花园赠金""公子落难"的故事,便成了维持封建的产物了。到了清末,民众的思想对于民族意识已渐渐发达,又产生了《黑奴吁天录》《明末遗恨》等,内容是富于民族思想的,求民族的解放的,以后又受了军国主义的影响,产生了《新茶花》一类的剧本,后来思想又转变到希望侠客

---

1 【题注】载于1935年12月25日《南华日报》。
2 按:当欧阳氏讲到这里,因为航空演习,室内电灯皆熄,警号大鸣,欧阳氏很沉着地说,希望有这种声音给我们听,我们更愿意在这种情形之下工作,别人逼迫我们到这种地步,我们还不加紧地努力干吗?我们是可以安慰了,我们不是在这讲笑话。(全场默然)稍歇,欧阳氏继续说下去。
——原注

出来，慢慢地又感到法制的怀疑，就产生了《包公案》一类的东西，是富于象征主义的，结果是因民众思想进步，旧的戏剧不能接受，新的戏剧又不能应运而生，所以就想到有神出来解救众生了。"神怪戏"的产生，就是证明民众已到无路可走的时候，又加上几千年来受封建势力的陶冶，自然会希望有这样的事实出现了，到了这时，我们都可以很明白地认清它，并且更应该知道自己应站在社会的上层上来领导社会。

我常常说"我们现在要帮什么人讲话"，不过我们应该明白，我们是被压迫者，当然我们要帮被压迫者说话，但是我们要怎样去说话呢？我们知道戏剧是把一种"中心思想"传达给观众的。我们总要把方法、原则和思想联系起来，以求达到观众的目的。如苏联的导演和演员们天天在那里讨论着怎样能把"中心思想"传达给观众，这种态度是应该的，我们要取这种态度。

现在我把演戏与导演说一下，不过同时我们须先知道干戏剧应该有两种目标：

（一）把戏剧从商业剧场里解放出来。

（二）把戏剧从形式里解放出来。

我们应该想用什么方法来把"中心思想"传达给被压迫的大众，使他们能认清社会。这才是干戏剧的人应该认识的，同时更应该把这个责任负起来，不过导演的方法很多，我们必须自由导演、自由表演，同时多多收集材料、方法，去运用，一个好的导演就是能够运用各种方法，而且运用得很恰当。一般人对于戏剧都说是"综合艺术"，我们决不要当它是把许多的艺术给综合起来就算完了。

法国导演 Caeton Baty 说："综合是要运用的不重复"，这就是说，艺术各种部门的综合或调和，同时在综合的方法上也要注意的。方法要知道得多，而在运用上要恰当。

至于演员呢，他们并不是知道了每一个表情的表演就算完事的，他们是要整个地把表情给联络恰到好处，同时还得运用到许多不同的情节的戏里的，不过演员所感到的困难，就是导演的方法是各个不同的，所以运用时感觉很难，所以演员、导演都需要刻苦地找到他的经验。现在我再介绍两种导演的方法：

一就是把材料经过导演的整理而传到演员，导演是在中间把两种本质用艺术的方法给介绍起来。

二就是材料方法由演员自己去整理，由导演居旁观的地位加以选择，这就是"艺术就是选择"的说法。

这两种方法，第一种是普通用的，第二种多数的演员是不容易做到的。我常说"演歌剧的不能唱，演话剧的不能说"，这是很艰难的。

最后我们要这样想：

我们为什么干？怎么样干法？要什么样的戏剧？为什么要？怎么样传达给观众？传达给观众要用什么方法？

我们不要分派别，我们要巩固戏剧的基础，我们同学现在是在打桩子的时候，我希望各位同学从最高的标准来看，同时把握住自己的一切。不要想取巧，要去死干。等死干成功了，那就能运用自如了。"速成"是极不可靠的，诸位应该知道苏俄的演员在九年制学校完成学业之后才能参加考试，再学五年，及格了才能担任一个演员。从此我们知道做演员是一件不容易的事，也不是一朝一夕能够成功的事。

中国旅行剧团谈话会 [1]

槐秋和我是老朋友，他不避艰苦地和诸位组织这么一个团体，而且有了两三年的历史，这不能不叫我佩服槐秋和诸位朋友苦干的精神与坚强的毅力。所以，无论如何，我想诸位在学识上、经验上、技术上，以及其他关于艺术的方面，一定都是很丰富的。因此，我很早就想和诸位见一见，并希望和诸位来互相地谈谈。

自从中国旅行剧团组织成功，并旅行到华北去以后，我也会常常地打听着关于诸位的消息，于是，便以多方面听到各种不同的报告与批评。当然，有的说好，也有的说坏，但无论如何，我们的团体维持这么久了，而且演了不少的戏，不管他们说好说坏，总之，我们的确是在这里实干的，而且给社会留了许多的成绩，这事实总算是真的。一个团体有弱点是不可避免的，只要我们能够不掩饰我们的弱点。而肯想法除去我们的弱点，那么我们的弱点总可以慢慢地尽除的。何况我们还有很多的优点呢。一个团体之所以能够存立便是靠着它有优点。过去曾有很多的话剧团体，可是，却都像一些火花似的一爆便完了，这就是因为他们没有严密的组织、没有苦干的毅力和没有什么优点而只有弱点的缘故。现在中国旅行剧团居然能够维持这么久而且取得了许多优良的成绩，这的确是一件不容易的事。所以，我对于中旅、对于诸位，心中是怀着莫大的敬佩与希望的。

空的理论无须多说，现在诸位既然来到上海了，我愿意和诸位不拘形式

---

[1] 【题注】载于1936年4月23、24、25日《时事新报》（本埠附刊），署名为"发言者：欧阳予倩 速记者：陈越然、陶金、徐叔阳"。

地来谈一点关于实际的问题。我们要站在同志的立场上来谈,并且要无所不谈,无所不尽。因为我们在朋友们彼此的畅谈中,是可以得到很多书本上所得不到的东西的。我们可以随便谈,不必客气。同时,这也是我们从事于戏剧运动的人应该做的一种工作。

一个人是社会的一员,一个团体更是整个社会的一部分。社会一切的变革可以影响到一个人或一个团体。同时,一个人或一个团体的行动也足以左右社会的变革。如今整个的社会太不景气了,到处莫不闹着经济的恐慌。同时全世界也都处在一种极严重的不景气的氛围中。我们个人和团体既然处在这种情形之下,那么我们就应该想办法应付和闻出这个不景气的紧张的关头,然后我们才能够生存。

现在我不妨来检一检我国过去从事话剧者的错误和团体所以失败的原因。

在中国,演歌剧者,是不会唱歌的;演话剧者,也是不会说话的。可是,在欧洲,如法国的皇家剧院,他们对于演员的演技的训练是非常的认真的。他们的演员从几岁起就开始接受最严格的训练。无论是演员的演技还是言语,都要受到严密的训练。所以他们在登台以后,演来都能够很精彩,而且说话与动作也都能够很严密地联系。即使我们不懂话的人看来,听了也能懂得其中的意义的。如法国剧院表演《西哈诺》等剧,都是要完全靠着剧词的诵读和动作来表演才能够好。又如易卜生的剧,也是很沉闷的,然而人家演起来却都能够恰到好处。就是我不懂他们的话的人,也都能够领会到他们的好处。由此,我们便可以知道,技术是传达剧本给观众的工具,如今,无论哪一国的戏剧家,无不竭其全力来研究这个问题。比如现在俄国的梅叶荷晚[1],最重要的便是用怎样的方法去把剧中角色的感情传达给观众。总之,任何的剧本都是不能借不纯熟的技术来传达的。现在,我们再看看俄国的《夏伯阳》,他们是用一个人演讲,其余许多人在旁边唱,但是他们的演讲声和歌声是有着很好的节奏的,而且还能使听的人懂得和接受它的意义。关于《夏伯阳》一戏,我以前在俄国看过,我真佩服他们的技巧,而且每个演员的表演也都非常地纯熟。人家的确有玩意儿,而我们自己却太没有玩意儿了。如果我们要想把话剧弄好,那么我们就非

---

1 现通译为:梅耶荷德。——编者注

得想方法去使它有玩意儿才行。

现在俄国的剧场，有简单的，也有很复杂的，但无论怎样简单或复杂，他们总是用个人去管理的，所用的布景等一切也都很好，他们的表演尤其好。

浪漫的法国人，他们对于演员的选择与训练，也是非常的严格，而不肯少有一点苟且与随便的。

俄国的各剧院，他们对于演员排戏的时间都非常地遵守的。每天自十一时起，到四时止为排戏的时间。夜晚登台。每天都是如此，毫不间断。他们规定是五天休息一次。莫斯科剧院演员三百余人，他们除掉演戏之外，在休息的时间内还要帮助别人演戏或做工。但他们的生活却很愉快，他们在做学生的时候，就受过身体上严格的锻炼，并且有各种的方法，姿势也极多。所以等到做正式演员的时候[1]，便可以自如地运用他们的身子和姿势。就是现在的英法等国也都步它的后尘，跟着它学。他们演出的方法，可以使死去了的莎士比亚复活回来，而重有其生命。但俄国演出的方法却与英法等国演出的方法完全不同，他们各有各的特别的方法与技术。舞台的装置也两样。记得从前有一次我在俄国看他们上演《死魂灵》一剧，当时有一位记者来询问我，这个戏演出的方法究竟与法国的喜剧有何不同，而我却答不出一个字来，因为我实在不知道他的方法是什么。可是我们再看中国的演出呢，那真觉得太惭愧了。简直幼稚得可怜，无论在方法与技术方面，都比人家差得远。但是，我们就算了么？那倒大可不必，我们如果要想真的把话剧弄好，只要我们肯十分地虚心去努力研究，眼光肯放得远，我相信将来中国的话剧前途，一定也是很有希望的。

以前，我觉得我们干话剧的人，是应该先训练观众，而后才能谈到训练自己，可是，现在我发现我这种见解是错误的，我们在训练观众之先，实在应该先训练自己，天下没有不是的观众，同时，观众的程度在事实上也很难划一的，我们要怎样能够使观众接受和领会我们所演的戏，那么我们就非得先训练我们自己不可。因为演剧究竟与写小说不同，写小说是单方面的，而演剧却需要在舞台上以各方面的力量来促使成功的。我们实在不应该先责备观众，我们应该时常反省我们自己的艺术究竟达到如何的程度，去时时刻刻改进与创造才

---

[1] 原文缺"候"字。——编者注

行。记得日本有一位著名的音乐家山田根先生，他曾经亲到俄德等国去指挥他们的音乐队，后来他回来说，他们实在也有很多的地方可以模仿的，于是，他们便模仿起来，后来便创造出一种另外特殊的歌曲来。因此，我们便可以知道，日本人尚能看人家的而模仿，而我们连模仿的工作都没有做到。这一点我们觉得实在太惭愧了。所以，我们要想我们的艺术能够跟上人家，那么我们就非得拼命地去努力谋进步。换句话说，我们要想我们的话剧艺术能够跟人家相比，则我们就要如何地想办法来完整我们的演剧技术，而建立我们的基础。要知这竞争是要拿出货色给人家看的，没有真实的货色，根本就谈不上和人家竞争。

　　中国旅行剧团这次南来公演，依我看是很乐观的，只要诸位的戏演得好，我相信一定可以获得大多数的观众，原因是中国的社会对于艺术很饥饿，对于话剧也很能接受，一方面固然也有很多的困难，可是，另一方面却也有光明的前途，只要诸位能够继续地努力干下去。

中国戏剧的发展[1]

过去,中国的舞台只被旧戏统治的时候,在人们的目光中,戏剧不过是有人在台上演演,有人在台下看看而已。至于戏剧的种种,如舞台装置啦,台词的背诵啦,灯光啦……这一切都不问的。可是在现在看起来,如果委托他研讨的话,确是很难的。

过去看戏很简单,而现在却复杂极了:自然世界各国的交通便利以后,各国有各国表演方法,有不同的技术,各国有着自己的特点,于是就产生了一个问题:我们到底该怎样把它综合起来?

自从文明戏传到中国以后,中国人很拥护,非常爱好,旧戏阵营里的观众,都跑到这方面来了。跟着,中国的旧剧就因此改变了,也可以说是跟文明戏多多少少综合起来了。比方像广东戏,从前角色在台上跨的脚步很小的,现在却不同了。从前的台词始终是很高的,现在也改变了。

后来,跟着话剧的产生,文明戏和旧戏又改变了。首先,它们改变成为一幕一幕的。

一个东西产生出来之后,一定要在那里生根长大起来,话剧当然也不是

---

[1]【题注】载于1937年6月19日《大公报·上海》,欧阳予倩讲 施良记。文前有记者注,原文如下。记者:本月十三日,本会请欧阳予倩先生于中华职业教育社作第一次讲演,上午十时光景,顾家宅畔,车水马龙,中华职业教育社门口,挤着三五成群的本会男女会员。在他们的头上,飘着微雨,也飘着几片梧桐的落叶。会员们抱着热烈而喜悦的心相互谈着,微笑着。讲演于十时半开始,欧阳予倩在热烈的掌声中,和蔼地、严肃地向会员们说一些希望和客气的话,便开始他的讲演。欧阳予倩先生用了泼辣、幽默的讲词和动作,发动了每个会员的心灵,整个的礼堂里,充满着热血的奔流和笑声。欧阳予倩先生开始讲着中国新兴剧运的发展,后来讲自己的经历,一百多个会员不但对于话剧运动史得到了一个梗概,而且晓得了一些可歌可泣的史料。讲演结束于十二时半光景,足足历两个小时之久,兹记述梗概,使每一个读者能够读到。

例外。但是这里最紧要的是思想的变迁。

清朝末年，中国的民族思想产生了。于是，在舞台上便接受了日本的新戏（文明戏），因为日本新戏的内容，大半是爱国主义的。

到了"五四"时代，中国的剧台又转了一个方向，话剧便开始萌芽。但是那时话剧运动还不曾起来。一直到后来，文艺上的感伤主义来了；那么感伤主义的内容已不是文明戏所能包容的了。因此，才产生了话剧运动。

要研究怎样才能把内容传给观众，那么就要研究它的舞台装置、表演方法等问题了。

……在那时，甚至现在，中国批评家，文艺界——一般都认为话剧是极端的写实，这是错的。事实上，日本的新剧，以及从前法国的戏剧，到现在还在从苏联搬出来。

表现方法有着各种不同的形式，形式虽不同，效果却是一样的。比方，像过去中国的舞台是方的，没有很多的布景，演员在舞台上，嘴里念着到什么地方，转一个身，或兜个圈子，便算到了什么地方。所以有人说：演员的动作里有布景……这是真的，但是也是表现方法的一种。英国过去的舞台也是这样，在台的门上挂了一块牌，上面写着"伦敦"或"威尼斯"，便算到了伦敦或威尼斯。

到了后来，舞台变成了一个框框的形式，前面也有幕，幕里布置了一个家庭……

日本有一种不同的舞台，就是两边有"花道"，演员在某种情形里，必须从"花道"里跑下去，这也有它的好处，这也是一种演出方法，而苏联把日本的"花道"改到当中来，这也是它的好处。[1]

---

[1] 后来，欧阳予倩讲述自己参加话剧运动的经过，从"春柳社"一直到目前为止。他详述那时文明戏的拆烂污和没有纪律。本刊因篇幅所限，只能割爱了，在这里，谨向欧阳予倩先生致歉。——原注

儿童戏剧运动
——在文协会儿童文学组讲[1]

今天文协的司马文森先生要我来讲《儿童戏剧运动》，我无从做充分的准备，我虽然是研究戏剧的，然而并不是儿童戏剧的专家。过去，我有一些关于儿童戏剧的书，但现在不在身边，所以无从参考，现在只按我在外国看到的，和在书上看到的，大略说几点。

我最初接触儿童戏剧是读了日本坪内逍遥博士的论文和两册儿童剧用的剧本，他的儿童剧完全是小孩子自己表演的，主要的目的是在补学校教育的不足，儿童剧的意义有以下几点：

（一）可以使小孩子学习语言，演戏的时候，练习说话——择语、词姿、语调、态度都可以练习。

（二）使小孩子改变坏的习惯，像平日喜欢偷东西的小孩子，让他来表演"小偷"或抓小偷的警察，在演剧的过程中让孩子知道什么是好的，什么是不良的。譬如像《华盛顿的故事》，就可以教育孩子们不说谎。

（三）让儿童懂得礼貌。

（四）启发儿童智慧，教给孩子们解决问题。

（五）戏剧本来是一个非合作不能完成的集体艺术，所以，在演剧当中，可以使他们懂得合作的道理，在工作中合作是有力量的。

（六）演戏用的服装布景大体都是教师们指导孩子们自己制就，这可以锻炼儿童"手脚并用"的本领。

（七）使儿童懂得些艺术的意义。

---

[1]【题注】载于1940年12月28日《救亡日报》。

他们所演的剧，多数是童话和寓言，像猫抓老鼠、老鼠开会议选举老鼠给猫挂铃……以简单易演、富于兴趣为主。

这是民国十七年前的儿童剧，在当时，全世界大概都是这一种。

在八年以前，我曾经翻译了一本苏联的儿童剧《玩具革命》，是讲很多小店员给老板做玩具，老板压迫他们，他们就离开了老板，自己做玩具，这是象征了革命前进的剧本，可是，在中国从来没有人感到兴趣，更无人上演。

法国也有儿童剧，我所看过的也是用小孩子自己演的，我看他们演的是一个悲剧，是用英国小说改编的，灯光的变化很多。

一九三三年，我到莫斯科，看到了苏联的儿童戏剧。苏联的儿童剧，有很多专家在研究他，有一个女子叫"赛慈"——我见过她，她有一个团体专演儿童剧。在文化公园里有一个儿童剧场，中央教育部附设了一个儿童剧场，我去参观过，现在把这些情形告诉给大家。

这个儿童剧场很大，有剧场、花园、运动场、工艺厂、绘画室、音乐室……在演剧以前，先生们带着孩子们先参观，到了运动场就游戏；到了绘画室，大家坐下，先生发纸画图画；到了音乐室，先生弹起琴来，大家围着先生跳舞唱歌，并且口[1]？小朋友自己的乐队帮助；到了工艺厂，大家拿黏土来做东西，有一个小孩子把一块长方的泥上插了圆的泥柱子，他说这是"我的工厂"。

我和几个外国人去看他们，我对一个小孩子说："你猜我是哪国人？"他想了半天说："美国？""不对！""日本？""又不对！""是中国！"我说："对啦，你将来要做什么事呢？""我要做一个飞行师！"我问他："为什么？"他天真地说："驾飞机送你回上海啊！"

铃响了，马上集合到剧场里，剧场可容六七百人，小朋友吵得不得了，一个女教员站在台上去，拍一拍手说："不要吵！不要吵！你们要不要看戏啊？"

"要看！"大家都喊起来。

"要看就不要吵，好，你们来喊一、二、三，不许吵！"

一个挂着红带子值日的小朋友，很响亮地喊着："一、二、三！"大家马

---

[1] 原文看不清，以"口"代替。——编者注

上静下来，一点声音都没有。女教员继续说："在过去有很多男同学看不起女同学，欺侮女同学，这是不对的，如果谁再欺侮女同学，就马上出去，不许看戏！"当然不会有人出去了，像这样的问题每次都有新的提出，幕前奏起音乐，戏就渐渐开始了。

苏联儿童戏剧完全是大人演给孩子们看的，即使有孩子参加，也是很少的，这有三种意思：

（一）小孩子是喜欢模仿大人的，大人可以做出很好的榜样来，给他们模仿。

（二）很多英雄、坏蛋，小孩子一定表演不出来，一定要用大人才像真实。

小孩子演剧给小孩子看了并不会感到什么兴趣，而大人演的就有趣多了。

儿童剧场的演员大多数是每个剧团分来的，或者是自告奋勇的，他们所演的剧，是不为大人看的，而是专演儿童剧。

剧本的题材，大多数是说明了资本主义社会怎么不好，社会主义的伟大，要看重身体，注意健康，要勇敢、冒险；有一个剧本，是说一个革命分子被抓到山牢里去，就要枪决了，有个小孩子，不怕死地冲到山上去，把他救了出来……

苏联儿童剧是话剧、歌剧、傀儡戏、马戏……都行。

儿童故事要完整，故事的排列要清楚，使儿童观众容易理解，而且巧妙的噱头要多。

不能太公式化。

多配音乐、舞蹈。

当每一幕演过了以后，就有一个老师站在那儿，等小朋友提出问题来问，他可以把较复杂的剧情解释一下，使大家更懂。

演出的时候，更有许多专家，在注意着孩子们的反应，哭、笑、怕、怒，来不断地改进。

这是七年前的情形，至于现在，大概已经改进了很多了，我也不大知道。这是根据我个人所知道的提供给诸位参考。至于中国的儿童戏剧，那是要请问新旅的小朋友啦。（笑）完了。

（掌声）

关于改造京剧的商榷

——在北京戏曲界讲习班第一期的讲话[1]

戏剧改造的理论和实际是可任用于各种旧形式的戏剧的。我对于京剧多少有些经验，今天我想专就京剧的改造谈一谈，以供各位的参考，时间的限制，不能过于详细，只能举其大体，各位都是内行，比我懂得多，希望给我正确的批判。

昆曲打破了元曲的格律，集当时曲调之大成，便战胜了元曲，代替了元曲的地位，可是昆曲本身的格律又限制了它的发展；到了极盛时期便趋于没落，由新起的京剧代替了它的地位。

元曲每剧分四折（连楔子算五折），每折一个人唱，其余的角色都只说白，谓之宾白，昆曲有独唱，有对唱，还有大家齐唱的同场曲子，折数没有限制。昆曲集南北曲调之大成，在音乐方面，比元曲丰富，而运用比较自由，这是优点。可是曲子的配置有一定的套数，每一支曲子又有一定的句数和板数，因此唱得太多，容易使观众疲倦；昆曲的词句大半是抒情诗式的，叙事和对话的成分很少，而且一洗元曲的"本色"，专尚典雅华丽，毫不通俗。还有就是昆曲的剧本组织，有十行角色的规定——每行角色，不分主从，都要有一出正戏，因此凭空添出许多不必要的废场子，把戏弄得冗长不堪，而戏的重心不能集中。

原来昆曲不论是词句也好，音乐也好，剧情的排列也好，只宜于少数达官贵人、知识分子的欣赏，不宜于对绝大多数观众表演；到了老爷们家里养不起班子，而一般民众不叫它昆腔，而叫它"困腔"的时候，便一步一步没落下

---

[1] 【题注】载于1949年《北京戏曲界讲习班概况》。

去，无从挽救。

当昆曲盛行的时候，京剧一类的乱弹戏是被视为粗俗不足齿数的。但是，就京剧而论，它没有套数、曲牌、十行角色等限制，它的词句通俗，音调高昂，多数人能听得见，听得懂；唱词中叙事对话和抒情并重，比纯抒情的容易为观众接受；在戏的编制上，场子接得很紧，过场戏简短，主从分得清楚；尤其是动作和表情方面，简洁而节奏鲜明；这样便战胜了昆曲。

地方戏如汉戏、湘戏、桂戏等，都有它们的好处，最好的是每一个地方的戏在本地都感觉到格外亲切，地方色彩和泥土气息是其特点，细腻的表演，农村式的风格，都很可爱。可是冗长的唱词，重复的动作，缓慢的节奏，墨守成规的传统习惯，和京剧一比，便觉得京剧是特别爽脆——京剧和以上所举的几种地方戏本同出一源，以后经过改造，都市气味加重了。可是唱词节短了，而唱腔的变化增加了；重复的做作减少了（因此表演有些不如地方戏细腻）；音乐的节拍加强加快，动作的节奏也就格外变为鲜明，并增进了姿态之美；尤其是武戏，远非各地方戏所能及；于是京剧便以压倒性的优势争取了各地方的观众（广东例外）。

旧戏的内容也不是完全不好，忠孝节义那一套封建宣传，以及奴隶道德的鼓吹，在过去帝王的时代里虽然不能免，尤其清军入关以后，对于戏剧特别注意——这在升平署的戏班登记办法看得出，而乾隆年间，特派满洲大员伊林阿下扬州，搜集剧本，并带了几个戏班进京，那些剧本也和修改《四库全书》一样经过修改——于是不知不觉在戏里掺进一些汉奸意识。尽管如此，在旧戏里还是反映了些民间疾苦和对官吏富豪的暴露与讽刺。也看得出一些斗争的痕迹。但是时代变迁，这些便都显得消极无力，而封建和迷信的成分却不断地发酵而散布着毒素。一个老百姓喜闻乐见的、拥有大多数观众的艺术品而内中含有毒素，这是一个严重的社会问题。

另外，旧戏因为不适于现代的要求，近二十年来显然得一步一步趋于没落。即以京剧而论，风头已大不如前。上海、北京、汉口等大都市，京剧的地位也都衰退了。舞台老板看着几出旧戏不能卖座，便只好卖弄机关布景、半裸体跳舞、杂耍和神怪变化来号召。或者就是集中些头二牌角色来撑持一时，事实上已有难以支持之态。新兴的地方戏和新兴的歌舞齐起而与之争席。

我们是不是看着京剧既然走向没落便听其自生自灭不去管它呢？这是不应该的。

京剧的市面尽管不大好而或觉艰难，整个地看，它的观众还是特别多，人民还是相当爱好它，决不能放任不管。事实上它本身也随时在变。不管变坏变好，它已经不能死守住原来的内容和形式，必须走上一条新路，而要求改良。但所谓"改良"，往往是背着封建意识的包袱，走向买办资产阶级意识，以色情的低级趣味、低级的笑料和不合理的新奇布景和道具（如满装电灯镀镍的纺车之类）迎合一班有闲的先生小姐和一般小市民落后的堕落心理，起的是霉烂和腐蚀的作用。

当然，有一些头脑明晰、志行坚定的青年演员，想做种种尝试，和不良的倾向做斗争，因为政治环境和社会环境的限制，不可能有步骤有计划地做整个打算从事改革。

如今是不同了，我们伶界同人跟着人民的翻身也翻身了。周恩来先生在文代会的报告里说到旧戏界和旧艺人的改造有两句名言："以前是爱好他们，而侮辱他们；如今我们爱好他们，就要尊重他们。"我们现在是被人尊重了！

让我们来反省一下：我们何以被人尊重？什么地方值得被人尊重？人民尊重我们，我们用什么来回报人民的尊重？如果我们用过时的、有毒素的东西去麻醉我们的观众，骗取几个生活费，是不是也值得尊重呢？

问题简单得很：人民尊重我们，我们就要尊重人民付给我们的任务。所以我们要把旧的戏曲加以改造。我们要为人民服务；旧的、封建的、腐败的东西是不能拿来为人民服务的。旧戏曲必须加以改造，才能负起现代社会教育的责任。

以前我们忍辱含垢为封建帝王、官僚、买办服务过，现在好容易得到中国共产党的领导，使我们能挺直胸脯站起来，拿自己的本事为人民服务，这是何等的光荣！

为着顺应新时代的要求，为新时代的人民服务，我们必须改造自己，改造我们的艺术。这是为了人民，也正是为了自己，不改造自己，自己就不可能真正站起来，也就不可能彻底改造我们的艺术。戴着一个封建的、殖民地的头脑能够把屈服的、献媚的东西改造成战斗的、进步的艺术吗？

元曲不是没有突出的优点，昆曲也有它的优点，因为违反时代便成了过去。京剧也好，地方剧也好，如果违反时代，不仅要没落，而且要灭亡。我们并不是和某些老先生一样，要把旧剧当古董一样保存起来——这是一种"敝帚自珍"的幻想。我们是认清旧戏的优点和缺点，认真改造，使它成为人民需要的艺术。

谈到改造，我们绝不是无政府状态的，无组织、无计划、无步骤地随便乱改一通，出门便不认货。我们必定要好好地组织起来。一个人单独出风头的日子过去了。必定要，绝对必要以集体的力量来完成集体的艺术。好的戏剧一定是最民主最集中方能在舞台上实现的。

就实际的工作说来，不外内容和形式、思想和技术的问题。无论是历史故事也好，用小说改编也好，运用时事也好，一定要用唯物辩证法这个武器加以分析，然后才能获得正确的判断而不至于歪曲。

根据内容的处理，形式也不可能一成不变。中国旧戏的表演形式是特殊的，别国所没有的。的确有它独特的优点，可是不能看为完美无缺。革新过的内容，完全用旧的形式不加一点增损，有时候就会包括不了。所以谈改革是从内容到形式的。

昆曲的格律束缚了昆曲的发展，京剧也有它如蚕自缚的格律。有些情节，往往越剧和评戏（蹦蹦戏）运用得很自由生动，而京剧不好处理，这就是格律限制了它。这是一个大问题，我们必定要谨慎周密地研究考虑，而大胆地处理的。

多少年来谈旧剧改革，第一个感到的总是新的剧本太少，也可以说新写的剧本中好的太少。解放区有些好剧本，可是解放地区发展很快，剧本还是供不应求。将旧戏改编固然是重要的工作，主要的还是要多编新的来代替旧的。改编一个旧剧本和写一个新剧本所费的功夫并不会有什么差别。改旧的是想"点石成金"，但也容易弄得不伦不类。尤其是，旧戏有些不全靠剧本而大半靠演员的，我们必须百分之百顾到舞台的效果，不然就会失去信仰而遭失败。

目前所有的剧本，似乎都是人要很多，而演出的时间又很长的，我以为应该还要编一些人少而时间费得短的——演一两个钟头的各种短戏确是需要，尤其在都会里，这样的戏比较容易演出，便也容易流通。长戏也不宜超过三个钟头。

剧本的内容应当写什么？这也是个重大的问题。但在这里无法详细讨论，大体说：旧戏，尤其是京剧，以演历史戏——包括根据小说改编的——为主，似乎适当（但不是说绝对不能演时装戏）。主要的目的是反封建、反迷信、反奴隶道德、反不良的风俗习惯，而歌颂劳动，歌颂反抗的战斗，发扬历史的光荣传统。我们写戏当然处处要把握住大的原则，但不是每个戏都写历史的大事件、处理历史的大问题。我们是要通过戏剧鲜明地看出政治的方向，但不宜在戏里头生硬地高谈政治。要把题材的范围扩大到社会的每一个角落里，每一个"家长里短"的故事都有关于国计民生。

关于剧本的形式，当然只求适当地表达戏的内容，不必过于拘泥。但是京剧是歌舞剧性质的，没有锣鼓和丝弦箫管就不行。上下场尤宜注意。本来乱弹戏打破了元曲和昆曲的组织，它本身并还没有建立起一个编制的体系。有些好戏都是演员们的天才创造。如今我们参考话剧的编制方法是很必要的。但是要拿来融会贯通，拿来活用，绝不可以把京剧弄成话剧加摇板。

京剧最重要的还是在演。有些并不出色的剧本，演得好便很生动；有些好剧本，因为排得不好，或是演得不适当，效果可能弄得完全相反。所以编剧的必须顾到舞台，排戏、演戏的便必须顾到剧本的完整。旧戏从来不用导演，排戏也不过是把旧场子随便套用，这是不大好的。我们的改造运动是从内容到形式，导演似乎也是必要的，无论是个人也好，集体协商推一个执行导演也好。

舞台条件对于戏的影响是相当大的。旧戏舞台自从加上了一片幕布，便起了变化。到现在为止幕还没有得到正确的运用，照中国旧戏的分场和表演方式看，布景似宜多用平面（我觉得法国歌舞团的装置大可参考）。到现在为止，还没有谁为旧戏设计出一堂适当的布景，这是要和舞台美术工作者密切合作的。

还有个最大的问题，就是音乐问题。京剧的音乐以二黄、西皮为主，其他是凑合的；乐器以锣鼓、胡琴为主，其他是凑合的。当初用简单通俗战胜昆腔，到如今便又嫌乐曲过于单调不能表情。锣鼓用以表节奏，丝管只用以为伴奏，并不能单独表达情感，更无从用乐曲表达全剧的精神，布置或造成剧的气氛。唱的方面，像七字句"二二三"的唱法和十字句"三三四"的唱法，的确是成了障碍。我们如果要采用新的内容，革新形式，那音乐方面也就应当有适当的改造。我们要创造新的乐曲。重要的是：创造乐曲并不等于编几句新腔，新腔只等于椒盐葱花之类，乐曲是等于整个食单的维他命和热量的。希望进步的音乐家参加这个运动，希望音乐科的同人们，赶快学习新的作曲方法，首先对于写谱认谱的技术求得熟练，这是比什么都必要的。

匆忙得很，粗枝大叶地对各位提出些问题，讲得不够透彻，希望有机会就每一个专门问题更深入地多向各位请教。譬如武戏，是很好的舞蹈，也是构成京剧的重要部分。如何改造运用，使它和戏剧的部分有机地配合？这也是个重要的问题。凡属这些问题，单靠坐着想是解决不了的，必定要使理论和实际结合为一，从实验当中求得结论，所以说，改革戏剧不能离开舞台，也不能离开后台。

我们真很幸运：在政治上、生活上都得到了解放，政府又那样重视我们的事业。我们站起来了，再也不是被人轻视侮辱的人了。我们的艺术是老百姓所喜见乐闻的。只要老百姓支持我们，我们就有自信把我们的艺术发扬光大。只要能够"推陈出新"加以改造，老百姓必然会支持我们。我们要好好地学习毛主席文艺座谈会的讲话。要硬朗地站起来。克服个人主义，紧密地团结自己的同行，组织起来，共同学习，共同求进步，有组织、有计划、有步骤地把我们的戏改造成为能顺应时代、为人民大众所需要的艺术，以教育群众。

时代的号角正吹得响亮，人民在等待我们，努力吧各位！我愿意跟你们学习！

《桃花扇》排演记录[1]

一九五五年十月二十八日

从今天开始,在我们敬爱的老师——普·乌·列斯里——未出院之前,排演由我们的老院长——欧阳予倩——来执行。

老院长说:"专家排得很好,但是我们中国的习惯和礼节他不明白,因此我们——沙副院长、专家和我——商议的结果要我来在这方面将《桃》剧排一排。专家对我们中国的礼仪很感兴趣,但中国的观众不一定如是。结婚那场的舞蹈不十分妥当,阿甲同志(指他扮演的柳敬亭)应更潇洒些,动作应更诗意些。苏昆生(田冲)是一个诗人,但不一定进来就'劝君更尽一杯酒……'地念诗,我以为不是唱而是吹笛子就更好些,我不明白此地为什么要诗。"

"专家要求这里要有节日的气氛。"田冲答。

老院长:"那就不唱,光吟好了。"

老院长叫从结婚场排起来。到柳与苏两人谈论侯与香的婚事时,他作了如下的指示。

老院长:"柳不赞成侯的婚事,但不到生气的地步,他对侯的才华还是很尊重的,他之所以不赞成是怀疑其中有什么花样吗?

"杨文骢此人是个两面派分子,并不是什么人的狗腿子,他一方面勾结阮大铖,另一方面又与侯公子他们那边的人相处甚密,他是个有才能的画家。

"你们大家作揖的方法都不对,应这样:男的是双手拱抱由下至上,再至

---

[1] 【题注】此为中央戏剧学院编《列斯里桃花扇排演记录》(未出版)的部分摘录,因苏联专家列斯里在排演《桃花扇》期间骨折,于是由欧阳予倩主持导演干部训练班的《桃花扇》一剧排练,这就是当时的排练记录。

下,上过双眉,下至膝;女的多是双手相抱放在腰身右处,行礼时稍往后退,如在南方,则蹬得不多,北方就可多蹬一些,小红就可以多蹬些。

"有几处舞台调度应研究一下,如:妥娘不必端酒盘上,帮忙事实上用不着你这样做,叫丫头去干就可以了,你只拿一托盘水果上就行。结婚敬酒太多,要去掉些。香君要把妥娘敬侯公子的那杯酒从侯手中快些拿去,并且当众就喝,不要太严重了。庆祝的舞蹈免了,主要用音乐和大家的欢笑声来烘托,要说话,要笑,不要呆站在那里。

"侯公子揭开香的头盖后要说'呀,她这样美,简直是比平日还美十分……'。当侯在题诗的时候大家都要看,有的人甚至可以念念有词,侯应坐下题诗,没有站着题诗的。等侯题完了诗,所有的人都应表示惊叹。

"香君接过扇子应有一个小停顿,你心里非常感激侯公子,他写得太好了,你几乎是目不转睛地并且是很郑重地看着它,送酒给他时应是非常地爱他的样子。侯公子接过酒之后立即喝完,然后轻轻地把杯子放下。香君再一次地轻轻地打开扇子,很得意地看它笑。"

今天的排演至此结束。

一九五五年十月廿九日下午

因专家病,从今天起由老院长来整理一下《桃花扇》,今天排的是结婚一场。

老院长说:"侯公子说'不是月里嫦娥,就是人间仙子'这两句话时要像念诗一样。

"喝交杯酒时,卞玉京要推侯公子坐下。侯公子不要一面坐下一面还死看着香君。

"喝完交杯酒不要冷场,大家一笑后就赶快围上去敬酒,侯公子紧接着就题诗。

"香君听说侯公子要题诗,要站起来,看看他,将扇交给他。

"侯公子是非常漂亮、非常懂事的人,不要死盯着香君看,眼光要照顾到全台,大家都为着你,你怎么能不顾大家呢?不要搞成侯公子只顾香君,香君只顾侯公子,别人都没事可做就不好了。

"戏一定要接得紧。现在是:一是放不开;二是戏没接上。

"侯公子要题诗,要先看看大家,然后再问香君是否愿意。主要是问香君,附带也应照顾到大家。

"题完诗,大家都要说'好',然后笑。

"题完诗,妥娘要从香君手里将砚台接过来。

"最后一句诗妥娘要和柳敬亭一起念。

"侯公子,香君,你们的每一个动作都要显得你们有才华才行。

"香君代侯公子饮酒不是被迫,而是自愿的,非常高兴的。不要搞成别人在逼你的丈夫,你不得已才代他去喝的。这些人都是熟人,代他喝了也不要太害臊。要勇敢的。

"妥娘敬酒时,侯公子接过杯子,要表示实在喝不下去,但,好吧,勉强再把它喝掉吧!这时香君把杯子接过来,代侯公子喝掉。然后要非常甜蜜、非常聪明、非常漂亮地微微一笑,再用扇子遮脸。一定要自己觉得自己非常漂亮。

"香君上楼前要谢谢苏、柳两位师父。侯公子也要跟着表示谢意。贞丽是最后上楼的,上楼前也要谢谢苏昆生、柳敬亭。

"大家都上楼去了,妥娘下来,进行最后一场戏。

"最后一场妥娘、柳敬亭、苏昆生的话都不是对人说,而是自己对自己说。

"闭幕时是筵席散了,大家疲倦了,人们走了。"

整个连排一遍后,老院长说:"侯公子从香君手上接过扇子要非常爱她,不要像不相干的人。题诗前要谢谢香君为你捧砚。拿起笔,一看香君,灵感就来了。题诗要有感情。题完后交给香君看,意思是问她题得如何。香君要暗暗地点头。

"香君走路要非常漂亮,喝交杯酒时要充满喜悦。现在好像酒是很不好喝的。

"苏昆生给侯公子斟酒,侯公子要对他恭恭敬敬。"

一九五五年十月三十一日

今天老院长首先看了一遍一幕一场（文庙）。然后他提出了他的意见。

老院长说："耿震，你上场还应再早一些。李丁，你不要抱耿震的腿，像个小孩子样地见他一来就去求救。陈定生骂杨是一只狐狸这句话不要，因为他并不知道杨的底细；杨仅只是一个投机分子，谁上台他就捧谁，唐王到了福建，他就去投靠唐王，他把自己打扮成一个文人，跟侯公子他们一样。而你现在所演的完全是阮的党羽就不合适，这样他就不可能在侯他们面前吃得开了。他是代表着知识分子——或谓士大夫阶级，或谓文人——中的投机分子，他所作所为从表面上看来，好像还是在帮侯公子的忙，比如在文庙前劝阻众秀才不要打阮大铖那场戏，他就是把自己装扮得与侯公子他们是一派的，他说：'这里是孔子庙前，倘若打死人，恐怕有些不便……'好像是在为侯公子他们似的。当然，这并不会妨碍阮对杨的认识，他仍然明白杨是在为他解围帮他的忙。试设想，一个坏蛋引起众人的公愤了，你还去明目张胆地帮助他抱住他，那岂不太傻气了？所以我认为你来是为了拉关系。'君子不为已甚'，这是我们的处世哲学。

"秀才们，你们打了人出完气之后也就应平定下去了，你们并不是像我们现代的群众似的那么有组织。耿震，你不要说'流寇'了，就改为'李自成'吧。刘玲，你（指陈定生）不可能有那么高的觉悟，你生活在六七百年前的明朝，你不可能去反对杨文骢把李自成称为'流寇'，因此你不能说'怎么，你把李自成的起义叫作流寇？！'这样的话，是反历史的！你即使对杨不满也不会与他正面冲突起来的，不能这么露骨地反击。

"耿震，你在说'像诸位这样的崇尚正义……'这段话时，你要使大家都相信你并不是在那儿撒谎，你要非常有诚意地，叫大家明白你也是'疾恶如仇'的。为了表示你对大家的敬佩，你不妨拱手敬个礼。总之，你要设法说服众人。阮下去后，你说'一失足成千古恨……'这段词的时候，应是非常愤慨的，好像在说'唉，这样的读书人怎么可以这样无耻呢？园海这人真是太不好了……'。

"刘玲，次尾说'便宜了他这个奴才'这句话时，你不要用手去阻挡他的说话。另外，在批驳杨文骢的话时，不要太公开露骨了。

"耿震，说'适才看见官报……'这句话时，不要四处察看。当刘玲说话的时候，你如果能表示赞同就好了。

"阿甲，你可以更幽默些，这几个秀才都很尊敬你，因为你能主持正义，当然这些人的身份都比你高，但是你明白，在年岁方面他们全是些少年书生，所以你对他们十分亲切。像有些老头子那样的，要使青年人感到和你接近是一种愉快。所以你的表情要变化多些。一句话，你们应像一家人样地和谐。

"熊秉勋，对阿甲要热情些，他虽是老头子，但你还是很喜爱他的。"

下边排到杨文骢与阮大铖定计的那场，老院长特别强调地对演员说："杨文骢与阮大铖之间的关系不是上下级之间的那种关系，所以你们应保持一定的礼貌。当然，杨是站在阮这边的，但是他又绝不会承认他是阮这边的党羽。他是为了要耍两面派的手腕，他可以以一种帮帮忙的态度去帮阮办事，但他又竭力避免将自己与阮搅在一起，这就是旧式文人的一般特性。所以在这场，他不能主动地生硬地去说如何如何收买侯公子，他希望出了主意而又不留丝毫痕迹，所以，你现在是在那里暗示阮胡子他应如何去干。

"耿震，你扯揭帖时不要那么咬牙切齿的过分认真，而是认为那些人这样干太幼稚可笑，就会闯祸，你认为到官家去做做官有什么可指摘的呢？所以你扯揭帖时的内心独白是：唉，这又何必呢？

"阮胡子对刚才挨打的事当然十分认真，因为你是当事人，所以你是很积极地恳求杨为你办事，当杨答应你的请求时，你甚至可以跪下叩头致谢。你这个人对上谄媚对下骄横，他既会咬文嚼字又会开黑名单陷害忠良。你此时绝不是傲慢的人。刚才杨为你解了围，现在他又要帮你除害，更重要的是他的舅父马士英是当朝大官，所以你要好好地利用杨，拉拢他。"

一九五五年十一月一日

专家因病请假，由欧阳予倩院长排。今天排第二场，即侯公子第一次和香君见面的一场戏。

老院长说:"苏昆生不像吹笛子的。只要吹一两声就行了。笛子应有套。要吹之前先要将遮笛末的蛇皮拿掉,用唾沫弄笛末,然后吹一句就够了。

"苏昆生一吹笛子丫头就上。丫头很好,分寸很合适。

"贞丽上,对苏昆生点点头就行了,不用行礼。常来常往的,太熟了,就像家里人一样。贞丽上场时应找一点小动作:或一面穿衣一面上,或一面戴花一面上。

"丫头说'姐姐在楼上哭呢',不用着急,像平常说话就行。

"妥娘等上应接得紧些,因和贞丽太熟了。

"贞丽、妥娘、白门、玉京等四人叽叽喳喳,忽然就没有声了,断了,不好。底下的话应紧接叽叽喳喳。

"妥娘要非常活泼,坐不稳站不安的。

"现在是香君一上空气就完全变了,变成了悲剧气氛。为什么要如此,我不懂。香君还是年轻的姑娘,天真、纯朴。虽然看岳传流泪,也像我们看戏流泪一样,是淡淡的哀愁。还有香君看见杨文骢上是否要躲开也值得研究,因为杨文骢也是常来的。后来侯公子上,香君又突然跳出,两人逐渐靠近。这方法虽然可以,但似乎过分了一点。

"后来妥娘等下,贞丽也不必行礼。和杨文骢行礼也不必蹲,拱拱手就行了。

"妥娘说秦桧这一段话时,不必把苏昆生逼至台角。

"香君上时招呼每一个人,大家也要招呼她,和她说话,如:'香君不哭了吧?''小妹妹别傻了',等等。总之要搞得热闹些。香君下来时要一步不停,一直走下来。

"妥娘说话不要拖,要快、利落。

"香君不要愁苦地下楼,大家问不哭了吧,要低头笑,可玩弄手中之扇。但也别老低头,听到说'小妹妹别傻了',要洒脱地抬抬头。底下的话要接紧,马上就唱曲子。

"苏昆生,'良辰美景奈何天,赏事乐事谁家院'这两句话不要对香君讲,这是你心中的感慨。

"香君看见杨文骢不要像看见老虎。你是很潇洒的。

"大家一回头，侯公子就出场。

"香君下要翩若惊鸿。

"杨文骢介绍妥娘等时，妥娘要先推下玉京、寇白门等出来。以前的处理是杨文骢逗妥娘，现在是妥娘逗杨文骢。

"在妥娘和侯公子说话时，杨文骢要告诉贞丽去叫香君出来。

"香君要出来之前杨文骢要先看侯公子一眼，表示香君就要出来了。然后侯公子迎上。

"杨文骢让侯公子上楼，侯公子也要让一下杨文骢。杨文骢不去，正合侯公子心意。

"侯公子上楼前要看看香君，好像问香君妆楼在哪儿。

"杨文骢不要太严肃，对这些女人你是可以松弛些的。"

一九五五年十一月三日

专家因病请假，由欧阳予倩院长排。今日排第二场，即香君和侯公子见面的一场。

老院长说："杨文骢上不要先着急追香君，先要在门口叫好，大家回头给你请安，你再慢慢朝香君下去的门走去。因为杨文骢是常来的，大家不必太注意他，应该都注意侯公子。等杨文骢介绍完了再向侯公子行礼。

"杨文骢不必等大家向你行完礼再说话，紧接着说'唱得好'就说话。

"侯公子要潇洒、飘逸，笑着，很高兴的；不要太严肃，好像心事重重，检阅军队似的。

"侯公子不要紧跟着杨文骢上，要隔远一点，听到杨文骢说'有名的公子'时再上。

"香君看见杨文骢下不要好像是看见了坏人，因为你并不知道杨文骢是坏人。还是应该笑着下，有些女孩子是可能吊嗓子时不愿意让外人听的。

"大家可以不等杨文骢介绍完，见侯公子就说'公子万福'。

"侯公子上，妥娘走过去时要斜走，可以先看白门、玉京一眼，好像说：

'瞧这公子挺漂亮啊！'

"香君唱曲子时应有身段。

"苏昆生说'多少有点那个'，不要过分强调'那个'两个字。

"侯公子在被介绍与妥娘等见面时，要每介绍一人，说一句话，都动一动，就不僵了。

"侯公子说'妥娘辞令妙极'之前要笑。

"侯公子和香君见面不要一直目不转睛，眼睛非常用力。眼睛要放松些，要灵活些。走得要快些，不要太慢，太慢就像是定做的了。

"侯公子说'果然十分妥当'之前要有一个小停顿，打量她，然后再说，这是句玩笑话。

"杨文骢说'你把名士骂苦了'之前，要风流潇洒地一笑，表示名士不是卖身投靠的。

"丫头上来说侯公子请杨文骢上楼，杨文骢不必走过去跟她说话，回过头跟她说就行了。

"杨文骢给苏昆生银子要给银票，明朝已经有了银票。那时距今三百一十年左右。

"贞丽最后喝水不要喝那么多。"

将这一场整个连排一遍后，老院长说："戏很好，很顺，每个角色都有进步。贞丽、妥娘等吃瓜子不要抢，好像大家都太馋了。杨文骢请侯公子上楼还应温存些、甜蜜些。现在太严重了，好像心中有鬼。"

一九五五年十一月四日

今天的排演是从新婚场开始的。检查了一遍排演之后，老院长说："侯公子与香君你们二人之间没有新婚后的甜蜜，你们年岁都相差不远，又是情投意合郎才女貌的，怎么会如此冷淡呢？另外两点请注意：第一，谈到衣服问题，开始不应十分严重，不然后边就无法做戏了；第二，当杨文骢来了，你们不要像如临大敌似的。

"香君,你之所以痛恨魏忠贤并不是由于你有什么了不起的政治觉悟,而是当时普天下正直的男女的共同感情,这种正义感正如我们抗日战争时期,每个普通的中国人都痛恨汪精卫卖国贼和汉奸一样的。另外,你在开侯公子的玩笑说'那可说不定……'这句话的时候,有这么几层意思,一我知道你现在是爱我的,但你们男人是很容易变心的;二逗逗他,希望他说一些爱情的话。

"杨文骢,你的到来不要过分严重,你现在并不要威胁或者逼侯公子马上为你们工作,所以你完全是用安慰他的口吻对侯说话的。

"我认为把香君演成老是那么羞答答的、斯文尔雅的、动作不苟的,而到了发起脾气来的时候就完全成了另一个人这种理解是不对的。整个戏大体还可以,只是有些地方的分寸感还要仔细酌量一下——如对香君的理解。"

十一月五日记录

专家因病请假,由老院长来排。今天是排第四场,即结婚的一场。

老院长说:"开幕,香君梳妆完毕,侯公子站在香君身后,香君在挑花,侯公子代她挑,意思问她:'好吗?''好。''戴在哪边好呢?''这边好。'……这些话不是用嘴说,而是感情。两人在镜中看后,对看,笑一笑,再走过来整衣,侯公子轻轻地向香君说一句话,香君轻轻地一推,侯公子懒懒地坐下。香君也走过去,坐在侯公子的前面问:'冷不冷?''不冷。'丫头上。不要为动作而动作,没感情,没内容。

"侯公子听说要几千两银子,'啊?这么多!',掉过头来,走两步,想。这样地位就调开了。'那怎么行'是自言自语,你为难了。

"杨文骢说:'就是那阮园海!'这一句不要加重,只是轻描淡写地一带,而对侯公子却十分严重。

"杨文骢上,弹两下琵琶是悠闲的,道喜也不要着急,要潇洒一些。

"杨文骢和侯公子要走近作揖,这是中国人的习惯。

"现在杨文骢和贞丽上场太僵了。贞丽一定要忙起来:莲子汤由你收,交丫头端下,杨文骢去弹琵琶,就不僵了。贞丽还可以去整理香君的梳妆台……这样的生活细节并不妨碍戏的进行，反而帮助戏。不是为生活细节而生活细节。

"杨文骢是来借贺喜看看情形的。如果侯公子不问则算了，既问告诉他也无妨。杨文骢是个投机分子，因为皇帝喜怒无常，魏忠贤当权时，一切都听魏忠贤。忽然皇帝又不喜欢魏忠贤了，又把他一下打了下去。后来弘光皇帝上台，魏忠贤的党羽又上台了。杨文骢就在其中投机，两不得罪，后来他很有钱，还在南京造了房子，后来又被人烧了，当时只烧了三家的房子：马士英家、阮大铖家和杨文骢家。说明杨文骢是坏人无疑。但他是以文人姿态出现的。现在对他的看法还并不统一。因为他是后来跟皇帝逃难到福建被清兵杀死的，所以有人还以为他贞洁。其实阮大铖是被清兵押住、投降、受辱，碰石头而死，杨文骢一看，连投降都不敢了。他是带着全部家产和姨太太一起逃难的，后来一起被清兵杀死。……他让侯公子上了当还要觉得是帮了侯公子的忙。

"杨文骢说'恭喜恭喜'要热烈，不要好像不得已才说。

"香君不要一看见杨文骢就好像仇人见面。这就不可爱了。一上来就绷着脸是不好的。有事回头再谈，杨文骢给你行礼，你还是要答礼的。

"香君说：'侯公子，你错了！'要有力，而不要那样激动。

"杨文骢，香君提起这件事，你只是笑笑，因为一个歌女提出的事你并不重视。要是侯公子不问，你就不说了，因为你并不是打算今天告诉侯公子的。故你不要说：'朝宗兄，请过来。'还是侯公子去问你更好些。

"香君叫了杨老爷后可有一个小停顿，想想话该如何说。

"侯公子说：'我怎么用了阮大胡子的钱……'这一段话都是自言自语。不要问杨文骢、对杨文骢说。

"侯公子，发现了匿名揭帖，这是了不起的事。看揭帖时甚至手都可以发抖，心情是沉重的。"

一九五五年十一月七日

（排练）"告别"场。

"这场戏很好，无须更动，"老院长看了一遍后首先这样说，"几个个别地方谈谈。侯公子上不要马上就说话，要有一个镇定过程，陈定生与吴次尾上场后，香君端茶出来应稍晚一点，现在是他们一坐下茶就端上来了，有板有眼的似乎太假了。人声效果无须那么多人声，要在远处有号声嘟嘟嘟就行，人声必须极轻微。第一次的人声（指侯公子上场前）与侯公子告别欲走时的人声效果要区分开来。贞丽，侯与香哭别时，你应有你对他们的体贴与关怀，不要不尽人情地说'好了，好了……'。"

休息后院长看了一遍"自杀"场。

关于这场他指出："香君念诗应有韵调。香君，你在妥娘她们出场之前上楼去不应使观众误解为你是躲开她们，无论是妥娘和玉京，或是白门她们全都很爱护你，她们和你一起逃难，甚至你死她们也跟你在一起，可见你并不是个孤独的人。本来，我们——李副院长和沙副院长——就感觉到你和周围的人关系不密切，如果这样就有损香君的英雄形象了。所以，你应是由于思念侯公子而闷闷不乐而上楼去的。

"妥娘你们上场时，外边时局虽很紧张，但还不是火烧眉毛不可终日，所以不要过分，所以你们现在是来想办法如何应付这个局面。妥娘听说杨文骢来了不要拍桌子表示憎恶。杨文骢来是为了讨好田仰的，他是为了帮忙——对田对香都是如此，他要两面讨好互不得罪地把事办好，所以你（杨文骢）是轻描淡写地告诉她们田仰娶香君的事，好像你并不赞成田仰的主意只是报告她们一个信儿并且是站在她们一边似的，当然观众可以体会到你是在帮田办事情。你不能斥责众家丁，田他们并不是你的家丁，你派头可以很大，但要有分寸。同样地劝香君和贞丽嫁人也不可厉害。你是怎么想的呢？你认为天下不可一日无君，有皇帝比没有好，你的官做到兵部尚书了，你始终是个文士，你想，我尽管做官和马士英他们在一起，但我并不贪富贵，我是为天下长春。在你看来，歌女送人这是不足道的小事情，歌女哪能放在大文士的眼中呢？所以你不能像现在所做的这样，将红衣服拿在手上藏来藏去的。香君自刎不合理，应这样，当她持剪刀自刎时，众人抢走了剪刀，然后她就碰头自杀。

"贞丽临走照镜子非常好看，因为她此去凶吉不可卜，这是牺牲自己去。因此杨文骢不能逼得太凶，当贞丽决定要牺牲她自己救香君时，杨就颇有感慨地想,唉,虽是歌女,倒颇有义气,不平凡……

"香君前后的念诗不一定要,因为念不好也不一定能听懂,所以用音乐结束。

"杨文骢,你对什么都有些不在乎的人,是同流之士,你自己干了坏事,还以为是帮助了人家,你处处心安理得。

"妥娘在揭露杨文骢用别人的血画扇子时不要正面交锋,而应是点破他的。要有分寸感。"

一九五五年十一月八日记录

专家因病请假由欧阳予倩院长排。今天排第六场,即香君自杀的一场。

老院长说:"开幕时,香君打开扇子读诗,这诗你已经熟得不得了了,不必像念诗一样,随便地读好了,不一定要读完。你嘴里读的是诗,心里想的却是另外的事,另有一个境界:过去、现在、侯公子、亲爱的人……如果为读诗而读诗则错了。

"妥娘和卞玉京不要慌慌忙忙地上。要随便些。因为你们并没有急事,而是串门子,告诉消息。叫'贞姐'时语调要自然,不要故意拖长。

"贞丽说香君病了时是有埋怨的意思的。

"丫头报告杨老爷来了不要像仇人来了一样,随便一说就行。因为杨文骢坏,丫头并不一定感到。而且她们那儿客人是来得很多的。

"妥娘说:'这位老爷来了,不知又有什么事?'这句话不要特别加重,轻描淡写地带过就行。否则好像预示严重的事又来了,这不好。

"贞丽去接杨文骢应让杨文骢先进门。

"杨文骢虽然希望香君嫁田仰的事成功,但不必一开始就把事情弄得很严重。就像由小风逐渐越刮越大,而不是一开始就打起雷来。应该由闲谈开始,这也是中国人的习惯。

"贞丽一听见杨文骢说有消息,还以为是有关侯公子的消息,赶快凑上去听。

"凡是夸一个人，一定不是凑上去，而是随便说。故杨文骢夸田仰时不必凑近贞丽。等到说现在你想如何如何时再凑近贞丽。

"杨文骢说：'刚才你不是说可以为香君做主吗？'这句话不要严重，笑着说，别站起来，甚至说这话时手还可以在桌上划划。

"杨文骢说：'这帮新贵人是不好惹的。'是自言自语地讲，实际是给贞丽听。说这句话时可以站起来，表示替贞丽着急。

"杨文骢和贞丽两人都是老油子了，表面上都不动声色，而内心中却在互斗心机，谁退一步另一人就赶快进一点。

"杨文骢要一直表示代贞丽着急，为香君着想。

"妥娘等下楼来问什么事，不要着急、慌忙，因为你们还不知道是什么事呢！

"杨文骢在要贞丽去代香君之前要先想一想，然后慢慢说出这个想法。

"贞丽说'天哪，我怎么办？'，不要问妥娘，是问自己，这是你自己的事，要自己着急。

"贞丽决定代香君去时，嘴在颤抖，眼神集中，你在做一个多么大的决定啊！这句话要说得重，重得很。

"贞丽接过衣服根本不看，慢慢地抖开，披上，因为你还在矛盾，将来怎么办？前途怎么办？

"贞丽没有眼泪，而妥娘却流泪了。贞丽披上衣服就不动了，由妥娘帮她穿好。

"贞丽和香君拥抱，大家都低下头来。

"杨文骢画扇子要坐着画。

"杨下场前要冷笑一声：'哼，好吧！'

"妥娘说：'香君，你可别糊涂。'要重说，意思是别自杀。"

全场连排一遍后，老院长说："杨文骢威胁贞丽还要明确些，但非常有礼貌。

"香君自杀，将头碰在墙上好了，还要明确些。不是恰巧碰上去，而是有意识地碰上去。因此应有准备过程。

"最后香君不要念诗，因为不是回忆。现在是：一爱人不知何处去，不知吉凶。二妈妈前途如何？不知吉凶。三自己前途如何？如何办？……千头万绪，非常复杂痛苦，非常痛苦。但流不下泪来，因哭已不能解决问题。在这种情况下你无言，幕闭。

"闭幕时后台更声要远，轻，锣只响一声。"

一九五五年十一月九日

今天排"赏心亭"。

"几乎没有什么意见了，"院长看了一遍后说，"马士英上台阶太轻巧了，这不真实，要知道不管怎么他毕竟是年龄很大了。

"中军对相爷说'没有轿子靠两条腿走吧'，这太不合理了，他是相爷的仆人，而且还是忠实的仆人，怎么可以像我们的人一样地对相爷说嘲讽话呢？应删去这句话。另外，中军跑上仍应规规矩矩地跪下报告，不要太慌张，话要说明白。

"香君被缚后，她被剥脱的衣服应由她的女友们再给她披上去。香君最后呼叫'来吧！'，声音是沉重而疲弱的，说完就倒在她们（白门、玉京和妥娘等人）身上，'走吧！'就无须再说了。"

一九五五年十一月十日

专家因病请假，由欧阳予倩院长排。今天排第八场，即由明朝变为清朝，在荒野苏昆生、柳敬亭等见面的一场。

老院长说："剃头匠讲辫子的好处这一场戏删去。

"柳敬亭唱歌不一定对民甲、民乙唱，但民甲民乙要听得入神。

"苏昆生一定要表现出是掩护柳敬亭去躲起来。

"柳敬亭，'每一朝亡，总有一些人老是想总有一天……'，还是有幻想的。你这段话分量不够。是感慨，是悲愤。话、歌是讲、唱给民甲、民乙听，但不一定对着他们讲、唱。

"布景改了，不是井，是土地庙，故柳敬亭的看井不要了。

"柳敬亭作揖可用一只手，口说'稽首'。

"苏昆生，刀刺脚刺得很痛，要弯下腰摸脚，等兵们走远了，骂一声就走。过程是：刺、痛、坐下、摸、恨，兵们走，扶棍站起，捡起帽子、戴帽、骂、走、远。

"苏昆生、柳敬亭最后都从台右后部下，幕闭时应看见苏昆生的背影——一个和尚越走越远。"

排完第八场后，接着排第九场，最后一场。

老院长说："香君说话要清楚，一定要让观众听见。虽然病了，声音也不应该小啊！即使演快咽气的人，声音也应让观众听见。

"妥娘不要捧着花盆作揖，花盆很重啊！

"香君说'做出一番事业……'之后不要咳嗽，看着前面，抱着希望就对了。

"侯公子是无可奈何地走，先看看大家，大家不理，唉，没办法，走吧。"

一九五五年十一月十八日

再排"新婚"场。

"这场戏我想这样子开始排，"老院长在侯公子与香君拜完天地——在后台的那段生活——出场后，叫大家停下来，他说，"取消了以前的舞蹈做什么呢？我想当妥娘给侯敬酒贞丽出面劝阻时，妥娘说'哟，丈母娘来保驾来了，来，不喝不依，来（对众姐妹们），我们来八仙敬酒吧'，于是众姐妹就捧酒相敬，就在每个人敬酒时简单地舞蹈几下，比如：我是兰采和[1]，喜酒千盅不为多；我是张果老，敬酒一大勺；我是何仙姑，敬酒一大壶；我是铁拐李，敬酒我不依——每一敬酒的人都根据自己装扮的人物形象带说带舞，每个人走到侯公子跟前就用一个优美的舞蹈动作将酒呈上，所有敬酒的器皿我要求开始不

---

[1] 现多用"蓝采和"。——编者注

叫观众看见，而是忽然地出现了各式各样的器皿，有葫芦，有勺，有盅，有碗……这样就有意思了。所有这些都是在音乐中进行，而当妥娘敬完后，新人就上楼，妥娘然后佯作将脚崴了一下，'哎哟'一声就坐在凳子上，而后开始下一场戏。"

按照老院长的指示，"新婚"场排练了一遍之后，接着就排"洞房"——新婚的早晨——那一场。

"香君，"院长在看了左小林开始的那段戏之后打断她的表演说，"请你注意，'真想不到你怎么会来的……'这段话，你非常地爱侯公子，你简直不敢相信他现居然已经与你生活在一起了，这种幸福是巨大的，所以我想你在说这段话时不要看侯公子，而是看着台口外。

"侯公子，'很甜……'这句话是双关语，要说得能叫香君明白，最好能叫她会意地含羞带笑离开你一点。

"香君，'你说的分明是衣服……'这句话你说时不要躲开侯，而是要积极地去挑逗他。

"杨文骢与贞丽上场时不要有空白，要说话。杨你对这地方十分熟悉常来常往，用不着那么客气和谦让，可以大摇大摆地进来。当香君问到你从哪儿弄来这批婚礼费用时，你要设法将这问题支吾开，你可以看看墙上的字画之类的东西，侯公子则很奇怪地跟在你后边，他想弄明白为什么你出这许多钱及钱的来处。

"贞丽，你不是在那儿生气，也不是在责骂香君，而是有些俏皮地说：'……你这样听他的话，叫做妈的还说什么呢？……'当杨文骢说明了钱是阮胡子的时候，你就惶然起来了，你在想，这是从何说起，怎么会有这种事呢？你很烦闷地在那儿低头搓手。"

一九五五年十一月二十四日下午

专家未来，由欧阳予倩院长提看了连排之后的意见。

"第一场：侯公子说：'心绪不宁，哪里也不想去。'这句话是真的。不要假笑一声，这就好像这句话是假的了。这时心情是复杂的。说到这句之前可有个过程，表现出知识分子的软弱。

"杨文骢说'一失足成千古恨'，是自己的感慨，也是说给陈定生等听的。

"侯公子的独白极为别扭，不调和。

"柳敬亭不够幽默。出场分量不够。讲话的语气要极轻松。

"侯公子可以不亲手打阮大铖，但一定要主张打，不能像现在这样害怕，躲在一边。阮大铖和侯公子的父亲是朋友，应该称呼阮大铖老伯，叫他阮大铖已很不敬，当然不会亲手打他。

"杨文骢撕揭帖，不要恨，而是觉得这东西无聊，不值一看。

"阮大铖出来，杨文骢是安慰他，而不是急忙地出诡计。要把一切都看得很淡然。

"第二场，即侯公子和香君会见的那场戏。不要冷场、停顿，每场戏都要接得紧，现在冷场太多，就僵了。千万别拖。

"香君和侯公子会见好多了，曹禺、李伯钊、孙维世等同志都同意现在的调度。两人行礼还要快些。侯公子听见过香君的声音，看见过香君的影子，就是没见过面，今日一见，如此之美，完全被吸住了。

"香君说'杨老爷万福'也要接得紧，别拖。

"第三场，即结婚场。如不跳舞，妥娘上楼去就下不来了，那就由柳敬亭和苏昆生对话就闭幕好了。闭幕时两人感叹，楼上还有轻微的笑声，这样就更好了。

"第四场，即结婚的次晨那一场。杨文骢来，侯公子、香君不要急急忙忙躲起来，慢慢地下去就行，不是怕杨文骢，而是不知从何说起好，下去是为了争取点时间来缓冲。

"杨文骢说'就是他'和'我说的就是你'这两句话时不要特别加重，轻描淡写就行。但对侯公子和香君却是一个晴天霹雳。

"香君骂杨文骢要理直气壮，仗义执言。

"贞丽责备香君时，手里不停地拣花，就不僵了。

"第五场，即香君和侯公子离别的那一场。香君三次站在窗前，不好，每次的姿势应有所不同。

"最后一场香君昏倒了三次,太多了。

"侯公子抱起香君太洋化了。只要拥抱,不必抱起,扶她坐下就行了。

"香君指门要侯公子走,太洋化了,不合乎中国人的习惯,不要指。"

欧阳予倩与西川鲤三郎的对谈[1]

来到名古屋的中国京剧团一行，在其住宿的丸荣宾馆大厅，观赏了西川流宗师西川鲤三郎表演的舞蹈《菖蒲》，随后剧团副团长欧阳予倩与西川鲤三郎先生分别以导演、舞蹈家的身份，进行了充分的交流，以下为谈话概要（略去敬称）。

鲤三郎　三十年前，我在东京帝国剧场曾经观看了来日的梅兰芳先生的京剧演出，从此之后，对那种美始终神往不绝。此番再度来日，又能再次观看京剧，十分欢喜。不巧剧团在名古屋演出时我不在，我是在东京观看的。

欧阳　非常感谢。今日和团员得以一起观赏西川先生精妙的舞蹈表演，倍感荣幸和难得。我本人对舞蹈没有专门的研究，什么也谈不出来，不过您舞蹈中的那种美，我是能深深领会到的。

鲤三郎　这次京剧来日本演出，我想对日本的艺术家而言，也是努力学习、了解中国艺术的大好机会。

欧阳　我也认为双方的互相学习是非常必要的。我了解到日本的舞蹈有诸多流派，还想向您请教，西川流具体是怎样的？

鲤三郎　因为我师从已故的尾上菊五郎门下，因此主要学习的是同为古典艺术的西川流，不过如今也在不断从现代艺术中吸取营养。我看到京剧中也添加了大量现代成分，两者的情形是差不多的吧。

欧阳　女形（男旦）是日本舞台艺术和中国京剧中仅有的表现方法，可以想

[1]【题注】载于1956年6月23日《朝日新闻》夕刊（晚报）。

见其训练是非常不容易的，不知大家平时都是怎样训练的呢？

鲤三郎　很遗憾，要是时间充足的话，应当请大家去到排练场看看的。从七十来岁的老者到很小的孩子，大家都在一起练功，学习都非常努力刻苦。

欧阳　是这样啊，虽然很辛苦，但确是一幅令人欣慰的景象。在京剧界大家也都非常刻苦用功。

鲤三郎　您说的这些，我在看了更富现代性的京剧之后很有同感。看到京剧的舞台，我感到两国艺术的相通性，也可以说是相通的东方血脉吧。和美国、法国的那些艺术，完全不同。

欧阳　我观看了日本舞蹈之后也有同感。就连"舞踊"这个日语词，不管是语源上，还是意义上，都与中国相通，从中人们可以很好地理解它是通过手和身体的动作方式来表现情感的。此外，我觉得日本舞蹈中扇子的使用法、持扇法，也与中国相通，女性的身姿则全然是中国宋代的美人图，令我感到非常亲切。

鲤三郎　我之前担心，在中国，人们能够真的理解日本舞吗？这次看了公演，我也有自信被理解了。之前剧作家木下顺二先生曾邀请我去中国，未能成行，如今我更坚定了一定要到中国访问的心愿。

欧阳　请您一定要来。这次在日本期间我还想与您再见面，我们接下来要去京都，我想那时可以在后台见面，再次聆听您观看京剧之后的批评高见。今日幸会，非常感激！祝您健康！

鲤三郎　祝您在日本公演旅行愉快！

三十年后的再会[1]

对谈：谷崎润一郎、欧阳予倩（中国访日京剧团第一副团长、中央戏剧学院院长）

主持：冈崎俊夫（朝日新闻社外报部员）

中国的畅销书作家如何消费

冈崎　欧阳先生，您和谷崎先生聊起在上海的往事时好像很侃侃而谈呢（笑声）。

欧阳　那时候的谷崎先生很能喝酒啊。

谷崎　是啊，那个时候确实能喝。

欧阳　田汉也经常喝呢，我也少喝了一点，郭先生的酒量很大。

谷崎　是啊，郭先生也很厉害。

冈崎　您还记得消寒会的事吗？

欧阳　虽然记不太清了，但那时候拍的照片现在还留着。那时照相的时候有十一个人，现在还在世的就只剩五个人了。

谷崎　那时候你还舞剑呢吧？

欧阳　嗯，因为那时候还在演戏呢。但商业剧场不让我演新剧，所以我也去演过电影。

1　【题注】载于1956年9月号《中央公论》。

谷崎　田汉先生当时也抱怨过作家的稿费很便宜。
欧阳　当时出版社也很狡猾，没有按要求支付稿费。
谷崎　日本刚开始的时候也是这样。
欧阳　鲁迅先生等人也没能得到版税。对此鲁迅先生也很生气，但却无能为力。当时也有出盗版的情况。但是现在完全不同了，现在在签约的时候就给了版税。版税从第六版开始会减少。
谷崎　还会减少吗？
欧阳　因为那时版税就会积累得太多了。
谷崎　那这和日本完全相反呢（笑声）。
欧阳　如今的书也广受好评，尤其小说最畅销。杜鹏程的《保卫延安》是现在的畅销书。他一年就挣了九万元（一元人民币为一百五十日元）。
谷崎　挣了那么多钱他怎么花呢？
欧阳　要么旅游，要么喝酒。（笑声）太有钱也是没办法。
谷崎　现在在中国写什么样的作品都可以吗？
欧阳　可以说是百花齐放。但是，我们的方针是既有创作的自由，也有批判的自由。当然，什么书都可以出版，但是可能不畅销。比如说我们反对宣传战争的作品。另外，色情、恐怖的作品不行，类似侮辱劳动人民一类的作品也是不可以的。大家也不接受在工厂里演什么色情、恐怖的戏。而且农民们多少有些保守，所以他们不喜欢芭蕾那样的，而喜欢传统的戏剧。绘画作品也是如此，他们不喜欢油画而是喜欢中国的国画。

战争中的状况

谷崎　田汉先生曾说过想要逃到日本来。
欧阳　田汉后来也被捕了。在监狱里待了两年左右。出来后就一直在南京。战争开始的时候又回到了上海。
谷崎　你自那之后就一直在上海吗？

欧阳　大部分时间在上海，我还去过广东。

谷崎　是啊，我还收到过来自广东的信件。

欧阳　之后我又回了上海。一九三二年战争爆发时在虹口，我的家被烧毁了。后来又去了欧洲，回来后在福建省。当时有福建省人民政府，是一个反蒋介石的组织。结果这个组织失败了，我一九三四年夏天逃到了日本，躲了大概半年的时间，一九三五年我回到了上海。之后又爆发了第二次战争，房子又被烧了，然后我就去了广西桂林。战争结束后回到上海，但又待不下去就去了香港，一直等到解放。

谷崎　战争中我很清楚郭先生的状况，也多少了解些田汉先生的，却完全不清楚你的动向。

烟草店也要卖生啤

欧阳　上海变化很大，已经没有艺伎和地痞流氓了。我之前在的时候还有很多，现在也没有赌博了。

谷崎　当时晚上一个人的话很可怕吧？你家在哪里来着？

欧阳　当时在法租界。

谷崎　我记得除夕去过你家。

欧阳　当时喝了很多酒，大家都醉了。

谷崎　消寒会的时候喝得更多，给郭先生添了不少麻烦。

冈崎　田汉先生也肯定和大家一块儿醉了吧？

欧阳　但也比谷崎先生强一些。

谷崎　因为当时都是中国人，就我一个日本人，大家一直向我敬酒我也不得不喝，很苦恼，当时郭先生还给我敷了冷毛巾。现在的上海还时常有醉酒的人吗？

欧阳　哎呀，喜欢喝酒的人可还经常喝，特别是文人经常喝酒。一九五一年中国的一些小说家去了南非共和国，我们去的时候因为有很多老人，所以没怎么喝酒。但那次是曹禺、赵树理还有另一个爱喝酒的人一起去的。当地人说中国人不怎么喝酒，所以只给供应啤酒，结果没想到当地人酒量却很差。后来他们小声询问有没有伏特加，结果对方拿来伏特加后这三个人喝了三瓶，把对方都惊呆了。

谷崎　那些家伙也太过分了。

欧阳　但不管怎么说爱喝酒的主要是作家和诗人。现在北京最流行啤酒，生啤到处都是，即使再小的店也有，甚至烟草店和荞麦面铺都有。

谷崎　我去的时候没怎么喝啤酒，那酒不怎么好喝。

欧阳　现在多少好些了。

冈崎　谷崎先生好像很欣赏田汉先生，在《上海郊游记》中还写道田汉先生是一位认真踏实的青年。

欧阳　田汉本来就是风流才子，他被欣赏也很正常（笑声）。

京剧的趣味

冈崎　谷崎先生，您看了京剧后的感想如何？

谷崎　《秋江》这部戏嘛，我去得稍微晚了一点没能听到解说，去的时候就开始了，虽然刚开始看，但后来就明白了。我感觉很有野趣，和日本的狂言有很多相似之处。那位船夫也演得栩栩如生，好像真的在坐船一样，太厉害了。

欧阳　那部戏本不是京剧，而是昆曲的戏，是从川剧或昆曲中学来的。京剧是学川剧，然后做了一些改良而来的。

谷崎　这部戏中所渡的河有多长？是一条大河还是小河呢？

欧阳　是浙江省的钱塘江。

谷崎　啊，原来是钱塘江。

冈崎　是在临安也就是如今杭州的南部。

欧阳　钱塘江也时而有浪时而无，而且有宽有窄。

谷崎　昨天冈崎先生在我旁边，我们研究了《水浒传》中的"李逵"。他边给我看剧本边逐一为我说明，我感觉很通俗易懂且十分有趣，如果不这样做我是很难明白的。《水浒传》里的和那个戏的故事一样吗？我原来读过但是忘记了，所以没有印象。

欧阳　基本上相同。

谷崎　《断桥》这部戏要是只像那样看的话很晦涩难懂。

欧阳　因为细节太多了吧。

谷崎　啊，我想着要是能再解说详细一点就好了，感觉有些粗枝大叶的。

优秀的年轻演员

冈崎　我想如果能把欧阳先生创作的《人面桃花》给谷崎先生您看一下就好了，真是太遗憾了。您认为《奇双会》这部戏怎么样呢？

谷崎　我能看懂《奇双会》，但昨晚的《断桥》完全不懂。然后，像《小牧牛》那样时间较短的作品有很多吗？

欧阳　嗯，确实有不少。

谷崎　不过比起那些，我觉得《秋江》更有趣。船夫颇有幸田露伴的风貌，让人忍俊不禁。他演得太好了，明明是年轻人，却能演出老年人的感觉。

欧阳　不是老年人，应该是三十多岁的船夫。

冈崎　真的很厉害，孙盛武是演《贵妃醉酒》的高力士还有《拾玉镯》中邻居家的阿姨这样的角色吧？

谷崎　演悟空的演员是不是还很年轻？我看他的照片感觉他还很年轻。

欧阳　三十四五岁吧。

谷崎　那还正当壮龄呢。

以前的名演员

谷崎　我第一次世界大战的时候在北京，和梅兰芳先生一起的还有一位名为王凤卿的先生，他现在还活着吗？

欧阳　还活着。

谷崎　我感觉那位先生很厉害，我很佩服他。《御碑亭》这部戏我看过两遍，是梅兰芳先生和王凤卿先生一起演的。这场戏在日本也演过，但是当时只有梅兰芳先生在，王凤卿先生没有来，他的角色是别人演的，但没有王凤卿先生演得那么好。当时，据说王先生因为吸食鸦片，根本无法来日本。

欧阳　现在不抽了吧。

谷崎　应该是，那是大正（1912—1926）几年的事了，不过他真是个好演员。

欧阳　现在弹胡琴的王少卿是他的长子。

谷崎　啊，原来是这样，光看名字就觉得是不是和王凤卿先生有什么关系。王先生已经很长时间没有演戏剧了吧？

欧阳　不能演了，他耳背，已经完全听不见了。

谷崎　是吗，那面容还是原样吗？

欧阳　现在虽然很胖，但不太有精神。

日本的古典戏剧与京剧

冈崎　欧阳先生，这次您看了很多日本的古典戏剧，感觉如何？

谷崎　欧阳先生以前就很了解。

冈崎　您好像很佩服热田神宫的雅乐。

欧阳　我很喜欢那个。

谷崎　要是能给您看宫内厅的表演就好了。日本的宫中有一种更好看的，日本的报纸中也报道过田汉先生将其译为"劝进帐"。

欧阳　这部戏现在也正在翻译成中文。

谷崎　最近猿之助演的那些戏剧中，您觉得哪个最好？

欧阳　我都很喜欢，要说最好的话我觉得是《又平》。

谷崎　啊，那个很好吗？

冈崎　《人民日报》中也有评论，是田汉先生写的，好像欧阳先生也写过。

谷崎　啊，是吗？但是猿之助更擅长《劝进帐》。

欧阳　《劝进帐》也非常好。

冈崎　这次在大阪您也看了前进座剧团的演出，您觉得《俊宽》如何？

欧阳　《俊宽》也很好，但是我只看过前进座剧团的，没有看过其他剧团演的《俊宽》，所以不能比较。

谷崎　那是甑右卫门演的吗？

欧阳　是甑右卫门，演得很好。那些故事要是能改成京剧也不错。

谷崎　是啊。

欧阳　但是可能就没有日本《俊宽》的那种歌舞伎的感觉了。

谷崎　不过，那就成了京剧。只是日本的歌舞伎中有非常不自然的人情世故，而京剧中没有，所以感觉改成京剧的话更好。日本的那种人情世故我非常不喜欢，像《寺小屋》这样的作品中还有为了主人而杀死孩子这样的情节，我们日本人看了也非常不愉快。

欧阳　京剧中也有为了主人杀死自己孩子的戏，叫《九更天》。

谷崎　啊，中国也有吗？那是哪个时期的戏？

欧阳　不知道是哪个时期，是自小说改编而来的。

谷崎　所以现在还在上演吗？

欧阳　现在已经不演了，那种戏剧即使上演也不会有多少人喜欢看。

谷崎　应该也不会像日本的戏这样错综复杂吧？真不喜欢日本这种很奇怪复杂的戏。

与以往不同的京剧

冈崎　日本也有很多京剧通，也有人很懂旧剧中非常专业的词汇，他们都说现在的戏和以前的内容大不相同。是因为剧本中加入了很多新思想。

谷崎　这个嘛，虽然我们也听不懂，但还是感觉和以前的不一样。

欧阳　有个人看过中国以前的京剧，他看了现在的京剧后，来找我咨询了一件事，说为什么感觉需要有伴奏的地方而不伴奏呢？总觉得很奇怪，不知道原因。

谷崎　最近这确实备受关注。

欧阳　但是刚开始关注京剧的人们还不清楚。

谷崎　还有和以前不一样的是女演员变多了，我感觉女人的音量要比男人的弱一些。

冈崎　我也有同感。

谷崎　也可能因为以前在北京等地表演时的场地比现在的小，所以可以清楚地听到声音。

能剧、狂言和《钥匙》

谷崎　这次你看日本的能剧了吗？

欧阳　在东京和大阪，能剧和狂言我都看了。

谷崎　京都和大阪的狂言要比这里的好。虽然这么说东京的狂言师可能会生气。

冈崎　欧阳先生，您好像对狂言非常感兴趣，在团员中也有组成小组一起学习。

谷崎　学了什么呢？

欧阳　《羽衣》。

冈崎　（对谷崎先生说）我能采访一下您最近的事吗？

谷崎　嗯，可以。

冈崎　既然谷崎先生同意了那我就直说了，目前谷崎先生的作品在日本广受议论，前几天我也和您说过一些，您在《中央公论》里写了一篇名为《钥匙》的文章。

欧阳　啊，那个作品我今天还带来了。

谷崎　啊，您还带了吗？谢谢。据说在中国有关色情之类的东西一切都是禁止的。

冈崎　旅行途中欧阳先生问我，谷崎先生现在写的是什么样的文章呢？他已经打破过去那种变态类型的文章了吗？我说好像没有，反而又回到了从前的样子。

处理政务的作家

冈崎　茅盾先生现在是文化部长，他都写什么作品呢？

欧阳　他在写小说。

冈崎　是接着写《霜叶红似二月花》吗？

欧阳　好像也不是。

冈崎　（对谷崎先生说）茅盾先生是长篇小说作家，也是现实主义的大家。他当上文化部长后可能很忙，所以战后就没写小说了。但是最近好像又在写。

谷崎　确实，文化部长的话就会有很多其他的事情。

欧阳　是的，因为有行政工作。但现在为了写小说，暂时先放下了文化部长的工作，让代理人完成。

谷崎　如果不这么做的话，恐怕会很麻烦。

欧阳　不过像文化协定什么的，需要签名的时候他会完成。

谷崎　工作相当多啊！

欧阳　作家中有很多人都担任了行政方面的工作，他们为了专心创作从而减少了一些工作任务。曹禺是北京人民剧院的副院长、艺术剧院的院长，但他现在好像在写什么作品，所以暂且搁置了那些工作。

谷崎　田汉好像也很忙。

欧阳　很忙很忙。曹禺在写《明朗的天》时暂且搁置了其他的工作，但经常有人来找他。听说他没办法，只好躲在别处的房子里，但刚一动笔大家就又找了过来。据说彭真市长听说后为了让他专心创作要给他安排两名巡查员，当然这是玩笑话。现在作家间流行的是创作休假，就是在创作期间可以得到休假，但最苦恼的是创作休假的时候没有灵感写不出来。

谷崎　那确实有可能。

欧阳　也有这种情况，当很有灵感时就会申请创作休假然后去创作。一旦开始着手，有时又会发现和自己先前构思的内容有偏差，然后怎么也写不出来。

谷崎　如果请了假但写不出来的话怎么办呢？

欧阳　那就没有办法，只能这样了。

冈崎　那样的话月薪不会减少什么的吗？

欧阳　作家一般没有月薪。只是自己会不开心，想着下次要好好写。

谷崎　不过本应该要负责行政事务的话，还会有该职位的工资吗？

欧阳　即使在这种情况下也绝不会扣掉工资。作家们也逐渐不再担任行政工作，只靠稿费也能生活。现在，普通人民的文化水平也在不断提高。以前有很多人不识字，但现在大家都认字了，都想读小说。所以作家们一旦写了什么，出版量也会非常多，因此作家也会收到大量稿费。赵树理的《三里湾》最初预估可以卖三万册，结果卖了三十八万册（去年年底的册数）。

冈崎　（对谷崎先生说）《三里湾》是在《人民文学》中连载后去年春天出版的书，是描写如今中国农村的社会主义进程的小说，其作者是新文学的冠军。

欧阳　作家中最能创作的人是老舍先生，他上午必然在写作，不管什么人来都不见面。当然，未必能写得很好，但一直是抱着练习的心态写的，一天也不休息，是位涉猎广泛的作家。他既写小说又写新剧和旧剧的剧本，还写相声和一些讲谈性的作品且非常通俗易懂。老舍先生其实非常忙，他既是中华全国文学艺术界联合会主席，又是人民大会的人大代表，还是北京市的人民代表。总之他行政方面的工作非常繁忙，即使这样他也写了很多作品。

冈崎　老舍先生今年贵庚？

欧阳　五十八岁。

谷崎　那还很年轻啊，我还以为会更年长一些。

冈崎　因为有个"老"字是吧？

（笑声）

欧阳　他是个非常有趣的人，虽然穿着西服，但是不坐沙发也不吃冰激凌，自家的床也是中国式硬板床。

简体字要中日共通

冈崎　最近报纸上的文字都变了不少，都是简体字，日本也在简化文字。
谷崎　不过，中国的新文字要比日本的多吧？
欧阳　现在大家都在用简体字，所以新文字变多了。
谷崎　我倒觉得能和日本共通的东西就想办法共通起来会比较方便。
欧阳　我也是这么想的。最近在一次座谈会上，我也说了同样的话。最好还是中国和日本一起开会统一简体字。
谷崎　中国有多少新字？
欧阳　两千个左右。
谷崎　有新字的就不能用旧字了吗？还是都可以用？
欧阳　都可以，我还不会写所以还是用旧字，特别是中国人的名字很难写，如果本人不希望简写，就还按照原来的写。
谷崎　在日本名字还是用旧字。
欧阳　现在时间到了，我就先失陪了。谷崎先生，无论如何都想请你和夫人再来中国一趟。
谷崎　谢谢，如果我血压不高的话就一定去，但是好在你来了日本，我本以为你腿神经痛行动不方便来不了了呢。

在1958年北京戏剧、音乐创作座谈会的发言[1]

在文联主席团扩大会议上，我提出繁荣创作，采取量中取质、多中求精的办法，那时还没有想到像今天这样的场面，这两天大家敲锣打鼓提出惊人的数字，使我感到自己的思想是落后了。创作指标在不断增长，真是早晚市价不同，全国都响应起来，那真是了不起的大事，会给资本主义国家大吓一跳的。反正他们是落后了，等到他们能赶上我们，他们已经不是资本主义了。这几天的大会，更加使人想起毛主席说过的随着经济建设的高潮，不可避免地要出现一个文化建设的高潮。

关于剧目问题，我认为在中国的话剧运动史上，时事戏是一个很好的传统，赶任务也很有经验，也有传统，还是在这样的基础上，建立了中国话剧的舞台艺术，我们说继承传统，不应该忘记这点。

现代戏的范围不应该过窄，在我国的戏剧史上，关汉卿的《窦娥冤》《救风尘》，未尝不是当时的现实题材。现代题材的戏在我们的演出中，必须占一定的数量，必须占最多的数量，这是没有问题的。可是，历史剧也是一个重要的方面，也不容忽视。但历史剧必须能教育现代的人，而不是某一历史事件的单纯搬演。不能割断历史，反历史也同样不行，这在戏曲改革中是很重要的一点。历史戏不能为现代的观众服务是没有什么意思的。毛主席早就指示了的取其精华，弃其糟粕，是一个很重要的原则。

现代戏的题材范围，如果只是从1949年建国以来算起，似乎太窄。有许多革命历史的题材，特别是近三十年来，如长征、遵义会议、抗日民族解放

---

[1]【题注】载于《文化部、剧协、音协、北京文联主办 北京戏剧、音乐创作座谈会的发言记录》。

战争、人民解放战争，这一长串伟大的历史内容，我们在戏剧中反映得太少了，这是多么丰富的创作题材，应当去写，应当多多地去写，把中国共产党领导人民进行的伟大斗争和胜利，把人民对共产党的信任和深情，在戏剧中表现出来，让后人知道中国人民是怎样在中国共产党领导之下站了起来，驱逐了帝国主义者，打倒了国民党反动集团，建立起了中华人民共和国。这是十分必要的。为什么在我们的舞台上还没有出现过保卫延安的英雄？

我们有着许多剧种，而每个剧种都有自己的特点，地方小戏和大型剧种都各有不同，当然地方小戏也会慢慢地发展成大型戏剧。我是说，某些题材只适合于这一形式，不一定适合于那一形式，如把《拾玉镯》用话剧形式演就不易成功。现代题材适合于某些戏曲形式，可是，昆曲反映现代生活，就会有相当的困难，不能说绝对不可能——用昆腔牌子表现现代生活的内容有困难，不妨加"滚调"或用吹腔，但不应勉强凑合。京戏是完全能表现现代题材的，过去我们都搞过很多，没有办法，就少唱几句，多说几句，多来几段摇板。当然，京剧形成了它比较固定的程式，有一套完整的技术，表现历史题材更为合适，我们决不能丢掉一个剧种的特点，不能说，任何一个剧种不能演或少演现代题材的戏就是落后。对各个剧种不可作一般的要求，这对繁荣创作不利。剧种不同可以分别担负不同的任务，百花齐放，推陈出新。

我国的戏曲里，有许多很好的东西。最近福建、四川整理剧目，发现现存的剧目在一万个以上。其中有很多好戏。像川剧中的《拉郎配》，简直可以和莫里哀、哥尔多尼的作品媲美而毫无逊色。

现在我想谈谈改编的问题。改编认真做也并不简单，要把关汉卿、马致远、汤显祖、洪昇的作品搬到现代的舞台，也要费相当的劳力，可是许多人似乎看不起改编的工作。前回上演《无事生非》就是莎士比亚从一篇小说改编的，但却是很好的创作。只要改编得好，我们就应该给予重视。把小说改编也是繁荣创作的一种方法。如曹禺也改的《家》，最近评剧演的《三里湾》都很好。翻译剧我们也要。中国艺术有自己的传统，但从来没有拒绝过外来的东西。我们善于参考借鉴，把外来我们所要的东西吸收进来，使其在中国土地上生根，成为我们自己的东西。我们还应当更好地介绍莎士比亚、莫里哀、奥斯特洛夫斯基的作品；更系统地介绍苏联以及其他国家的优秀剧作以丰富我们的养料。

我们的责任是很重的。这样一个热火朝天的伟大时代，有丰富多彩的现实生活、中国人民建设社会主义的热情、全国的生产"大跃进"、东风压倒了西风，这样看来，我们提出来的数量指标还并不算太高。我们满怀信心地往前走，从量中来求得质的提高。

我们话剧的传统，是在宣传中国人民的革命运动中建立了自己的剧场艺术。我们有悠久、优良而极为丰富的民族戏剧传统。我们的祖先留下了伟大的艺术遗产——乔木同志曾说过：我们还有三千年的仓库没有打开。现在看来，至少还没有完全打开。我们必须把它们发扬光大，开放出更灿烂的花朵。

如果量的增加不能促成质的提高，那就失败了。但是绝不会的。同时也不能忘记采取一系列的措施来保证质量。

多快好省，多是必需的；不快就是赶不上，我们的同志们也是能快的。田汉同志今年就准备写十个剧本。但每人各有不同，我们有快手也有慢手。比如曹禺同志写得好，但写得比较慢，这不能勉强。好像有些演员出戏快，有些出戏慢，作家的性格也类乎此。关于好，谁也不能保证自己写的东西每个必好，但要尽力而为。我不是作家，但也写过不少剧本，大都是挤出来的。尽管绝大部分不像样，偶然也碰着出个把勉强可用的。现在创作自由，条件特别好，许多精力旺盛的作家自然有好东西出来。省也是值得注意的，我们写剧本时，最好把时间和场子都适当地限制一下，不要搞太多的布景，人物也尽可能地少一些，使其更宜于上演。

在戏剧批评方面，有许多好戏没有得到表扬。现在提出多写批评，加强批评的队伍是很必要的。冷淡——没有鼓励，也没有批评——是艺术家们最受不了的事。

批评不能只是笼统的一套。对这个戏的文章略改一改也可以用到对另一个戏，那就太一般化了。可是能够针对一个戏，明确扼要、深入地谈出道理，指出要害的剧评似乎还不多。许多外地来京的剧团，很想有人替他们写点文章。他们也实在演了不少好戏。可是反映很少。恰当的批评能鼓励创作，提高演出的质量，帮助导演、演员的艺术创造。当然，剧评家也不容易做的。他们同戏剧艺术家站在一条战线上，所以必须懂得创作的甘苦。现在专业的剧评家很少。作为一个剧评家不仅对文艺理论要有修养，对于导演、表演、音乐、舞蹈也必须有一定的理解力，而且要不断地学习。我们很需要更多的专业批评家，他们能说出使人心服的内行话，从他们可以得到启发，这对繁荣创作来说，也是很重要的一条。

解放以来我们的舞台艺术的确有不少新的创造，但有的同样受到冷淡的待遇，有的被忽略了，还有就被一根最高标准的金尺量得不能抬头。例如中央实验歌剧院民族舞剧团的舞剧《宝莲灯》是个很好的艺术尝试。这样的舞剧从前没有过。编剧、导演、演员都是年轻人，几年前许多还是小娃娃，一转眼成了演重要角色的演员，这是党所培养出来的新生力量。他们就排出了那样一个完整的舞剧。在这个创作里回答了些问题，在回答问题的同时也提出了些问题，例如：把京剧武戏的表演进一步舞蹈化发展成为舞剧，并试行适当地同芭蕾舞的技术相结合（尽管有生硬的地方，不能说不是有益的尝试），剧中运用了民间舞蹈和一些特技。音乐尽管感到没能表达民族特点，节奏也远不够鲜明，但紧密配合着舞蹈进行，有些场面也表达出人物的感情，助成气氛。这个戏总的看是成功的。它得到苏联专家热情的帮助，运用了芭蕾的编排方法，也得到中国戏曲专家的帮助，李少春同志尽了很大的力，使得表演技术、场面安排都弄得很妥当。任何新的尝试总不免有缺点，这个戏也不例外，也就很难用有高度水平的作品为标准去衡量它。这种新出品应当得到批评界足够的鼓励。当然指出缺点也是重要的，正确地指出一个戏的缺点也就是帮助，但哪怕是一点小的成就也必须得到鼓励。最近陈其通同志编导的《两个女红军》，确是一个大胆的进步的有价值的尝试。关于新歌剧，它回答了些问题，也初步解决了些问题。类似这样的戏，值得全面地深入地加以研究写出专论。

剧团保证自给自足这事很好。中央戏剧学院是个教学机构，干部、教师和学生干劲都很大，也正在争取百分之六十的经费自给。二年级学生提出每年演出三百场。领导上认为二年级学生这样的负担是过重的。我们必须还要保证教学质量，保证毕业生的规格，保证演出质量，保证学生的身体健康。现在剧院演出场次都增多了，也必须保证演出质量，那就必须保证政治学习和业务学习，业务不能与日俱进就会影响观众的信任。人是最宝贵的，演员的身体就是作品。演戏是身体的艺术，身体不健康戏就演不好，过度疲劳损害健康的事是绝对有害的，希望剧院的领导同志多注意这个问题。

戏剧工作者的"八字宪法"[1]

全国人民代表大会代表欧阳予倩、周信芳、袁雪芬、黄佐临

主席、各位代表：

我们完全同意并竭诚拥护周恩来总理的《政府工作报告》和李富春副总理、李先念副总理、彭真副委员长的报告。这几个报告显示着中国人民在中国共产党的领导下，由胜利走向胜利。我们国家的社会主义建设在短期间内取得了惊人的辉煌成就。一九五九年的国民经济计划将在第一个五年计划的超额完成和一九五八年生产"大跃进"的基础上有更大的跃进。我们和全国人民一样，充满着希望和信心，要为完成并超额完成这一宏伟的计划而贡献一切。

周总理的报告具有无限丰富的内容。现在只就戏剧工作者的角度来谈谈我们的体会。一年来我们的戏剧工作，正如周总理所说，也"都出现了生气勃勃的景象"。在生产"大跃进"的影响下，大多数的戏剧作品都反映了现实生活，并且在不同程度上，起了推动生产的作用。每一个政治运动中，戏剧工作者也都和斗争紧密配合，运用表演艺术，收到了宣传鼓动的效果。各剧种在整理传统剧目方面也有很大的成绩。工农业余戏剧活动，在这个时期，有了空前的发展。这一切都证明了"百花齐放"、文艺为工农兵服务的文艺方针是十分正确的。特别经过整风反右斗争，文艺干部积极参加劳动之后，对党所提出的这个方针有了进一步的体会和理解。这可以说是我们一年来最大的收获。总的说来，我们的戏剧工作，在党的领导下，成绩是肯定的，但是和全国各个战线上的辉煌成就相比是很不够的。

周总理告诉我们要"经过艰苦的努力，用思想性和艺术性更高的作品来

---

[1]【题注】载于《中华人民共和国第二届全国人民代表大会第一次会议汇刊》，本文据发言底稿校对。

教育人民群众，满足人民群众的文化生活要求"，同时，要"注意培养从劳动人民中涌现出来的文学艺术人才"。这两个问题——提高质量和培养新生力量——是我们戏剧界最迫切的问题，有待于我们努力解决。为了解决这两个问题，我们想向农民兄弟学习，将这八项措施称为戏剧工作者的"八字宪法"，以供参考。

一、演——演出：演出是我们戏剧工作者的首要任务，我们应该通过舞台上的经常实践，不断加工，提高质量，从而逐渐积累优秀作品，建立为广大人民群众喜闻乐见、百看不厌的保留节目。为了保证艺术、技术质量的不断提高，我们希望每个大型剧种能有固定的剧场，以便进行实验。同时，要到厂、矿、农村或部队去做巡回演出，将戏送上门去，使不便到剧场看戏的工农群众也能就近欣赏较好的演出。每一出戏，在正式演出之前，必须充分做好准备工作，没有成熟，决不和一般观众见面；切忌编得快、排得快、丢得快、忘得快（简称"四快"）的缺点（当然，在必要时，也要担起宣传鼓动的突击任务）。

二、创——创作：一个演出的蓝图是剧本，剧作者要努力于思想、生活、技巧三者的结合，以社会主义、共产主义思想来教育人民，要大力反映中国人民伟大的现实生活，也要正确地表述中国人民悠长的光荣的历史——特别是革命史实。同时，要继承并发扬中国编剧艺术悠久而优良的传统，整理古典剧目，推陈出新，使古为今用。此外，对国外的，特别是苏联和兄弟国家的优秀剧目也要适当加以介绍，以资借鉴。在形式、风格和手法方面要力求多种多样，丰富多彩；要注意艺术的娱乐性，引人入胜，使人易于感受，以加强教育的效果。还应当指出，戏剧创作不仅限于剧本的写作；导演、表演、音乐、舞台美术都是创作活动。

三、学——学习：戏剧工作者必须具备马列主义的基本知识，必须精读毛泽东主席的著作，联系实际问题，加以深刻的研习。政治是灵魂，政治挂了帅，业务学习就必须紧紧跟上。技术锻炼非常重要，同时还要广泛阅读文艺作品和历史书籍，深入研究戏剧理论。我们要有计划、有步骤、经常不断地学习，以求做到又红又专的无产阶级文艺战士。在演出方面，要不断总结、交流并积累经验，创造新的传统。

四、功——练功：基本功夫是每个表演艺术家不可缺少的技术必修课程；我们一定要勤修苦练，演到老，练到老，坚决经常地、永远地保持"拳不离手，曲不离口"的优良作风。

五、劳——劳动锻炼：每年划出一定时间，下乡下厂参加劳动，深入生活，吸收养料，改造思想，提高共产主义觉悟。

六、辅——辅导：负责地、不断地辅导群众业余戏剧活动，使他们的文娱生活蓬勃发展，活泼有趣；同时，从中发现戏剧人才，为专业队伍增添新生力量。

七、传——传授：继承我国戏曲的优良传统，总结老前辈、老艺人的创作经验，发扬不同风格、不同流派的表演方法；打破成规，破除迷信；在上一代和下一代之间起一个承上启下的桥梁作用。

八、培——培养新生力量：与戏剧学校正规化戏剧教育相配合，采取带徒弟的办法，进行负责到底的培养，以解决目前青年艺人供不应求的严重现象；并从所发掘的戏剧人才中进行有计划的重点培养，使接替人日益增加，以满足文化高潮来临的迫切需要。

以上是我们给自己拟定的"八字宪法"，还没有经过戏剧界内部广泛的讨论，现在先在大会上提出，希望能引起普遍注意，得到支持和督促，使得今后从戏剧岗位上也能产生质量更高的作品、更多的人才，来迎接我们伟大祖国的文化建设高潮！让我们坚决提高我们的阶级觉悟，认真地贯彻"百花齐放、百家争鸣"的方针，使我们的戏剧开出更鲜艳、更美妙的花朵来吧！

最后，我们想对西藏问题说几句话：西藏是中国不可分割的领土，西藏问题是中国的内政，不容任何外人干涉。我们坚决拥护国务院对西藏的一切措施。我们对帝国主义者和蒋匪帮的阴谋诡计感到痛恨！对印度扩张主义者的无理干涉表示无比的愤慨！我们尊重同我们伟大邻邦印度的友谊，但是印度的扩张主义者若不及时收敛，万一使两国的友谊受到损失，他们应对一切后果负完全责任。站起来了的中国人民是不好欺负的，他们别打错了算盘！

我们坚信，西藏人民在中国共产党和中央人民政府领导下，必能粉碎一切阴谋，把西藏建设成真正的人间乐园。我们为西藏人民得到新生感到无比的欣慰！

毛泽东思想指导下的戏剧表导演艺术[1]
在中国戏剧家协会第二次会员代表大会上的发言

一

各位代表：

陆定一同志代表中共中央和国务院的祝词和周扬同志的报告给中国文学艺术界很大的鼓舞并为我们提出了新的光荣的任务，我竭诚拥护。现在我就戏剧表导演艺术，表示一点感想，请求指正。

中国的戏剧表演艺术，有悠久而优良的传统。十年来在党和毛主席的领导、教育、培养和深切关怀之下，贯彻了为工农兵服务、为社会主义建设服务的方向下"百花齐放、百家争鸣"和推陈出新的方针，有飞跃的进展，获得了辉煌的成就，在舞台上呈现出从来未有的新面貌，表现在表演、导演方面也极为显著。这些成绩的获得，充分显示出社会主义制度的优越性。是毛泽东思想的胜利。

（甲）戏曲艺术的新面貌

中国的表演艺术历史很长，积累深厚，有它独具的民族特点。戏剧表演艺术是通过人物造型、舞台形象来表达思想的艺术，不同的民族表达思想的形式和方法，或多或少总会有所不同。中国戏曲的表演形式，是在千年以上的长时间里，综合了各种艺术表演如歌、舞、说、唱等，逐渐形成的，一直是表达

---

[1]【题注】本文的第二、三部分曾以《戏剧表演导演艺术的三个问题》为题，刊发在1960年8月30日《戏剧报》第16期，第一部分未曾公开发表。

中国人民思想感情极为有力的艺术形式，有其他国家戏剧艺术所无的显著特点，是极为优秀的。

中国戏剧产生在民间，生长在民间，生活在民间，为老百姓所喜闻乐见，本质是健康朴素的，一般都表现出爱憎分明，人物形象鲜明，对照强烈，节奏爽朗，情节丰富，在表演方面唱念做打并重；简练、夸饰和细致相结合达到了和谐的统一。这一整套东西，表现着现实主义和浪漫主义相结合的精神。可是戏曲是在封建社会产生和成长起来的，不可能不受封建道德和当时风俗习惯的影响；在演出时，不可能丝毫不迁就绅士、商贾和达官贵人的爱好；因此表演艺术一方面千锤百炼，掌握着高度的技术。另一方面，也带来些形式主义的、庸俗的，甚至低级趣味的东西。在清末民初我所看见的戏，有的很好，有的就很糟，及至解放前十年来，由于商业剧场专以低趣味的东西图利，传统的精华部分被轻视，糟粕部分反被看中，还加上许多庸俗的东西，因此表演艺术也被看成次要而走入歧途。建国以来，在党的领导之下，戏曲艺术从趋于衰落的边缘挽回过来，走向了发扬光大的康庄大道。表演艺术经过推陈出新，把历史上积累下来的糟粕去掉了，原来好的东西更显出光彩，呈现出新的面貌。

艺人翻了身，社会地位提高了；通过政治学习、文化学习和一系列的政治运动，思想觉悟和文化水平都不断提高；为谁服务的问题逐渐明确，对艺术的欣赏水平也就不断提高；还有就是过去被忽略的一个戏的思想性和目的性，被郑重地提了出来，明确了政治标准第一，明确了艺术必须尽一切可能为政治服务，这样对表演艺术必定会提出新的更高的要求，而每一个演员，都不可能满足于已有的成绩而不求进步。许多事实证明，思想改造与表演艺术的进步有十分密切的关系，是极为重要的。

戏曲改革是我国戏剧界特有的问题，也是相当突出的问题。世界上没有哪一个国家有我们那么多剧种。中国戏曲历史悠久，积累深厚，蕴藏丰富，剧种多，剧目多，表演艺术多色多彩，散布的地区广，深入民间；这种情况是中国特有的，在数以万计的传统剧目当中，有极为优秀、极好的东西，有的也掺杂着些封建的糟粕。得做一番鉴别和整理工作，使好的更多地发挥光彩，古为今用；坏的抛弃掉，使它对社会不起危害的作用。最难的是有些戏精华和糟粕掺杂在一起不易分辨，要去掉其中的糟粕而不损害它的精华，这就得下很大的功夫。这是个极细致的工作，我们是有领导有组织有步骤依靠群众、依靠艺人来进行的。除了少数几个极恶劣的剧目外，我们不采取禁戏那样简单的方式，对每一个剧目应当如何评价、如何修改，都由大家来讨论研究，这对艺人、对专家、对戏改领导同志都是很好的教育。一个戏演出的成败，剧本有很大的关系。中国戏曲因为有唱有白有做功有舞蹈，往往把一个不大出色的剧本，演得有声有色，所以整理传统剧目，就会联系着表演。艺人们从事剧目的研究整理，也可以使表演艺术提高。整理剧目必须有正确的观点，是要以历史唯物主义的观点来进行整理的，这样就可以对历史时代有正确的认识，对历史人物的思想感情、性格，根据历史条件加以分析而赋予鲜明的形象。这样的要求是过去所没有的，这样就把戏曲表演艺术推进了一大步。延安演出的《逼上梁山》《三打祝家庄》做出了最先的榜样。现在我们不妨试举几个建国以来所演出的戏来谈一谈。

像《将相和》这个戏，过去并不像现在这样精练而集中，蔺相如、廉颇的形象也不如现在那么鲜明。这个戏写的是当时统治阶级的内部矛盾，但是像蔺相如那样相忍为国，和廉颇那样勇于改过，充分表现了公而忘私顾全大局的爱国主义精神，掌握了这一点就把戏演好了。《白蛇传》把过去在这个戏里的一些迷信和庸俗部分全部去掉，突出地表现了白素贞坚强不屈的斗争精神，就使这个戏大为改观。使白素贞、青儿、许仙、法海这几个角色，都表现出鲜明的性格，使这些演员的才能得到充分的发挥。像《秋江》原来这个戏并不是怎么好的，过去把那个艄翁演成一个流氓式的船夫，他就是敲竹杠，说些下流话，开玩笑，讨尼姑的便宜，去迎合观众的低级趣味，现在把他改成有风趣的、谈吐幽默的、善良的、乐于帮助人的老人。他的行动和语言，配合着陈妙常的清歌妙舞，就成了充满着诗情画意的好戏。像《十五贯》这样的戏，如果只作为一个情节曲折的公案来处理，那必然是毫无意味的。因为创造了坚持主观片面判断的过于执着的形象和细心调查研究、对人民负责的况钟的形象，就突出了戏的主题。因为主题明确了，娄阿鼠在原有的技术表演之上，也增加了新的因素，那就是他的行动和况钟针锋相对，充分地烘托出了况钟的智慧和判断的正确。这就使昆曲的表演艺术获得了新的成就。梁山伯祝英台的故事，本是个美丽的传说，过去在舞台上，却有不少庸俗表演，经过整理，就成了

《梁祝哀史》和《柳荫记》那样的好戏。像《十二寡妇征西》，原来是哭哭啼啼、阴阴惨惨的戏，一经改成《杨门女将》，就变成了振奋人心的好戏。连老旦十二个女将都成了响铮铮站了起来的英雄，显得十分干净、整齐、漂亮。以上略举几个例子很不全面，已足够看得出一个戏只要掌握了它的思想性和目的性，就会给表演艺术提出新的要求，使表演艺术获得提高。

为着做好戏曲改革工作，党动员了许多新文艺工作者参加，其中有剧作者、导演、演员、音乐工作者、美术工作者，以及戏剧史、戏剧理论批评和声韵学等方面的专家。他们所起的作用是很大的。一开始他们未必个个都能熟悉戏曲艺术的规律，他们一面学习一面工作，逐渐就发挥了积极作用，给戏曲工作以很大的帮助。例如音乐方面，现在任何一个剧种的场面和演员都能认识简谱，这就解决了很大的问题，而为过去所绝不可能有的事情。此外在作曲和配器方面，男声女声的谐调问题方面，都做了不少试验，逐渐有新的成就。还有就是建立了导演制，不少话剧和新歌剧的导演，演员当了戏曲导演；同时为戏曲培养出了许多导演人才（因各地需要量很大还很不够）。这一切直接帮助了戏曲表演艺术的进步。

全国各地剧种的会演，为提高戏曲艺术，提供了优越的条件。我国剧种据不完全的统计，大大小小的有四百多个。这些剧种都各有其特点，在旧社会里不仅是不被重视，而且备受摧残，因此大多数剧种趋于衰落，有的濒于灭亡；有好多好的东西都被埋没了。解放以后，由于党的关怀，一般得到大力扶植，有的被发掘出来，才知道是个美好的剧种。"百花齐放，推陈出新"的方针，真如春风化雨，万物昭苏，使各剧种获得了新的生命，而这才发现中国各处的地方戏是一个宝藏。在屡次的会演中，互相观摩学习，互相启发，特别是表演艺术，获益很大。

此外，国际文化交流，也给戏曲艺术很好的影响，屡次的出国演出，都取得不少新的经验。

特别要着重指出的是工农兵方向的贯彻。戏曲艺术虽然产自民间，在旧社会里是被贱视的，为有闲阶级所控制，得不到为广大劳动人民服务的机会。解放以后，艺人们翻了身，在党的领导下贯彻了为工农兵服务的方针。下乡、下厂、上山并到部队和工地去演出，戏曲真正成为广大群众所喜闻乐见的艺术，使精彩的表演更加精彩。另外，演员、导演、剧作者、音乐和舞台美术工作者等，都经过劳动锻炼改造思想，又和工农兵一同生活，使演员们不仅能美满地表演古代的英雄，也逐渐能创造出今天社会主义时代劳动人民的英雄形象。有的不仅是演得像，而且能够准确地深刻地表达劳动人民的感情，这是一个了不起的进步。像童芷苓扮演的赵一曼，金万德扮演《金沙江畔》中的炊事班老班长，筱爱琴扮演《星星之火》的杨桂英，邵滨荪扮演同剧中的刘大哥，李少春扮演《白毛女》中的杨白劳，丁是娥扮演《鸡毛飞上天》中的林佩芬，何少连扮演的黄公略，等等，都是公认为演得不坏的。此外还有很多，就不一一列举。像邵滨荪，谈他在创造《星星之火》刘大哥角色时，联系到世界观改造的问题，这是一个很可宝贵的经验。这也显示着戏曲工作者成分的改变，也使表导演艺术走上了一个新的阶段。

表演艺术和导演艺术是互相推进的，戏曲自从导演制建立以来，有好些戏在导演方面是有成就的。像《将相和》《野猪林》《柯山红日》《柳荫记》《赵氏孤儿》《金沙江畔》《西厢记》《红楼梦》《刘胡兰》《绿原红旗》《冬去春来》等都很不错。

在我们国家里，对戏剧艺术在物资供应、时间安排等方面，给予了很大的便利和优越的条件。排一个戏，可以说是要什么有什么，认为不妥或者认为不够满意的可以一次一次地改，可以停下来改，改到满意为止，可以请许多内行以及领导同志看了提意见，出主意。这在过去不可能，现在资本主义国家里尤其是绝对不可能的。此外还可以听取观众的意见，集思广益和刻苦钻研相结合，标准就自然会一天天提高，进步之快也是惊人的。

（乙）话剧艺术的新面貌

话剧是外来形式，一开始就是借这个形式来做政治宣传，为着使中国观众容易接受，话剧形式一到中国就变了样子。例如幕外戏就是原来所没有的，此外在表演方面用了很多戏曲的方法，清末民初的话剧，主要是采取了化妆演讲的形式。剧中的正面人物往往会面对观众慷慨淋漓地作长篇的演说。剧中的主角往往是一生一旦在台上激烈地辩论时事问题或社会问题。滑稽角色往往不顾剧情，穿插一些讽刺时事或讽刺某些社会现象的台词。后来由于革命低潮，便走向专演家庭戏和弹词小说之类，文明戏趋于衰落。这一时期的表演形式也并没有完全抛弃化妆讲演的路子。五四以后产生了所谓"爱美剧"（非职业的），它不受商业剧场和买办流氓的经济控制，是一种同人性质的艺术组织，最初着重于表演欧洲近代剧（主要是十九世纪的），介绍了易卜生、萧伯纳、罗曼·罗兰、契诃夫、王尔德等的作品。在演出当中比较严格地遵守了原来的形式。那时化妆演讲式的文明戏就变了讽刺的对象。

文明戏不用剧本，当场自由发挥；有很大的缺点；爱美剧坚持必须有完整的剧本，要有固定的台词；而且从爱美剧起产生了话剧的剧作家，开始有了导演。

"爱美剧"这个名称用得不长，从1927年就改称话剧，但是剧团的组织和活动方式一直仍主要是非职业的。尽管很艰苦，但在当时采取非职业的组织形式对于话剧运动的进行是有便利的。爱美剧是由五四运动的影响产生的，有它鲜明的旗帜和进步的意义，由爱美剧改称话剧，也不单是名称上的改变，从那个时候起，话剧运动又有新的发展。第一，从那个时候起间接直接得到党的领导和指导，左翼戏剧家联盟成立，许多爱好戏剧的进步青年被组织起来，培养出了许多进步的剧作家、演员、导演和舞台美术工作者。他们一步步倾向革命，剧作注意到思想内容，在表演方面着重注意到人物性格的描写。导演注意到各种不同的手法和一个戏风格的完整性。

文明戏的失败是由于缺乏组织和领导，没有斗争的方向和奋斗的目标。爱美剧有它的进步性，但是没有和当时的政治运动密切结合起来，从艺术方面着想得多一些，而且过分强调西欧的剧作，有脱离传统、脱离群众的倾向。改称话剧以后，因为有了组织有了领导，有了方向和努力的目标，而运动的进行一直和当时的政治运动一步一步结合着，所以就一直向前发展；演出的思想性和艺术性不断提高，队伍不断地壮大，而且越来越坚强，不管在怎样艰苦的环境中，不管遭到怎样的困难，一直坚持斗争，不断取得胜利。而我们的表演艺术、导演艺术、舞台美术就在艰苦的斗争中，不断获得了新的进步和成就。

当初话剧工作者除掉在中央苏区的以外，在国民党统治区里，一直是在大城市活动。抗日战争开始，他们到了街头，到了农村，到了部队，配合着抗战宣传，表演的方式不能不有所改变。但为时不久，由于国民党反动派的种种限制，话剧团队的活动，仍然被局限在城市里。有一部分戏剧工作者到了延安，和原在那里的戏剧工作者会合。在1942年毛主席发表《在延安文艺座谈会上的讲话》指出了文艺为工农兵服务的方向，经过整风，话剧工作者和其他文艺工作者一样，深入工农兵群众生活中去，在火线上，在农村，在工厂中，积极参加了革命工作。经过了长期艰苦的锻炼，对抗战、对土地改革以及生产运动进行了宣传鼓动，写出不少好的剧本，如《同志，你走错了路！》《反翻把斗争》《把眼光放远一点》等。在表导演方面为着表演当时的新人新事，势必突破一部分旧的习惯，采用些新的方法。在人物造型、语言和动作各方面，都表现得十分显著。同时对党所提出的中国气派民族形式的要求，有更深的体会，也就更多地向传统的表演艺术学习了一些东西。

解放以后全国的戏剧工作者会了师，提出了一个最重要的问题，就是如何为工农兵服务，如何反映工农兵的生活，如何塑造工农兵的英雄形象，把新人新事真实地、生动地、准确地、充分地表现在舞台上。十年以来在这方面有很显著的成绩。有许多反映现代生活演工农兵的戏，都很成功。此外演历史题材的戏，介绍外国的优秀作品，在表导演方面的成绩也都超过了过去的任何一个时期。

从1949年到现在，十一个年头当中，话剧演出的剧目，单就多幕剧而论，据不完全的统计就有280多个（其中有许多是我看过的）。解放前后的创作200多个，五四以来的剧目25个，外国戏55个，在剧本创作当中，有关工农兵的有100多个。这许多剧目大都是经过严格的排练演出的。在排练当中，首先注重了作品的思想性和目的性，政治标准放在第一位，同时也注意到戏的风格和演出方面的技巧，并主张艺术的多样性，还不断给予演员、导演以学习观摩的机会，这样就使表导演艺术得以迅速提高。

把十年来所演出的这些戏，排一个次序来看一看，表导演艺术（包括舞台美术）的进步就可以一目了然。

回想起解放以前，在国民党统治的广大的地区里，话剧工作者受到极严重的限制和迫害，真是寸步难移。那时候就想道：倘若能够自由自在地到部队、到农村、到工厂，写出进步的戏，表演工人，表演农民，表演士兵，那该多么好！能够有一个适合的哪怕是一个极小的剧场可以自由运用多么够味！全国解放了，在我们面前展开了一个无限广阔的天地，我们得到了充分的创作自由。忽然面临着这样一个新的形势，真有点不知怎样才好。党告诉我们，首先要端正立场改造思想，还要熟悉工农兵及其干部的生活，鲜明地塑造出他们的英雄形象，正确反映新人新事、新中国人民新的生活面貌。

  从 1949 年到 1953 年、1954 年间，我们的努力是要把工农兵演得像，做法就是下乡、下厂、下部队去体验生活。但是表面的像还不够，如果穿上工农兵的服装，而内在的感情是小资产阶级的甚至是资产阶级的，那也无法把戏演好。如果对工农兵的英雄行为有所怀疑，那必然会歪曲他们的英雄形象。关于如何把工农兵演好，为工农兵服务这个问题，是经过激烈的甚至痛苦的思想斗争的。尽管有大多数人接受了毛主席文艺思想，愿意全心全意为工农兵服务，也有少数的人，受了胡风分子和右派思想的影响，反对党的领导，反对改造思想、改造世界观，要求无原则的所谓"创作自由"，因而走入歧途。经过学习和批判，纠正了这种错误倾向，又把话剧艺术向前推进了一步。在创作方面产生了像《万水千山》《春风吹到诺敏河》《钢铁运输兵》《四十年的愿望》《人往高处走》《夫妻之间》等成功的剧目。相应地在表导演方面有新的表现。它的特点就或多或少进一步走向了民族化和群众化。像《万水千山》在导演方面表现出色彩鲜明、热情奔放的中国气派。在表演方面像红军营教导员李有国（蓝马扮演）和副营长罗顺成（梁玉儒扮演）的形象，给予观众以难忘的印象。像蓝马，他本来是中旅的有名的演员，他也是从旧社会来的，并没有演工农兵的经验，但他把教导员李有国演得那么好，如果不经过思想改造，对新社会的新事物有新的认识，对解放军战士有深厚的感情那是做不到的。其他的戏演工人、演农民、演兵都有新的成就。

  1953 年初冬到 1957 年底，中央文化部先后聘请了五六位苏联专家，这些专家都是苏联的党和政府为我们派来的优秀的艺术家，他们把苏联四十年来培养戏剧干部和在表演、导演、舞台美术各方面的先进经验，介绍给了我们，教给了我们系统的理论和成套的方法，并先后在中央戏剧学院及上海戏剧学院开设了导演干部训练班、表演干部训练班、导演师资进修班、舞台美术师资进修班等。从他们的讲学和导演示范中我们学到了不少东西。专家们把苏联如何培养导演，如何培养演员的方法和教学程序，扼要地教给了我们，并系统地讲授了斯坦尼斯拉夫斯基演剧体系。在舞台美术和化妆方面，我们所学到的东西也都是合乎实际需要的。专家们还各用不同的手法排出了好几个不同风格的戏，作了示范演出，使我们在话剧表导演和舞台美术设计方面都增加了实际知识。总的说，我们学习的成绩是很好的。我们还要从全世界各国学习许多我们认为需要的东西。只要我们依靠党的领导，在毛泽东思想的指导之下进行学习，就一定能够学得好。

这一时期在1956年3月举行了第一届全国话剧观摩演出大会，大多数的剧目是很成功的，整个地说，这次会演表现出话剧工作者对社会主义革命和社会主义建设的高度热情，贯彻了为工农兵服务的方针，同时对反映革命的新生活、创造革命的英雄形象，尽了巨大的努力，在人物形象的刻画和导演处理上都有成就。像《万水千山》里的李有国、罗顺成，《战斗里成长》的赵铁柱，《妇女代表》中的张桂蓉，《刘莲英》中的刘莲英，《在新事物面前》的薛志刚，《四十年愿望》的赵坤山，《杨根思》里的杨根思，《在康布尔草原上》的方振，等等，都塑造出有血有肉真实生动的革命英雄形象，就如《明朗的天》里头的知识分子也表演得形象鲜明。而这些戏的导演也表现着不同的风格，如《万水千山》的大气磅礴，《妇女代表》的流丽清新，《战斗里成长》朴素真挚，《明朗的天》的整齐工致，《在康布尔草原上》的开阔爽朗，都是可喜的，其他就不一一列举了。这一次的会演，总的说来创作方向是正确的，主导方向是好的。在表导演方面，努力表现了新人新事。但也有个别演员、导演当时没有深入群众，对工农兵的生活还不十分熟悉，思想改造也还没有彻底，所以描写生活还不够深刻，塑造人物也有不够准确鲜明之处。还有就是，对生活熟悉，思想也对头，但对技巧锻炼注意得不够。我们坚决反对单纯技术观点。不注重思想性只看重技术那是绝对错误的。一个艺术作品没有正确的思想为主导，而把技术放在第一位，那必然会有很大的危害，可是为了表达一个戏的主题思想，运用艺术技巧（包括各种技术）那是绝对必要的。第一，不能把生活的真实和艺术的真实等同起来。不能把日常生活的细节不加提炼，简单地罗列在作品当中。毛主席告诉我们："文艺作品中反映出来的生活却可以而且应该比普通的实际生活更高，更强烈，更有集中性，更典型，更理想，因此就更带普遍性。"任何一个艺术作品都应当把政治标准放在第一位，首先要注重它的思想性。艺术作品之所以能够起宣传教育的作用，正因为它能通过艺术的表演，正确地、强烈地、集中地表达思想。如果不是这样，光有思想，没有一个精美的工具作为媒介把它传达出来，那就失却了艺术的作用。毛主席告诉我们："缺乏艺术性的艺术品，无论政治上怎样进步，也是没有力量的。"我们对于政治性和艺术性的关系应当有正确的理解。艺术应当为政治服务；艺术作为武器应当是犀利的，作为工具应当是精美的。

这一时期党提出了加强马克思、列宁主义的学习，进一步改造思想，深入生活，加强文艺修养，同时也提出了更好地向传统学习，更好地学习外国的特别是苏联的先进经验。也就是说，对剧作者、演员、导演以及舞台工作者提出了进一步的要求。还有就是对演员的技术锻炼方面，提出了要有基本训练，对台词和形体动作加以重视。这是非常必要的，纠正了过去以为话剧演员不需要下什么苦功的错误观念。

1956年农业合作化的高潮到来以后，资本主义工商业社会主义改造实现了全行业的公私合营，完成了农业、手工业、资本主义工商业生产资料所有制的社会主义革命。这是我国有史以来最大的变化。可是国内资产阶级右派和某些资产阶级知识分子，心怀不满，妄想资本主义复辟，酝酿着向党进攻的阴谋。恰好在国际上，帝国主义和现代修正主义者利用苏联共产党第二十次代表大会对斯大林个人迷信的批判，趁机对社会主义各国进行颠覆活动，制造了匈牙利反革命叛乱，掀起了一股反苏反共的浪潮。我们国内资产阶级右派分子认为机不可失，蠢动起来。1956年下半年，就有山雨欲来风满楼之势，到1957年春天趁着党进行整风的机会，向党进行猖狂的进攻，在这里展开了一场严重的阶级斗争。

影响所及话剧界的右派分子也就摇旗呐喊地站了出来，和其他的右派分子相呼应，他们反对党的领导，反对社会主义现实主义的创作原则，在所谓"写真实""干预生活"的口号下，提倡"揭露生活的阴暗面"。在这种歪风陡起、正气不伸的时候，就没有产生什么好的剧作，而出了一些不好的剧本，如《洞箫横吹》《布谷鸟又叫了》《同甘共苦》《被遗忘的事情》《提升》《一壁之隔》之类。另外，有些人对中国现代作品存着轻视的态度，而只觉得外国的、古典的作品有挖头，因此有的导演在排戏构思的时候，也就忽略了一个戏的思想性和目的性，而把"最高任务"局限在作者所规定的范围之内，不能以正确的观点解释作品。这样的情形，也影响到演员对角色的理解。

在这个时期演出的戏，除了描写过去生活的如《骆驼祥子》等和一些五四以来的戏就全是外国戏。如《柳鲍芙·雅洛娃娅》《带枪的人》《决裂》《舰队的毁灭》《伊哥尔·布雷乔夫》《万尼亚舅舅》《无事生非》《第十二夜》《女店主》《一仆二主》《娜拉》等。这些戏在表演、导演、舞台美术方面也都有些新的进步。但这一时期在舞台上曾出现过：导演费很长的时间排一个戏，演出却很温；演员动作停顿多，把戏演得拖拉不接气的现象。这种现象一到1958年"大跃进"开始就没有了，多快好省代替了少慢差费。

我国的话剧从来没有比较系统地介绍外国作品，因为几十年来一直处于艰苦的斗争当中，不可能这样做，也认为没有必要这样做。五四以前上演《热血》和五四以后介绍易卜生、萧伯纳、契诃夫、罗曼·罗兰，当时是有它进步的意义。像改编的《西线无战事》和后一个时期演出的《怒吼吧，中国！》，是配合着反帝运动的。进步团体也曾演出过，莎士比亚的《罗米欧与朱丽叶》之类的戏，那是为"争取公开"，也为着培养演员、导演。过去因为人力、物力条件都不够，演出也大都是因陋就简，至于作为学习借鉴，以充分的物质条件、充分的准备，通过严格的排练来介绍外国的优秀作品，那是解放以后才有、才可能有的事。我们的演员导演上演外国戏也还是有把握的，像《柳鲍芙·雅洛娃娅》《带枪的人》《娜拉》《小市民》和几个莎士比亚的戏都是很难演的，可是我们的演出都相当成功，国际友人也多赞美。我们还成功地塑造了革命导师列宁的形象。

整风反右在政治战线上、思想战线上的社会主义革命取得了辉煌的胜利，在这个胜利的基础上，全国人民斗志昂扬，意气风发，展开了建设社会主义的全民"大跃进"，全民炼钢和人民公社运动的迅速展开，形成了经济建设的高潮。在这种形势之下，文艺界也迅速投入了"大跃进"的行列。整个戏剧界轰动起来，为着适应新形势，更好地为工农兵为社会主义建设服务，掀起了热火朝天的创作运动。话剧也和其他剧种一样，繁荣了创作，加强了艺术实践，进一步深入了群众。在总路线光辉照耀之下，更加鼓足干劲，发挥了力量。这一时期，话剧舞台上出现了很多新作品，到现在为止根据不完全统计有四五十个，如：《关汉卿》《十三陵水库畅想曲》《降龙伏虎》《红旗谱》《红大院》《女店员》《全家福》《丹凤朝阳》《槐树庄》《枯木逢春》《英雄万岁》《比翼齐飞》《红色风暴》《二七风暴》《东进序曲》《青春之歌》《敢想敢做的人》《红旗处处飘》《烈火红心》《共产主义凯歌》《共产党人》《南海战歌》《在和平的日子里》《纸老虎现形记》《草原赞歌》《三喜临门》《保卫延安》《智取威虎山》《赤胆红心》《星火燎原》《最后一幕》《红色的种子》《党的女儿》《海边青松》《革命的一家》《飞出地球去》《无名岛》《天山脚下》《把一切献给党》《金鹰》《滚滚的白龙江》《两代人》《步步跟着毛主席》《红心虎胆》《铁的红旗》《北大荒人》《蔡文姬》《巴山红浪》《文成公主》《刘文学》《英雄列车》《十二次》《为了六十一个阶级弟兄》等，总的说全部都相当好。其中相当一部分作品大大超过了作家过去写作水平。在演出方面也有大部分突破了剧院过去的演出水平。这些作品大都是歌颂"大跃进"，回忆革命史，此外就是以历史唯物主义的观点反映了古代的英雄人物，这些都很成功。其中有些在写作方面创造了新的形式，有的导演运用了新的手法，在表演艺术方面也有新的成功的表现。看了这些戏就越感觉到在温暖的东风里，百花自由开放，一方面作品的思想性、艺术性都有显著的提高；另一方面，多样的风格更能引人入胜。这一时期的剧作和演出的数量、质量都显示出了"大跃进"的面貌，超过了过去的水平。

在这里很难就每一个戏论述他们在导表演方面的成就，只能略举几个戏来说明我的看法。

《降龙伏虎》以豪迈的气势、粗犷的动作表现出革命的热情和冲天的干劲，也交织着人与人之间深厚的阶级情感。《红色风暴》反映了铁路工人反帝反军阀的斗争，充分显示出慷慨义烈凛然之气，这个戏的处理和《降龙伏虎》同样是粗线条的，但是风格却不一样。因为表现的时代不同，斗争的环境不同，人物的性格不同，就应当作不同的处理，这是完全对的。《红旗谱》在向传统学习方面有和以上两个戏相同之处，可是在导演处理和人物造型方面又自不同，可以说是异曲同工，各有其成就。看过这些戏的，像朱老忠、施洋、李玉桃等人物给我们以深刻的印象。像《槐树庄》的郭大娘，《枯木逢春》的苦妹子，《东进序曲》里的陈秉光、刘大麻子之类，这些人物形象也同样地会鲜明地留在我们的记忆之中。像《枯木逢春》那种针线细密，情调和美，《槐树庄》那种朴实健壮的农民气质都是非常可贵的。像《十三陵水库畅想曲》那样的戏,是活报性质的,但和一般的活报不同,有些像艺术纪录片,它是一首兴高采烈抒发革命热情的抒情诗。里面的人物形成大大小小许多个集体,在工地上各个部分活动。像这样的戏,导演的处理不能拘于常格,必须用些新的方法,才能把它搬上舞台,我觉得用移动的、风格化的布景是对的。剧中人物不管是个人和集体,采取了流走不停、重点突出的办法也是对的,这样显得生动活泼紧张愉快。这样的戏导演作这样的处理是适当的。

在社会主义革命和社会主义建设"大跃进"当中,有些英雄事迹是要求以艺术形式尤其是话剧迅速反映的,如《英雄列车》《为了六十一个阶级弟兄》,这是由集体来完成的值得称赞的戏。像这类戏也和"大跃进"以来创作的一些好戏一样表现出共产主义风格。在导演方面以全部力量注意到戏的整体和整个戏节奏的谐和。在表演方面也以集体主义的精神表现出新中国人民新的品质;同时也注意到每个人在群众中应有的位置,表现出个人与集体的融洽无间,同忧乐共甘苦,为一个目标共同奋斗,取得胜利。做到这一点是很必要的。这在思想、生活、技巧方面都是要具备一定的条件的,也还是有待于我们更加努力的。

演历史故事的戏,表现的古人的生活,穿的是长袍大袖,礼节是揖让进退,这似乎和戏曲的表演方法容易接近。作为向传统学习也似乎比较容易找到线索,但话剧究竟是话剧,不是戏曲,从剧本的结构到表导演的处理都应有所不同。北京人民艺术剧院的《虎符》用了锣鼓,用了京戏的动作,使节奏特别鲜明,这是个有益的尝试,但不是唯一的方法,用得不好也会使人感觉到形式与内容不协调。我觉得这个戏处理比较好,但也不是说没有生硬的地方。《关汉卿》和《蔡文姬》的演出,就显得更自然一些。这两个戏在表演和导演方面的成就,超过了《虎符》。这一时期演出了十几个外国戏。其中如《克里姆林宫的钟声》《阴谋与爱情》《列宁与第二代》《青年近卫军》《伊索》等大家都认为排得好演得好。同时必须指出:这一时期所演出的外国古典作品,导演特别着重了对剧本思想性的分析,注意了在今天演出的现实意义。

还有必须郑重提出的一点:这一时期话剧又到了街头。为着反对美英出兵黎巴嫩和约旦做了盛大的宣传,给了市民以生动的国际主义教育,给了帝国主义以严重的警告,收到了打击敌人的积极效果。

从以上简单的叙述来看，中国的话剧显然有以下几个特点：第一，五十多年来一直跟政治运动相结合，有它战斗的传统，它是在强烈的艰巨的政治斗争中成长起来的。自从得到党的领导，走上了新的阶段，在新民主主义革命、社会主义革命中都做出了贡献。

第二，话剧这一艺术形式，对于反映现代的斗争生活，有它极为优越的条件，我们利用了这个优越条件，为无产阶级革命服务。同时在表演历史题材的戏和外国进步的戏剧以及古典名作方面都有很大的成就。

第三，话剧是外来形式，五十年来不断地发展，已经成了我国的民族形式的戏剧艺术。解放以后，贯彻了为工农兵服务的方针，深入劳动人民群众，扩大了观众面，开发了丰富的创作源泉，在艺术上更多地向传统学习，更进一步民族化群众化了，成了中国广大人民所喜闻乐见的剧种。

第四，在剧本创作、表演、导演、舞台美术各方面，我们都突破了外来形式的限制，不断创造了新的形式，运用了新的手法，形成了新的风格。特别是在"大跃进"以来，为了反映中国人民一天等于二十年的冲天干劲，高速度发展革命建设，在舞台上不可能不有新的表现。话剧工作者和其他艺术工作者一样尽了很大的努力，充分发挥了集体的力量，不断有新的创造。表现在表导演艺术方面也是显著的。

第五，近十年来在毛泽东思想的指导下，我们可以说是明确了话剧艺术在中国的土地上发展的规律。无论剧作、表导演，有一个较长的时期，属于批判的现实主义范畴，在党的领导之下，逐渐掌握了社会主义现实主义的剧作方法。毛主席所提出的革命的现实主义与革命的浪漫主义相结合的创作原则，我们也有了初步的体会，有些戏也有了一些具体的体现，这就使中国的话剧呈现出新的面貌，这是毛泽东文艺思想的胜利。

（丙）新歌剧

中国的新歌剧——我是这么看，《葡萄仙子》《麻雀与小孩》之类的儿童小歌剧，有了萌芽。后来也有人作过很少的一些尝试（最显著的是田汉和聂耳合作的《扬子江的暴风雨》），但没有形成运动。新歌剧真正成为一个剧种，和群众发生关系，从无到有，从小到大发展起来，那还是从延安开始的。新歌剧产生在革命根据地,产生在革命十分艰苦的时期,它形成于延安文艺座谈会之后,它的产生就是为工农兵服务。它最初的基础是陕北秧歌,可以说是从中国北方农民的演唱基础上发展起来的。可是它的发展不是很慢而是很快,不是经过自流的迟缓的进化,而是由于革命而迅速形成的。《兄妹开荒》《夫妻识字》等还是秧歌式的,一到《白毛女》就有意识地吸收了一些戏曲、话剧以及西洋歌剧里头便于使用的部分形式,重新组织,重新作曲,新歌剧的形式便初步建立起来了。它的内容是革命的,有鲜明的政治目的。在形式方面它没有什么固定程式的拘束,把一些适合应用的东西综合起来,为表达戏的内容而自由驱使,由此可见新歌剧的优越性。它不同于戏曲,不同于话剧,更不同于西洋歌剧。中国的新歌剧有它自己的形式,它是为适应革命的新的内容而创造出来的新的歌剧形式。

在无数小型秧歌剧的基础上,产生出了许多大型秧歌剧——新歌剧。这些戏反映了当时革命现实和广大群众的革命热情,在一些主要的成功作品中,创造了真实生动的人民群众的正面形象,并且充满了革命理想与革命激情,可以说这些作品是我国新歌剧艺术中革命现实主义与革命浪漫主义精神较好的结合,起了很大的宣传教育作用。《白毛女》《刘胡兰》,解放哪里就演到哪里,给了广大人民以极为深刻的阶级教育。建国以后,新歌剧进了城市,建立了专业的机构,扩大了队伍。有许多受过西洋音乐训练的——声乐器乐作曲方面的音乐工作者参加,成立了正规化的双管交响乐队。在这个时候就不能不考虑到这个新兴的、还很年轻的剧种,如何使它更加充实,在原有的基础上为适应新的历史情况、新的环境,有更新更大的发展。因此提出了如何进一步向传统学习向西洋学习的问题。同时要有新的剧作,表演导演的艺术也要求迅速提高。

十年来创作的新剧目有《王贵与李香香》《星星之火》《打击侵略者》《长征》《如兄如弟》《战友》《好军属》《花开满山头》《小二黑结婚》《草原之歌》《刘胡兰》《一个志愿军的未婚妻》《嘉陵江英雄歌》《槐荫记》《迎春花开》《洪湖赤卫队》《两个女红军》《柯山红日》《红云崖》《红霞》《望夫云》《红鹰》《红色娘子军》《窦娥冤》《春雷》等三十几个。根据以上许多戏的演出情形来看,可以说在一定的程度上回答了所提出的问题。新歌剧有很大的进步,在广大群众中树立了信誉,成了一树美丽茂盛的花。剧作、作曲、音乐、表导演艺术都有相当的提高。

新歌剧的表演有同戏曲类似之点，那就是有唱有做有念。一个新歌剧演剧，首先要求唱得好，还要做得好，念得好。有的时候可能也要打一打，舞一舞，但不是主要的。

曾经有人认为新歌剧很简单，只要把话剧的对话加以调整改成歌就行；也曾有人认为不过是在话剧里头加些唱。这两种看法都是错误的。新歌剧是有它独特的形式，有它的体裁，尽管其中也有对白有独白，但绝不是话剧，它是歌剧，既称为歌剧，唱是主要的，要着重用唱来表达感情，唱不只用来代替对白，而且要发挥一种超过语言的感人的力量，应当充分显出音乐的魅力。所以每一个歌剧必须有几段真正能够吸引人的唱，而且这些唱一定要摆在适当的地方。新歌剧在它的形成和发展中，在这方面是费过不少周折的，现在是越做越好，也越唱越好。

关于洋唱法、土唱法曾经有过长期的争论，旦角用本嗓唱也曾经有过很多争论。（曾经有某几个京剧团强制青衣花旦改用本嗓唱）这些问题现在大体上可以说已经解决了。一方面像中央实验歌剧院分成两个团，第一团是以民族唱法为主，二团以西洋唱法为基础，这样可以彼此各尽所长；另一方面唱法的矛盾也逐渐得到一些解决。经过许多专家的努力，练声方法的土洋结合，也已经不是绝对不可能的事了，而且已经有了不少结合得好的例子。

新歌剧的唱，我想首先要唱出来像中国歌，是中国人在唱，这跟唱法和发声法有密切的关系。歌词的写法有关系，有的就写得顺，有的就不顺。合乎中国语言规律的（包括语法、字音、声韵、语调、重音部位等）就顺，违反了中国语言规律的就不顺。就歌词而言，韵和调还是非常重要，忽略了韵调或是韵调不好的歌词，唱起来就不顺，听起来也就别扭。像《白毛女》《小二黑结婚》其中有些词句就很顺，而且和曲调音节都非常配合。

最初新歌剧的演员，像郭兰英那样有唱山西梆子的底子或者曾经当过戏曲演员的很少；唱民歌唱得好，又有舞台经验的如王昆、李波、管林、牧虹这样的演员也不多。学西洋音乐的有些唱得好的，但是很少有舞台经验。新学唱的一些上台甚至容易跑板走调。十年以来演员的队伍壮大了，不仅是人多了，唱得好、演得好的也越来越多。（不仅是北京，各省市也是这样。）

单只唱得好当然不够，必须讲究做功，因为我们新歌剧不像西洋歌剧那样，从头到尾只卖的是一把唱，我们要反映人民的生活，创造人物的形象——特别是革命的斗争生活和新时代劳动人民的英雄形象。在新歌剧当中，对话不占主要的地位，但却有重大的作用，所以也必须把台词念好。几年来新歌剧在做功和念白方面，还是有不小的进步，但不如唱功进步得快。

过去可以说没有新歌剧的专业导演，十年来在党的培养之下，出了很多优秀的演员，也出了一些优秀的导演，也培养了不少青年作曲家、乐队指挥和演奏家。

从表导演方面来看，像《白毛女》《王贵与李香香》《小二黑结婚》《打击侵略者》《刘胡兰》《草原之歌》《两个女红军》《柯山红日》《洪湖赤卫队》《春雷》等都各有其成就。

此外我们还介绍过几个外国歌剧《茶花女》《蝴蝶夫人》《小牛》《货郎与小姐》，都受到观众的欢迎。其中像《蝴蝶夫人》这个戏在其他各国演出，都是把它当作情节剧来处理，可是我们的导演（刘郁民）是把它当作一个严肃的悲剧来处理的，有它鲜明的倾向性和目的性，这是一个特色，也是为人所称道的。

新歌剧和中国的戏曲传统，一开始就有血缘的关系，在向传统学习方面也尽了很大的努力，而且有显著的成绩。传统包括的方面很广，文学、音乐、美术、曲艺、戏曲以及人民的欣赏习惯、欣赏趣味等。就新歌剧表导演艺术而言，以上这些部门都会涉及，尤其是导演，他学习的面可能比演员还会宽广一些，但也还是有重点。乐曲、歌词、台词、唱功、做功当然是主要的，非学不可的，用在新歌剧里，也还是要经过选择，经过消化，经过再创造，而不是生硬地搬用。《白毛女》在场次的安排，上下场、舞台调度和唱做方面，用的基本是传统的方法。《小二黑结婚》基本曲调是山西梆子和河南梆子，也还掺杂河北梆子和评剧的曲调，做功和脚步也采取了一些戏曲的做法。《槐荫记》和《窦娥冤》，那是根据戏曲改编的，但已经不是戏曲而是新歌剧了，是从戏曲的基础上发展出来的，可以说是老树上开的新花。《两个女红军》有意识地运用了戏曲的唱法和身段，做了大胆的尝试，尽管有些地方还不免生硬，而效果还是好的。《柯山红日》就比《两个女红军》有新的进步，对传统的手法用得更适当一些。这两个戏都是有选择、有批判地吸取了戏曲表演的方法，用来反映现代的革命斗争生活，而获得很好的效果，在新歌剧表导演方面有新的成就。《洪湖赤卫队》和《春雷》两个戏演的都是革命初期农民武装斗争的故事。《洪湖赤卫队》作曲是以湖北民歌、湖北花鼓、楚剧为基础，《春雷》的曲调基本是湖南花鼓，但是经过新的处理，就起了新的作用，这两个戏在导演表演方面也显出了不同的风格，但有一个共同之点，它们都多多少少向传统学习了些东西。根据以上的例子看，新歌剧在学习传统方面已经有了不少成功的经验，可以作为基础，提出更进一步的要求。同时向外国学习也是不可少的。

从以上简单的叙述来看，我国戏剧表导演艺术，无论是戏曲、话剧、新歌剧，在短短的十年中，飞跃发展，成绩巨大，根本改变了舞台上旧的面貌，呈现出新的面貌。随着党的文化事业的开展，随着社会主义建设的跃进，戏剧事业也正在蓬蓬勃勃向前迈进，走上了一个新的台阶。这样巨大成绩的获得，首先是由于党的正确领导，由于掌握了为工农兵服务的方向，贯彻了党的"百花齐放、百家争鸣"和推陈出新的方针。由于一系列的运动，在政治战线上、思想战线上取得了伟大的胜利。演员、导演，以及所有戏剧工作者，都受到了深刻的阶级教育，提高了阶级觉悟。同时在上山、下乡、下厂的劳动锻炼中，不断改造了思想，认清了戏剧工作者也只是一个普通的劳动者，并没有什么特殊性，这就深入劳动人民群众当中，同生活、通感情、共呼吸，投身在火热的革命斗争当中，也就扩大了生活面，加深了对劳动人民群众、对革命的理解，也就真正体会到生活的意义，找到取之不尽用之不竭的艺术源泉。表导演艺术，必须有这样的思想基础。我们的演员和导演，大多数因为有了这样的思想基础，在艺术上就有了飞跃的进步。还有就是，党为我们安排了文化学习和业务学习，还组织了专家学者结合群众进行了一系列的研究工作。同时办学校，开训练班，建造排演厅，建造剧场，等等，给了充分的物质上的设备，保证了教育、研究和艺术实践的顺利进行，这是过去所没有也不可能有的。就是现在最阔的资本主义国家也没有也不可能有的。这一切都是在毛泽东思想指导之下进行的。每一个成绩的获得都跟毛泽东思想的指导分不开。单就表导演艺术而言，也就是这样，显然是这样。只要有一点离开了毛泽东思想，就会犯错误，就会走岔路，阻碍进步。我国戏剧表导演艺术十年来的进步和发展的过程,充分证明了这一点。

二
有关表导演的两个问题

（一）继承传统并发扬传统

戏曲是中国最普遍、最深入群众的表演艺术。它给了中国广大人民以历史知识和政治知识,有许多戏借古喻今,很有教育意义,它对我国民族性格的形成起了很大的作用。它所反映的以政治斗争,军事问题和社会问题,占相当的比重,有许多优秀剧目充满着英雄气概,表现了英雄主义和乐观主义,教人高尚、勇敢、聪明、见义勇为、舍己为人。中国人民历来就是勤劳勇敢的,自古以来对自然的斗争,对不合理制度的斗争,反抗外来侵略,反抗土豪恶霸,还有就是路见不平拔刀相助,处处都显示出爱憎分明、坚强不屈而又富于智慧。中国戏曲写战争,从来不强调战争的恐怖,而只强调人物的勇敢。在许多好戏当中所表现的英雄形象就是这样。还有些女英雄像花木兰、穆桂英、白素贞之类的形象,的确是世界上少有的。这不能不说是过去戏曲艺人的大胆创造,可以说是现实主义和浪漫主义相结合的表现。我们必须继承并发扬这个优秀的传统,要继承就要有批判,要发扬就必然要有革新和创造。

正因为这样,我国传统的表演艺术具有突出的优点,它是用极为简练的动作（配合着唱、念）准确地传达出人物内心深刻而细密的活动。塑造出来的人物,形象鲜明、感情强烈。还有就是重点突出,不必要的东西,尽量从略,戏的主要部分加以描写,精心刻画,所以既能简明扼要,又能细致熨帖。有的地方粗粗略过,有的地方为着向观众交代清楚,也不惜反复点明。还有就是讲究层次分明,脉络贯通,而又有起伏。此外最主要的一点,就是装什么像什么,不仅注重形似,而特别注重神似。这样就能步步引人入胜,使观众不烦不闷,注意集中,而能深受感动。一些名演员在表演方面的成功,正因为掌握了以上的原则和特点。

我国剧种很多,在表演艺术上各有特长,各有不同的风格,单看一个剧种或者单看少数的几出戏，不可能全面地了解。我们有大悲剧，有很大数量的悲喜剧。就喜剧而言，也是多种多样的：有像《群英会》那样的政治喜剧，有讽刺封建制度的喜剧，如《拉郎配》；有讽刺官僚地主阶级的喜剧；如《乔老爷吃酥饼》《葛麻》《打面缸》之类；有讽刺势利小人的《赠绨袍》之类。品类繁多，不能列举。有的运用十分夸张的手法来演，也有细致含蓄富于幽默感的，有的是线条很粗，有的针线细密，有的是紧张泼辣，有的文静深沉，有的激昂慷慨，有的诗情画意、一往情深，总之多种多样色彩缤纷。在人物形象的塑造方面，不管是正派、反派，都有许多极为成功的，都是经过精心刻画，而且一代传一代经过不断加工，表演出来给观众以难忘的印象，同时使人看了想再看，好像总还有可看的东西。从我们所看到的许多传统剧目里，随便就可以举出许多例子来证明这一点。他们内心的体会十分细密，尤其重要的是形体动作的选择运用十分精当，手眼身法步下得是地方，唱、做、念、打结合得紧密无间，这些都是非常可贵的。于此可见，戏曲的表演艺术的确很有特点，很高明，总的说是极为优秀的。但因戏曲生长在封建社会，由于长期的习染，也不免带来一些庸俗的不健康的东西。例如有的戏不免有重复琐碎的表演；有的表演偏重于形式，忽略了人物的内心活动，以致形式脱离内容；也还有些猥亵的、恐怖的、过火的、不合理的低级趣味的东西，掺杂在好的东西当中。解放后经过整理、改革，不好的东西，基本上可以说清除了，突出了精美部分，使戏曲表演艺术得到发扬，更加显出了光彩。表现在：一是由于党的思想教育和文化教育，演员们对戏的理解提高了，对人物性格和思想感情的分析体会，也能更为正确；二是演员懂得了什么是一个戏的主题，表演就有了重心；三是舞台形象简陋的地方，变得干净整齐；四是发扬了集体艺术的整体观念，不像过去那样只突出主角，并因为配搭适宜，也更能发挥主角的作用；五是由于以上的关系，表演技巧相应地不断提高。这些都显示出很大的进步。但是新的时代对每一个文艺工作者都提出了新的要求，对戏曲也不能例外。戏曲有它深厚的群众基础，这是不用说的，可是今天的群众跟过去是大不相同了，他们的欣赏水平提高了，对戏剧的要求也提高了。六亿五千万中国人民，在党的领导之下站了起来，赶走了帝国主义，打垮了反动派，建立起了没有人剥削人的社会主义社会。作为上层建筑的文学艺术，必须为社会主义的经济基础服务，戏曲也不能例外。戏曲在过去的社会里，曾对人民起过相当大的教育作用。进入了新社会，戏曲如何为社会主义建设服务，如何更好地为工农兵服务，如何更深地在今天的广大人民群众当中扎下根去，是我们应当郑重、深切考虑的问题，这也是摆在所有剧种面前的重大问题。

戏曲的剧目很多，除掉少数不好的，大量可以保留下来。在好的当中，也还有些戏描写的内容离我们太远，不容易为今天的观众所理解，有的就跟今天的社会空气、人民情感不协调，还有些戏尽管在表演方面可见特长，但只有少数内行能够欣赏，这些样的戏，演出去不容易受到欢迎。尤其是青年人希望看新的戏，我们也就要为今天的观众编新的戏，排新的戏，演新的戏。戏曲表演历史故事演历史题材的戏，可以比较驾轻就熟，但是以新的观点写的历史戏，在人物处理、舞台艺术各方面，都会提出新的要求。要是以历史唯物主义的观点来分析历史人物，给予正确的评价，通过戏剧艺术表现在舞台上，那就必然比传统剧目里头所描写得更为真实、饱满、生动。如果以新的观点，根据人物的处理，来反映一个历史时期的生活和斗争状况，那剧本的布局、故事的安排、描写的技巧，也必然会和过去有所不同，内容必须更丰富，结构必定更谨严，描写必定更真切。还有像今天这样的舞台条件，如灯光、布景，我们是拒绝它呢，还是利用它？当然不能拒绝，必须更好地利用，这也是适合于今天客观的要求的。在新的历史情况之下，表演新的内容的戏——即使是历史戏，传统的一套表演技术就不完全够用，就不可能不有所发展。例如一个上句一个下句循环往复的唱腔，固定的几个曲牌，就感觉到不足以表达各种人物在不同情景之下的感情活动。在表演方面，某些旧的程式，也不能不随着新的内容而有所改变。为着表现新的内容，在传统的基础上发展新的表演艺术，这也是客观形势所要求的。

用戏曲的形式表演现代生活，特别是工农兵的生活是不是有困难？困难的确不少，无论如何不如新歌剧便利，更不如话剧便利。我想如果为着这一政治任务，把原有的东西改变某些部分，再增加一些新的东西进来，重新组织，也可以演好。我想首先是思想感情的问题，如果不是对工农兵的英雄行为，从心里激发出热烈的感情，觉得不可遏止地一定要用自己的歌声舞态把它表达出来，那就不可能把戏演好。同时也要深入生活，如果不是投身到火热的斗争当中去，也就孕育不出对工农兵的深厚感情；生活经验贫乏也演不出好戏。有了感情有了生活，就可以正确地塑造出毛泽东时代工农兵的英雄形象。同时在舞台上用怎样的形式表达出来，这也是十分重要的问题。在这里我们不能不看到：不同的剧种有不同的情况，不能说所有现代题材的戏，任何剧种都能演，例如《万水千山》用越剧或曲剧的形式就困难更多些。任何剧种都有它一定的局限，也没有必要要求每一个剧种什么样的戏都能演。根据每一个剧种的特点，适当地选择上演剧目，颇有必要。同样的剧目由不同的剧种上演，导演的处理、表演的方法都应当有所不同。应当是各有创造，不宜于只作简单的移植。戏曲的表演有一套程式，程式不是永远不变的（有些程式早已不用了），也是可以灵活运用的。演现代题材的戏，全部搬用旧的程式，那就绝对行不通，但适当地运用程式，也并没有什么不好。程式是戏曲表演艺术的一个构成部分，也是比较重要的一部分，运用得好，可以增加表现力，像京戏的《白毛女》，祁阳戏的《黄公略》，两个戏的某些部分都是运用程式比较成功的。不必认为只要是程式就必须突破。如果适当地运用程式，可以保持戏曲的特点，又对表演新的内容有帮助，那也就很好。但运用程式也不是为了保存程式，只是选择其中可以利用的，使它起新的作用。有人认为还可以创造新程式，我以为不必这样提，为着表现新的内容，戏曲原来的程式当然不能全部搬用，所可运用的也必然会有所改变，新的内容必定要求有新的形式。戏曲反映新人新事，它的表演艺术必定会有新的发展，突破旧的形式，创造适合于表现新生活的新形式，这是适应客观要求必然的结果。但绝不为的是创造新程式。

  戏曲中角色的行当有的齐全，有的并不齐全，行当不齐全的剧种在角色的分派方面，演大型历史戏就要发展行当（如何发展是另外一个问题），演现代题材的戏那也就用不着分什么行当。行当齐全的，例如京戏昆曲演现代题材的戏，就不能不适当地顾到角色行当的特点，照最近演出的一些戏来看，也没有很大的困难，只有小生装现代青年唱小嗓总不大合适，此外似乎矛盾不大。每一个角色的行当都有它特有的表演技能，但是在表演现代戏时有些就不完全用得上。像京戏的《柯山红日》用文武生扮杨司令，当然是对的；政委是用净角扮的，也没有什么不可以。女土司可算是彩旦行的，但用青衣花旦扮演，也还是不错。像《智擒惯匪座山雕》，座山雕用净，一撮毛用武丑，杨子荣用武生，都很适当。但事实上戏曲演现代题材的戏，行当的限制自然而然会有些突破。这在今天的戏曲演员，并没有困难，他们一般都能扮演不同性质的角色。这不等于说每个人都能丢掉走台步端架子的习惯。

戏曲既要保存优秀的传统剧目，又要排练新编的历史戏，还得演现代题材的戏，因此戏曲演员要求有两套本领：一套本领要把传统剧目演好，把历史戏演好；另一套本领就是演现代戏。有些表演技术在现代的戏里用不上，演现代戏要有新的体会，也还要运用新的技巧，但决不是要把原来的一套本领全部丢掉。戏曲演员原来在唱、做、念、打方面所下的基本功夫，对于演现代戏还是有很大的用处，在演现代戏当中锻炼出来的一套新的表演技巧，对于演历史戏、演传统戏，也会起很好的作用，两套本领，两条腿走路还是有好处的。

戏曲原来是不用布景的，可是在戏曲舞台上用布景，也已经有了将近五十年的历史。一直到现在有些问题还没能够完满解决，用写实的布景，配合戏曲的虚拟动作，这种矛盾是不能解决的，例如台上有窗有门，演员再向台前做开门开窗的手势；后面布着水景，台前作摇船的姿态，布景不变，船走一个圆场，已经到了数十百里外后面；后面背景是高山，演员在台前对着观众做爬山的动作，诸如此类是很不调和的。没有布景，还可以启发观众的想象，有了布景反而不能理解，这得好好想法子。有些场合在表演方面如果不做些改变，要求布景来适应，那是很困难的。像《十八相送》那样一下子要换好几个地方，那怎么办？像会阵那样，从中军帐走到台口上马，拐个弯就到了战场，这样的做法布景是怎么也赶不上的。但是如果前后都用了布景，单只会阵一场不用布景，那也不好。所以如果要用布景，某些地方表演方法就要改变。要维持原来的样子一点都不变，那就绝对不能用写实的布景，只能用些装饰性的画片，或想另外一种舞台美术设计。我们看了像《宝莲灯》那样的舞剧，它把京戏里头许多武戏的技术都用上了，也用布景，但没有什么不调和。因此我想京戏的武戏只要把组织调度略加改变，也可以比较调和地用上布景。演现代戏当然不能没有布景，戏曲的唱一定要对观众，唱的时候还得站在离台口较近的地方，如果把些门窗布在后面，有时就很有困难。我还见过一个戏布景是一道栏杆，外面有花，天上有彩霞，演员望着彩霞，载歌载舞，因此使她好多回面对布景背对观众，影响了她的歌舞。以上这些情形很多，都是戏曲导演和舞台美术工作者要合作解决的。

不管是历史戏，现代戏，表现在今天舞台上，内容就比过去丰富得多。表现的生活而更宽广了，各种各样的人物，各种不同的性格感情，要求我们的演员充分表达出来，尤其接触到现代的生活，表现今天工农兵的英雄形象，我们要在舞台上表达出新社会广阔的天地，蓬勃的气势，人民的英雄气概，对革命热烈的感情，就会感觉到原有的一些唱腔和曲牌不够用了，从原有的基础上加以发展，加以充实，使它适合于新的内容，这是很有必要的。在这方面我们戏曲工作者做过不少努力，也有成绩，但也还有许多问题正待解决，这也是个革新的问题，这恐怕要在一个相当长的时期内需要我们付出巨大的努力。我现在只想提一个问题，那就是改唱腔改曲牌应当如何保持剧种特点的问题。我国的戏曲剧种很多，有些是性质相同，有些是相差不远，有的是大同小异，例如祁阳戏和桂戏，长沙高腔和常德高腔就差不多是一样的，这些剧种，将来有些会不会融合为一，或者是每个的特点越来越鲜明，形成显然不同的流派，很难预言，但是我想湘剧和桂剧，汉剧和京剧，楚剧和汉剧，评剧和河北梆子，沪剧和越剧，这样一类的大的区别，一定会长期保持它们的特点；有许多小型剧种也必定会一天天壮大。但是如果为着发展唱腔，把原来强调的组织基础全部突破重新作曲，如果所有新编的剧目都这么一来，那剧种的特点就会逐渐失掉。如果为着表现一个戏的主题，有计划地做全面的安排，重新作曲，那也未尝不可，因为必须有新的发展，但没有整个计划而枝枝节节突破，那就不行。还有就是有人提戏曲要新歌剧化，也还有人提新歌剧应当戏曲化，究竟应当如何化，我想应当来好好讨论一下。据我看，保持剧种的特点，从原有的基础上逐步发展，还是符合"百花齐放，推陈出新"的精神的，当然经过不断地推陈出新，每个剧种的面貌都会逐渐有所改变，那也是必然的。

（二）话剧民族化群众化

话剧为了更好地反映中国人民的生活，塑造中国人民的英雄形象，表达中国人民的思想感情，更好地为人民服务，使这树花开得更茂盛更鲜艳，发出更清远的芬芳，更为广大群众所喜爱，就有更进一步民族化群众化的必要。话剧要有中国的民族特点，那就不能脱离中国戏剧艺术的传统，要吸取它的一切优点，并使之发扬光大。话剧要为广大群众所喜爱，深深地在群众中扎下根去，那就还必须适合于中国人民的欣赏习惯。情节贯串，爱憎分明，人物形象鲜明，节奏鲜明，简洁有力而又深刻细致，入情入理的戏是中国人民所最欢迎的。灰暗的，感伤失望的，人物形象模糊，情调低沉，晦涩难解的戏，中国人素来不欢迎。有许多欧洲近代剧在中国吃不开，也就是这个缘故。有人认为只有欧洲古典作品里的人物有意思，有的可挖，中国现代作品中的一些人物引不起兴趣，没有挖头，这种错误的看法不是由于迷信就是由于缺乏阶级观点。像刘胡兰这样的人物形象十分鲜明，像她那么一个女孩子，怎么会那么英勇，丝毫没有恐惧，又有那么坚强的毅力，就那么藐视鄙视反动派的军官？她那么慷慨激昂从容就义，是为了什么？为什么她可称为"生的伟大，死的光荣"？这些问题难道还不够挖的？像《万水千山》里的李有国，《红旗谱》里的朱老忠，难道是很简单的？如果对他俩不发生感情，那就会感觉到没有东西可挖；如果对革命、对工农兵有了感情，那就会感觉到今天的革命英雄人物，比过去历史上的任何英雄人物都更为丰富饱满，更为伟大。毛主席说"数风流人物，还看今朝"，今天无产阶级战士是过去任何时代所没有的。可见人物的形象鲜明，并不等于简单没有内容，要求人物形象鲜明，也不等于使人物简单化。人物形象鲜明主要是因为爱憎分明。爱憎分明就说明一个戏的倾向和目的。中国戏剧就有爱憎分明的传统，一千多年的戏曲传统如此，五十多年来的话剧传统也如此，爱憎不分明的戏观众是不欢迎的。

艺术是社会生活的反映，生活是艺术的唯一源泉，思想意识、阶级观点都由生活的描写反映出来。中国一些传统的好戏，所以为群众长期喜爱，正因为真实地、集中地、扼要地反映了社会生活。所谓入情入理，也就是真实地反映了生活。中国的戏曲，不管艺术的手法如何夸张，但看上去总要入情入理。生活的描写真实，人物形象鲜明，爱憎分明，是中国传统戏曲的特点。这也是值得我们学习，作为话剧民族化的一个重要内容。

人物形象鲜明从传统戏曲看，就是好人坏人分得清楚，在中国舞台上，很少出现不好不坏也好也坏的人。我想这也是一个重要问题，像今天中国人民在党的领导之下站起来，赶走了帝国主义，打垮了反动派。人民生活一天一天改善，国家日趋强盛，中国的劳动人民正以一天等于二十年的冲天干劲，高速度进行建设，在短期间内要把中国建成一个具有高度发展的现代工业、现代农业和现代科学文化的伟大的社会主义国家，这是我们真实的生活面貌。在这当中，在社会主义建设的各个战线上，涌现出了无数英雄人物和英雄事迹，也一直不断进行着无产阶级与资产阶级、先进与落后的两条道路的斗争。写这些英雄必须赋予鲜明的英雄形象，不能说他又好又坏；两条道路的斗争，必然是是非分明，要不然就违反生活的真实。中国传统戏剧总是把好人坏人分得清清楚楚，把事物的是非分得清清楚楚，敌我界限也比较分得清楚（有些戏由于封建道德的影响观点错误，那是另外一个问题），但有人拿欧洲近代剧某些戏作为标准，来衡量中国戏，以为中国戏过于简单，以为好人坏人不能决然分开，事物的是非也没有绝对的界限（事实上是帮资产阶级说话），因此就反对倾向性，反对党性。演员导演也只好根据这些模糊观念，跟着那些难以捉摸的人物去兜圈子，这是我们所不取的。提到话剧民族化、群众化，我们就要反对这套资产阶级的东西。

关于表现的艺术形式问题，我们从来没有遵守过"三一律"，也没有拘泥于五个段落的分幕法（开端、渐进、高潮、渐降、结束），但是不能说我们没有受过欧洲近代剧的影响，特别是易卜生、萧伯纳、罗曼·罗兰、契诃夫、托尔斯泰，给我们的影响比较大。过去有一个时期，我们的确多多少少有些拘泥于西洋近代剧的形式。例如多用倒叙，对话很多很长，往往还在戏里加上一些讲道理来解释作者的意图；有些戏故事不求完整，说得多而动作性不强，这样的戏戏剧性必然也差；有的戏戏剧性是人为的不自然的，演起来也就很生硬，这类戏也就不容易受到欢迎。表演方面，过去的文明戏是在化妆演讲式的搞法之外，也随便搬用些京戏和昆腔戏的做功，但根本是自然主义的。就在以后由爱美剧改成了话剧，我们也没有十分明确地去分辨自然主义和现实主义表演方法的区别。可是从爱美剧产生以后，我们受了外国电影的影响，不免更多地模仿西洋的表演技术，有的戏甚至形体动作也不免西化。话剧的导演也是从西洋学来的，尤其是当初从外国回来的留学生，把外国的一套东西——形式和方法也有些理论——搬过来，特别着重了形式，一些人就跟着学。学习一些基本方法是好的，也是必要的，但是使话剧艺术倾向于西化。有一个不短的时期在舞台上出现了一些不中不西的东西，那就是说，有些戏动作却像外国人。抗战前后情形有很大的改变，有许多好的演员，的确演中国人像中国人，演外国人像外国人，但是洋化的残余并不是完全洗刷干净了。有许多观众老是批评我们话剧在台上演得不自然，不自然的原因就是不免有一套西化的程式残留着，常常有意识无意识地从动作台词当中流露出来。有些导演也往往因思想没有解放，生活经验又贫乏，就不免把一些习惯的形式和手法反复套用，这样就使艺术圈在一个小天地里，难以开阔地联系广大群众。抗战开始，话剧到了街头，也有一部分到了农村，到了部队，情形迅速有些改变，大家感觉到在大城市那一套有些吃不开，要求有更生动活泼的形式为抗战服务，可是在国民党统治区域，无法真正接近工农兵，活动的范围究竟还是狭小，变化也就不是很大。像《同志，你走错了路！》《反翻把斗争》那样一类的戏，当然在国统区是搞不出来的。在1949年文艺界会师的当时，看了这些戏感到新鲜，除掉戏的思想意识之外，而在表导演方面，的确是表达出了中国气派、民族风格，也就更容易接近群众，从这里也多少体会到毛主席文艺座谈会讲话的精神。

话剧工作者过去对民族戏曲传统，没有给予足够的重视，党批评了轻视传统、割断历史的虚无主义态度。话剧工作者这才从具体问题上进行思考，提出了学习什么、如何学习的问题。现在大家基本上都已经明确了，就从表导演的角度来看，从戏曲中也还是有很多好的东西可学，但并不限于敲敲锣鼓、亮亮相、做些夸张动作，还是要融会贯通，不宜机械地搬用。也不能说粗线条的就是民族化的，细线条就不是民族化的，因为在我们传统戏曲当中并不完全是粗线条的，也存在着极为细致的表演。

话剧表演艺术的民族化，不仅是要在戏曲的表演艺术当中吸取精华，还有最重要的就是必须全面地、深刻地了解中国人，要了解中国人民的民族特性，这就要对中国的历史、语言、风俗习惯做必要的研究，这是不可少的。还有最重要的一点就是毛主席告诉我们的："必须到群众中去，必须是长期地无条件地全心全意地到工农兵群众中去，到火热的斗争中去，到唯一的最丰富的源泉中去，观察、体验、研究、分析一切人，一切阶级，一切群众，一切生动的生活形式和斗争形式，一切文学和艺术的原始材料，然后才有可能进入创作过程。"

演员要做到演什么像什么，这也并不十分容易，必须思想有根底，生活经验丰富，技巧熟练。所谓民族化，就是要在舞台上看到的是中国人，说的是中国话，表现的是中国人民的生活、中国人民的感情，让人一看感到亲切。不管是历史戏或者是现代戏都应当是这样。有些角色一上台，观众异口同声说真好、真像，这就把观众的注意力引到台上去了。一上台观众都感觉不大像，那就得忍耐着看下去。有的戏少数一两个角色演得像，但是大多数的角色演得不像，或者是导演处理得不像中国人的生活习惯，在中国人看认为不合情理，那就不行。过去我们演知识分子还比较像，演工农兵就不像，现在大多数演工农兵也像了，而且真实地塑造了新中国人民的英雄形象，表现了新中国人民的生活，这是一个大进步，从话剧来说也就是民族化群众化的一个很大的成就。因为演中国的工农兵，不可能带丝毫西化的动作，还必须掌握劳动人民的语汇和语调和他们动作的姿态，所以演好了工农兵就是民族化的重要标志。至于表演的方式、技巧的运用尽量多种多样，不必有任何拘泥，还有就是不宜为着话剧的民族化去随便搬用戏曲的动作，因为今天的工农兵都是有思想有文化的，用话剧形式反映工农兵的生活跟戏曲演现代戏应当有所不同，如果不适当地搬戏曲的动作那就可能演得不像，这也是应当加以注意的。不能说用了戏曲的一招一式就是民族化，或者才是民族化，也不能说不用戏曲的一招一式就不算民族化。群众是一天天在进步，一天天会要求看新的东西，群众的欣赏习惯也会跟着时代的进展而不断有所改变的。所以不能说只要是传统的东西就能在群众当中保持永远的生命。

　　提到民族化是不是就不要向外国学习呢？外国有许多优秀的表演艺术家、优秀的演员，还是值得我们学习借鉴的，只要我们不迷信，不盲从，有鉴别、分析和批判的能力，我们是可以从外国的舞台和银幕上学到东西的。我们决不拒绝任何有益的东西。一方面要向本国的传统学习，向工农兵广大群众学习；另一方面也向全世界寻师访友，把学到的东西融化了变成自己的血液，来丰富自己的创作。我们对中国的文学艺术遗产，要批判地继承，要推陈出新使古为今用；对外国的文学艺术遗产我们也取为借鉴，也是要批判地接受，也可以推陈出新，来丰富我们的创作。无产阶级是伟大的继承者，世界各国的文化遗产是人类共同的财富，也只有无产阶级能够把它继承下来，推陈出新创造出无产阶级的新文化。就在表导演艺术方面也应当以这样的胸襟态度对待中外遗产。所以民族化并不是一个狭隘的观念，而是有创造性的、革新精神的宏伟的意图。

民族化和群众化是紧密结合着的，戏剧艺术是经常要和群众面对面的，所以必须让群众感到亲切、熟悉，要容易懂，所以就要表现群众所想表现的东西，要说群众所想说的话，如果在舞台上所表现出来的中国人民生活和人物形象都不像，而表演的方法又不为广大人民所喜闻乐见，那就当然要失败，更不可能群众化了。没有民族特点的戏剧是群众不欢迎的，拿到世界上去，也直不起腰。我们主张百花齐放，推陈出新，如果中国的话剧不是邓尉的梅花、曹州的牡丹、泰山的青松、洞庭的翠竹，而不过是衣襟上的一束紫罗兰，那就不管带着多么好的清香，那也是没有价值的。中国的话剧过去因为工农兵没有上舞台，所以就局面小，活动的范围也小，艺术的源泉也不大；如今工农兵上了舞台，形势大变，局面豁然开朗，活动范围空前地扩大，艺术的源泉汹涌澎湃。新的内容必然就要求新的形式，这就要求话剧艺术在原有的基础上进一步民族化群众化。形式不是一成不变的，是由内容来决定的，中国人民的生活正以高速度向前发展，这就迫使我们的艺术不能不有日新月异的创造，要求多种多样的艺术形式，千变万化的手法，来反映中国人民波澜壮阔辉煌灿烂的生活内容。话剧的演员、导演要为工农兵服务得更好，要使话剧艺术更为广大群众所喜爱，首先必须端正立场，建立无产阶级的人生观世界观，然后能充分发挥才能，运用多种多样多色多彩的艺术技巧，从各种方面各种角度来反映今天的伟大现实。

还有一点：话剧的发展也和其他剧种一样要依靠群众，党的领导和群众路线永远是成功的法宝，戏剧是从群众中来到群众中去，演员天天要跟群众见面，随时要注意群众的反映，听取群众意见，要不断地深入群众向群众学习，导演虽不直接跟群众见面，也要跟演员一样同群众取得密切的联系，脱离群众是一个艺术家最痛苦的事。还有就是导演是一个戏演出的组织者，但不是独裁者，导演应该经常听取演员和舞台工作者们的意见，依靠群众来进行创作，这也是合乎民主集中制的。关起门来提高一定不会收到好的效果。一个好导演在于他善于启发群众的智慧，发挥群众的才能，而广大劳动人民群众永远是演员、导演的老师。艺术是要以共产主义的精神教育人民，毛主席告诉我们要做人民的先生必须先做人民的学生。每一个演员和导演都应该深深地体会这句话。这里也包含着话剧群众化的一个根本问题。

三
进一步提高我们的表导演艺术

（一）思想锻炼

十年来我国的戏剧艺术在党的领导、关怀之下，贯彻了"百花齐放、百家争鸣"和推陈出新的方针，获得了空前的发展，有很大的成绩，表现在表导演方面也十分显著。我们继承了传统也发扬了传统。学习了苏联的先进经验，对兄弟国家和世界其他各国的优秀艺术，也有所借鉴，丰富了自己，在舞台上不断有新的创造，这是主要的。但不能说我们没有缺点，我们做得不够的地方还很多，我们决不能满足于既得的成就。为着满足在工农业和文教事业"大跃进"的新形势下，广大人民群众的要求，我们还有很多事情要做，这从表导演艺术来说，我想应当加强以下几点：一、加强马克思主义和毛泽东思想的学习，进一步改造思想、改造人生观世界观；二、进一步深入生活加强劳动锻炼；三、加强文艺修养，提高创作技巧。

新中国的演员和导演是为无产阶级政治服务的，应当是马克思主义者、共产主义者、无产阶级革命的战士，而不是别的，他要能做到通过舞台艺术以共产主义精神、共产主义思想教育人民，这就必须建立无产阶级的世界观，必须具备马克思列宁主义的修养，要能彻底掌握毛泽东思想这一极为精良的斗争武器，向一切资产阶级思想和现代修正主义做不调和的斗争。把共产主义的红旗高高竖起，使党的艺术事业更加发扬光大。文学艺术界是知识分子成堆的地方，资产阶级思想容易滋生，而资产阶级思想的影响，却不很容易清除；修正主义的思想如人道主义、人性论、和平主义也容易以各种姿态从多方面侵袭，如果我们不是真能掌握马克思列宁主义毛泽东思想的武器，提高认识的水平，在复杂的社会现象中，在思想领域中，在对作品的鉴别、对创作的处理方面都可能犯错误。演员是经常和群众面对面的，戏演得越好，影响越大。导演虽然不直接跟群众见面，他是演出的组织者，他对剧本的解释、人物的处理、他的全部构思给予演员的影响很大，给予观众的影响也是很大的。演员、导演就有必要加强对观众的责任感，尤其重要的是对党的艺术事业的责任感和忠诚的信念。

（二）生活锻炼

生活是艺术的唯一源泉，艺术的职能就是反映社会生活，从而推进生活，改造生活。戏剧艺术感染力特别强，就是它能把人们各种的生活形态真实地、活生生地在舞台上反映出来。演员和导演必须有丰富的生活经验和生活知识，经验和知识的得来可能是直接的，也可能是间接的，两者都很重要。从演员和导演来说，也和其他艺术工作者一样，感性知识特别重要。戏剧是诉诸人们的感性的，我们的认识要从实践开始，经过实践得到了理论的认识，必须再回到实践去。所以要深入生活，要参加劳动锻炼，这不仅是为了取得经验和知识，而更重要的是要和劳动人民同甘苦，同呼吸，共命运，在火热的斗争当中，提高思想水平，加深对广大人民群众的阶级感情。彻底劳动化，才能更好地为工农兵服务。作为一个中国的演员、中国的导演，必须了解中国人、中国的事、中国的民族性格、中国人民的一切动态和斗争情况。我们是爱国主义者也是国际主义者，世界各国人民的生活都和我们有关系，在今天的世界局势中是息息相关的。我们要和帝国主义做斗争，就得了解帝国主义，经常注意它的动态，了解它丑恶的本质。毛主席告诉我们："观察、体验、研究、分析一切人，一切阶级，一切群众，一切生动的生活形式和斗争形式，一切文学和艺术的原始材料。"可见艺术工作者必须具备观察和分析的能力，要善于观察、善于分析。演员和导演不仅不能例外，而且要特别郑重地对自己提出要求。观察分析是认识的过程，这也就需要以马克思列宁主义和毛泽东思想作为武器。把观察所得的东西概括起来，创造出艺术形象。这是属于艺术范畴的事，但创造出的形象真实不真实，感情对不对头，这还是有关思想问题的。深入生活，了解人，了解生活，对演员、导演是最为主要的，也还要经常进行不能间断，不能放松一步。生活的范围极为广泛，而生活的形态是错综复杂的，只有根据阶级观点才能得到正确的认识，做出正确的判断和正确的反应，这也是我们必须经常记住的。

（三）技巧锻炼和文艺修养

思想锻炼和生活锻炼是根本，技巧锻炼也是十分重要的。技巧锻炼包括的东西很多，首先就是基本功。戏曲演员的基本功，有一套传统的东西，那就是唱、做、念、打的训练方法。其中，以打（形体动作）的一套训练方法最为完整，它的顺序是比较合理的、科学的、完备的、有效的，能够在规定的时期把形体动作练得灵活、准确、漂亮，这是一套好东西，但过去也有些求急效的老师，采取过一些不合理的、粗暴的办法。解放以来，有很大的改进，还参酌芭蕾舞和民间舞蹈创造出了一些新的办法，出工更快，收效很好。唱和念除掉发声、吐字的一套基本训练之外，还与做功相结合，着重注意到人物性格、思想感情的分析，要求内心活动和外形更好地结合。我们传统的表演艺术在这方面原来就做得很好，从许多名演员的表演中看得出来，可是他们在舞台上演得十分好，却不善于系统地总结经验。建国以来，戏曲学校的老师们学习了文艺理论，参酌了各兄弟剧种的舞台经验，还借鉴了外国表演艺术家的经验，逐渐整理出了一套教材和教学法（虽然还不十分完整，但有了很好的基础）。这就加强了青年演员的理解力，很快地懂得如何进入角色，比过去某些老师父专从模拟入手的教戏方法有很大的不同，有很大的进步。现在的问题是要唱得更好、念得更好、做得更好、舞得更好。近年来武戏和打出手很有进步。武戏更加舞蹈化了，更整齐干净，节奏变化也比过去更好，而且有些武戏跟戏的主题结合起来，这是非常好的。做功方面，为着表现人物的性格感情，都能注意到选择适当的动作和语调。唱功方面，出现了不少新腔，场面在作曲和配器方面都有新的发展，这都很好。而我觉得对唱功和台词还应当更加重视，进一步加工。舞蹈动作的运用，特别要注意动作的目的性，还应当用得更适当更合理，在这方面要十分讲究，要大力提高技巧，决不能听来听去差不多，看来看去差不多。要使观众为着听一段唱、一段白或者看一段表演，走进剧场，在回去之后，还能反复咀嚼留有余味，决不能够粗糙应付。因此顺带提一提锻炼嗓子、保养嗓子、注意健康也是十分必要的。

有人问戏曲导演和话剧导演有什么不同，我觉得基本道理是一样的，但首先要注意戏曲和话剧是两种不同的艺术形式，各有特点，而戏曲的各剧种也不是完全一样的，它们可以相互启发、相互借鉴，但不能够随便生搬硬套。保持剧种的特点还是必要的。我觉得戏曲当中比较难搞的就是怎样加唱，怎样加白。唱和白的安排当然是属于剧本方面的，但导演必须懂得，有时剧作者安排得不妥当，导演必须有修改的能力。其次导演必须懂得戏曲的音乐，还有就是场次的安排和上下场的处理，我想这一些都是对一个戏曲导演的基本要求。如果问戏曲导演有没有一套基本功的话，我想这些就算是基本功吧。还有一个使戏曲导演感觉到困难的问题，就是舞台美术，这个问题前面已经谈过了，不再重复，但目前有一情况，到工厂、到农村去演出，都会问有没有灯光布景。群众既是这样要求，灯光布景就不可少。群众的欣赏力一天天提高，对演出的要求也一天天提高，如果布景用得不适合，恐怕群众也会提意见。戏曲导演如何跟舞台美术工作者合作得更好，发挥更大的创造，的确是很重要的。

话剧演员也必须注重基本功夫，主要是形体动作和台词的锻炼，还有就是创造角色的基本方法。以为只要会说话就能演话剧，这样轻视话剧的错误见解，现在似乎是没有了。各话剧院团对形体和台词从1953年以来也进一步重视了。从台上去看看、去听听也的确有很大的进步，但是总感觉到还是很不够，有的演员很好，有的演员还是很差。也许是受了内部技术第一的影响，有的演员在台上就不敢动，或者动作的目的性十分模糊。有的就是选择的动作不适当，显示不出动作的目的性。念起台词来有的是很清楚，很好；而比较多数的就是听不见，听不清，要不就是重音错误，语意不明，这是个重要的问题，话剧演员导演必须加以注意的。话剧也必须给人一点好听的、好看的。话剧的形体动作训练，适当地运用戏曲特别是京戏的一套方法是可以的，但是剧种不同，要求也就不同，所以也就用不着全套搬用。如果话剧演员也要下功夫去练各种的筋斗，学着使用各种的古代兵器，那也会浪费时间。根据传统的方法，整理出一套适合于话剧和新歌剧用的形体训练教材是非常必要的。现在已经在做了，也有了成绩。当前的问题是，如何使形体动作训练按着由浅入深的逻辑顺序跟表演的教学适当地结合起来，这是必须努力解决的。而话剧和新歌剧的演员必须把形体训练和台词的训练作为日常功课，毕生不断精益求精，也是对提高表演艺术有很大关系的。新歌剧唱功当然非常重要，可是念白和做功必须提到和唱功一样高的地位。不管是戏曲也好,话剧也好,新歌剧也好,总要给观众以艺术的感动。这样才能发挥艺术的力量。有高度思想性的戏剧,就必须有高度的表演艺术,来传达给观众,这就要求演员和导演有高度的技巧。

技巧锻炼,单凭一点基本功夫也还是不够的。还必须有文艺修养。历史知识不可少,小说、诗歌最好能多读一些:一方面对了解人、了解生活有很大的帮助,另一方面可以培养对文艺的欣赏力。音乐对于戏曲和新歌剧的演员导演那是本行,但兴趣不宜局限于本剧种的范围,唱京戏的对京戏以外的音乐也要能欣赏才好,其他剧种也是一样,对任何剧种的演员导演来说,美术和音乐是同样重要的。色彩、构图、线条、笔调、刀法,这一切怎样来表达思想,构成美术的意境,这对演员和导演来说是多么重要!尤其当导演的要求有更广泛的知识和更丰富的文艺修养。

还有重要的一点,就是对中外文学艺术遗产的估价。如果在过去干戏的可以完全不管这一套,今天的中国戏剧工作者,是无产阶级文化战士,要参加建设无产阶级的新文化,那就不能安于固陋。我们要继承一切世界文化遗产,而不被专家名人所吓倒。我们承认过去每个历史阶段的文化成就,同时要发挥敢想敢说敢做的共产主义精神,对中外的文化传统进行批判改造,推陈出新,为建设无产阶级新文化、改造世界而努力奋斗。这就不能关起门来不管,而且要下些功夫去研究,周扬同志曾说:批判的过程也就是学习遗产、学习马克思主义方法的过程。可谓一语破的。

(四)发挥主观能动性

戏剧是通过表演艺术来反映生活的,但不仅是要反映生活的真实,而且要以共产主义思想教育人民、改造世界,所以要有鲜明的倾向性与战斗性,要发挥主观能动性。还有一点就是戏剧是集体艺术,要充分发挥集体主义的精神,但这和演员导演的个体劳动并不矛盾,演员和导演也还要善于独立思考。演员应当听取导演、同行以及观众的意见,进行创作,但到创作角色、上台表演的时候,要靠他本身。演员一刻不能脱离群众,但如果不善于独立思考,他也不能创造出有生命的角色。导演计划可以大家商讨,但是执行导演,必定要能运用他自己的手法,有它自己的风格。创作的方式、方法、手法、风格的多样化是非常重要的,同样性质、同样题材的戏,也应当有不同的处理、不同的风格；同样性质的人物，也不能演成一个样子。一定要做到多色多彩，决不宜定型化、简单化。政治的统一性和艺术的多样性的原则，必须掌握，更进一步贯彻"百花齐放、百家争鸣"和推陈出新的方针，在现实的基础上，开展远大的理想。遵循着党和毛主席所指示的无比正确的、广阔的、为工农兵服务的道路，以革命的现实主义与革命的浪漫主义相结合的创作原则，发挥主观能动性，发挥创造，提高表、导演艺术，我们一定可以在不远的将来和珠穆朗玛北坡登山队一样，攀登世界戏剧艺术的最高峰，并创造出工人阶级戏剧艺术新的高峰。

在建院十周年庆祝大会上的讲话[1]

中央戏剧学院建院十周年庆祝大会开始。

今天在我们庆祝十周年院庆的时候，党和国家的领导人陈毅副总理，中央宣传部副部长周扬同志，中央文化部副部长齐燕铭同志，北京市副市长王昆仑同志，市委文化部副部长高戈同志、韦明同志、中国戏剧家协会主席田汉同志，著名表演艺术家梅兰芳先生亲自莅临我院，让我们表示衷心的感激和热烈的欢迎！

同志们，十年来中央戏剧学院遵循着党和毛主席的教育方针和文艺方针，在中央文化部和北京市委的领导下，从无到有，从小到大，为国家培养了大批的戏剧人才，在戏剧艺术教育中取得了很大的成就，现在让我们为十年来的巨大成就鼓掌欢呼！

现在正当六十年代第一个春天开始的时候，国家社会主义的建设事业正在蓬勃地飞跃地向前发展，我们学院也出现了新的面貌，特别是最近展开的深入的教育革命和群众性创作运动，迅速演出了反映伟大时代的《英雄列车》《为了六十一个阶级弟兄》《英雄人物数今朝》，这是在党的领导下，学院剧院全体同志共同努力所取得的显著的成绩，得到了党和领导的支持和鼓励，受到了群众的好评。这对于我院贯彻教育方针和文艺路线将有深远的影响，我们将继续不懈地努力，不断地提高教学质量和演剧水平，为国家培养更多更好的戏剧人才，攀登戏剧艺术的高峰。

同志们！让我们为新的成就和即将取得的更大的成就鼓掌欢呼！

---

1 【题注】编者据油印稿整理。

戏曲问题[1]

1961 年 5 月 5 日

谈谈戏曲运动在当前的一些问题。

十一年来,在戏曲运动、戏曲改革方面,成绩是巨大的。但是,我们不能满足既得的成绩,现在还有问题。关于这一部分,是我开始要谈的帽子。然后谈三个问题:(一)历史剧的问题,怎么样对待历史剧;(二)剧目改编问题;(三)现代题材的戏。

总的来说,就是在戏曲运动方面怎么样贯彻"双百"方针的问题。

1949 年建国以来,在党的领导下我们在戏曲改革方面做了很多工作。因为有党的领导,所以我们是有计划、有步骤、有措施地来做的。每一个阶段的工作中心不同,这一点非常好,成绩的获得,这也是一个条件。

第一个阶段是民主改革。第二个阶段是改戏,把不好的戏改好一些,把一些庸俗的东西去掉,有一些是重新创作。第三个阶段是改造人的思想。这"三改"都是非常艰巨的工作,但是获得了很大的成绩。

在改制度方面,把所有的剧院都改成国营的,统统由国家管。所有私营的剧团现在都在党的领导下,比如梅兰芳、荀慧生剧团都有我们的同志参加他们的工作进行指导。所以,制度完全改变了,资本主义成分没有了。

---

[1] 【题注】本文另有《关于戏曲改革问题》版本,载于 1985 年中共中央党校文史教研室编《语言·文学·写作》,二者略有差异,本文以 2013 年中共中央党校教务部选编《中央党校老讲稿》为底本进行校对。

在改戏方面获得的成绩也是很大的,不能一一列举,只能举一个例子,比如四川戏《秋江》,过去不像戏,那个老头很不好,调戏尼姑,占便宜,都是很庸俗的笑料。现在改编后的老头很善良,帮助陈妙常找到了相爱的人,而且非常幽默,加上一些舞蹈动作,所谓轻歌曼舞,在艺术方面、内容方面都变成好戏,而且是世界闻名,叫作"一曲秋江中外行"。世界上五大洲的很多大城市都看过我们的戏,去年我们的歌舞团到加拿大演出的时候,观众当中美国人最多,因为美国人到加拿大去不要护照。他们看完戏后到后台去说:你们的戏真好!所以我们的戏曲在世界上影响很大。陈毅同志说过:"现在是你们搞艺术的打头阵,到国外时你们的艺术团、歌舞团先去,然后贸易就好进行了,再以后就是外交。你们的功劳还是不小。"这是陈毅同志对我们的鼓励。在资本主义国家,在欧洲有上百年来的话剧发展史,还有芭蕾舞、大歌剧,好像这些都是了不起的事情,好像世界上的歌剧、话剧就是那么一种形式,除此之外就再也没有另外的独特的艺术形式了。自从我们的戏剧到了欧洲、到了美洲之后,过去的观点变了,他们看到世界上还有这样的表现方法,还有这样的艺术形式,而且那么优美!他们对我们的表演形式、表演技术,对我们的音乐、舞蹈,非常称赞。像潮州戏、越剧,还有《杨门女将》的电影,到了香港那是买不上票的。国民党的特务看了戏之后说:大陆上别的东西都不好,戏剧实在是好!有时国民党的负责人禁止他们看,可是他们偷偷地看,看了之后一样叫好。我们在这方面取得的成绩是很大的。卓别林看了我们的戏之后说:如果说你们从前的戏还有一些泥沙粪土混在里面,看不到珠玉,那么现在泥沙粪土洗干净了,珠玉的光彩露出来了。我们现在不但是改戏,而且有新的创造。所以改戏方面的成绩是很大的。

还有改人的方面,就是改造人的思想,这方面的成绩也很大。现在有很多旧艺人都入了党,在青年一代中党团员很多。这些青年对马列主义、毛泽东思想的学习,和前几年比较大不相同,这是了不起的事情。

在改制度、改戏、改人这些事情做得差不多了之后,就出现了一个戏曲反映现代生活的问题,而我们这些戏剧演员没有做过这样的事,过去我们虽然演过一些时装戏,但是现代体裁不同于过去的时装戏。我们要反映工农兵的生活,要创造新的革命英雄的形象,这个事情在戏曲演员当中很不习惯。现在也有不少的戏在反映现代生活，创造现代新的英雄形象方面取得很大的成绩。这是很了不起的事情。我们党并不要求每一个剧都要以现代生活为主，这样做有的剧有困难。但是两年来（从 1958 年到 1960 年）在反映现代生活方面很有成绩，大家在向这方面努力。工农兵的英雄形象搬上戏剧舞台，这在我们戏剧史上是一件大事。

现在我们要做一些什么事情呢？

根据社会主义建设的情况来看，我们钢产量已达到世界上第六位，煤的产量是世界第二位，"大跃进"之后生产方面取得很大的成绩。现在提出了调整、巩固、充实、提高的方针，这个方针是正确的，也是适应于文艺界的。因此，在新的形势、新的要求下，就要规定新的任务。我们现在就是要总结经验，进一步贯彻"双百"方针。根据这样的要求，我们就产生了新问题。调整、巩固、充实、提高，主要是缩短战线，提高质量。

提高质量表现在什么地方呢？

首先要有好的剧本、好的导演、好的表演。有了好剧本，必须有好导演才能把这个剧本的形象搬上舞台，最后还要演员表演得好，表演不好还是会失败的，因此导演、表演、编剧的质量都要提高。目前更多的要求有理论指导，我们要组织理论队伍，因为现在的戏曲艺术跟学术问题结合起来了，接触到了学术问题。过去我们也把历史故事编成戏，但是我们从来没有考虑到研究历史戏应该怎么样对待历史，历史剧怎么样反映历史真实，怎么样古为今用。这些问题到现在统统提出来了，而且有很多争论。戏剧从来都没有这样的情况。现在普遍要求理论结合实际，同时跟学术问题结合起来，这是非常好的现象。

所以，这里要求我们进一步贯彻"双百"方针。要提高质量，必须贯彻这个方针。到目前为止，在戏曲界的领导方面，包括我自己在内，没有很好地贯彻"双百"方针。所以，当前的问题，党所提出的要求，就是进一步彻底地执行"双百"方针，要提高创作质量，就必须贯彻"双百"方针。这好比是把生产关系搞好了，就可以提高生产、增加生产一样。

提高质量是在"大跃进"之后提出的，现在一定要有调整、巩固的阶段。这是波浪式的前进，这还是"大跃进"。或者说我们要过质量关，我们鼓起干劲来提高质量。看起来提高质量的工作比提高数量的工作还要艰巨。在这个时期我们如果要进行战斗的话，必须掌握"双百"方针。有些地方怕执行不好"双百"方针，会引起资产阶级思想复辟。其实不是这样。"双百"方针是不怕鬼的方针，可以把鬼消灭掉。我们如果跟资产阶级思想做斗争，跟修正主义作斗争，不仅要有理论，而且要有好的作品。你们说我们不行，我们有东西给你看，但是要有好的作品出来就必须贯彻"双百"方针。周扬同志说过：将来检查你们的工作做得好不好，就是看你们贯彻方针如何：第一，看你们有没有好的作品；第二，看你们办了一些什么好的事业单位，看你们有什么好的剧院；第三，看你们培养出什么人才。这就是当前我们戏剧界非常重要的一个问题，就是如何写出好的作品，培养出拔尖的人才，培养出第一流的演员。我们的乒乓球夺取了世界冠军，在戏曲方面我们也要夺取世界冠军。

  重要的问题是创作问题。创作问题有两种：一种是现在的百花齐放，各种题材、各种风格、各种手法、各种技巧都需要，要有政治上的统一性和艺术上的多样性。事物是多样的，人民的要求是多样的，我们决不能够一花独放。如果只有一种东西给人家看，这样就很单调，要有多种多样的现代题材的戏。对现代题材的看法也不同，有的人认为现代戏就是所谓就地取材，比如我们现在到农村去工作，看到有劳动模范，就把他的事迹歌颂一番，有什么新事就反映一下，到工厂、到部队也是这样，也不用作家来写剧本了，我自己来写。这样来理解，范围就很狭窄，因此历史剧也不要了，因为是过去的事，不是新人新事。还有人认为只写工农兵，工农兵以外的人都不要写，都不能够上台。这就不符合党的"双百"方针。现代题材戏的范围是非常宽广的，"五四"以来的革命历史是现代题材，那么知识分子的改造算不算无产阶级革命中最重要的环节呢？反映这方面的戏能不能演？是不是重要？工商业的改造是一个伟大的措施，是马克思主义跟中国革命实践相结合的创造性的做法，这是别的国家所没有的，而是我们独有的事。这种题材现在没有人写，写了之后据说也没有成功的作品。知识分子改造的作品很少，好的作品可以说是绝无仅有。所以，题材有各种各样的，悲剧要，喜剧要，滑稽戏也要。不要把题材搞得太狭窄了，只是"就地取材"，随便否定一切。那就是一花独放,这样不好,这样会阻碍创作的繁荣。当然这里面有很多问题可以讨论。对于现代题材本身,就有一个"百花齐放、百家争鸣"的问题。比如在今天究竟历史戏要不要?现代题材的戏歌颂新时代,歌颂新的英雄人物,歌颂革命的丰功伟绩,歌颂中国革命对人类的贡献,这些都非常重要,应该在这方面搞出好的作品,表现我们新社会的优越性。那么,历史剧要不要呢?现在有些青年人对历史剧不感兴趣,觉得是次要的。实际上历史剧也是很重要的。现在中央宣传部组织了一个组专门研究历史剧,希望我们能写出好的历史剧。现代题材的戏要写,同时也要写历史剧。

下面开始讲第一个问题。

一、关于历史剧的问题

列宁说无产阶级的文化并不是从空中掉下来的,无产阶级文化是人类从资本官僚的压迫下所产生的智慧的必然结果。我们现在要创造无产阶级的文化。毛主席告诉我们说:新文化是在旧文化的基础上建立起来的。所以毛主席说,要重视历史,不能割断历史。历史剧在今天和将来都会有很大的作用。我们要认识今天,认识现状,就是要改造现状,认识历史就是使它有助于改造现状。周扬同志在戏剧协会闭幕会上说:以共产主义精神教育人民,不能够对历史无知。他说过去的农民、一般小市民,能够得到一些历史知识,那是从戏剧上来的。周扬同志说中国的戏剧,再过一个时期,将成为历史教科书。他还说:这对中国的民族性格的形成起了很大的作用。我们现在有很丰富的精华,比如对战争,我们从来没有去描写战争的悲惨,从来都是描写勇敢、见义勇为、公而忘私的一面。所以,毛主席说:我们的封建文化当中也有好的东西,抹杀历史,否定历史,是不妥当的。

历史剧有多种作用:一种是增加人们的历史知识。历史知识也是生产知识、斗争知识(包括对自然界的斗争),从这当中可以增加我们的智慧。在历史剧当中也有一些好戏,像《将相和》这样的戏过去也有,现在整理得更好了,把个人私怨丢掉了,这有什么不好呢?像《打金枝》这样的戏教给人要聪明。在《三国演义》里面也有很多东西,这个小说很有意思,可以从里面得到很多东西,可以从古人所进行的斗争当中看到他们所采取的斗争方式,他们怎么样取得了胜利。不管是胜利也好,失败也好,都有他的经验,从他们的经验当中取得有益的教训,所以说认识历史有利于改变现状。毛主席也说过对外国的借鉴、对古代的借鉴,这就是历史剧的作用。古代剧有它的好处,可以跟现代剧配合起来。

四千年来的历史,我们究竟反映了一些什么?现在的革命史是一部分,还有反对帝国主义的历史,鸦片战争以来这算一个阶段。现在我们要多写这方面的东西,要把我们对帝国主义的经验介绍给殖民地国家,他们需要这些经验。现在非洲、拉丁美洲有很多人到我们这里来,把我们当作革命的圣地来取经,要向我们学习,看我们有什么经验。过去我们用各种办法夺取领导权,像国民党对我们非但没有还手之力,连招架之功都没有,这当然是由于党的正确领导。像这样的历史,现在的日本代表团来就是要找这些历史,学习我们的斗争经验。近百年来我们反对帝国主义的斗争是不断的,有成功的,有失败的,此起彼伏,斗争失败了,再斗争,一直到斗争成功。在这样长的时期内我们就不能写出好戏吗?不是的,像《林则徐》写得就很好。

对历史究竟怎么样看,如何来反映历史,我们现在有很多不同的讲法。有人说:历史都是统治阶级写的东西,它是为当时的统治阶级服务的,因此都不能要,如果写历史剧就要把这些东西翻一个个儿。现在我们讲,历史剧要按照历史的本来面目来反映历史,用人类积累的全部知识来丰富自己的头脑。如果我们的历史戏反映的不是历史本来的面目,那样就可能得到错误的东西。怎么样才能反映历史的本来面目呢?有一次陈毅同志举恩格斯的话说:唯物论的世界观不过是对自然界本来面目的了解,不附加任何外来的东西。他主张按照历史本来面目来反映历史。这里面有什么问题呢?现在有许多戏是反历史的,像《采桑女》里面钟离春骂齐宣王是昏王,以后敌人打来了,因为她有武功,齐王没有办法,请她去挂帅,宰相们给她打躬作揖,她就是不接受任务,不接受帅印,以后她以农民起义的形式召集了兵马,把外国兵打败了。后来齐王请她喝酒,她理都不理,送宝剑给她,她也不接受。以后听说外国打来了,齐王怕她走,拉着她的衣服,她一推把齐王推倒了。看到这种情况观众大笑，人家都不相信。还有人说：岳飞这个人毫无道理，为什么打仗之后还不把朝廷推翻了，还要送上去杀头，这样的人一点革命性都没有。这样的要求不合适。还有在过去规定有关人命案县官不能判死刑，但是在戏里出现了县官判死刑第二天就杀头的事，这是不可能的。这样的人命案要三审，要经过县、府、台，最后到京。县官判死刑，而且第二天就杀，历史上没有这样的错误。还有越王勾践，当时我们写这个人时并不是把他写得很好，写成圆满无缺的，但是这个故事在《韩非子》《吕氏春秋》《墨子》《荀子》中都记载了，在战国时代这是一个比较轰动的大事。他战败之后就卧薪尝胆，自己耕地、织东西，衣服穿得很破烂，和百姓一样。这是对的一面，我们古代的将士中跟士兵同甘苦的也有。所谓艰苦卓绝、自力更生、发愤图强这样的精神是好的，有教育作用，但是不要把它写成和现在的"四同"一样。现在有的戏就是写得跟"四同"一样，这也是反历史的。有人说：在戏里面见了皇帝不要跪。还有人说：《西厢记》里张生跳墙不好，不要写他跳墙，就是红娘开门请进去的，这样一改就没有《西厢记》了。还有两个老婆的问题。古代人就是有两个老婆，三个老婆的也有。不瞒同志们说，就是现在还有这种情况，这是旧社会的残余，而皇帝是三宫六院。如果一定要把这一点取消，改成没有两个老婆，那么有许多戏都不能演了，这样的改法是多余的。

我们现在改历史戏，最重要的是怎么样古为今用，还是从古代的一些事情里取得有益的教训。所以，在这里不能改造历史，改造历史是不好的。还有不能把今人的思想强加给古人，不要把历史人物和今天的人物等同起来，不能让古人说今天人的话，今人是今天的人，古人是古代的人，完全不同。一个马克思主义者，绝不能犯时代的错误，写一个文章，有了对时代错误的描写总是不对的，某一个时代所不能做到的事情，我们不能强制去要求它。列宁说：马克思主义要求我们一定要有历史的态度来考察斗争形势，脱离具体环境来提问题，就等于不懂得辩证唯物主义的起码要求。在不同的时期，由于政治、经济的不同，也就不免有不同的斗争形式，而主要的斗争形式也就会随之而发生。这一段话是说明不详细地考察某一个运动在某一个具体发展阶段的具体环境，要想对一定的斗争手段做肯定的或否定的回答，就等于完全抛弃马克思主义立场。

我们写历史时，第一要科学地分析，用今天的马克思主义观点来分析和评判历史，这样就不会违反历史。如果我们硬要把历史人物和今天的人物等同起来，或者要古人讲今人的话，要强加给古人一些东西，要在古代找马克思主义、毛泽东思想，那是没有的。这一次讨论四川戏《荷珠配》，这个戏是写地主阶级嫌贫爱富，把穷秀才的女婿赶走了，但是以后地主自己也穷了，他的老仆人赵旺很善良，就帮助他。有的人认为这样做不应该，这个戏是说明劳动人民的善良。有人说：赵旺所以那样做，是想和小姐结婚。我说这样处理更好，更显得地主的恶劣，以后赵旺也觉悟了，这不是很好吗？责备赵旺阶级觉悟不高，那是拿现代眼光来看历史人物。自从分裂为阶级社会之后，阶级仇恨、阶级斗争一直是存在的，劳动人民进行自觉的阶级斗争，决定自己站在什么立场反对什么阶级，这样的事情是在马克思主义产生之后才有的。过去是自发的阶级仇恨，要有很高的自觉的阶级觉悟是不可能的。每一个时代是不同的，当时的历史条件、政治制度、经济制度、生产关系与生产力、人民生活条件、风俗习惯都要考虑到，那个时候不可能做到的事你要求他做，今天要提高古人的阶级觉悟，那时还没有共产党，这怎么可能呢？有些人就是追求痛快，只要痛快就行了，但历史事实是太平天国是失败了。你说李闯王是流寇那也不对，他推翻了明朝的统治，但是进北京之后的做法不对。太平天国也有很多错误。我们从中取得失败的教训，但是好的地方不要抹杀它。

简单谈一谈评价历史人物的问题。比如像岳飞、蔺相如他们，都是属于统治阶级内部的矛盾，但是他们也有一点可取之处，就是他们把个人利益丢开，为了国家而团结起来，勇于爱国。比如岳飞他是爱国的，在宋朝他是主战派，与主和派、卖国方面进行斗争，他的确打了胜仗，有很大的功劳，但是把他杀掉，人家都同情他。有人说，他与劳动人民作对，反对过劳动人民，所以岳飞这个人不可取。像这些事情在他的一生里不是主要的，而且这些事情在人民当中早已经忘记了，就不一定把它再提出来。像林则徐是知识分子，他是爱国的，他敢烧鸦片烟，敢于反帝国主义，这就有可取之处。前一天看到报纸上有一篇关于林则徐的文章，他认为林则徐与当时的劳动人民——平英团又联合又斗争，在反帝国主义的时候可以合作，但是反帝国主义过去之后究竟是阶级的不同，劳动人民可以继续坚持反帝。林则徐在那个时候敢于反帝、烧鸦片烟，这是很勇敢的事，但是要求他反对清朝皇帝，来造反，他是没有办法反抗的。这里很多问题是有局限性的。一个时代都有一个时代的局限性，因为政治制度不同，经济制度不同，生产关系与生产力不同，人民生活条件不同，风俗习惯不同，人民的觉悟不同。有共产党的领导与没有共产党的领导大不相同，我们六亿人民在中国共产党的领导下站起来了，没有共产党的时候就站不起来。过去孙中山就失败了，资产阶级不能够领导，一定要在无产阶级领导下方能站起来，一定要有马克思主义、毛泽东思想才能使中国人民站起来，才能把帝国主义赶走，把反动派打败。就是现在，也还有现在时代的局限性，我们的社会主义建设可以有一些共产主义理想，我们也知道如何进入共产主义，要有什么条件，但是共产主义社会究竟怎么样实现，也跟马克思不知道帝国主义究竟最后怎么样灭亡一样。现在我们知道的还有银河系没有搞清楚，苏联飞船上天了，这是它大的成就，但是究竟其他星球里面的事我们还不知道，有一定的局限性。如果今天责备牛顿为什么不懂得原子，那是不合理的，他有时代的局限性，但是他的三大定律在那个时候是不得了的。所以，要根据时代、根据历史条件来反映历史。

是不是把原来的历史原样搬上舞台就可以了呢？也不是的。历史戏并不等于历史教科书，也不等于一本历史讲义。它是历史戏，是通过艺术形象来表达历史，表达过去古人的思想感情供今天的人参考，以便我们从中取得有益的教训，但是必须有它的历史性。现在我们要求思想性和艺术性结合，我们承认时代的局限性，现在和过去大不相同，这是新时代，是毛泽东时代，是原子时代、电子时代、喷气时代，所以在毛主席的词里面说："一代天骄，成吉思汗，只识弯弓射大雕。忆往昔，数风流人物，还看今朝。"如果古人都没有局限性，跟今天一样，那么今天还有什么可贵呢？数风流人物还看什么今朝呢？过去了的历史中还是有许多有益的东西，毛主席说：封建社会也有好东西可以供我们学习。中国有四千年的灿烂文化，我们要从中吸取精华，把这些东西通过艺术形象表达出来，写出好的戏剧来，把大家组织起来要做这件事。

这里面还有几个问题。

正史和野史怎么办？有人说正史完全靠不住，要全部推翻，野史方可靠，这也不尽其然。正史虽然是为统治阶级服务的，但也有许多学者费了很大力气搜集了很多材料后写出来，而且还是一朝一代地写。写越王勾践这样的事司马迁搜集了很多材料，主要是根据《吕氏春秋》《韩非子》《墨子》《管子》这些东西写成的。当然，完全相信它也不行。我在上海住了那么多年，跟我同时代的人写上海的事情，我一看就觉得不对头，因为没有那样的事。但是很多人根据那个东西说这是某人写的，非常可靠。野史是不是完全可靠呢？也不一定。《东周列国志》就可靠了？那些写法、那些正统思想都是封建的，怎么能够说野史都是正确的呢？也不一定，它也是知识分子写的，不完全是可靠的。正史不完全是不可靠的，要有分析，有研究。

所以我们说现在戏剧界在这个问题上对我们提出了新的要求，就是接触到了学术问题，真正感到我们需要马列主义和毛泽东思想。我们的马列主义太少了，毛泽东思想学习得不够，所以对历史人物的评价有时就不恰当。

还有一个民间艺术进宫廷的问题。有人说：民间的东西一进宫廷就完全变质了。这也不见得。把民间艺术和宫廷对立起来，讲戏剧史的时候就有这个问题，比如京剧的生活气息少了就是受宫廷的影响。但是京戏它还是生活在民间，它不完全依靠宫廷吃饭，依靠宫廷吃饭的是少数，其他角色还主要是在老百姓中间跑来跑去。

下面谈一谈翻案问题。

郭老的《蔡文姬》替曹操翻了案，还有给武则天翻案的。曹操写得像个救世主，比武则天写得好，和现在的政治家没有什么分别，是英明的政治家，而且是完全站在人民方面的。

我自己也是翻案家，我翻案了两个戏都失败了。在1935年以前写了一个戏替潘金莲翻案。我自己是封建家庭出身，我看过很多女子在那个时代受压迫，我同情她们，我看到过妇女因为婚姻不自由而自杀，因为受压迫而投井的，其实她们自己并没有罪。过去的丫头更不得了，对待丫头太残酷。因此我认为这样的女子没罪，都是社会制度造成的，是吃人的礼教下的牺牲者，我就替潘金莲翻案。我写了《潘金莲》这个戏，我自己演潘金莲，我和上海的麒麟童一起演,很受欢迎。实际上反封建是对的,但我是出于小资产阶级的狂热。当时受"五四"时代的个性解放、打倒孔家店、反对吃人的礼教的影响。今天不管有没有潘金莲这个人,反正小说上规定了那样的故事,不管怎么说,她害死了无辜的劳动人民——武大,这总是不对的。在这一点上我费了一些笔墨替她开脱,我以为这是她的变态心理,是一种反抗,她犯的罪不应该由她负责。有人说像《日出》里的陈白露她很善良,帮助小东西逃走了,结果在那个社会里没有出路而自杀了,人家同情她,潘金莲就没办法让人同情。我觉得这个意见对,那是资产阶级观点,在当时反封建那也是资产阶级民主。大革命时期党成立没有多久,"五四"运动以来我们在文艺方面接受了很多思想,主要是资产阶级思想,像英国的无政府主义思想,像易卜生,什么解放个性就凭自己,有一些疯狂的味道,不是根据无产阶级思想来翻案。在 1935 年以前要求我们那样做也是不可能的,那个时候差,现在也差。那个戏的翻案是失败了。

还有一个戏,我替杨贵妃进行了翻案。历史上都说杨贵妃和唐明皇相爱。我认为不是这样,杨贵妃最后牺牲了,她与潘金莲有共同的地方。我说杨贵妃最爱的人是安禄山,但是因为封建王朝的统治没有这个自由,被逼死了。但是,这里我又忘记了大家都看惯的戏是唐明皇与杨贵妃相爱。另外,安禄山是一个胡人,他使中国受到很大的苦难,在历史上是被否定的人物,在历史上有哪一点好处也说不出来。

所以,替潘金莲的翻案是找错了典型,那么杨贵妃的对象是安禄山这个也是找错了典型,因此在演这个戏时费了很大的劲,搞了很多歌舞也还是不受欢迎。

有人要替王昭君翻案。王昭君是被毛延寿点破美人痣而汉元帝不爱她,就答应把王昭君嫁出去的。但是有一天汉元帝偶然看到王昭君长得很漂亮,可是已经答应人家了就只好嫁出去。说王昭君去了之后就死掉了,从晋朝到现在一直都在凭吊王昭君,说她不屈而死,王昭君不愿意去,到那里之后死掉了。现在看到《匈奴传》说她很愿意去,因为她几年来没有得到汉元帝的宠爱,所以她愿意到匈奴去,到匈奴之后,呼韩邪单于看到王昭君很漂亮,王昭君得到宠爱，去了之后养了两个女儿。可是呼韩邪单于原来娶了王爷的两个女儿，一个姐姐，一个妹妹，养了四个儿子、两个女儿。后来呼韩邪单于病死了要选太子。王昭君没有儿子，应该选姐姐的儿子做太子，但是，姐姐说妹妹养的儿子是哥哥，我的儿子是弟弟，年纪很小，最后让妹妹的儿子做太子。以后妹妹的儿子做了太子，王昭君又嫁给了妹妹的儿子，而且写信请示过中国。汉朝元帝开会讨论后决定可以从俗，她就嫁了原夫养的儿子。有人说这个戏可以翻案，这样才有利于民族团结。这个事情我就不敢赞成，我觉得这样翻案没有必要。翻了案好像把王昭君看成是和平使者。说班超到西域的时候联络了很多国家，像鄯善等组成统一战线一致对付匈奴。这样以古代今我不敢说不对，但是究竟对不对我们可以考虑，因为事实上班超去了之后用的武力很多，不能否认这一点。

所以，历史戏是很不容易写的，而且现在还有民族问题在里面，这些戏都是写的新疆，新疆当时是国家还是部落，是怎样搞的，这里面都有问题。

以古代今是不对的，但是影射现在怎么样呢？我认为把古代的政治家写成跟今天的政治家一样也不大好。比如，对越王勾践我们可以得教训，可以采取择其善而从之的态度，但是如果把越王勾践的情况写成和今天的"四同"一样，这样不好。如果都是影射也不行，翻案要慎重影射绝对不可以。我过去有些影射也是错误的。古为今用是适当地吸取一些东西来今用，取得好的教训，增加知识和智慧，不可以硬把古人的东西拿到今天，那是不对的，你想古为今用，那样反而不能今用。只有真正地反映历史的本来面目，才能够真正地古为今用，供我们参考，增加我们的智慧。

反映历史的本来面目时，是不是不能有一点虚构呢？作适当的合理的虚构是可以的。比如田汉同志的《关汉卿》写得好，这里面加了一些虚构的情节，这样可以把人物更烘托出来。但是这个虚构要与时代符合，不能超过那个时代的可能性。关汉卿在那个时候只能做那些事情，就像我们现在只能做我们范围的工作一样。我们要承认有局限性，也可以作合理的虚构，虚构情节也是必要的，比如演现代戏全部都要真人真事，这样局限性非常大，是违反革命的现实主义与革命的浪漫主义相结合的创作原则的。

二、改编问题

改编的最好的戏是《十五贯》。其他还有很多戏都改编得不错。改编时最好不要改变原来的面目。比如《窦娥冤》这个戏就是原来的面目，《十五贯》尽管改了，但是戏的内容并不反历史，符合当时的历史条件。在《荷珠配》中，如果把赵旺写得阶级觉悟很高来反对地主，那也不对，没有说服力。

有的同志主张基本不改，适当调整。完全不改也不行，里面有些毒素要去掉，尽量把好的东西烘托出来。

还有结构问题。从前的元曲是四折、五折（不同于四幕、五幕）。在传奇戏里有四十折、五十折的，像《牡丹亭》《金钗配》《琵琶记》，如果每天演四小时，共要演三天才能演完。过去演堂会要一天一天地演，这里面有很多废场，我们今天演戏最多三小时演完。

改编工作很不容易，取舍之间、分寸之间很难掌握，在三个小时内如何安排、贯穿得更好是不容易的。这方面我们的确受到话剧的影响，用了外国编剧的方法。因此，对当代传奇戏搬上舞台，从形式上到内容上都要重新加以考虑。

三、现代题材的戏

我们不主张所有的剧种都要反映现代题材的戏。我们说我们的方向是为工农兵服务，但并不都是写工农兵，路子还是很宽的。所以陆定一同志说：党从来没有限制只允许写工农兵题材。知识分子可以写，工商业的改造也可以写，这些都是革命当中的重要环节，也不是说只能反映新人新事，不能对每一种剧种都这样要求。

我们在这方面有很大的成绩，像京剧的《白毛女》《金沙江畔》。很多剧种中都有很多成功的作品，但是也有许多不成功的作品。今天如何把现代题材的戏写好，不能粗制滥造，这是一个重大的问题，这里面有很多问题。有人说，"艺术为当前政治运动服务"与"为无产阶级政治服务"这是两个不同的口号。艺术只是为当前政治服务这比较狭隘，为无产阶级政治服务，这个内容丰富多了。现在党并没有提出来只为当前政治服务，中央提的是为无产阶级政治服务。

还有一个问题是戏剧的教育性。戏剧是一种教育武器，但是也不能忘掉戏剧的娱乐性。人家到剧场是去看戏，不是去听报告、去上课，而是要求有艺术欣赏，所以要有一些好听的、好看的使他在不知不觉中受到教育，感动得流泪了或是笑了，在这当中受到启发。所以，一个戏不在于单纯叙述政治故事，而主要是在教育当中表达政治意义，就是要愉快的、健康的，没有反社会主义的，合乎毛主席在《关于正确处理人民内部矛盾的问题》里提出的六条标准。愉快，就是必须要有艺术性，一定要有艺术的享受。有的戏教育意义很明显，有些是活泼愉快的，八小时工作完了之后看戏，非常高兴，适合于劳逸结合。周扬同志说，一个炼钢工人工作时非常紧张，请他听听音乐，跳跳舞，看一场好戏，可以得到休息。如果舞台上又是很多人在炼钢，他就不愿意看了。所以，现在提出来戏剧教育跟劳逸安排结合起来，这很有道理。

还有根据"双百"方针，戏剧必须要有多样性。现在在戏剧方面一般是路子愈走愈窄，梅兰芳常演的就三个戏：一个是《穆桂英挂帅》，一个是《贵妃醉酒》，一个是《宇宙锋》。除了这三个戏之外别的戏不演了。是他只会这三个戏吗？不是的，他会很多戏，但是他只演三个戏，这样人家看梅兰芳也没有什么可看的了。艺术要有多样性，路子要宽一些，要有多种题材，各种体裁、各种风格、各种手法、各种技巧要充分表达出来。这样才能互相竞赛，也可以使量的发展达到质的变化，就可以产生各种各样的不同的好东西。现在强调现代东西是唯一的，好像新闻报道就是唯一的。

集体创作与个人创作应该很好地结合起来，就是专家和群众结合。我们需要不需要专家呢？需要无产阶级的专家、红色专家，为什么不需要呢？有些人一听说专家，就认为是资产阶级的，一提到这个就害怕，难道我们就没有本事做专家，一定要交给资产阶级做？无产阶级就不能掌握提高的旗帜吗？那就看你是不是把旗帜交给资产阶级，还是掌握在无产阶级手里。苏联火箭能够上天，我们就不能够上天？在艺术方面要搞高、精、尖、新，提高质量。提高质量是无产阶级的提高，使艺术更好地为无产阶级政治服务。我们要有好的作品拿出来，这个作品是武器，使我们在思想战线、在思想革命方面更好地打胜仗，更好地打击修正主义。提高质量是当前艺术界一个很严重的、重大的政治任务，要求具有多样性，贯彻"双百"方针这是很必要的。要真正能够出好作品，能够繁荣、提高创作，就必须结合起来。

我们现在要不要悲剧？

我们是悲剧也要，喜剧也要。悲剧也能对人民起很大的教育作用，失败的教训也是好的。我们中国常说失败是成功之母。不能每一个戏都是团圆，团圆是好的，但不能每一个戏都是团圆。太平天国失败了，岳飞被杀了，是不是岳飞一定要重新回到战场上带兵把宋王杀掉呢？这样的事历史上没有。也有人说，戏剧里面不要矛盾、冲突，举了什么样例子呢？就是《马口事件》，还说《为了六十一个阶级弟兄》这里也没有矛盾冲突，只是跟时间、跟自然做斗争。说这两个戏没有矛盾和冲突是不对的。《为了六十一个阶级弟兄》中是特务放了毒，《马口事件》是和火做斗争。火是怎么来的？是厂长抽烟把烟头扔到油桶里，造成火灾，结果牺牲了一些优秀的青年。这是喜剧是悲剧？当然我们演的时候是当作喜剧演的，是歌颂死者。《刘胡兰》也不是悲剧。《马口事件》实质上是悲剧。现在有特务放毒，还有帝国主义，还有战争威胁，并不是四平八稳的，不是天下太平的，而是斗争非常尖锐。最近老挝、柬埔寨的情况很复杂，在非洲各种各样的国家都有，有的处在我国的"五四"时代，有的处在义和团时代，与帝国主义的斗争还非常尖锐，地主、资产阶级还要复辟，坏分子还在进行斗争。所以现代题材的戏中矛盾、冲突还是存在的，悲剧也还是存在，当然社会制度是没有悲剧了。

有些戏是宣传"一平二调"[1]的，现在不能演了。比如，我们在提高质量时，不仅要提高艺术性，而且是首先要提高思想水平。比如，依靠工农兵是对的，依靠贫雇农是对的，但是贫雇农打天下的思想就不对了，而宣传这种思想的戏还是很多的。因此，我们现在感到对马列主义、毛泽东思想学习得

---

[1] 平均主义和无偿调拨的简称，为1958年人民公社运动初期刮起的共产风。——编者注

很不够，今后要更多地更深入地学习马列主义和毛泽东思想，坚决贯彻"双百"方针，然后才能提高质量，创作才能繁荣，才能写出好的作品，演出好的戏。我想在党的领导下经过大家的努力，在不久的将来一定会有新的成就。

诗词

病中偶吟[1]

生计浮沉十五年，侧身遥望倍怆然。
春明紫阁灯藏谜，鞭断长江泪载船。
绝俗难为名士重，论交先得美人怜。
腥膻别有如兰味，忍倒沧溟洗大千。

答丹翁[2]

杜默豪吟众耳新，一篇裁寄岂无因。
歌场堕梦忘身世，慧海澄波见性真。
忧患自来培国士，风流多半属词人。
诗成一笑天如水，漫向中原感凤麟。

漫　与[3]

静坐多奇思，哀音不忍鸣。
未容知范叔，随分接黄琼。
艾意三年蓄，棊看一息争。
浩歌倚兰楫，欲渡待潮平。

---

1 【题注】本诗载于1918年6月4日《神州日报》。
2 【题注】本诗载于1918年6月27日《神州日报》。
3 【题注】本诗载于1918年7月11日《神州日报》。

题茉莉小传（卢由风倚声）[1]
△调寄鹧鸪天

缧绁酬恩剧可伤，侠情女对侠情郎。
漫言茉莉寻常卉，异地原来有异香。
珠玉萃，价无量，凭君妙笔译穷荒。
英雄梦醒芳魂香，碧海青天此恨长。
夜月笼戈听子规，花魂和梦护灵旗。
胭脂血溅蚩尤额，愧煞胡笳帐下姬。
游丝无力绾春晖，甘隶溢柔杀一围。
辛苦瓣香将炉候，桃花零乱剑块飞。

挽刘湛恩博士[2]

中原X[3]炽卷腥风，赴难如归举国同。
壮士负戈频报捷，先生秉铎共争雄。
情依芳草连绵远，血染春花灿烂红。
继志有人应瞑目，行看后起竟前功！

送腴深三哥回里二首[4]

浩劫珍相见，笑看双泪滋。
正思倾积素，又复对难卮。

---

1 【题注】本诗载于1918年8月8日《神州日报》。
2 【题注】本诗载于1938年4月17日《社会日报》。
3 原文即为此。——编者注
4 【题注】本诗载于1941年《狮子吼月刊》第一卷第十一、十二期合刊。

国运终当复，身家未敢私。
麓山时入梦，秋后与君期。

风雨翻江海，禅心独静明。
不辞漓水远，为笃大雷情。
片瓦万家尽，一编吾道擎。
临歧无别语，愿共度群盲。

洪深兄五十初度书怀[1]

一行精严破万才，传香何惜返魂灰。
低徊五十年来事，却诲高深号浅哉。

致红良小姐[2]

春宵何处觅情郎，拥被挑灯春恨长。
吟到拟云疑雨候，小生端合便敲窗。

行书寄蔡迪之律诗[3]

彼岸风光自不同，如何建筑一桥通。
乱流击机争先渡，雨暴风狂气更雄。

---

1 【题注】本诗作于1942年，编者据手稿整理。
2 【题注】本诗作于20世纪40年代，为欧阳予倩赠端木蕻良，署名：桃花不疑庵主。编者据手稿整理，题目亦为编者所加。
3 【题注】编者据欧阳予倩手迹整理，时间为抗战旅桂期，具体待考。

步吕集义先生原韵和作[1][2]

万恨千愁簇乱山，寸心犹冀诉危弦。
桂林霜满家无瓦，蜀道秋深雾遮天。
何惜捐躯看佩玦，不妨垂涕拂吟笺。
河清可俟头先白，陟降崎岖又一年。

除夕二首[3]

（一）

逸兴风流唤不回，百年忧患似潮回。
为雅呕血心将碎？触景含悲愿未灰。
泪雨几曾流恨去？眉峰难得送青来。
良朋差幸能相念，寒夜何妨共举杯。

（二）

不知自量似螳螂，莽莽尘途未觉长。
雕尽朱颜穹起伏，侈言白发系兴亡。
贫寒未许交名士，愚瞽应期侣善良。
万岁千秋同寂寞，长吟犹示我能狂。

---

1 【题注】本诗作于1944年，载于钟家佐主编，2008年广西师范大学出版社出版《八桂四百年诗词选》。
2 1944年，湘桂线大撤退，日军进犯桂林，许多文化人逃亡桂东一带。吕集义在昭平遇见欧阳予倩，曾赠诗抒怀。——原注
3 【题注】二诗载于1962年《上海戏剧》第11期瞿白音《怀念予倩先生》一文，诗创作于1944年1月24日，此日为农历除夕，题目为编者所拟。

赠金玉琴[1]

（一）
刚健婀娜并有之，况兼才艺启人思。
同舟莫恨相逢晚，暴雨狂风竞渡时。

（二）
情怀如水欲无波，为听君歌唤奈何。
自古人才多有恨，如君如我恨谁多？

赠谢肇衡[2]

女娲特出尽冬烘，鼓铸阴阳大冶中。
天似盖圆何处缺，地犹立锥几人家。
杨花散尽生前梦，薪火尤传后尽功。
面目不殊肝胆照，定能无意托朦胧。

七　绝[3]

冷月清光照废墟，桂林焚劫意无余！[4]
新城闻道从头建，滓秽如山待扫除。

---

1 【题注】二诗作于1944年，载于于水源主编，2016年线装书局出版《临桂诗词系列丛书 民国卷》。
2 【题注】本诗作于1944年广西贺县，谢肇衡为当地"桂东旅店"的店主。
3 【题注】本诗作于抗战胜利后。在《八桂四百年诗词选》中又名《从昭平到桂林》。
4 抗战胜利后，欧阳予倩一家重返桂林市，此时的桂林，已被焚劫成一片废墟。——原注

随感二首[1]

（一）
都从市买谋财肥，百世今来师道非。
谢却莘莘天下士，莫问翰墨林中飞。

（二）
莫笑痴顽莫笑贫，钱懋变勇好通神。
肯教学界常低首，敢拜劳工第一人。

吊覃振[2]

英年慷慨走东邻，九死如饴不帝秦。
伤逝泪挥云麓畔，忧时旗举海珠滨。
信陵畏祸亲醇酒，公瑾多情愿绛唇。
革命未成天未曙，落花如雨吊斯人。

无 题[3]

今年今日此门中，万树桃花一片红。
愁思尽随流水去，同开笑口对春风。

---

1 【题注】本诗载于 1947 年 5 月 19 日《江苏民报》。
2 【题注】本诗载于 1947 年 4 月 26 日《大公晚报》，署名：田汉、欧阳予倩。此诗与《田汉全集》第 12 卷中的《悼覃理鸣》有两字之差，即"九死如饴不帝秦"和"九死犹甘不帝秦"。
3 【题注】本诗载于 1957 年中国戏剧研究会发行《新中国》第三号。

赠市川猿之助先生[1]

浓绿滴初夏，娇花艳晚春。
满堂盈笑语，情惬素心人。
何能得此乐，高谊贵存真。
繁昌期百世，君家如我家。
登堂通庆慰，亲切话桑麻。
君为具鸡黍，我亦携酒茶。
古称让畔德，今人应有加。

君到我家日，相偕赏百花。
君起为健舞，我为君高歌。
歌舞两心惬，不乐当如何。
美意可延年，弦管喜谐和。
文物互欣赏，艺事共切磋。
地隔欢聚少，志同相助多。
乌鹊尚成桥，何畏阻银河。

谷崎润一郎先生与我阔别重逢赋长歌为赠即希两政[2]

阔别卅余载，握手不胜情。
相看容貌改，不觉岁时更。
我昔见君时，狂歌任醉醒。
茧足风尘中，坎坷叹无成。
别后欲萧条，忧道非忧贫。
亦有澄清志，不敢避艰辛。

---

1 【题注】本诗载于马少波《日纪散页》，为马少波记载。
2 【题注】本诗作于1956年欧阳予倩访日期间，载于《谷崎润一郎全集》第22卷。

频惊罗网逼，屡遭战火焚。
幸得见天日，无愁哀病身。
精力虽渐减，志向尚清纯。
旧日俦侣中，半与鬼为邻。
存者多挺秀，不见惭怍形。
举此为君告，以慰怀旧心。
君家富玉帛，琳琅笥箧盈。
可以化干戈，用以求和平。
祝君千万寿，文艺自长春。

桂菁祖舅莅京将回广州赋赠[1]

总角论交五十年，同欣劫后对花妍。
荡腥涤秽道如砥，倒海移山人胜天。
儿女长成无虑矣，琴书相对足陶然。
临歧珍重殷勤意，晚岁犹堪着一鞭。

赠桂菁祖舅[2]

桂菁祖舅离京南返，虽以长歌赠别，意犹未尽，续呈一律。

华发相看老舅公，同窗当日适成童。
艰难饱历身犹健，锻炼多经理激通。
放步北都花烂漫，清游南国树葱茏。
片香欲献和平颂，寄托琴声画意中。

---

1 【题注】本诗作于1956年10月，编者据手稿整理。
2 【题注】本诗作于1956年初冬，编者据手稿整理。

一九六〇年春游工部草堂[1]

草堂新构对芳春，杜老当年历苦辛。
借问而今谁继武，工农亿万尽诗人。

为前进座成立三十周年作[2]

本是亲兄弟，欢欣永一堂。
光明同展望，天地共翱翔。
奋发共先进，辛勤见主张。
春来花竞花，并步撷芬芳。

怀沙先生两政[3]

漫馈骚经复内经，愿人却病致修龄。
今无泽畔行吟苦，松柏迎春照眼青。

赠董锡玖[4]

1952年4月锡玖同志调院长办公室协助我工作已有十年，我老衰矣，你方盛年，祝你进步，祝你笔健，爰题数语以为纪念：

---

1 【题注】本诗作于1960年，编者据手稿整理。
2 【题注】本诗作于1960年，载于滕云主编，1990年文化艺术出版社出版《当代中外文化交流史料1》，题目为编者所加。
3 【题注】本诗作于1960年，载于文怀沙《唐代舞蹈与欧阳予倩》一文。"两政"是指本诗及《唐代舞蹈》（初稿）。
4 【题注】本诗作于1962年，载于董锡玖著，2006年敦煌文艺出版社出版《缤纷舞蹈文化之路》。

十年共事，助我良多。
马列经典，共同切磋。
艺术史论，取精用宏。
积以时日，宜获大成。

赠童超[1]

留扇征题介寿堂，名优名句寄情长。
刘郎飒爽英姿在，明辨薰莸斗志昂。
有约经年践未迟，只缘卧病屡愆期。
且欣体倦情犹健，为答高歌勉赋诗。

---

1 【题注】本诗作于1962年，载于董锡玖著，2006年敦煌文艺出版社出版《缤纷舞蹈文化之路》。

书信

致黄花岗演出委会诸同志[1]

敬启者：

见报载各位有组织地要为我庆祝五十寿岁的生日，盛意隆情，异常感愧。不过我以为一个人五十岁，有什么可以庆祝？当国难还在严重的时候，哪里有什么余暇来顾及个人的生日？而且把这消息披露在报纸上，也似乎夸张一点。在各位的意思，以为予倩五十岁了，应当鼓励一下，使能多做一点工作。这一层好意，自当以十二分的诚意接受，但是决不敢当诸位的庆祝。我在戏剧界的年代，虽然比诸位长，贡献并不比诸位多。经诸位提起，我已经到了五十岁，真不胜惭愧。《黄花岗》重演，分配给我的工作，一定尽力担任。但是庆祝委员会的组织，敬请收回成命。

专此敬表谢忱

此致黄花岗演出委会诸同志公鉴

致梅兰芳[2]

畹华兄：

多年不见了。几年来没有受什么委屈吧？我们时时都怀念着您啦！可是想不到胜利后的今日，我们还窒息在苛政之下！最近见报载上海当局要行什么"艺员登记"，有三条很苛酷的办法，这是一种侮辱。听说戏剧界正在据理力争，这是必须一致贯彻的，做人还是做奴隶？反抗还是毁灭灵魂和人格？我戏剧界同人必定看得很清楚。我兄必定站在反抗的最前方，这是绝对应该而值得敬佩的。此间同人，听说上海要办艺员登记，没一个不愤慨，大家都愿努力，誓为后盾。倩本打算到上海来看望八年不见的老母，脚发了关节炎，行动不

---

1 【题注】本启示载于1939年5月11日《申报》香港版。
2 【题注】本信作于1946年5月24日，载于王文章主编，文化艺术出版社2015年出版《梅兰芳往来书信集》。

得，且不能伏案，草草不恭之至。敬祝

健康

弟　欧阳予倩手上
卅五，五月廿四日

致朝鲜文化艺术工作者同志们[1]

敬爱的朝鲜文化艺术工作者同志们：

朝鲜人民为了粉碎美帝国主义的侵略行动，进行了伟大的光荣的人民解放战争。在不到一个月的期间，解放了南部朝鲜五分之二的国土，歼灭了卖国贼李承晚匪徒的主力，使穷凶极恶冒险进犯的美国陆海空军受到惨重的打击，使得美国纸老虎的丑态暴露于全世界，使得日益孤立的战争贩子杜鲁门、艾奇逊、麦克阿瑟之流惊惶失措，只好祈求上帝的怜悯！

紧接着中国人民的伟大胜利之后，朝鲜人民的辉煌胜利，再一次地给予全世界爱好和平的人民以极大的振奋，给予东方被压迫的民族以极大的鼓舞。你们的辉煌胜利，对于粉碎美帝国主义发动第三次世界大战的阴谋，对于扩大与增强以苏联为首的世界和平阵营的声威，对于争取世界的持久和平与人民民主，都是非常巨大的贡献。

谨向朝鲜人民的伟大领袖金日成将军致敬！谨向朝鲜英勇的人民军全体指战员致敬！向英勇的全体朝鲜人民致敬！向前线后方一切奋不顾身为人民忠诚服务的朝鲜文化工作者、艺术工作者致敬！并预祝你们取得最后的彻底的胜利！

中央戏剧学院院长欧阳予倩、副院长曹禺、张庚，教育长光未然暨全体教职学员

1950年7月20日

---

[1]【题注】本信作于1950年7月20日，载于1950年7月29日《人民日报》，原题名《向朝鲜人民致敬》。

致林半觉[1]

半觉先生箸席：

　　因工作过忙，久疏候问，为歉。国立北京历史博物馆近正整理太平天国史料，拟制图片展览，为此特介绍该馆设计员马非百先生与我兄通讯，多所请益。兄收藏丰富，鉴别精审，尚乞拨冗相助。此亦国家之大事，有重大之教育意义。兄必乐于从事者也。弟囿于学院行政写作甚少，近出校刊当寄奉请教。久别桂林，当此秋高气爽，不禁怀忆漓江风物。梦寐系之。匆匆，敬请大安。

弟　欧阳予倩上
十月十日

致冯至[2]

冯至先生：

　　读了您的《杜甫传》，其中有关于剑器舞的考证，四川出土的古砖您看过没有？剑的样子如何？希望您详细告诉我。又浑脱舞您说是泼寒胡戏演变出来的，根据什么记载？并请指示。最近我想写一篇关于中国古典舞的文章，要请指教的地方很多，当于脱稿时呈政。您住在哪里？稍暇当奉访。专此敬颂箸祺。

欧阳予倩手上
十二月十一日

1　【题注】本信未标注年份，载于2015年第2期《中华书画家》。据"近出校刊当寄奉请教"一句可知校刊将出，应为1951年《戏剧通讯》第4期，故推断此信创作时间为1950年。
2　【题注】本信作于1952年12月11日，载于冯至著，人民文学出版社2014版《杜甫传》。

致塚本助太郎[1]

塚本助太郎先生：

奉手书，知贵体健康，并与生屋竹内诸君从事中国剧之研究一如旧日，为之喜慰。令郎令媛均已入大学，吾辈真成老翁矣。倩今年六十有五，小女与田汉君之子结婚，产一女已一岁有半，内人刘韵秋长予倩一岁，颇健康，每日工作不倦，倩三年以来从事于教育行政，殊少创作，今年可能出版一书，当以呈教。解放后戏剧为发达，但剧本创作方面则远落在社会建设之后，真非多加努力不可。中国人民切身之愿望为和平建设，深盼能与日本人民携手维护亚洲之和平，先生想必同此意也。

匆匆奉复，敬祝健康，并颂泽福！

欧阳予倩手上
一九五三、六、十

致曹禺、焦菊隐、欧阳山尊[2]

曹禺、菊隐、山尊院长同志：

中央戏剧学院当教学干部缺乏之际，承你们久派刁光覃同志和叶子同志兼课，解决了很大的困难，异常感荷。

本月五日，山尊同志来对我说："《明朗的天》正排到紧张阶段，导演认为刁、叶二位是主角，有让他们专心把戏排好的心，要拟另由剧院方面选两位胜任的演员能代刁、叶两位同志教学。"刚刚开学来这样一个变动是很为难的，但是我毫无推辞当时就同意了这个办法。不过代课也要有所准备，我们还得和派定代课的同志谈谈，这是不可少的手续。

---

1 【题注】本信作于1953年6月10日，载于中国戏剧研究会发行《老朋友》创刊号。
2 【题注】本信作于1956年9月8日，编者据手稿整理。

不想本月八日晚间，剧院方面通知我院教务处，说剧院院长决定叶子同志可继续上课，刁光覃同志从八日起不再来上课。当时我找曹禺同志不着便，打电话给赵起扬同志说明临时缺课的困难。赵起扬通知强调剧院方面的困难，并说要排《考验》，代课的人一时也派不出。以后曹禺院长来看我，彼此谈商，承他允许刁光覃同志八日仍然来上课。我想剧院与学院事业是共同的，彼此相扶相助实有必要，一个演员每周分出三四小时来上课，影响不会很大。演员兼课的办法苏联一直在实行着，学院如果没有兼课的教师，绝对请不到那许多专任教师，所以希望剧院给予支持，并且要请剧院的领导同志保证不致缺课。剧院与学院虽然是不同的单位，把范围稍微放大点看，从整个戏剧事业看，应当是休戚相关。希望三位院长再一度考虑我们的请求，我想学院教学方面的情况都很清楚不用多说，我想为了培养新的戏剧干部，为了共同的事业，就是我们给了你们一点小麻烦，你们也不会在意的。

亲爱的同志们，我向你们致以敬礼。并祝

健康！

欧阳予倩
九月八日

致塚本助太郎[1]

塚本助太郎先生：

七月十五日的来信收到，最近我因患尿酸性的关节炎（Gout）入院医治。最近左右两膝盖肿痛，现两腿肿痛渐减又发展到右手腕，不能执笔作书，只好等到病好之后再详细给你信吧。

我现在只剩下一个左手能够自由活动，感觉异常痛苦，据说这个病是没

---

1 【题注】本信作于1954年8月6日，载于中国戏剧研究会发行《老朋友》创刊号。

有特效药的，不知日本对此有¹没有新的发现？草草不恭请原谅。

敬祝

健康

欧阳予倩
八月六日

致塚本助太郎[2]

塚本助太郎先生：

九月十八日的信已取到，谢谢您为我去打听治尿酸性关节炎的药，其中ACTH北京有卖的，但是医生还没有决心为我试用，因为痛风症在中国特别少，而这种新药，对痛风症的临床经验又很不够，所以就取了慎重的态度，但是如果我的病再发展下去，那就要用ACTH试一下看。イルガピリン和ズルフォン两样，我将托香港的朋友问一问，不知道您是不是可以替我去找那两种药的说明书（能书）寄给我，让我研究一下它们的性能和用量，以便设法去买，拜托拜托。《老朋友》的题签我已请许广平女士写好，我也用肿痛的手勉强写了一个，一并寄上，请挑选着用吧。专此奉复。

敬祝

健康

欧阳予倩
十月十二日

1　原文缺"有"字。——编者注
2　【题注】本信作于1954年10月12日，载于中国戏剧研究会发行《老朋友》创刊号。

致塚本助太郎[1]

塚本助太郎先生：

您的信收到了，《幕间》等杂志经常入手，谢谢猿之助氏。来中国可能还要经过些绕，我们是等着欢迎的。

中国的话剧近来颇有进步。京戏还是保持着原来的样子。但俗恶的、低级趣味演出，由于教育与艺人们的自觉，不用命令禁止，逐渐洗刷了。我们一面整理旧有的剧目，一面编写新戏。其中有些不坏的。为着尊重民族传统，改革的工作是采取慎重的态度，力避粗暴的。我以前所写剧本从没有正式发表过，大半于战争中遗失。今年想就所能找到的整理五六本出版，但发稿日期至今尚无从预定。梅兰芳、周信芳二位的舞台五十年纪念会将于本月下旬在北京举行。属时当以纪念文字奉寄中国戏剧研究会[2]，这也可为文化交流之一助吧。匆匆敬请。

大安

欧阳予倩

五十五、三月二十日

致刘芝明、钱俊瑞[3]

刘芝明副部长并转钱俊瑞副部长：

我院导演干部训练班今年的教学剧目为三个大戏——《柳鲍芙·雅洛娃娅》《一仆二主》《桃花扇》，于毕业期间进行演出。在舞台制作等工作方面是一个繁重的任务，按目前我院人力及设备条件场无法完成这项工作，曾与青年艺术剧院、北京人民艺术剧院、总政文工团负责同志交换过意见，拟将这三个戏的舞台工作，商请上述三个单位分别承担，并初步获得他们同意。因此请部

---

1 【题注】本信作于1955年3月20日，载于中国戏剧研究会发行《老朋友》创刊号。
2 原文缺"戏"字。——编者注
3 【题注】本信作于1954年4月27日，原信为报告形式，编者据手稿整理。

特阅上述三个单位，以便早日确定，已于有关舞台工作方面的具体问题，商定后，我院可直接进行联系。此项工作最好能在五月初即开始着手进行，请能及早特商为盼。

欧阳予倩
四月廿七日

致塚本助太郎[1]

塚本助太郎先生：

您的信收到了。杂志早已分送出去。因为一直忙碌，到最近才从头到尾读了一遍，觉得充满着怀旧之情，我相信新的友情正在发展之中，我们的交情将建立在文化的基础上。日本歌舞伎正式来中国上演这是从来没有过的。我正在写些介绍的文字。但昨天又听说日本政府不打算给护照，是不是还可能有变动呢？明年梅兰芳的剧团到日本在中国方面是不是会有问题的？我很想再到日本观光，我的儿子是当导演的，他颇想排一个日本戏，所以他也想到日本。我今年六十七了，关节炎经常要发，太低的椅子坐下去就起不来，用坐蒲团坐在叠上不可能了。田汉君异常健康可羡之至，他的母亲八十四岁尚能为曾孙辈做鞋，经常看戏，真是难得。

您的儿女都已学业已成，下一代必较上一代为幸福。可慰。匆匆奉复。敬以兴居。

欧阳予倩
九月十二日

---

[1]【题注】本信作于1955年9月12日，载于中国戏剧研究会发行《新中国》。

致林半觉[1]

素园先生：

  弟申请入党得批准。承函贺，敬谢策励之意。有一事十分抱歉：在您离京之前，因过于忙碌，未能畅叙，想您必能原谅。《郑成功》剧本我无存稿，原来也不是我写的，尚希转致心南先生，并您写诗是老手，两首都好。我早年愿学而无成，今则晚矣。然未尝不好吟诵也。敬颂。

兴居曼福

弟欧阳予倩　手上
十二月七日

致葛丽娜·伊万诺夫娜·卡扎基娜[2]

葛丽娜·伊万诺夫娜·卡扎基娜同志：

  一九五四年承你热情地接受了我们的聘请，在中央戏剧学院教导表演系一九五四班一年级新生，把苏联表演艺术的先进经验传授给中国青年学生。由于你是一个优秀的演员，运用正确而聪明活泼的教学方法，使学生们接受很快，教学的成绩很好，受到学生们热烈的欢迎。自你去后，不仅是你所教过的学生，凡属和你见过的人都经常在怀念你。请允许我代表我们学院向你致以敬意和衷心的感谢。

  敬祝

  身体健康　并祝

  你的艺术获得更高的成就！

中央戏剧学院院长
欧阳予倩
一九五五、十二月廿八日

1　【题注】本信作于 1955 年 12 月 7 日，欧阳予倩 1955 年 12 月 5 日入党，编者据手稿整理。
2　【题注】本信作于 1955 年 12 月 28 日，是欧阳予倩（署名）写给苏联戏剧专家列斯里的夫人卡扎基娜的，编者据欧阳予倩秘书董锡玖手稿整理。

致林半觉[1]

素园先生：

承惠申屠氏画幅并对联，谢谢。倩忙于事务，无暇写作。先生擅笔墨之妙，日益精进，可羡也。匆匆奉复。敬祝

康健！

弟欧阳予倩　手上
一九五六年四月十日

致文化部专家工作室[2]

文化部专家工作室：

四月十五日，上海中央戏剧学院华东分院与学院通过电话联系，拟邀请格·尼·古里叶夫于四月二十六日前往分院，为分院暑假筹建导演系的工作给予指导，并邀请亚·维·雷科夫专家于五月八日前往分院指导舞台美术系的工作，预计每位专家在分院工作半个月至廿天即返京。目前我院古里叶夫专家教导的导演表演教师进修班教学工作已进行了一学期，需要总复习准备考试，雷科夫的教学工作先告一段落，而协助表训班《罗米欧与朱丽叶》的设计工作也已完成，所以我们同意格·尼·古里叶夫及亚·维·雷科夫二位专家在这期间去华东分院协助工作。特请报告给总顾问谢维林同志[3]，请批准。

此致

敬礼！

欧阳予倩
1956 年 4 月 17 日

1　【题注】本信作于 1956 年 4 月 10 日，编者据手稿整理。
2　【题注】本信作于 1956 年 4 月 17 日，由院内工作人员拟写，欧阳予倩签字发出。
3　苏联剧院领导人、中央文化部首席顾问（负责在华文艺界苏联专家的领导和协调工作）。——编者注。

致梅兰芳[1]

梅先生：

　　日本中国戏剧研究会将于您到日本的时候出京剧专集，要请您题字，登在《新中国》杂志上。田汉同志说能题一二句话最好。您斟酌看怎样，或者就题"京剧特集"四字如何？字横写直写均无不可。我意直写较好。写好请即交弟寄去，他们等着呢。

　　敬礼！

欧阳予倩手上
四月廿五日

致稻垣乔正[2]

稻垣乔正先生：

　　中国访日京剧代表团全体人员已于七月廿七日安抵北京。我们在贵国访问演出期间，承蒙热情接待并给予大力协助，感贺之至，谨致以衷心的谢意；今后当为促进中日文化交流加倍努力，希望两国人民之间的友谊更进一步发展并日趋巩固！

　　谨祝

　　健康

中国访日京剧代表团
梅兰芳　欧阳予倩
一九五六年八月十日

1　【题注】本信作于1956年4月25日，载于王文章主编，文化艺术出版社2015年出版《梅兰芳往来书信集》，梅兰芳后为《新中国》杂志题了"京剧特集"四字。
2　【题注】本信作于1956年8月10日，原件为油印稿，梅兰芳、欧阳予倩亲笔签发。

致河原崎国太郎[1]

河原崎国太郎先生：

　　接到您的信，深慰远怀。中村翫右卫门先生前数年留居中国，对中日两国之间的文化交流有很多贡献。最近听说他将以非法出国之罪受审，我们极为关心，希望他能得到公平的判决。他的身体健康如何？并致以亲切的慰问，当希转达为幸，专此恭候，兴居百益。

梅兰芳　欧阳予倩
一九五七年三月十四日

致沙可夫、李伯钊[2]

沙可夫、李伯钊同志：

　　你们都好么？时时为念。我决定于七月底到小汤山疗养院住二三星期。在那里可以把《黑奴吁天录》剧本赶起，以应话剧院的急切需要。翰笙同志的《塞上江南》要赶写成电影剧本，不打算写成话剧本了。（因维世表示对这个剧本没有信心，他便断然搁下了）在这种情形之下，我的剧本便更不能误。我血压高，并不要紧，好在头昏比去年好得多，专写剧本当能支持。在城里便有许多事，决不能如期交稿，医生同意我去休养，我也已报告党委会了。

　　此致
　　敬礼！

欧阳予倩
一九五九年七月卅日

1　【题注】本信作于1957年3月14日，编者据手稿整理。
2　【题注】本信作于1959年7月30日，编者据手稿整理。